이사야
예언서

책을 펴내며

"임금이신 만군의 주님을 내 눈으로 뵙다니!"(이사 6,5).

아모츠의 아들 이사야 예언자는 만군의 주님이신 하느님을 임금님으로 고백하며, 그분께서 온 세상을 창조하시고 다스리신다는 사실을 우리에게 거침없이 선포한다. 고대 근동을 주름잡던 아시리아와 페르시아의 임금들, 이스라엘 백성을 다스리던 다윗 가문의 임금들이 아닌 "만군의 주님"만이 홀로 거룩하시고 참된 통치자요, 임금님이시다.

우리가 알지 못하는 하느님을 이사야 예언자는 당대의 언어와 사고를 바탕으로 우리에게 하느님이 누구이신지, 동시에 누가 하느님의 참된 백성이 될 수 있는지를 알려준다. 66장에 걸쳐 펼쳐놓은 그 이야기는 수천 년 전의 독자뿐 아니라 오늘을 살아가는 우리에게도 큰 울림과 가르침을 전해준다. 다만 당시의 시대적 배경과 언어, 사고 때문에 이사야서를 이해하기가 쉽지 않다. 게다가 분량도 많고, 기원전 587년의 바빌론 유배라는 사건을 중심으로 앞뒤에 걸쳐 수백 년을 시대 배경으로 하여 이해하는 데 어려움이 크다.

그리스도교 신자에게 이사야 예언서는 비교적 친숙하다. '임마누엘 탄생 예고', '고난받는 주님의 종'이 바로 예수 그리스도를 향한 예언의 말씀이었고, 그 말씀은 예수님의 육화와 수난과 죽음으로 완성되었음을 잘 알고 있기 때문이다. 하지만 이사야 예언서가 우리에게 남겨준 가르침은 단지 그뿐이었을까?

18세기 후반 이후에 역사비평 방법이 등장한 이후, 이사야 예언서는 한 권이 아닌 제1이사야서(1-39장), 제2이사야서(40-55장), 제3이사야서(56-66장) 등 세 권으로 구분된다는 사실이 하나의 교리처럼 여겨지고 학자들의 연구도, 오늘날 교회의 가르침도 이 틀을 벗어나지 않고 있다. 하지만 최근에 와서 이사야 예언서에 관한 연구는, 이사야서가 비록 세 부분으로 구성되어 있지만 아모츠의 아들 '이사야'의 권위 아래 '이사야 예언서'라는 이름으로 묶인 한 권의 책이라는 사실에 주목한다. 이와 같이 이사야서에 대한 접근이 전환되는 추세를 바탕으로 이 책은, 이사야 예언서는 세 권이 아닌 한 권의 예언서라는 사실로부터 출발한다. 곧 이사야 예언서는 "아모츠의 아들 이사야가 유다의 임금 우찌야, 요탐, 아하즈, 히즈키야 시대에 유다와 예루살렘에 관하여 본 환시"(1,1)라는 머리글로 시작하여, 마지막 구절인 "그리고 사람들은 밖으로 나가 나를 거역하던 자들의 주검을 보리라. 정녕 그들의 구더기들은 죽지 아니하고 그들의 불은 꺼지지 아니한 채 모든 사람들에게 역겨움이 되리라"(66,24)라는 말씀으로 마무리되는 한 권의 예언서다.

그럼에도 이사야 예언서의 1-39장을 1부, 40-55장을 2부, 56-66장을 3부로 구분하는 이유가 바빌론 유배(기원전 587년)를 중심으로 유배 이전(1부), 유배 시기(2부), 유배 이후(3부)라는 다른 시대를 배경으로 삼고 있기 때문임을 지나쳐서는 안 된다. 신학적 주제, 어휘와 문체가 시대 배경에 따라 다른 모습으로 제시되기 때문이다. 따라서 이 책에서는 이러한 여러 요소를 고려하여 이사야 예언서를 세 부분이 아닌, 일곱 개의 큰 단락(7편)으로 구성된 한 권의 책으로 바라보고자 하고, 이에 따라 본문을 구성하였다.

먼저, 책의 첫머리에 예언서 일반에 관한 간단한 입문을 소개한다. 여기서는 성경에서 예언서의 위치, 예언의 의미, 예언자의 신원을 비롯하여, 예언 현상의 기원과 발전을 다루면서 예언서라는 책들이 어떤 과정을 통해 형성되고 완성되었는지를 제시한다. 마지막으로 예언서들이 보여주는 예언문학의 일반적인 특성을 안내한다. 곧바로 이사야서에 대한 간략한 입문이 이어진다. 여기서는 이사야 예언서의 위상을 비롯하여 이사야서의 저자 문제, 시대 배경과 이사야 예언서의 형성 과정을 소개한다.

앞서 밝혔듯이 이 책에서는 이사야 예언서를 일곱 편으로 구성한다. 각 편은 각각의 구조와 본문 설명, 신학적 의미로 구성되었다. 본문 설명은 구조에 따라 이사야 예언서의 모든 본문을 설명하되, 전문적인 주석보다 본문 이해를 돕는 해설을 간략하게 제시한다. 이어서 각 편의 주요 주제가 지닌 신학적 의미를 밝힌 뒤 말씀의 육화를 위해 생각해볼 수 있는 단상을 제공한다. 우리가 이사야 예언서를 읽는 가장 큰 목적은 이사야 예언서의 신학적 전문 지식이 아닌 육화, 곧 실천에 있기 때문이다. 각 편의 내용을 중심으로 이 점을 함께 생각해보기를 바라며 독자들을 위한 공간으로 만들고자 했다.

마지막 글에서는, 오늘을 살아가는 우리가 예언서를 마주하는 자세와 이사야 예언서를 통해 함께 생각했으면 하는 마음을 표현하였다.

이사야, 곧 '하느님께서 구원하신다!'라는 의미의 이름을 지닌 예언자가 선포하는 말씀은 우리를 하느님과 깊은 친교를 나누도록 이끌어준다. 지금 나에게 들리는 말씀이 심판의 말씀이라면 아직 회개의 기회를 주시는 하느님께 감사를 드릴 수 있고, 그 말씀이 구원의 말씀이라면 부족한 나에게 구원을 선사하시기 위해 노력하시는 하느님께 감사 외에 무엇을 더 드릴 수 있을까? 단지, 눈과 귀를 가졌으면서도 하느님께서 마련하신 구원의 역사와 그분의 말씀을 보지 못하고 듣지 않으면서 살아가고 있는 지금의 내 모습 때문에, 하느님께 자꾸만 자꾸만 죄송해진다. 아울러 이 책이 이사야 예언자와 이사야 예언서의 편집자들이 전하고자 한 하느님 구원의 말씀을 훼손하고 있지는 않은지 두려움이 앞선다. 그러기에 구원이 무엇인지도 모르고 헤매는 부족함을 구원 체험으로 이끌어주시는 하느님께 최소한의 예라도 어떻게든 담아내고 싶은 마음이다.

많은 분의 큰 수고로 이 책은 부족하지만 아주 작은 결실을 맺게 되었다. 이 책이 완성되기까지 기도로 함께해주신 영원한 도움의 성모 수도회의 모든 수녀님, 특히 원고가 나오기를 목 놓아 기다려주신 편집부의 수녀님들과 형제자매님께 깊은 감사의 인사를 드린다. 너무 부족한 글을 읽기 쉽게 교정하여 큰 도움을 주신 점 거듭 깊이 감사드린다.

"풀은 마르고 꽃은 시들지만 우리 하느님의 말씀은 영원히 서 있으리라."
(이사 40,8)

2022년 3월 2일 재의 수요일에
박형순 바오로

차례

책을 펴내며   4

입문

1. 예언서 입문   20
   1) 성경에서 예언서가 갖는 의미 - 구약과 신약   20
   2) 예언과 예언자   24
   3) 예언 현상의 기원과 발전   29
   4) 예언서의 형성 과정   33
   5) 예언문학의 특성   37
2. 이사야서에 다가서기   44
   1) 이사야 예언서가 지닌 어려움   45
   2) 이사야 예언서의 위상   48
   3) 이사야서의 저자   50
   4) 예언자 이사야와 그가 활동했던 시대 배경   53
   5) 이사야 전승의 수용과 전수   60
   6) 이사야 예언서의 구성 - 세 권이 아닌 한 권의 예언서   64

제1편(1-12장)
심판과 구원 사이에 놓인 시온

1. 구조	70
2. 구원과 심판(1-4장)	73
1) 머리글(1,1)	73
2) 서곡: 구원과 심판 Ⅰ(1,2-2,5)	74
3) 서곡: 구원과 심판 Ⅱ(2,6-4,6)	77
3. 임마누엘 문헌과 이를 감싸는 여러 테두리(5,1-10,4)	80
1) 프롤로그: 포도밭 노래(5,1-7)	81
2) 불행 선언(5,8-30)	82
3) 임금이신 하느님을 통한 이사야의 소명과 완고함의 사명(6,1-13)	83
4) 임마누엘 탄생 예고(7,1-25)	86
5) 이사야와 그의 자녀와 제자들(8,1-18)	90
6) 에필로그(8,19-10,4)	92
4. 통치자에 대한 두 가지 그림(10,5-11,16)	96
1) 교만한 아시리아의 불행(10,5-34)	96
2) 이사이의 그루터기에서 솟아난 햇순과 그 위에 머무르는 하느님의 영(11,1-16)	98
5. 구원된 이들의 찬미가(12,1-6)	101

6. 신학적 의미   103
  1) 하느님은 어떤 분이신가?   103
  2) 이스라엘 백성을 향한 심판과 구원   105
  3) 남은 자   107
  4) 이상적인 통치자   108
7. 말씀의 육화를 위한 단상   109

제2편(13-27장)
시온의 임금이신 하느님께 대항하는 모든 폭군의 몰락

1. 구조   114
2. 민족들을 향한 심판 -
   지상 권력에 대한 하느님의 심판(13-23장)   117
   1) 신탁의 전반부(13-19장)   118
   2) 신탁 본문 중앙에 위치한 이사야의 상징적 행위(20,1-6)   127
   3) 신탁의 후반부(21-23장)   129
3. 질서를 창조하시는 주님의 정의(24-27장)   138
   1) 온 땅의 심판과 시온에서 펼쳐지는 하느님의 왕권 선포(24장)   140
   2) 주님의 산에서 벌어지는 민족들을 위한 잔치(25장)   144

3) 의로운 이들이 주님의 도성에서
　　　　　주님을 신뢰하며 부르는 노래(26,1-27,1)　　　　　　　146
　　　4) 포도밭 노래와 거룩한 산에 모인 추방된 이들(27,2-13)　149
　4. 신학적 의미　　　　　　　　　　　　　　　　　　　　　151
　　　1) 하느님의 통치　　　　　　　　　　　　　　　　　　151
　　　2) 의인과 악인의 분리　　　　　　　　　　　　　　　　153
　5. 말씀의 육화를 위한 단상　　　　　　　　　　　　　　　154

제3편(28-35장)
임금이신 하느님과 시온 공동체

1. 구조　　　　　　　　　　　　　　　　　　　　　　　　　160
2. 다섯 번의 불행 선언(28-31장)　　　　　　　　　　　　　　164
　　　1) 첫 번째 불행 선언(28장)　　　　　　　　　　　　　　164
　　　2) 두 번째 불행 선언 - 아리엘을 향한 불행 선언(29,1-14)　168
　　　3) 세 번째 불행 선언 -
　　　　　주님 앞에서 계획을 숨기는 이들에 대한 불행 선언(29,15-24)　171
　　　4) 네 번째 불행 선언 - 반항하는 자녀들을 향한 불행 선언(30,1-33)　173
　　　5) 다섯 번째 불행 선언 -
　　　　　도움을 찾아 이집트로 가는 이들을 향한 불행 선언(31,1-9)　176

3. 두 개의 부록 본문:
다섯 번에 걸친 불행 선언의 에필로그(32장)   **179**
    1) 정의와 공정을 바탕으로 한 이상적인 통치자의 등장(32,1-8)   **180**
    2) 심판과 구원의 예고(32,9-20)   **182**
4. 여섯 번째 불행 선언(33장)   **184**
5. 심판과 구원(34-35장)   **189**
    1) 에돔을 향한 심판(34장)   **190**
    2) 시온에서 펼쳐지는 구원(35장)   **193**
6. 신학적 의미   **198**
    1) 심판과 구원   **198**
    2) 시온 공동체 = "우리" 공동체   **199**
    3) 하느님의 왕권   **200**
7. 말씀의 육화를 위한 단상   **202**

제4편(36-39장)
시온을 향한 위협과 구원

1. 구조	206
2. 예루살렘을 위협하는 산헤립과 구원하시는 하느님(36-37장)	210
3. 히즈키야의 발병과 치유(38장)	228
4. 바빌론 사절단의 방문과 유배 예고(39장)	225
5. 신학적 의미	231
1) 시온과 시온의 백성	231
2) 하느님을 향한 믿음	232
3) 역사적 사건에서 증명되는 하느님의 왕권	233
6. 말씀의 육화를 위한 단상	234

제2이사야서(40-55장) 전체 보기

1) 제2이사야서에 대하여	241
2) 제2이사야서의 저자 그룹에 관하여	242

제5편(40-48장)
바빌론으로부터의 귀환

1. 구조	248
2. 시온과 야곱의 서곡(40,1-31)	249
1) 시온의 서곡(40,1-11)	250
2) 야곱/이스라엘의 서곡(40,12-31)	255
3. 이방 신들의 무력함과 야곱/이스라엘을 위한 주님의 약속(41,1-42,13)	260
1) 이방 민족과 그들의 신의 무력함(41,1-20)	261
2) 주님의 종을 위한 하느님의 약속(41,21-42,13)	264
4. 주님과 주님의 눈멀고 귀먹은 종(42,14-44,23)	269
1) 눈멀고 귀먹은 종을 위한 주님의 설득(42,14-43,13)	270
2) 죄의 제거와 축복의 약속(43,14-44,23)	273
5. 키루스를 통한 주님의 승리와 바빌론과 그 신들의 몰락(44,24-48,22)	277
1) 키루스를 통한 주님의 승리(44,24-45,25)	277
2) 바빌론 신들의 몰락(46,1-13)	282
3) 바빌론의 멸망(47,1-15)	285
4) 유배의 회상과 탈출을 위한 외침(48,1-22)	287
6. 신학적 의미	291
1) 위로의 책	291

2) 우상숭배 근절	292
3) 바빌론 탈출	293
4) 하느님의 왕권 - 역사의 주도권	294
7. 말씀의 육화를 위한 단상	295

제6편(49-55장)
종과 어머니 시온

1. 구조	303
2. 주님의 종의 자기소개와 시온의 의혹(49,1-26)	301
1) 주님의 종의 둘째 노래(49,1-13)	303
2) 시온의 의혹(49,14-26)	305
3. 시온의 자녀들을 위한 하느님의 설득(50,1-51,8)	308
1) 주님의 종과 시온의 자녀들의 의혹(50,1-11)	309
2) 주님을 찾는 이들을 위한 외침(51,1-8)	312
4. 시온으로 돌아오시는 주님과 흩어진 이들의 귀환(51,9-52,12)	315
1) 주님을 향한 기도와 그분의 응답(51,9-16)	315
2) 구원의 전환이 열리다(51,17-23)	318
3) 준비 행위들과 임금이신 주님의 귀환(52,1-12)	319

5. 종의 고통과 들어 높임(52,13-53,12) 322
   1) 종의 넷째 노래에서 드러나는 주제의 전환 326
6. 시온과 예루살렘의 회복과 미래(54,1-55,13) 330
   1) 고난받던 시온의 들어 높여짐(54,1-17) 331
   2) 종말론적 초대(55,1-13) 333
7. 신학적 의미 336
   1) 주님의 종 336
   2) 시온과 시온의 자녀의 의혹 337
8. 말씀의 육화를 위한 단상 338

제7편(56-66장)
악인과 의인의 분리

1. 구조 342
2. 개종한 이방인을 위한 허가 조건(56,1-8) 343
3. 예언자의 고발과 구원의 말씀(56,9-57,21) 346
   1) 예언자의 고발(56,9-57,13) 346
   2) 구원의 말씀(57,14-21) 349
4. 구원이 지연되는 이유(58,1-59,21) 351
   1) 참된 단식과 안식일에 대한 가르침(58,1-14) 351

2) 주님의 구원 능력을 의심하는 이들에 대한

   　하느님의 응답(59,1-21) 　　　　　　　　　　　　　354
5. 시온과 예루살렘을 비추는 빛의 계시(60,1-62,12) 　　357
   1) 시온과 예루살렘에 도래할 영광(60,1-22) 　　　　358
   2) 시온의 의로운 이들에게 수여되는 영(61,1-11) 　　361
   3) 시온과 예루살렘의 미래적 영광(62,1-12) 　　　　368
6. 역사에 대한 회고와 탄원기도(63-64장) 　　　　　　373
   1) 에돔에서 승리하여 개선하시는 하느님(63,1-6) 　　374
   2) 백성의 탄원기도(63,7-64,11) 　　　　　　　　　376
7. 주님의 응답과 공동체의 분리(65-66장) 　　　　　　380
   1) 종과 악인의 분리와 새로운 예루살렘(65,1-25) 　　381
   2) 종말론적 구원 앞에 놓인 마지막 장애(66,1-24) 　　384
8. 신학적 의미 　　　　　　　　　　　　　　　　　　389
   1) 새로운 하느님 백성 공동체 　　　　　　　　　　389
   2) 시온의 재건 　　　　　　　　　　　　　　　　　390
   3) 의인과 악인의 분리 　　　　　　　　　　　　　　391
9. 말씀의 육화를 위한 단상 　　　　　　　　　　　　393

마무리하며 　　　　　　　　　　　　　　　　　　　396

미주 및 참고 문헌 　　　　　　　　　　　　　　　　403

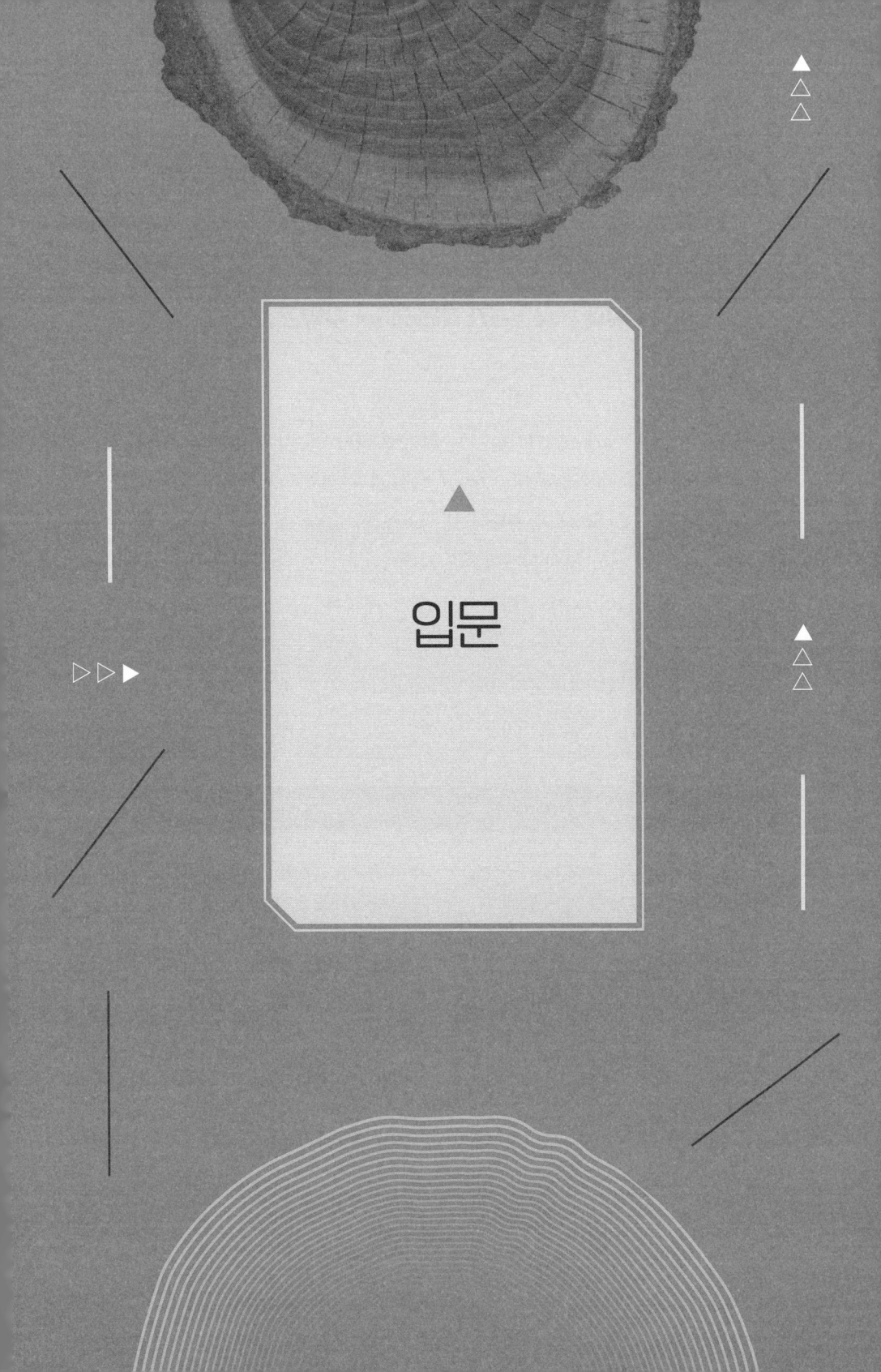

입문

1. 예언서 입문

1) 성경에서 예언서가 갖는 의미 – 구약과 신약

그리스도교 신자에게 예언서는 어떤 의미로 다가오는가? 일반적으로 예언서는 예수님의 탄생과 생애, 그리고 죽음과 부활을 예고한 책으로 이해된다. 그래서 전례력에서 중요한 대림과 성탄, 사순과 부활 시기에 가장 많이 읽히는 책이 구약성경의 예언서이다. 이는 '약속과 성취'라는 도식을 통해 예수님이 구약 시대부터 준비된 메시아, 곧 그리스도라는 사실을 알려준다.

다음의 두 본문을 살펴보자. 여기서 예언서를 바라보는 그리스도교의 이해가 잘 드러난다.

이사 61,1-2	루카 4,16-21
주님께서 나에게 기름을 부어주시니 주 하느님의 영이 내 위에 내리셨다. 주님께서 나를 보내시어 가난한 이들에게 기쁜 소식을 전하고, 마음이 부서진 이들을 싸매어주며 잡혀간 이들에게 해방을, 갇힌 이들에게 석방을 선포하게 하셨다. 주님	예수님께서는 당신이 자라신 나자렛으로 가시어, 안식일에 늘 하시던 대로 회당에 들어가셨다. 그리고 성경을 봉독하려고 일어서시자, 이사야 예언자의 두루마리가 그분께 건네졌다. 그분께서는 두루마리를 펴시고 이러한 말씀이 기록된 부분을

의 은혜의 해, 우리 하느님의 응보의 날을 선포하고 슬퍼하는 이들을 모두 위로하게 하셨다.	그분께서는 두루마리를 펴시고 이러한 말씀이 기록된 부분을 찾으셨다. "주님께서 나에게 기름을 부어주시니 주님의 영이 내 위에 내리셨다. 주님께서 나를 보내시어 가난한 이들에게 기쁜 소식을 전하고 잡혀간 이들에게 해방을 선포하며 눈먼 이들을 다시 보게 하고 억압받는 이들을 해방시켜 내보내며 주님의 은혜로운 해를 선포하게 하셨다." 예수님께서 두루마리를 말아 시중드는 이에게 돌려주시고 자리에 앉으시니, 회당에 있던 모든 사람의 눈이 예수님을 주시하였다. 예수님께서 그들에게 말씀하기 시작하셨다. "오늘 이 성경 말씀이 너희가 듣는 가운데에서 이루어졌다."

이사 61,1-2은 기원전 500년대에 이사야 예언자의 이름으로 선포된 말씀이며 루카 4,16-21은 예수님의 공생활의 시작을 알려주는 본문이다. 이사야서의 본문이 말씀을 선포하였다면, 루카복음서는 선포된 말씀이 예수님에게서 이루어졌음을 보여준다. 두 본문을 비교해보면, 예언서는 약속을 예고하고 복음서는 그 약속이 예수님을 통해 성취된다는 사실

을 알려준다. 이처럼 그리스도교는 예언서를 '약속과 성취'의 도식으로 이해한다. 따라서 예언서가 선포하는 말씀을 올바로 이해하려면 예수님의 전 생애를 바탕으로 읽어나가야 한다고 가르친다. 곧 예언서의 말씀은 그리스도를 통하여, 그리스도와 함께, 그리스도 안에서 올바로 이해된다.

이러한 이해를 바탕으로 성경의 목차를 살펴보자. 성경은 크게 구약성경과 신약성경으로 구성된다. 구약성경은 다시 오경, 역사서, 시서와 지혜서, 예언서로 구성된다. 우리가 주목할 부분은 예언서로, 예언서 부분은 이사야서부터 시작하여 말라키서로 마무리된다. 그런데 성경은 말라키서로 끝나지 않는다. 곧바로 마태오복음서가 이어지기 때문이다. 마태오복음서는 아브라함부터 시작되는 예수님의 족보로 시작되고(마태 1,1-17), 이어서 예수님의 탄생 이야기를 전해준다(1,18-25). 이는 예수님의 탄생이 어느 날 갑자기 일어난 일이 아니라 이미 수백 년 전에 이사야 예언자가 예고했던 '임마누엘' 탄생의 성취였음을 알려준다(1,23). 이처럼 그리스도교 성경의 목차는 '예언과 성취'라는 구약과 신약의 도식을 반영한다.

그러나 구약성경을 기록하고 하느님께서 약속하신 메시아가 아직 세상에 오지 않았다고 믿는 유다인들의 성경은 구성에서 그리스도교의 성경과 다르다. 유다인들의 성경은 다음의 세 부분으로 구성된다. 우선 토라תורה라고 불리는 오경, 네비임נביאים으로 언급되는 예언서, 케투빔כתובים으로 지칭되는 성문서가 그것이다. 그중 예언서는 전기 예언서와 후기 예언서로 구성되며, 그리스도교의 역사서가 전기 예언서, 그리스도교의 예언서가 후기 예언서에 속한다.

그리스도교와 유다교 성경이 나타내는 목록의 차이는 예언서에 대한 서로 다른 이해를 보여준다. 그리스도교는 예언서를 바라볼 때 신약까지 이어진 큰 틀 속에서 '약속과 성취', '예고와 완성'의 도식을 한층 강조한다. 반면에 유다교는 예언서를 구약성경이라는 틀 안에서만 바라보고, 그 말씀을 둘러싼 '삶의 자리Sitz im Leben'에 더욱 주목한다. 과거 그리스도교는 유다교에서 바라보는 해석을 수용하기보다 그리스도적 해석에 집중하였다. 하지만 오늘날에는 그리스도교도 예언서의 말씀을 '약속과 성취'의 도식을 넘어서서 선포된 말씀의 '삶의 자리'를 바탕으로 말씀이 지닌 의미에 더욱 깊이 다가가고자 노력하며, 과거의 말씀이 오늘을 살아가는 우리에게 들려주는 의미를 파악하고자 애쓴다.

 그리스도교와 유다교에서 예언서는 성경 목록의 배열 외에도 또 다른 차이를 갖는다. 유다교 성경의 예언서는 크게 전기와 후기 예언서로 구성되며, 후기 예언서가 우리 성경의 예언서라는 사실은 이미 언급하였다. 후기 예언서에 속하는 작품은 다시 대예언서와 소예언서로 구분되며, 이사야서·예레미야서·에제키엘서는 대예언서에, 호세아서·요엘서·아모스서·오바드야서·요나서·미카서·나훔서·하바쿡서·스바니야서·하까이서·즈카르야서·말라키서는 소예언서에 속한다. 곧 세 권의 대예언서와 열두 권의 소예언서로 구성된다.[1] 그리스도교의 예언서는 유다교의 후기 예언서에 속하는 열다섯 권 외에 유다교 성경의 성문서에 속하는 애가와 다니엘서, 칠십인역 성경[2]에만 속한 바룩서까지 포함한다.

유다교 성경의 예언서(네비임בִיאִיםנְ)	그리스도교 성경의 예언서
전기 예언서 여호수아기, 판관기, 사무엘기 상권/하권, 열왕기 상권/하권 **후기 예언서** **대예언서:** 이사야서, 예레미야서, 에제키엘서 **소예언서:** 호세아서, 요엘서, 아모스서, 오바드야서, 요나서, 미카서, 나훔서, 하바쿡서, 스바니야서, 하까이서, 즈카르야서, 말라키서	이사야서, 예레미야서, 애가, 바룩서, 에제키엘서, 다니엘서, 호세아서, 요엘서, 아모스서, 오바드야서, 요나서, 미카서, 나훔서, 하바쿡서, 스바니야서, 하까이서, 즈카르야서, 말라키서

2) 예언과 예언자

(1) 예언의 의미

이사야서의 첫 구절을 살펴보자.

"하늘아, 들어라! 땅아, 귀를 기울여라! – 주님께서 말씀하신다. – 내가 아들들을 기르고 키웠더니 그들은 도리어 나를 거역하였다. 소도 제 임자를 알고 나귀도 제 주인이 놓아준 구유를 알건만 이스라엘은 알지 못하고 나의 백성은 깨닫지 못하는구나"(이사 1,2-3).

이사야 예언서는 이렇게 시작된다. 일반적인 '예언'의 의미를 '앞으로 다가올 일들에 대한 예고 혹은 예측'으로 이해하고 이 구절을 읽는 독자라면 적잖이 당황할 것이다. 이 구절은 미래가 아닌 현재에 대한 질책과 심판의 말씀으로 들려오기 때문이다. 이처럼 예언서는 질책이나 심판의 말씀으로만 구성되었을까?

이사야서의 또 다른 구절이다.

"보십시오. 젊은 여인이 잉태하여 아들을 낳고 그 이름을 임마누엘이라 할 것입니다"(7,14). 이 구절은 우리에게 익숙한 임마누엘 탄생 예고이다. 이 말씀은 현재가 아닌 아기의 탄생, 곧 다가올 일에 대해 예고한다. 이 점에서 현재 상황에 대한 질책의 목소리가 담긴 1,2-3과 다르다. 이처럼 예언서에는 우리가 일반적으로 알고 있는 앞으로 다가올 일들의 예고도 함께 들어 있다.

이 두 구절은 '예언'이 지닌 참된 의미를 알려준다. 1,2-3의 말씀은 "주님께서 말씀하신다"는 사실을 강조하며, 선포되는 말씀이 예언자 개인의 이야기가 아닌 하느님의 말씀이라는 점을 분명히 밝힌다. 다시 말해, 하느님의 말씀을 인간이 선포하는 것이다. 이러한 맥락에서 '예언'은 하느님께서 인간에게 맡기신 말씀, 곧 '예언預言'이다. 임마누엘 탄생 예고(7,14)는 앞으로 벌어질 일에 대한 말씀을 전해준다. 곧 미래의 예측과 관련된 말씀으로 여기서는 '예언豫言'이다. 이처럼 '예언'이라는 어휘에는 하느님께서 예언자에게 선포하도록 맡기신 말씀과, 앞으로 다가올 일들에 대한 말씀이라는 의미가 모두 담겨 있다.

(2) 예언자

하느님께서 맡기신 말씀을 선포하며, 아울러 다가올 일들을 예고하는 인물이 바로 예언자다. 구약성경은 예언자를 다양한 표현으로 지칭하고 그들의 역할을 우리에게 전해준다. 예언자와 관련된 호칭은 크게 세 부분으로 살펴볼 수 있다.

① 나비 נביא

예언자를 지칭하는 표현 가운데 히브리어 성경에서 가장 많이 사용된 것은 '나비נביא'이다. 이사야도 이사야서 전체에서 세 번에 걸쳐 '나비'로 언급된다(37,2; 38,1; 39,3). 예언자를 지칭하는 '나비'의 어원이 논쟁의 여지를 지니지만, 일반적으로 '나비'는 아카드어의 '나비움nabium'에서 유래한 것으로 여겨진다. 나비움은 '부르다', '선언하다'라는 의미를 지닌 '나부nabu'에서 나온 명사인데, 그 의미가 능동적 의미를 지닌 '부르는 사람', '선포하는 사람'인지, 수동적 의미를 지닌 '부름받은 사람'인지는 불분명하다. 그럼에도 분명한 것은 나비가 하느님의 부르심과 관련된 사람이라는 사실이다. 아무튼 나비는 하느님의 부르심을 받고 하느님의 율법을 가르치며 그에 따라 살던 사람이다.

히브리어 '나비'는 그리스어로 '프로페테스προφήτης'로 번역된다. '프로페테스'의 의미는 히브리어 '나비'가 지닌 부르심과 관련된 의미보다 더 넓다. '프로페테스'는 '누군가를 대신해서 말하는 자' 곧 '백성 앞에서 말하는 신의 대변자'를 지칭하기도 하고, 신전과 같은 신탁 장소에서 미래에 대한 물음에 응답하는 '앞서 말하는 자'라는 의미도 함께 지닌다. 다만 여기서 예언의 의미가 단순한 미래의 일을 예측하는 점성술과 구별된다는 점에 주목해야 한다. 그리스어는 '예언'과 점성술을 명확하게 구별한다. '프로페테스'가 선포의 맥락에서 사용되면서, 점을 치다라는 의미를 지닌 '만테우오마이μαντευομαι'와 탈혼가 혹은 탈혼이라는 의미를 지닌 '만티스μαντις'와 분명하게 구별되어 사용되기 때문이다. 이는 예언이 지닌 의미가 단순한 미래 예측에 머물고 있지 않음을 보여주는 좋은 용례라고 할 수 있다.

구약성경은 하느님의 말씀을 전한 인물에게 '나비'라는 호칭을 부여하였다. 우리에게 익숙한 모세, 미르얌, 드보라, 사무엘, 엘리야 등이 이 이름(예언자)을 부여받았다. 나비는 이처럼 하느님의 말씀을 직접적으로 전한 이들에게 사용되었지만, 동시에 왕궁에서 활동했던 예언자들도 나비라는 호칭을 부여받았다. 아울러 우리에게 자신의 이름을 걸고 예언서를 남겨준 이들, 곧 문서 예언자들 가운데 이사야, 예레미야, 하바쿡, 에제키엘, 즈카르야도 나비로 불렸다. 히브리어 나비נביא는 단수 형태이다. 이 단어의 복수형은 네비임נביאים으로 구약성경에서 예언자 무리를 가리켰다. 이들은 주로 참예언자와 대립했던 예언자들(1열왕 22장; 즈카 13,2; 애가 2,14 참조) 또는 바알의 예언자(1열왕 18,19-20) 같은 부정적 인물로 나타난다.

② 호제חזה와 로에ראה

예언자는 하느님의 말씀을 전한 사람이다. 그들은 하느님의 말씀을 전하기 위해 하느님의 말씀을 직접 듣기도 하였지만, 동시에 환시를 보거나, 바라본 것을 이해하고 선포하였다. 그러므로 예언의 직무는 청각적 영역에 국한되지 않고 보고 이해하는 시각적 영역의 것도 포함한다. 이러한 시각적 역할을 강조한 표현이 히브리어 호제חזה와 로에ראה이다.

우선 호제는 '환시를 보다'라는 의미를 지닌 동사에서 파생된 분사형 명사로 '환시를 보는 사람, 환시가를 의미한다. 나비가 부르심을 받고 주님의 말씀을 선포한다라는 측면을 강조한 표현이었다면, 호제는 하느님께서 보여주시는 환시를 바라본다는 측면을 강조한다. 로에는 기본적으로 '보다', '인식하다', '이해하다'라는 의미를 지닌 동사에서 파생된 분사형 명사로 '보는 사람', '이해하는 사람'이라는 의미를 지닌다. 이 이해를 바탕으로 로에는 '선견자先見者'로 번역된다. 호제가 바라보는 행위를 강조하였다면, 로에는 바라본 것을 인식하고 이해하는 행위를 강조한다. 구약성경에서 호제와 로에는 환시와 환청을 통하여 하느님의 말씀을 수령하는 행위를 표현하며, 그것은 인간의 행위를 넘어 하느님의 눈으로 세상을 바라보는 행위를 내포한다. 역사서에서 발라암(민수 24장), 사무엘(1사무 9,9), 가드(2사무 24,11), 그리고 문서 예언자 가운데 아모스(아모 1,1; 7,12; 9,1)와 이사야 시대의 예언자들(이사 29,10; 30,10)에게 이 호칭이 쓰였다.

③ 기타 표현

구약성경에는 '나비', '호제'와 '로에' 외에도 예언자를 나타내는 또 다른 표현이 등장한다. 사자使者 또는 천사의 의미를 지닌 히브리어 '말락מלאך'이다. 하까이 예언자는 '주님의 사자'로 지칭되며 예언자가 주님의 사자로 불렸음을 알려준다(하까 1,13). 아울러 예언서 가운데 가장 마지막에 위치한 '말라키서'의 말라키 역시 '말락'을 어근으로 삼으며 '나의 사자', '나의 천사'라는 의미를 지닌다. 익명의 그 예언자도 '주님의 사자'라는 이름으로 불리며(말라 2,7), 동시에 앞으로 등장하게 될 인물에게도 같은 이름을 사용한다(3,1).

(3) 활동 예언자와 문서 예언자

예언자의 명칭에서 살펴본 것처럼, 모세(신명 18,15.18), 미르얌(탈출 15,20), 드보라(판관 4,4), 사무엘(1사무 3,20 외), 엘리야(1열왕 17-19장; 21장; 2열왕 1-2장), 엘리사(1열왕 19,19-21; 2열왕 2-8장; 9,1-13; 13,14-21)에게 예언자라는 호칭이 부여되지만, 우리에게 모세 예언서, 미르얌 예언서, 혹은 엘리야 예언서는 전해지지 않는다. 이들은 역사서에 등장한다. 역사서는 이러한 예언자들의 등장과 활동을 기술하면서 하느님의 말씀 선포보다 그들이 하느님의 사람으로 보여준 행적에 집중한다. 이처럼 역사서에 등장하며 예언자의 이름으로 활동한 예언자들을 '활동 예언자'로 분류한다.

반면에 '예언서'는 예언자의 행적과 이야기보다 그들이 전한 하느님의 말씀을 시와 운문의 형식을 지닌 예언 장르에 맞게 기록한 책이다. 이 책들은 '예언자 이름 + 예언서'라는 형식의 제목으로 성경의 예언서를 구성한다. 곧, 이사야 예언서부터 말라키 예언서까지의 본문이 예언서에 속한다. 자신의 이름으로 예언서를 남긴 예언자들은 '문서 예언자'라고 불리며 활동 예언자와 구별된다. 그러므로 구약성경의 예언서를 이해하고 풀이할 때는 문서 예언자와 가지는 관계를 살펴야 한다.

3) 예언 현상의 기원과 발전

오늘날 우리가 마주하는 예언서는 기원전 8세기부터 기원전 5세기까지,

즉 400년 정도의 시대를 배경으로 삼는다. 주님의 말씀을 선포하고 자신의 선포를 기록으로 남긴 최초의 예언자인 아모스를 시작으로 이후에 호세아, 이사야, 미카, 나훔 등의 예언서가 기록되고 전승되어 오늘날 우리가 마주하는 예언서의 형태를 갖추게 되었다. 그러나 이러한 사실에서 예언 현상 자체가 기원전 8세기에 이르러서 생겨났고 발전했다고 이해하면 안 된다. 예언서가 기록으로 남겨지기 전부터 이미 예언 양식은 존재했다. 즉, 문서 예언자들이 어느 날 갑자기 등장하여 자신의 이름으로 예언서를 남긴 것이 아니다. 구약성경의 초기부터 이어져 오던 예언 현상의 흐름 속에서 예언문학이 생겨난 것이다. 물론 이러한 예언 현상의 근원적인 과정을 아직 다 구체적으로 밝혀내지 못했지만, 이를 구약성경 역사의 순서에 따라 개략적으로 정리하면 다음과 같다.

가장 앞선 예언 현상으로 성조들의 이야기를 언급할 수 있다. 아브라함, 이사악, 야곱은 하느님의 말씀을 직접 전달받았다. 하느님께서 직접 성조를 방문하시거나(창세 18,1-15) 꿈에 등장하셨고(창세 28,11-17), 때로는 사자를 파견하시어 당신의 말씀을 전하셨다(창세 16,7-16; 22,11).

하느님의 말씀을 전달하는 중재의 기능을 나타내는 신탁 형식은 이스라엘 백성이 약속의 땅에 정착하고 난 이후 시작되었다. 제의를 담당하는 사제들이 전문적으로 신탁의 역할을 수행하였다. 신탁은 주로 앞으로 다가올 일들을 예견하는 가운데 진행되었는데, 하느님의 음성이 직접 등장하기보다 '우림'과 '툼밈'이라 불리는 일종의 주사위 같은 도구를 통하여 중요한 일정을 앞두고 가부피좀를 결정하였다(1사무 23,1-18; 28,6 참조).

이어서 하느님의 영을 부여받아 카리스마를 지닌 인물을 통해 그분의 말씀과 뜻을 전달하는 형식이 나타났다. 하느님의 영을 부여받고 카리스마를 지녔던 영웅적 인물들이 바로 판관이다. 이들은 주로 중요한 전투와 일정을 앞두고 하느님의 뜻이 무엇인지를 이스라엘의 군대와 백성에게 전달하였다. 그들은 "내가 그것을 이미 네 손에 넘겨주었다"(판관 7,9)와 같은 하느님의 말씀을 받아 이스라엘 백성에게 하느님의 뜻을 전달하고, 주님의 뜻이 성취될 수 있도록 백성을 이끌었다.

우리가 이해하는 예언자와 가장 가까운 역할을 한 인물은 마지막 판관 사무엘이다. 사무엘은 "선견자"(1사무 9,9.11.18-19)로 불렸지만 예언자의 역할을 수행하였는데, 이는 "오늘날의 예언자를 옛날에는 선견자라고 하였던 것이다"(1사무 9,9)는 말씀에서 알 수 있다. 사무엘을 지칭한 호칭은 선견자, 예언자와 함께 "하느님의 사람"(1사무 9,6-8.10)이었다. 그 호칭에 부합하여 그는 하느님의 말씀을 사람들에게 전하였다.

사무엘 이후 지파들의 연합체였던 이스라엘 백성 공동체는 사울을 시작으로 왕정 체제, 곧 국가 형태로 전환된다. 이러한 역사적 전환에 따라 예언의 직무도 변화되었다. 임금이 진행하는 국가 대소사를 지지하거나 비판하는 궁정 예언자가 등장했기 때문이다. 대표적 인물이 나탄 예언자이다. 그는 왕실에서 활동하면서 다윗 임금을 보좌하고 그의 잘못에 대해 비판을 서슴지 않았다(2사무 12장 참조). 그 외에도 가드(2사무 24,11), 아히야(1열왕 11,29) 등 임금의 통치를 위해 활동했던 예언자들이 존재했다. 다만 이러한 궁정 예언자들은 하느님의 말씀을 올바르게 전달하고 하느님의 뜻이 펼쳐지기 위해 노력하기보다 왕실과 가까운 관계를 유지하는 가운데, 임금이 수행하는 정치적 결정에 종교적 정당성을 부여하는 모습을 보였다(이사 3,2; 9,14; 아모 7,14 참조). 따라서 제도 안에 머물던 왕실 예언자들은 하느님의 말씀을 선포하며 제도권의 악행을 비판한 문서 예언자들과 불가피하게 충돌할 수밖에 없었다.

물론 문서 예언자들의 등장 이전에도 하느님의 말씀을 선포하며 왕정과 대립한 예언자들이 존재했다. 그 대표적 인물이 엘리야와 엘리사이다. 엘리야는 이방 종교인 바알 종교와의 혼합주의를 강하게 비판하고 저항하면서 야훼 하느님을 향한 신앙을 지키고자 노력했던 인물이다. 그는 예언의 직무가 지닌 고유성을 보여주었는데 거기에서 변화된 예언의 양상이 모습을 드러낸다. 이전에는 신탁을 통한 미래 예보나 황홀경 체험 같은 비이성적인 모습으로 예언의 직무를 수행하는 모습이 중심을 이뤘다면, 엘리야는 하느님 말씀을 사회·정치적 관점에서 선포함으로써 신학적 전환을 이루었다.

이어서 엘리야의 후계자로 엘리사 예언자가 등장한다. 엘리야가 사회·정치적 영역에서 활동하는 가운데 야훼 하느님의 유일신 사상을 설파하고 혼합주의를 경계하였다면, 엘리사는 기적으로 하느님의 능력과 유일성을 드러냈다. 엘리야와 엘리사는 왕정 시대에 활동하면서 궁정 예언자나 제도권 사람들과 충돌을 피하지 않는 가운데 하느님의 뜻을 이루고자 했던 인물로서, 예언의 본질이 무엇인지를 알려주었다.

엘리사 예언자를 끝으로 활동 예언자의 시기가 마무리되고, 제도권 예언자 그룹만이 남게 되었다. 제도권 예언자들은 개인이 아닌 집단을 이루면서 활동하였다. 그들은 하느님 말씀의 선포보다 체제 유지를 위해 하느님의 뜻을 왜곡하였다. 이들은 임금이 내리는 정치적 판단, 경제적이고 외교적인 판단에 하느님의 뜻과 달라도 신적 정당성을 부여하면서 기득권 세력으로 남게 되었다.

이러한 상황에서 하느님의 부르심을 받고 그분의 말씀을 선포하면서 제도권 예언자들과 충돌했던 그룹이 등장하는데, 그들이 문서 예언자들이다. 그들은 기존의 예언자 무리와 차별화된 존재임을 강조하고(아모

7,14), 이스라엘 백성을 위한 하느님의 참된 뜻이 무엇인지를 선포하고자 노력했다. 그들은 권력자에게서 권위를 부여받지 않고 하느님으로부터 직접 부르심을 받았으며, 하느님께서 전해주는 말씀을 선포하였다. 그들의 선포가 직접적으로 사회를 변화시키고 사람들에게 침투되지 못하였지만, 그들의 선포를 듣고 따르는 제자들이 생겨났다. 그 제자 무리는 예언자들이 전한 선포를 기록하기 시작하여 우리에게 '예언서'를 남겨주었다.

4) 예언서의 형성 과정

오늘날 우리 앞에 놓인 예언서는 예언자가 하느님의 말씀을 선포하고, 그것을 바로 기록하여 남긴 책이 아니다. 이는 각 예언서가 1,1부터 시작하여 마지막까지 한 번에, 또는 한 시기에 기록된 것이 아니라는 사실을 의미한다. 예언서가 기록되고 완성되는 과정은 대략 다음과 같다. 우선, 예언자는 하느님에게 부여받은 말씀을 선포하고, 선포된 말씀은 누군가에 의해 기록되고 단편의 형식으로 전해진다. 이어서 이러한 단편들이 수집되고 편집되는 과정을 거치면서 오늘날과 같은 예언서의 형태가 완성된다. 이처럼 한 권의 예언서는 선포, 기록과 단편의 수집, 편집 과정을 거쳐 완성된다.

(1) 말씀의 선포 단계

예언서가 형성되는 첫 단계에서, 예언자는 하느님의 영을 부여받고 하느님의 이끄심에 따라 행동하는 가운데 하느님의 말씀을 선포한다. 그는 긴 연설을 선포하기보다 두세 구절의 짧은 신탁 형태로 말씀을 선포한다. 여기서 주목해야 할 것은 예언자가 살아가는 환경, 곧 그를 둘러싼 '삶의 자리'이다. 예언자는 당대 사람들이 마주하는 현실 문제들을 함께 겪었던 사람으로 말씀의 수신자들이 이해할 수 있도록 당시 언어로 말씀을 선포하였기 때문이다. 그러므로 예언서를 올바로 이해하려면 예언서의 배경이 되는 주요한 역사적 사건들을 충분히 이해해야 한다.

(2) 말씀의 기록과 수집

우리는 예언서를 마주할 때, 예언서가 본래 기록을 남길 목적으로 저술된 책이 아니라는 사실을 기억해야 한다. 예언자는 하느님의 말씀을 선포하여 사람들의 마음을 변화시키는 것을 더 큰 목적으로 삼았다. 그러기 위해 먼저 하느님의 말씀을 이스라엘 백성에게 전달해야 했다. 그런데 그들이 선포한 말씀은 말씀으로 그치지 않았다. 그들이 선포한 말씀을 누군가가 기록하였다는 사실에 주목해야 한다. 아마도 예언자의 제자 혹은 가까운 곳에서 예언자의 선포를 들은 누군가가 기록한 것으로 여겨진다(이사 8,16-18; 30,8; 예레 36장 참조).

물론 자신이 직접 예언 말씀을 기록하였다고 증언하는 예언자도 있다. 이사야 예언자가 그렇다. 그는 자신이 선포한 바를 백성이 수용하지 않자, 자신이 선포한 말씀이 참되다는 것을 증명하기 위해 그것을 기록하고 봉인하여 후대에 자신의 증언이 참됨을 밝히고자 하였다(이사 8,16). 또한, 임금이나 권력자들의 방해로 말씀 선포가 불가능한 경우, 선포할 말씀이 전해질 수 있도록 그 말씀을 기록하였다(아모 7,12; 예레 36장). 비록 예언자의 선포가 기록을 목적으로 삼지 않았지만 여러 이유로 선포된 말씀이 기록되고 말씀의 단편들이 생겨났다.

(3) 원문서에 덧붙여진 추가와 확장

원문서原文書란 예언자가 선포한 말씀을 최초로 기록한 본문이다. 예언자의 선포와 가장 가까운 형태의 본문이다. 하지만 원문서는 예언서 형성 과정의 가장 초기 단계에 만들어진 단편적인 기록물일 뿐이다. 시간이 흐르면서 특정한 신학적 집단이 이 원문서들을 읽고 수집한다. 이 과정은 말씀의 단편을 단순하게 수집하는 일로 그치지 않고 신학적 관점에서 수정, 보완하는 가운데 새로운 내용을 추가하는 데까지 이른다. 이 작업은 맥락 없이 단순하게 추가하는 일이 아니라, 말씀의 단편이 편집될 당시의 신학적 사고를 바탕으로 진행된다. 곧 과거에 선포된 말씀이 변화된 시대적, 역사적 상황 속에서 새롭게 해석되어 수정 보완된 내용과 함께 다시 선포되는 것이다. 예언자들이 선포한 하느님의 말씀은 어느 시대, 공간에서만 유효한 말씀이 아니라 언제 어디서든지 살아 있는 말씀이다. 그러므로 예언자가 선포한 말씀은 새로운 시대에 새로운 언어와 신학적 배경을 바탕으로 편집과 추가 과정을 통하여 새롭게 선포된다.

(4) 선포된 말씀의 최종 편집

말씀이 선포되고, 선포된 말씀의 단편들은 수집과 수정, 추가와 확장의 단계를 거치면서 완성된 예언서의 형태를 갖춰간다. 이 단계는 기록된 문서들을 최종 편집하는, 예언서 형성의 가장 마지막 시기다. 이 과정을 수행한 전문 신학자들을 흔히 최종 편집자라 부른다. 그들이 완성한 본문의 최종본은 처음부터 마지막까지 온전하게 한 권으로 된 책을 의미한다. 그 안에 그 예언서가 전하고자 하는 바가 문학적 요소로 담겨 있고 그것을 통해 강조하는 신학적 주제를 드러낸다.

이처럼 예언서가 말씀의 선포에서 최종 편집에 이르는 과정을 이사야서에 적용하면 다음과 같다. 이사야 예언자는 하느님의 부르심을 받고 하느님의 말씀을 선포하였다(이사 6장). 그러나 그의 선포가 당대 사람들에게 수용되지 않았기에 그는 자신의 증언을 기록하고 봉인하였다(8,16-18 참조). 그런데 그의 선포와 가르침은 이사야 예언자의 시대에 머물지 않고 그의 제자들에게 수용되어, 바빌론 유배와 유배 이후 시기를 거치면서 추가되고 확장된 뒤 최종 편집을 거쳐 신학적으로 집대성된다. 그 결과가 오늘날 우리에게 전해지는 이사야 예언서이다. 이처럼 이사야서를 비롯한 예언서의 대부분은 한 시기에 한 명의 저자에 의해 기록되고 완성되지 않았다. 그 책들은 시작에서 마침에 이르기까지 수백 년에 걸쳐 익명의 저술가들에 의해 기록되고 수정, 보완, 확장, 편집의 과정을 거쳐 한 권씩 완성된 것이다.

5) 예언문학의 특성

예언서는 앞서 언급한 것처럼 예언자가 선포한 하느님의 말씀과 수정과 추가, 그리고 편집 과정으로 나타나는 신학적 주제를 다양한 문학적 양식으로 표현한다. 예언문학의 양식은 다양하지만 여기서는 크게 세 가지로 나누어서 살펴보겠다.

(1) 예언자에 관한 이야기

예언서는 예언자가 선포한 말씀을 담고 있을 뿐 아니라, 그가 겪은 체험과 행동, 그가 처한 어려움에 대하여 알려준다. 예언자에 관한 이야기는 그가 말씀을 선포할 당시의 상황을 묘사한다. 아울러 예언자가 보여주는 많은 상징적 행위를 묘사하며, 그가 어떠한 과정을 거쳐서 하느님의 부르심을 받게 되었는지를 알려준다.

① 예언 선포의 상황 묘사

예언자와 그의 선포, 그리고 이것을 둘러싼 주변 상황에 대한 묘사는 주로 역사서에서 나타난다. 이는 특히 활동 예언자들, 곧 나탄, 엘리야, 엘리사의 행적과 선포에서 뚜렷하다. 이때 하느님과 예언자를 일인칭이 아닌 삼인칭으로 소개한다는 사실이 특징이다. 반면에 예언서는 주로 예언자가 선포하는 말씀을 중심으로 전개되기 때문에, 그 배경이나 선포 상황을 묘사하는 부분이 매우 드물다.

예언 선포의 상황을 자세하게 보여주는 가장 좋은 장면은 이사 7장이다. 북이스라엘과 아람의 침입을 다루는 시리아-에프라임 전쟁(기원전 734-732년)을 배경으로 하느님을 온전하게 신뢰하지 못하는 아하즈 임금과 이를 질책하는 이사야 예언자의 대화 장면이 여기에 속한다. 이외에도 기원전 701년 아시리아 임금 산헤립이 예루살렘을 포위할 당시와 히즈키야 임금의 발병과 치유, 바빌론 사절단의 방문 이야기를 비교적 자세하게 들려주는 이사 36-39장도 이 양식에 속한다.

이처럼 예언서가 예언 선포의 상황을 비교적 자세하게 묘사하게 된 것은 예언자의 선포를 전달하는 과정에서 수신자와 독자가 그 상황을 명확히 이해하도록 돕기 위해서다. 앞에서 밝혔듯이 예언서의 원문서가 예언자 선포의 단편 형태로 전승되었음을 기억한다면, 예언 선포의 상황에 대한 묘사는 예언서의 형성 과정에서 후대의 저자나 편집자에 의해 추가로 기록된 부분으로 볼 수 있다.

② 예언자의 상징 행위

예언자에 관한 이야기에는 예언자가 보여준 상징 행위도 실려 있다. '상징 행위' 양식은 말 그대로, 예언자가 말씀이 아닌 자신의 행동으로 하느님의 뜻을 전달하는 것이다. 그러므로 예언자의 상징 행위는 단순한 행동을 의미하지 않는다. 예언자는 자신의 행위도 하느님 의지의 전달이라는 틀 안에서 보여준다. 따라서 예언자가 보여주는 상징 행위는 '하느님의 실행 명령 ⇨ 명령의 수행 ⇨ 이에 대한 해석'의 형태로 구성된다. 가장 많은 상징적 행위를 보여준 예언자는 예레미야와 에제키엘 예언자이다(예레 13,1-11; 16,1-9; 27,1-12; 28,10; 43,8-13; 51,59-64; 에제 4,1-3.4-8.9-17; 5,1-4; 12,1-7.17-20; 24,15-27). 호세아는 창녀와 혼인하여 온 생애에 걸친 상징적 행위를 보여준다(호세 1,2-9). 이사야 예언자는 삼 년 동안 알몸과 맨발로 다니면서 전쟁 포로의 모습을 보여준다(이사 20,2-6). 이로써 그는 유다가 아시리아를 거스른 필리스티아인들의 아스돗 봉기에 가담하면 포로 신세를 피할 수 없을 것이라는 사실을 상징 행위로 선포한 것이다. 대체로 선포의 수신자들은 선포된 말씀을 직접 들었을 때보다 상징 행위에서 하느님의 뜻을 더 직관적으로 수용할 수 있었다. 따라서 상징 행위는 말씀 선포에서 부족한 부분을 보충하였다고 말할 수 있다.

③ 예언자의 소명 사화

예언자는 하느님의 말씀을 선포한 사람이다. 이것은 어쩌면 너무나 당연한 이야기인지도 모른다. 하지만 하느님의 말씀을 선포한 참예언자들보다, 임금에게 듣기 좋은 이야기만을 전한 거짓 예언자들이 당시에는 더 큰 지지를 얻고 있었다. 이 같은 부조리한 상황에서 참예언자들의 선포를 참된 것이라고 인정해준 분은 하느님이시다. 그러므로 예언서는 예언자들의 선포가 참이라는 사실을 증명하기 위해 하느님께서 그들에게 당신의 권위를 부여하셨고, 그들은 그 권위를 바탕으로 말씀을 선포한다는 사실을 강조한다. 이처럼 예언자가 하느님의 권위를 부여받는 이야기가 '소명 사화'이다. 다만 모든 예언서가 예언자의 소명 사화를 소개하지 않는다. 이사야서, 예레미야서, 에제키엘서와 아모스서만이 소명 사화를 들려준다. 일반적으로 소명 사화는 각 예언서의 가장 앞부분에 위치하여, 이어지는 예언서의 본문이 모두 하느님의 권위를 바탕으로 선포된 말씀임을 드러낸다(예레 1장; 에제 1장). 특이하게 이사야서만이 6장에서 소명 사화를 전해준다.[3]

예언서가 전해주는 소명 사화는 내용과 구조에서 성경에 등장하는 주요 인물의 소명 사화와 매우 유사하다. 일반적으로 하느님의 부르심을 받은 예언자가 부르심에 적합하지 못한 자신의 처지를 고백하며 거부하고, 이에 하느님께서 그 원인을 제거하여 그를 정화시키신 다음 예언자로 파견하신다. 이를 정리하면 '부르심 ⇨ 거부 ⇨ 정화 ⇨ 파견'의 형식이다.

(2) 환시

예언자는 하느님의 말씀을 선포한다. 우리는 예언자가 하느님으로부터 직접 무언가를 듣고 들은 바를 선포했다고 생각하기 쉽다. 하지만 하느님의 말씀 선포는 하느님께서 전달하시고 예언자의 입에 담아준 말씀 외에도 하느님께서 보여주신 장면에 대한 선포도 포함된다. 이와 관련하여 예언자를 지칭하는 표현 '호제(חזה)'에 주목하고자 한다. 호제는 '선견자'로 번역되는 표현으로 '환시를 보다'는 의미를 지닌 동사 '하자(חזה)'의 분사형이다. 아울러 하자의 명사형은 히브리어로 '하존(חזון)'이며, 이 단어가 '환시'로 번역된다. 예언서 중에는 '예언자가 바라본 환시' 혹은 '예언자가 환시를 보았다'라는 표현으로 시작하는 경우가 많다(이사 1,1; 2,1; 21,2; 아모 1,1; 미카 1,1; 오바 1절; 나훔 1,1; 하바 1,1). 이 사실에서, 하느님의 말씀을 선포하는 예언이 환시와 직접 관련되어 있음을 알 수 있다. 환시는 '들음'보다 '봄(示)'의 측면을 강조한다. 즉 하느님께서 예언자에게 무엇인가를 보여주셨다. 예언서에서 환시는 주로 예언자의 부르심을 전해주는 소명 사화에서 등장한다(이사 6장; 예레 1장; 에제 1-3장; 아모 7,1-9). 이외에도 하느님께서 예언자에게 특정한 장면을 보여주실 때(아모 7,1; 예레 24,1;

에제 37,1; 즈카 3,1)와 또는 예언자에게 자신을 직접 드러내시는 장면에서 나타난다(아모 9,1; 이사 6,1).

현대인의 눈으로 환시의 장면을 바라본다면 환시는 황당한 이야기로 비춰질 수 있다. 하지만 예언서는 우리를 당황케 하려고 환시라는 문학 양식을 활용한 것이 아니다. 오히려 하느님은 인간의 오감으로 쉽게 접근할 수 없는 초월적 존재이시며, 그러므로 하느님의 권위를 부여받은 사람만이 초월적 존재를 인지하고 수용하며 선포할 수 있음을 알려주기 위해 환시를 사용한 것이다.

(3) 말씀의 선포 양식

예언자는 하느님의 말씀 선포라는 주요 사명을 수행한 사람이고, 예언서는 그가 선포한 내용을 우리에게 전해준다. 예언자들이 선포한 말씀은 하나의 양식이나 유형으로 전해지지 않는다. 하느님의 말씀이 몇 가지 주제로 한정될 수 없는 것처럼 예언자들이 선포한 하느님의 말씀도 다양한 양식으로 선포된다. 이를 크게 다섯 가지로 나눠서 살펴볼 수 있다.

① 사자 정식使者定式

사자 정식은 예언자가 하느님의 사자로서 하느님의 메시지를 전달함을 나타낸다. 예언서에서 가장 많이 사용되는 이 양식은 예언서뿐 아니라, 다른 성경에서도 주인의 메시지를 전하는 사절의 모습으로 나타난다(창세 32,4-5; 1열왕 21,18-19). 예언서가 전하는 사자 정식의 구성은 단순하다.

예언자는 하느님의 말씀을 듣고 선포를 시작하면서, '주님께서 이렇게 말씀하신다' 혹은 '주님의 말씀이다' 등의 정형화된 표현으로 말씀의 수신자들이 하느님의 말씀을 듣도록 초대한다. 뒤이어 예언자는 하느님 말씀의 본론을 전한다. 주로 이스라엘 백성의 악행과 심판의 예고가 이뤄진다. 이렇듯 단순해 보이는 형식으로 예언서는 하느님의 말씀을 전한다.

② 불행 선언

불행 선언은 히브리어로 '호이הוֹי'라고 시작되는 '불행하여라'라는 선포이다. 호이는 일종의 탄식을 나타내는 표현으로 우리말 '아이고' 정도로 번역될 수 있다. 이 표현은 주로 장례 예식에서 사용되었는데(1열왕 13,30; 예레 22,18; 34,5), 죽은 이들을 위한 노래가 예언문학에서 사용되었다는 것은 매우 의미심장하다. 왜냐하면 예언자는 '호이'와 같은 장례식의 표현을 통해 수신자들을 죽은 사람처럼 대했음을 알려주기 때문이다.

불행 선언은 말 그대로 불행을 선포하며, 개인 또는 집단의 악행을 언급하고 그 행위에 대해 책임을 묻는 형식으로 전개된다. 이사야 예언서는 불행 선언의 형식으로 죄악을 고발하고 이에 대한 하느님의 심판을 예고한다. 여기서 불행 선언의 대상은 주로 이스라엘 백성이지만(이사 5,8.11.18.20.21.22; 10,1), 아시리아 같은 이방 민족도 불행 선언의 대상으로 등장한다(10,5).

③ 소송

소송은 예언자가 하느님의 말씀을 선포하는 양식 가운데 무척 많이 사용되는 방법이다. 소송 양식은 법정에서 전개되는 기소 형식을 지니면서 수사적 질문을 제시한다. 소송에서 본질을 이루는 부분은 주로 이스라엘 백성이 하느님과 맺은 계약에 충실하지 않았다는 사실이다. 그러므로 소송은 하느님과의 계약을 충실하게 이행하지 않는 이스라엘 백성의 죄악을 고발한다. 다만 이스라엘 백성이 잘못을 인정하고 하느님께 돌아오면 구원이 약속되지만, 그렇지 않으면 피할 수 없는 하느님의 심판이 예고된다. 소송의 목적은 백성을 고발하고 그들의 죄를 규탄하여 그들을 멸망에 이르게 하는 데 있지 않고, 하느님 앞에서 죄를 인정하고 하느님의 품으로 돌아오게 하는 데 있다.

④ 구원의 말씀과 약속

예언자가 백성에게 하느님의 말씀을 선포한 가장 큰 이유는 그들을 질책하고 심판하기보다 구원하기 위해서다. 구원의 말씀은 현재가 아닌 미래를 지향한다. 그것은 약속의 성격을 가지면서 "그날에"(호세 2,20), "세월이 흐른 뒤에"(이사 2,2)와 같은 표현으로 나타난다. 이스라엘 백성을 향한 심판의 말씀이 현재 상황을 바탕으로 선포된 것이라면, 구원의 말씀은 다가올 시간에 현재의 비극적인 상황들이 변화될 것이라는 예고를 전해준다. 여기서 중요한 것은 이 모든 변화를 가능하게 만들고 미래를 구원으로 변화시켜 주시는 분은 한 분이신 하느님이라는 사실이다.

2. 이사야서에 다가서기

이사야 예언서는 이스라엘 백성과 온 인류를 향한 하느님 구원의 드라마를 선포한다. 하지만 이사야 예언서를 접하는 오늘날의 독자들은 하느님 구원에 대한 희망보다, 예언서가 담고 있는 내용이 어렵다는 사실을 더 크게 여긴다. 그리고 이러한 어려움을 신앙심의 영역에서 해석하여, 하느님의 말씀을 쉽게 알아듣지 못하는 것은 신앙심이 약하기 때문이라고 오해한다. 사실 구약성경에서 쉬운 책은 없을 것이다. 다만 창세기와 탈출기는 하나의 연속된 이야기를 보여주고, 복음서와 사도행전은 예수님을 중심으로 전개되는 드라마이기에 적어도 읽는 데 어려움은 없다.

하지만 이사야서는 어떠한가? 이사야서는 "이사야가 … 본 환시"(이사 1,1)라는 머리글로 시작해서, 전후 맥락 없이 "하늘아, 들어라! 땅아, 귀를 기울여라!"(이사 1,2) 하는 말씀과 함께 심판이 선포된다. 따라서 이사야서에 대한 사전 이해가 없으면 이 구절이 지닌 의미를 파악하기란 참으로 쉽지 않은 일이다. 이리 보고 저리 봐도 결론은, 이사야 예언서는 읽기 어려운 책이라는 사실이다. 그래서 왜 이사야서를 읽기가 어려운지 그 이유를 밝히면서 이사야 예언서에 접근해보고자 한다.

1) 이사야 예언서가 지닌 어려움

이사야 예언서가 독자들에게 어렵게 다가오는 이유는 여러 가지가 있겠지만, 다음의 이유를 제시하고자 한다.[4]

첫째, 이사야서는 예언서이다.

'아모츠의 아들 이사야의 환시'로 시작되는 이사야서는 이사야 예언자의 선포를 담고 있는 예언서이다. 예언서는, 일정한 맥락 속에서 전개되는 창세기나 탈출기 혹은 역사서와는 다른 고유한 문학 양식을 취한다. 쉽게 말해서 예언서는 이스라엘과 이방 민족을 향한 하느님의 심판과 구원의 말씀을 주로 운문 형태로 함축해서 은유적으로 담아내기 때문에, 독자들에게 친절하지 않다. 또, 예언서는 역사적 배경도 친절하게 설명하지 않는다. 즉, 역사적 배경으로 임금의 연대기나 간단한 시대적 배경과 상황만을 제시할 뿐, 구체적으로 어떠한 사건이 벌어지고 있는지 충분히 설명하지 않는다. 따라서 예언서의 선포 내용을 올바르게 이해하려면 말씀이 선포되는 시대를 이해하는 일이 반드시 필요하다. 이러한 점을 고려하면 이사야서를 읽는 독자들에게는 예언문학이라는 장르의 특성과 시대적 배경에 대한 이해가 요구된다.

둘째, 이사야서가 지닌 폭넓은 시대 배경이다.

이사야 예언서는 시작과 함께 "아모츠의 아들 이사야가 유다 임금 우찌야, 요탐, 아하즈, 히즈키야 시대에 유다와 예루살렘에 관하여 바라본 환시"(1,1)라는 머리글을 통해 시대적 배경을 제시한다. 이것은 연대기에 대한 정보인데 머리글에서 제시된 유다 임금의 재위 연대는 다음과 같다: 우찌야(기원전 773-736년); 요탐(기원전 756-741년); 아하즈(기원전 736-

725년); 히즈키야(기원전 725-697년). 이사야 예언서는 예언자 이사야가 "우찌야 임금이 죽던 해"(6,1)에 예언자로서 부르심을 받았다고 알려준다. 그러므로 1,1의 연대기에 따르면 이사야 예언자는 기원전 736년부터 기원전 697년까지 40년 동안 활동한다.

그러나 40장 이후 본문은 이사야 예언자가 활동하던 시대가 아닌, 바빌론 유배(기원전 587-538년)의 마지막 시기를 배경으로 삼고 있다. 이 사실은 45,1에 등장하는 페르시아의 임금 키루스(기원전 559-530년 재위)에게서 입증된다. 따라서 이사 40장 이후의 본문을 이사야 예언자가 활동했던 시기의 작품으로 간주하려면 이사야 예언자가 적어도 200년 넘게 활동했다고 간주해야 한다. 또한, 이사 56-66장은, 바빌론 유배가 끝나고 이스라엘 백성이 예루살렘으로 다시 돌아와서 예루살렘과 성전의 재건에 힘쓰는 시대를 배경으로 삼는다. 페르시아 임금 키루스는 기원전 539년에 바빌론을 점령하고, 이듬해인 기원전 538년에 유배 온 민족들은 본국으로 돌아가도 좋다는 칙령을 반포한다. 이로써 이스라엘 백성의 예루살렘 귀환이 시작되었다. 56-66장이 예루살렘을 재건하는 과정을 반영하고 있으므로, 그 본문의 시대적 배경은 아마도 예루살렘의 성전이 재건된 기원전 515년 이전에서 느헤미야와 함께 예루살렘 성벽 보수 공사를 진행한 기원전 445년 전후까지일 것이다. 이러한 역사적 배경을 모두 고려하면, 유배 시기와 유배 이후 시기를 배경으로 한 이사 40장 이후의 본문은 '아모츠의 아들, 이사야'의 작품으로 볼 수 없다. 따라서 이사야 40-55장과 56-66장은 역사적 인물 이사야 예언자가 아닌 익명의 예언자에 의한 작품이며, 이들을 '제2이사야'와 '제3이사야'로 부르며, 이러한 시대적 구분을 《성경》은 이사 1-39장을 제1부, 40-55장을 제2부, 56-66장을 제3부로 표기한다.

이처럼 이사야 예언서는 바빌론 유배를 중심으로 유배 이전, 유배 시기, 유배 이후 시기를 시대적 배경으로 삼는다. 이렇게 시대 배경이 폭넓다는 것은, 우리가 마주하고 있는 한 권의 이사야 예언서가 어느 한 명의 저자에 의해 기록되지 않고 긴 시간에 걸쳐 기록과 편집 과정을 반복하며 완성되었음을 의미한다. 따라서 한 권의 이사야 예언서 안에 시대 배경을 비롯하여 이에 부합하는 다양한 신학과 신앙의 강조점이 반영된다.[5]

셋째, 이사야서는 다양한 신학적 주제를 담고 있다.

이 부분은 이사야 예언서의 형성 과정에서 기인한다. 앞에서 살펴본 바와 같이, 이사야 예언서는 바빌론 유배 이전, 유배 시기, 유배 이후 시기라는 형성 과정을 거치면서 완성되어 우리 손에 전달된 최종본이다. 곧 여러 시대의 작품이 역사적 인물 '이사야'라는 예언자의 이름 아래 기록, 수집, 편집의 과정을 거쳐서 한 권의 책으로 완성되었다(세 권의 책이 아니다). 그러다보니 이사야 예언서에 담긴 신학적 주제에는 폭넓은 시대가 반영되어 있다. 다른 예언서와 비교하면, 예언서 자체 분량으로 이사야 예언서에 견줄 수 있는 예레미야 예언서는, 바빌론 유배 이전 기원전 627년부터 예루살렘이 파괴되고 유다 왕국이 멸망하는 기원전 587년까지의 이야기를 담고 있다. 그러므로 예레미야서는 유배 직전이라는 시대 상황에 부합하는 신학적 주제를 분명하게 드러낸다. 반면에 이사야서는 유배 이전, 유배 시기와 유배 이후 시대에 따른 신학적 주제들이 씨실과 날실로 서로 얽힌 모습을 보여주어 독자들에게 어려움을 준다.

넷째, 이사야 예언서의 많은 분량이다.

이사야 예언서는 총 66장으로 구성되었다. 구약성경 가운데 한 권의 책으로는 시편집(150편의 단일 시편 모음집)을 제외하고 가장 많은 장章이다. 열두 소예언서의 합이 67장이라는 사실과 비교해보면, 이사야 예언서의 분량이 어느 정도인지를 가늠해볼 수 있다.

여기서 언급한 몇 가지 이유로, 독자들은 이사야 예언서를 읽고 하느님의 말씀으로 받아들이며 묵상하기가 어렵다. 이사야 예언서는 어려울 수밖에 없는 책이다. 우리가 조선 시대 문학작품을 읽는다고 생각하면, 그 일이 쉬울까? 당연히 어려운 일이다. 하물며 우리 민족의 이야기도 아니요, 지금으로부터 2300-2400년 전을 배경으로 하는 고대 근동의 '예언문학'을 읽는 일은 결코 쉽지 않다. 다만 그 책이 하느님의 말씀이기에 우리가 하느님을 향한 믿음을 지닌다면, 성령께서는 우리를 올바른 이해로 이끌어주실 것이다. 단, 우리의 노력도 전제되어야 한다. 하느님의 이끄심과 말씀을 향한 우리의 열정이 만날 때, 우리는 이사야가 전한 하느님의 말씀을 올바르게 알아들을 수 있다. 이러한 준비된 자세로 이사야서가 지닌 하느님 구원의 드라마에 차근차근 접근해보자.

2) 이사야 예언서의 위상

이사야서는 정경 목록에서 예언서들 가운데 첫자리를 차지하며 구약성경 예언서들을 이끈다. 예언서 중에서 가장 앞선 시기를 배경으로 전개되는 책은 아모스 예언서인데, 정작 첫 번째 자리를 차지한 책은 이사야서로서 다른 예언서와 비교하여 그의 중요성을 보여준다. 이사야서는 다른 예언서와 달리 특정한 시대와 상황만을 배경으로 삼지 않는다. 오히려 예언문학의 첫 시대적 배경이 되는 기원전 8세기부터 기원전 5세기에 이르는 시대를 폭넓게 아우른다. 거의 4백 년에 걸친 시기를 배경으로 삼는 이사야서는 이스라엘의 역사에서 가장 중요한 사건, 바빌론 유배를 중심으로 유배 이전, 유배 시기와 유배 이후 시기의 배경 속에서 하느님 말씀을 선포한다.

이사야서는 구약성경에서만 유효한 의미를 갖지 않는다. 이사야서의 위상은 신약성경과의 관계는 물론이며 그리스도교에서 더욱 두드러진다. 이사야서는 구약성경 가운데 시편을 제외하고 신약성경에서 가장 많이 인용된다. 또한, 그리스도교는 이사야서의 예순여섯 개 장 가운데 서른아홉 개 장을 전례 독서로 사용한다. 이러한 이사야서의 위상을 성 예로니모는 자신이 쓴 이사야서 주석서에 다음과 같이 표현한다.

"나는 이사야를 예언자만이 아니라 복음사가요 사도로 나타내고자 한다."

이는 이사야 예언자가 하느님으로부터 파견되었으며(6,8 참조), 그의 예언서가 '기쁜 소식' 곧 '복음'을 선포하기 때문이다(이사 52,7 참조). 아울러 성 예로니모는 이사야서 안에 예수님의 모든 신비가 감추어져 있다고 보았다. '처녀로부터 잉태되고 태어날 임마누엘'(7,14), 고난받는 '주님의 종의 노래' 네 편(42,1-9; 49,1-7; 50,4-11; 52,13-53,12) 등의 본문이 그리스도의 탄생과 수난이라는 신비를 예고하기 때문이다. 그러므로 이사야 예언서는 구약의 다른 어느 부분보다 더욱 분명하게 '약속'과 '성취'라는 도식을 드러내며 신약을 준비한다.

3) 이사야서의 저자

이사야서는 첫머리에 "아모츠의 아들 이사야가 유다 임금, 우찌야, 요탐, 아하즈, 히즈키야 시대에 유다와 예루살렘에 관하여 바라본 환시"(1,1)라는 머리글을 제시한다. 그래서 독자들은 너무나도 쉽게 이사야서의 저자는 이사야라고 단정 짓는다. 그리고 이사야서가 전해주는 이사야 예언자의 활동은 머리글에서 언급된 유다 임금 네 명의 시대를 배경으로 전개된다. 이사야는 우찌야 임금이 죽던 해에 하느님의 부르심을 받았으며(6,1-13), 우찌야의 손자이며 요탐의 아들인 아하즈에게 하느님의 말씀을 전하며(7장), 마지막으로 히즈키야에게 하느님 구원과 심판에 관한 메시지를 전달한다(36-39장). 이사야 예언서가 39장에서 마무리되었다면, 머리글이 보여주는 것처럼 이사야 예언서는 우찌야 임금부터 히즈키야 임금의 시대까지의 이야기가 된다.

하지만 우리가 알고 있는 것처럼 이사야 예언서는 39장이 아닌 66장에서 마무리된다. 이사 40장 이후의 본문은 머리글에서 언급된 네 명의 임금은 물론, 다윗 왕조의 임금을 전혀 언급하지 않는다. 게다가 가장 눈에 띄는 점은, 40장 이후에 이사야 예언자가 등장하지도, 언급되지도 않는다는 사실이다. 이외에도 이사 40-66장은 새로운 신학적 주제를 전개한다. 그러므로 독자들은 다음의 질문을 던지게 된다.

"그럼, 이사야 예언서의 저자는 누구인가?"

"이사야 예언자가 맞기는 하나?"

"만약 이사야 예언자가 저자가 아니라면 이 예언서를 기록한 사람은 누구인가?"

이사야 예언서의 저자 문제에 대하여 가톨릭교회는 의심 없이 이사야라는 가르침을 제시하였다. 하지만 만약 이사야서의 저자가 이사야 예언자라면, 이야기는 조금 복잡해진다. 우선, 앞서 언급한 것처럼, 1-39장에 등장하던 이사야 예언자는 40장 이후에 이름조차 나오지 않는다. 아울러 다윗 왕조 임금들도 40장 이후에 전혀 언급되지 않는다. 아울러 머리글의 연대기와 40장 이후의 연대기가 나타내는 시간적 간격을 보면 이사야 예언자를 이사야서의 저자로 바라보기가 어렵다. 머리글에 따르면 이사야 예언자의 활동 시기는 우찌야 임금이 죽던 해인 기원전 736년부터 시작하여 히즈키야 임금이 죽은 기원전 697년까지이다. 하지만 이러한 연대기는 40장 이후의 본문들과 충돌을 일으킨다. 특히 44,28과 45,1은 페르시아의 임금 키루스(기원전 559-530년 재위)의 실명을 언급한다. 따라서 이사야서의 저자가 이사야 예언자라는 주장을 참이라고 주장하기 위해서는, 이사야 예언자가 태어나자마자 예언자로 활동을 시작했다고 하더라도 적어도 177년 이상을 살아야 키루스의 이름을 알 수 있게 된다는 논리적 결론을 충족시켜야 한다. 그러므로 예언서가 제시하는 연대기는 이사야가 이사야서의 저자라는 주장을 부정한다. 이러한 현상을 놓고 가톨릭교회는, 이사야가 예언자였다는 사실에 주목하여 그가 예언을 통하여 키루스의 이름을 알 수 있었다는 가르침을 제시하였다. 이처럼 연대기로 저자와 저술 시기를 살피는 일은 역사비평 방법의 대표적인 예인데, 가톨릭교회는 이 방법에 부정적 태도를 보였다. 1908년 교황청 성서위원회는 이사야 예언서의 저자가 한 사람이 아니라는 근거가 충분하지 않다는 사실을 선포하며(《신경 편람》 3505-3509 참조), 이사야 예언서의 저자는 이사야 예언자라는 기조를 유지하였다. 이러한 입장은 1940년대 이후에 변화되기 시작하였고, 마침내 가톨릭교회는 이사야 예언서는 기본적으로 세 부분으로 구성되었으며, 각 부분이 서로 다른 시대에 형성되었다는 사실을 수용하기에 이른다.[6]

그렇다면 이사야서의 저자는 누구인가?

이사야서의 저자에 대한 물음에 올바르게 접근하려면, 우리는 현대적 의미의 저자와 고대 근동의 저자 개념에 차이가 있다는 사실을 살펴보아야 한다. 현대 사회의 저자 개념은 작가 개인의 창의적 사고를 매우 중요하게 생각하며 전개되는 내용에 대해 그 개인이 온전한 책임을 진다. 곧, 저자가 한 권의 책을 기획하고 구성하며, 그 내용을 처음부터 마지막까지 기록해야 한다. 만약 글쓴이가 누군가의 글을 보고 그대로 옮겨 적는다면, 우리는 그것을 표절 작품이라고 한다. 이것이 현대적 의미의 저자 개념이다. 반면에 고대 근동의 저자 개념은 꽤 다르다. 거기에서 개인의 창의적 사고는 중요한 역할을 맡지 못한다. 고대 근동에서 가장 중요하게 여긴 요소는, 살아 있는 말씀의 전통이 얼마나 잘 표현되었는지 여부이다. 누가 기술하였는지를 묻지 않고, 저술된 책이 전승과 전통을 잘 계승, 발전시켰는지를 바라본다. 다시 말해 고대 근동의 저술 개념은, 저술한 작가의 이름이 아닌, 누구의 전승과 전통에 의한 것인지를 더욱 중요하게 생각한다. 이러한 관점에서 이사야 예언서를 바라보자.

이사야 예언서의 머리글은 이사야 예언서를 이사야의 작품이 아닌, '이사야가 본 환시'(1,1)라고 표현한다. 고대 근동의 저술 개념에 따르면 독자는, 이사야가 이사야서의 저자인지를 묻지 않는다. 오히려 기원전 8세기의 역사적 인물 이사야 예언자의 권위에 주목한다. 이러한 고대 근동의 저자 개념을 통해, 이사야서를 구성하는 예순여섯 개의 장이 '아모츠의 아들 이사야'의 권위 아래 저술, 편집되는 형성 과정을 거쳐서 최종본의 형태에 이르게 되었음을 알 수 있다. 비록 이사야 예언자가 39장까지만 등장하고 40-66장에서 언급조차 되지 않지만, 이사야 예언서는 '아모츠의 아들 이사야'의 권위 아래 기록되었으며, 그가 전하는 신학적 전승과 전통을 바탕으로 집대성된 책이다. 그렇다면 누가 이 예언서를 기록하였는가? 그것은 이사야의 가르침을 수용한 계승 발전시킨 이들이다. 그들은 이사야의 제자들 혹은, 그의 가르침을 수용하는 신학자 집단으로 이사야 예언서의 형성 과정에 참여하며 지금의 최종본을 최종 편집하였다. 오늘의 독자인 우리에게는 이사야서의 저자가 누구인지가 중요하게 생각될 수 있다. 하지만 저자에 대한 질문보다, 고대 근동의 저자 개념을 바탕으로 이사야 예언자의 선포가 담고 있는 말씀이 1장부터 66장까지 얼마나 체계적으로 잘 정리되었는지를 살피면서 이사야서를 읽는 것이 더 중요하다고 말할 수 있다.

4) 예언자 이사야와 그가 활동했던 시대 배경

이사야 예언서는 이사야라는 인물에 대하여 많은 정보를 제공하지 않는다. 예언서는 그가 아모츠의 아들[7]이며, 우찌야부터 히즈키야에 이르는 네 명의 유다 임금 시대에 활동한 예언자라는 사실만을 전해줄 뿐이다. 유다교의 전통에 따르면, 이사야 예언자의 아버지 '아모츠'는 우찌야 임금의 선대 임금인 아마츠야의 형제이다. 따라서 이사야 예언자는 우찌야 임금과 사촌 사이다. 이사야 예언자가 왕족 출신이라는 전승은, 그가 아하즈 임금과 히즈키야 임금을 쉽게 만나고 그들과 대화를 할 수 있었다는 사실(이사 7장; 36-39장)에서 가능한 해석으로 여겨진다.

이사야 예언자는 이사야 예언서 전체가 아닌 1-39장에서만 등장한다. 주목할 점은, 이사야 예언자의 이름이 머리글의 형식에서 언급되는 구절(1,1; 2,1; 13,1)을 제외하고, 정치·외교적으로 중요한 사건과 함께 언급된다는 사실이다. 이사야는 시리아-에프라임 전쟁(기원전 734-732년) 가운데 아하즈 임금을 만나고(7,3), 아시리아에 대항하는 필리스티아 지역의 봉기(기원전 713-711년)가 일어나는 가운데 상징적 행위를 보여주며(20,2-3), 아시리아의 산헤립 임금이 예루살렘을 포위했을 때(기원전 701-700년) 히즈키야 임금과 만난다(37,2.5-6.21; 38,1.4.21; 39,3.5.8). 이처럼 그가 등장하는 장면은 역사적으로 매우 의미가 있는 순간이다. 아울러 이사야 예언서를 읽기 위한 결정적인 역사적 실마리를 제공한다. 그가 등장하는 장면에 맞춰서 이사야 예언서의 시기를 구별해보면 다음과 같다.

▶ **성경 연구방법론에 대한 간략한 언급**

여기서 성경 연구방법론의 두 가지 접근법을 간단하게 소개하고자 한다. 하나는 '통시적通時的 방법'이다. 'dia(통해) + chron(시간)'이 조합된 '통시적diachonic'은 '시간을 통해서'라는 의미이다. 이것은 본문의 생성 배경과 형성 과정에 주목한다. 다른 하나는 '공시적共時的 방법'이다. 'syn(~와 함께) + chron(시간)'이 조합된 '공시적synchronic'은 '시간과 함께'라는 의미이다. 이것은 우리 앞에 놓인 최종본 형태의 본문이 지닌 동시성同時性에 주목한다. 곧 통시적 방법론은 성경의 저자 혹은 저자의 '삶의 자리'에 관심을 두고, 공시적 방법론은 본문의 내용에 주목한다. 예를 들어 이사야 예언서를 시대적 배경에 따라 제1부, 제2부, 제3부로 나누는 방법이 통시적 방법에 따른 대표적인 것이다. 통시적 방법에 따르면, 우찌야 임금부터 히즈키야 임금 시대까지의 이야기와 유배 시기와 유배 이후의 이사야 예언서는 서로 상관없는 분리된 책으로 나뉘게 된다. 따라서 이 책에서는 기본적으로 '공시적' 관점에서 이사야 예언서에 접근하여 해설하고자 한다. 이사야 예언서는 분리된 세 권의 책이 아니라 1,1부터 66,24까지 구성된 한 권의 책이다. 바로 이 지점이 이 책이 제시하는 이사야 예언서 해설의 기본 원칙이다. 다만 필요에 따라 본문의 '삶의 자리'를 언급하는 가운데 통시적 방법이 반영된 공시적 방법을 통해 이사야서에 다가갈 것이다.

(1) 이사야 활동의 첫 시기(기원전 740-736년)

이사야는 우찌야 임금이 죽던 해에 하느님으로부터 파견을 받는다(6,1). 그러므로 1-5장의 선포가 이 시기에 속한다. 이사야는 이 시기에 사회적이고 종교적인 불의가 지닌 위험을 바라보고 이 불의를 강하게 비판한다. 이사야의 선포는 심판과 비판에 그치지 않는다. 심판의 궁극적 목적은 구원이기 때문이다. 그러므로 심판을 통한 회개 촉구가 이 시기 예언의 본질이다. 아울러 회개의 구체적인 방법으로 종교·사회적 책임을 강조한다.

(2) 시리아-에프라임 전쟁 시기(기원전 734-732년)

이사야서의 머리글(1,1)에 이어 6,1은 우찌야 임금의 죽음을 언급하여 이사야서의 두 번째 연대기를 제공한다. 우찌야 임금의 통치 기간은 다윗 왕조에서 두 번째로 긴데(기원전 773-736년), 가장 긴 기간을 통치한 임금은 므나쎄이다(기원전 696-642년). 우찌야 임금은 재위 기간 중 나병에 걸려, 마지막 17년 동안 아들 요탐(기원전 756-741년)과 손자 아하즈(기원전 744-736/736-725년)가 다스리는 가운데 섭정을 하게 된다.[8]

우찌야 임금이 죽은 이후에 남유다 왕국의 주요한 역사적 사건은 기원전 734-732년에 있었던 시리아-에프라임 전쟁이다. 이는 북 왕국 이스라엘의 임금 페카와 다마스쿠스 임금 르친이 일으킨 전쟁으로[9], 그들은 남 왕국 유다에게 반아시리아 동맹에 가담할 것을 요구하였다. 연대기에 따르면 이 시기(734-732년)에 남유다는 아하즈 임금의 통치 아래 있었다. 이때 위협을 받은 아하즈는 아시리아에 사신을 보내어 구원을 요청했다. 이에 아시리아의 임금 티글랏 필에세르는 다마스쿠스로 올라가서 그곳을 점령하고 다마스쿠스의 임금 르친을 죽였다(2열왕 16,7-9; 2역대 28,16-21).

이 시기에 해당하는 본문은 이사 6,1-8,18까지이다. 이 본문에는 이사야의 소명(6,1-13), 시리아-에프라임 전쟁의 위협 가운데 전개되는 이사야의 활동(7,1-25)과 예언서 기록에 대한 암시(8,1-18) 등이 담겨 있다. 이러한 이유로 이사 6,1-8,18은 이사야서의 '비망록Denkschrift' 혹은 '임마누엘 문헌Immanuelschrift'이라고 불린다. 이 본문은 이사야서 가운데에서 가장 많은 역사적 사건에 대하여 언급하고 있다(7,4.5.8.17; 8,6.7).

7-8장은 이사야 예언자에 관한 정보를 추가적으로 제공해준다. 그는

여예언자와 혼인하였으며(8,3), 그 사이에 '스아르 야숩'(7,3)과 '마헤르 살랄 하스 바즈'(8,3)로 불리는 아들 두 명을 두었다. 두 아들의 이름 사이에 중요한 이름이 등장한다. 그 이름이 바로 '임마누엘'(7,14)이다. 임마누엘이라는 구원과 관련된 이름과 스아르 야숩과 마헤르 살랄 하스 바즈가 지닌 심판의 의미는 구원과 심판이라는 이사야서의 주제를 이끄는 중요한 역할을 한다. 이사야는 자신과 자신에게 주어진 자녀가 하느님께서 이스라엘에 세우신 표징과 예표라는 사실을 강조하면서 이 시기의 내용을 마무리한다(8,16-18 참조).

(3) 필리스티아 지역의 반아시리아 봉기(기원전 713-711년)

아시리아가 고대 근동에서 영향력을 확장하자 유다 왕국을 둘러싼 주변 국가들은 군사·외교적으로 결속을 강화했다. 시리아-에프라임 전쟁이 끝난 후에 다마스쿠스(아람 수도)는 멸망하였고(기원전 732년), 북 왕국 이스라엘도 오랜 저항 끝에 기원전 722년에 멸망하였다. 상황이 이렇게 전개되자, 필리스티아 지역 국가들은 아시리아에 종속이냐, 저항이냐를 결정할 갈림길에 놓였다. 이러한 시대 상황에서 이사야 예언자는 상징적 행위를 보여준다. 그는 3년 동안 알몸과 맨발로 지냈다(20,3). 전쟁 포로의 모습을 보여주는 이 행위로 그는 이집트와 에티오피아가 아시리아에 종속되어 포로가 된다는 예표와 표징을 제시했다.

이사야의 행위에 대한 배경은 이렇다. 시리아-에프라임 전쟁을 치른 아하즈 임금은 아시리아에 도움을 요청했고, 그로 인해 큰 위기를 벗어날 수 있었다. 하지만, 아하즈는 도와준 아시리아에게 조공을 바쳤고,

무엇보다도 예루살렘 성전에 아시리아의 제단을 쌓고 제물을 봉헌하여 하느님의 뜻을 거슬렀다. 이러한 상황에서 아하즈 임금은 죽었다(14,28). 이사야 예언서의 연대기에 따르면 14,28 이후의 본문은 머리글에서 네 번째로 언급된 히즈키야 시대를 배경으로 삼는다. 기원전 713년경 필리스티아인들의 도시국가 아스돗이 주변 성읍과 연합하여 아시리아에 반기를 들었다. 이 연합은 이집트를 다스리기 시작한 에티오피아의 임금 샤바카의 후원에 기대었기에 가능했다. 하지만 막상 전쟁이 일어나자 샤바카는 아스돗을 아시리아에 넘겼고 아시리아 임금 사르곤의 영향력은 필리스티아 지역에 계속 유지되었다. 이사야 예언자의 상징 행위는, 하느님을 믿지 않고 이집트와 에티오피아에 의지하는 것이 유다 왕국에 아무런 도움을 주지 않는다는 사실을 보여준다.

▶ **상징적 행위**

이사야는 3년 동안 알몸과 맨발로 보낸다. 이는 전쟁 포로의 모습인데, 아시리아를 거슬러서 필리스티아인들의 아스돗 봉기에 가담하게 되면 전쟁 포로의 신세를 면하지 못하게 될 것이라는 사실을 예언자의 행위로 예고한 것이다. 이처럼 예언자가 직접 행위를 통해 하느님의 말씀을 전달하는 방식은 '상징적 행위'라는 예언문학의 고유한 장르이다. 예레미야와 에제키엘, 호세아는 일시적 행위뿐만 아니라 전 생애를 통해 상징적 행위를 보여준다(예레 13,1-11; 16,1-9; 19,1-2; 27,1-12; 28,10; 43,8-13; 41,49-64; 에제 4,1-3.4-8.9-17; 5.1-4; 12,1-7.17-20; 24,15-27; 호세 1,2-9).

(4) 산헤립의 포위 속에서 등장하는 이사야(기원전 701년)

기원전 705년 아시리아 임금 사르곤이 전사한다. 임금의 갑작스러운 죽음으로 아시리아 내부에 어려움이 닥쳤다. 이 시기를 틈타 유다 왕국을 비롯한 팔레스티나에 있는 아시리아의 속국들은 아시리아의 손아귀에서 벗어날 기회를 엿보았다. 이러한 상황에서 사르곤에 이어 아시리아 임금이 된 산헤립은 기원전 701년 군대를 이끌고 유다 지역에 진격하여 유다 성읍의 대부분을 점령하고, 예루살렘으로 진군하였다. 이 상황이 36-37장의 배경이다. 여기서 이사야가 다시 등장하고, 하느님을 향한 히즈키야의 신앙으로 예루살렘은 위협에서 벗어나고, 반면에 아시리아 임금 산헤립은 아들들의 칼에 죽는다. 이어지는 38장은 히즈키야의 발병과 치유에 관한 이야기를 들려준다. 이 이야기는 예루살렘에 닥친 위협과 구원의 이야기(36-37장)와 병행하여 하느님을 신뢰하는 사람은 위협 속에서 구원을 받는다는 사실을 보증한다. 39장은 바빌론 임금 므로닥 발아단이 보낸 사절단의 방문 이야기다. 역사적으로 바빌론 사절단의 방문은 산헤립의 침략보다 앞선 시기일 것으로 추정되지만,[10] 열왕기와 이사야서는 바빌론 사절의 방문을 침략 이후의 이야기로 전해준다 (2열왕 20,12-19; 이사 39,1-8).

이상에서 살펴본 바와 같이, 이사야 예언서는 예언자 이사야에 관한 모든 정보를 제공하지 않는다. 하지만, 중요한 역사적 사건 전개에 이사야 예언자를 등장시켜 사건이 지닌 중요성을 드러낸다. 동시에 그의 등장은 유다 왕국의 구체적인 정치, 종교, 외교 상황에서 함께 활동하시는 하느님의 모습을 보증한다. 이로써 이사야서는 이스라엘 백성을 위한 하느님의 활동이 역사라는 구체적 공간에서 드러난다는 사실을 강조하고, 동시에 이스라엘 백성에게 역사의 주도권을 쥐고 계신 하느님을 믿어야 한다는 신앙의 가르침을 전해준다.

5) 이사야 전승의 수용과 전수

이사야 예언자는 이미 언급한 바와 같이 39장까지 등장한다. 그는 40장 이후부터 등장하지 않을 뿐 아니라, 그의 이름조차 언급되지 않는다. 이러한 연대기적 의문은 계몽주의와 역사비평 방법론의 등장 이전까지 논리적 설명과 해석이 아닌 신앙의 영역에서 설명되었다. 신약성경, 초기 유다이즘과 초기 그리스도교는 이사야 예언자가 하느님의 사람이었다는 사실에 주목한다. 그러므로 그는 하느님의 도우심과 이끄심으로 이스라엘 백성, 유다 왕국과 예루살렘의 운명에 대한 미래를 예고할 수 있었던 인물로 이해된다.

그렇다면 우리가 마주하는 제1이사야서, 제2이사야서, 제3이사야서의 표현은 언제부터 사용되었을까? 이사야 예언자가 등장하지 않는 40장 이후를 살펴보기에 앞서, 이렇게 이사야서를 구분하게 된 연구사를 간략하게 살펴보고자 한다.

근대에 이르기 이전, 이미 이사야서의 연대기적 모순을 언급한 사람이 있다. 그는 유다교의 성경학자였던 아브라함 이븐 에즈라(Abraham Ibn Esra 1089-1164?)인데, 이사 40장 이후가 바빌론 유배와 관련되어 있다는 주장을 제기하였다. 그의 의문 제기가 당시에는 빛을 발하지 못하였지만, 19-20세기에 이르러서는 학자들의 폭넓은 동의를 얻게 된다. 에즈라 이후 이 주장을 본격적으로 제시한 사람은 요한 크리스토프 되덜라인(J. C. Döderlein 1746-1792)이다. 그는 1775년에 이사 40장 이후는 바빌론 유배 시기의 본문으로 아모츠의 아들 이사야가 아닌 또 다른 익명 혹은, 동명의 예언자가 기록한 것이라는 주장을 펼쳤다. 그로부터 100여 년이 지난 1892년에 베른하르트 둠(B. Duhm, 1847-1928)은 되덜라인의 이론을 바탕으로 익명의 예언자에게 '제2이사야', 56-66장의 예언자적 인물에게 '제3이사야'라는 가공의 이름을 부여했다. 이후 이사야서는 한 권이 아닌 세 권의 분리된 책으로 여겨졌다.

(1) 바빌론 유배 시기

제2이사야서라고 알고 있는 40-55장은 바빌론 유배 시기(기원전 587-538년)를 배경으로 한다. 이는 앞선 1-39장의 시대(약 기원전 740-700년)와 약 150년의 시차를 보여준다. 이사 40-55장의 본문은 그 시대에 대한 몇몇 정보를 제공한다. '바빌론'과 '칼데아'(43,14; 48,14.20) 및 페르시아 임금 '키루스'(44,28; 45,1)에 대한 언급과 40-48장의 주요 내용인 유일신론, 우상숭배 논쟁과 신탁에 관한 논증 등은, 그 본문의 배경이 바빌론 유배 시기임을 알려준다. 아울러 유배가 거의 끝나가고 있음을 암시하는 표현들은(예: 40,1-2; 48,20 등), 바빌론의 세력이 점점 기울고 영향력을 잃던 시기였음을 알려준다.

제2이사야서는 문학적 양상도 선행하는 이사 1-39장과 구별되는데,

시편에 주로 등장하며 전례적 예배의 형식을 만드는 찬양가로 구성되었기 때문이다. 아울러 제2이사야서는 구약성경의 전통을 다수 수용하였다. 여기에 수용된 전통은 성조 전승, 탈출 전승, 예언자적 심판과 예레미야와 에제키엘서의 신학, 신명기 신학과 함께 시온, 백성과 다윗의 주제가 담긴 예루살렘 전통 등이다. 무엇보다 제2이사야서는 이사 1-39장에서 사용된 표현들을 그대로 써서 선행하는 이사야서를 계승한다. 이런 사실들은 제2이사야서가 제1이사야서의 신학을 계승하고 심화하였으며, 이를 위해 구약성경의 다양한 신학적 주제를 수용하여, 이사 1-39장과 분리된 책이 아님을 드러낸다.[11] 이러한 배경 속에서 익명의 예언자 제2이사야는 이사야 예언자의 신학적 가르침을 수용한 이사야의 제자로서(8,18 참조) 바빌론에서 유배 중인 백성들을 위로하고(40,1; 49,13; 51,3.12.19; 52,9; 54,11), 예루살렘과 유다 성읍의 재건에 대한 희망을 선포한다(40,1 이하). 그런 맥락에서 그는 복음 선포자로 등장한다(41,27; 52,7).

(2) 페르시아 시대와 초기 헬레니즘 시대

바빌론 유배 시기는 55장에서 마무리된다. 이어지는 56-66장은 유배에서 귀환한 이스라엘 공동체의 모습을 담고 있다. 이는 앞선 40-55장과 구별되는 본문으로 또 다른 익명의 예언자, 곧 제3이사야가 등장하게 된다. 이 단락에서 가장 중심이 되는 부분은 60-62장이다. 학자들은 이 본문이 예루살렘 성전과 성벽의 재건을 위해 애쓰는 분위기에서 생성되었을 것으로 추정한다. 따라서 본문의 저술 시기는 제2성전이 축성된 기원전 515년과 느헤미야의 지도 아래 성벽 재건이 완료된 기원전

445년 사이로 추정된다. 유배에서 귀환한 하느님 백성 공동체는 새로운 예루살렘을 세우면서 사회정의를 바탕으로 삼은 이상적 사회를 건설하기 위해 노력한다. 그런 관점에서 제3이사야서는 신앙인과 악인을 구분하고 이스라엘 백성이라는 혈통보다 하느님의 가르침에 충실한 윤리의 실천을 더욱 강조하면서 만백성에게 열린 하느님 백성 공동체를 선포한다(56,1-6 참조). 예루살렘의 재건을 배경으로 전개되는 제3이사야서는, 제2이사야서가 그러했듯이, 선행하는 제1, 제2이사야의 가르침을 수용, 계승하고 심화한다. 제3이사야서는 특히 제2이사야와 밀접한 관계를 갖는다. 제2이사야서의 중심에 서 있는 '주님의 종'과 '시온'이 제3이사야서에서 예루살렘 재건의 중심이 되는 시온의 의로운 공동체와 직접 연계되기 때문이다.

참고로, 이사야 예언서 가운데 가장 늦게 저술된 부분은 56-66장이 아니라 24-27장이다. 이 본문은 '이사야의 묵시록'이라는 이름으로 불린다. 묵시록이라는 문학 양식은 유배 이후의 시기보다 귀환 이후 헬레니즘 문화와의 충돌에서 생성된 장르이다. 24-27장은 엄밀한 의미의 묵시문학 특징을 지니고 있지 않다. 다만 세상에 대한 심판과 심판 이후의 세상을 묘사한다는 사실에서 초기 묵시문학의 형태를 볼 수 있다. 이사야 묵시록은 세상에 대한 심판을 예고한다. 심판의 대상은 지상의 모든 사람이 아니라, 하느님의 계명을 어기고 명령을 거스르며 영원한 계약을 깨뜨린 이들이다. 이에 따라 심판의 기준도 이스라엘 백성인지 여부가 아니라 하느님의 계명에 충실했는지의 여부이다. 즉, 하느님의 계명을 어긴 사람은 (비록 그가 이스라엘 백성이라도) 심판의 대상이 되고, 하느님 계명과 가르침에 충실한 사람은 (비록 그가 이방인이라도) 구원의 대상이 된다.

6) 이사야 예언서의 구성 – 세 권이 아닌 한 권의 예언서

현재 우리에게 익숙한 이사야 예언서의 구성은 제1부(1-39장), 제2부(40-55장), 제3부(56-66장)의 배열이다. 이렇게 구성을 이해하는 것이 틀린 것은 아니다. 다만 이사야 예언서를 세 부분으로 나누어 고찰하는 것은 본디 한 권이 아닌, 서로 다른 세 권의 책이 예언자 이사야의 이름 아래 모였다는 사실을 바탕으로 삼는다. 그러나 1-39장도, 40-55장과 56-66장도 모두 '이사야 예언서'라는 한 권의 책에 속해 있다. 그렇다면 왜 서로 다른 세 권의 책이 이사야의 이름 아래 한 권의 책으로 모였을까? 이 질문을 성찰하면, 비록 시대와 구성에 따라 이사야 예언서가 서로 다른 세 권의 형태를 지니지만, 이사야서 자체는 1,1에서 시작하여 66,24에서 마무리되는 한 권의 책이라는 사실을 인식하게 된다. 이 질문에 힘입어 이사야 예언서의 편집과 형성 과정을 살펴보면, 그 과정 자체는 복잡하지만 큰 흐름은 다음과 같다.

예언서가 완성되려면 말씀의 선포, 기록, 수정과 편집 과정을 거친다. 때로, 예언자가 하느님의 말씀을 선포하고 그것을 직접 기록하기도 한다(8,18; 30,8). 물론 예언자가 예언서의 모든 내용을 기록하지는 않는다. 예언자의 선포를 들은 예언자의 제자들이 그것을 기록한다(8,16-18). 그렇게 기록된 문헌은 수정과 편집 과정을 거친다. 여기까지는 예언서의 일반적인 형성 과정이다. 하지만 이사야 예언서는 다른 예언서와 달리, 익명의 예언자들이 이사야 예언자의 권위 아래 다른 시대 배경 속에서 이사야의 전통을 수용하고 시대에 맞게 변형하는 가운데 제2, 제3이사야서를 기록하였다. 그것은 단순한 기록으로 그치지 않고 원래부터 존재하던 원原이사야 예언서에 40-66장으로 붙여진다. 그리고 선행하는 예언서의 본문이 수정되고 편집되는 과정을 거친 후에 한 권의 책으로, '이사야 예언서'가 완성된다. 이렇게 편집 과정을 거친 최종본이 우리가 지금 읽고 있는 이사야 예언서다. 그것은 이사야 예언자의 이름과 권위 아래 완성된 한 권의 책이다. 그러므로 이사야 예언서를 세 부분(1-39장; 40-55장; 56-66장)으로 구성된 작품으로 바라보기보다, 한 권인 이사야서의 내부 구조를 살펴보아야 한다. 한 권의 책으로서 이사야서는 내용상 다음과 같이 구성된다.

제1편 1-12장: 심판과 구원 사이에 놓인 시온
제2편 13-27장: 시온의 임금이신 하느님께 대항하는 모든 폭군의 몰락
제3편 28-35장: 임금이신 하느님과 시온 공동체
제4편 36-39장: 시온을 향한 위협과 구원
제5편 40-48장: 바빌론으로부터의 귀환
제6편 49-55장: 종과 어머니 시온
제7편 56-66장: 악인과 의인의 분리

이사야서를 한 권의 예언서라는 관점으로 바라볼 때, 이처럼 이사야서는 일곱 부분으로 구성되고, 구조와 분량 면에서 그 중심에 36-39장이 위치한다. 36-39장은 시온을 향한 산헤립의 위협과 하느님을 신뢰하는 히즈키야 임금의 발병과 치유, 그리고 바빌론 사절단의 방문을 통한 예루살렘 멸망 예고를 들려준다. 바빌론 사절단의 방문 이야기는 성격이 다를 수 있지만, 이사야서 중앙에는 시온과 하느님을 신뢰하는 시온의 백성이 위협을 당할 때 하느님께서 구원해주신다는 중요한 신학 사상이

놓여 있다.¹² 이는 이사야 예언자의 이름 예샤야후(ישעיהו)에 들어 있는 '하느님께서 구원하신다', '하느님께서 치유하신다'는 의미가 역사적 사건에서 성취된다는 신학적 의도를 드러낸다. 아울러 이사야서는 예루살렘이 바빌론에게 점령되고 파괴된 사건을 의도적으로 생략하였음에 주목해야 한다.¹³ 시온이 이방 민족에게 위협받을 수는 있다. 하지만 시온은 하느님께서 머무시는 거룩한 곳이므로 이방 민족에게 점령될 수 없는 지역이라는 신학적 배경을 지닌다. 이에 따르면 시온은 신성불가침 지역이다. 비록 역사적으로 기원전 587년에 바빌론의 네부카드네자르에게 파괴되었지만, 적어도 시온 중심의 구원 드라마를 전개하는 이사야 예언서에서만큼은 시온이 파괴되는 모습을 의도적으로 생략한다. 이로써 시온의 위상과 시온이 지닌 영속성을 강조한다. 이 점이 이사야 예언서의 내부 구조에서 드러난다. 그럼에도 통시적 관점에서 필요한 경우 제1부, 제2부, 제3부라는 구성도 언급할 것이다.

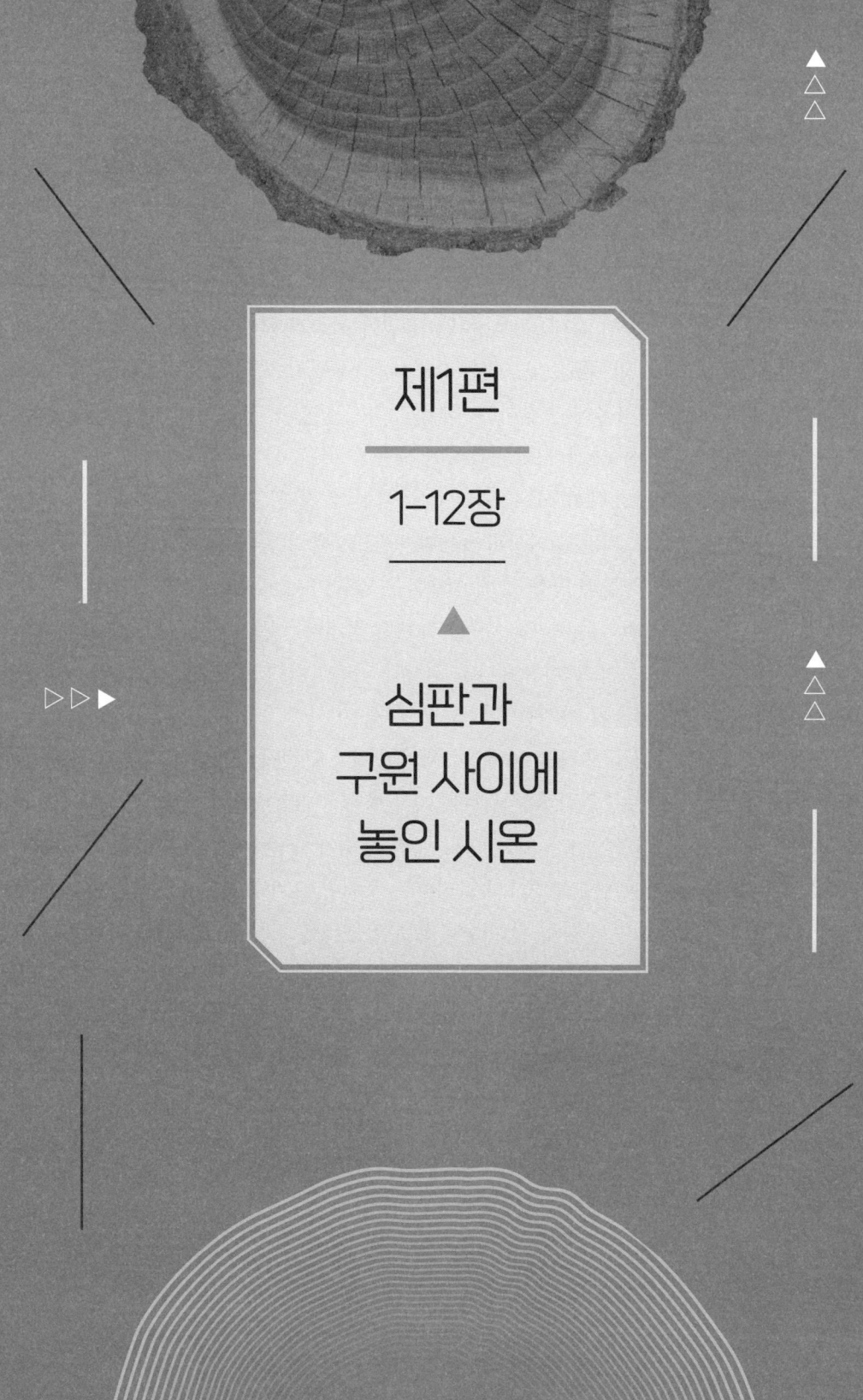

1. 구조

이사야 예언서는 책 전체를 열어주는 장엄한 서곡과 함께 시작된다. 서곡은 심판(1,2-31)과 구원(2,1-5), 심판(2,6-4,1)과 구원(4,2-6)의 반복된 형식으로 구성된다. 서곡에 등장하는 '하늘'과 '땅', '심판'과 '구원' 등은 이사야서의 마지막 장 66장에도 등장하여 처음과 끝을 장식한다(하늘과 땅: 66,1; 구원: 66,18-23; 심판: 66,24). 이처럼 이사야서 전체는 머리와 꼬리의 상관관계를 보여 주는 '수미상관首尾相關' 구조로 짜여 있다. 그러므로 이사야 예언서는 하늘과 땅을 향해 선포하는 말씀이며, 시온과 그 백성을 향한 심판과 구원의 선포라는 큰 틀 속에서 전개되는 말씀이다. 아울러 어휘와 주제를 통하여 이사야서의 시작과 마침이 상호 연관성을 갖는다는 것은, 머리글이 제시한 '아모츠의 아들 이사야의 환시'가 이사야 예언자가 등장하는 39장을 넘어, 이 책의 마지막 구절인 66,24까지 유효하다는 사실을 보증한다. 다시 말해, 이사야서의 구조에서 나타나는 이러한 특징은, 이사야서가 세 권으로 분리된 책이 아닌 한 권의 책이라는 사실을 독자들에게 분명하게 알려주는 강력한 표지이다.

이사야서는 소명 사화와 관련하여 독특한 구조를 지닌다. 일반적으로 예언자의 소명 사화는 예언서의 시작과 함께 전해진다. 이는 예언자가 선포하는 내용이 하느님의 부르심에 의한 것이라는 권위를 전해주기 때문이다. 이사야서와 함께 대예언서에 속하는 예레미야서와 에제키엘서는 예언서를 시작하면서 예언자의 소명 사화를 보도한다(예레 1,4-10; 에제 1-3장). 그러나 이사야서는 소명 사화를 6장에 가서야 들려준다. 공시적 관점에서는 이사 6장을 소명 사화가 아닌, 하느님께서 이사야에게 특정한 임무를 맡기시는 장면으로 이해한다. 만약 이사야 예언자가 우찌야 임금이 죽고 난 후에 활동을 시작했다고 한다면(6,1 참조), 1-5장까지의 선포는 그의 선포가 될 수 없기 때문이다.[14] 하지만 이사 6장을 하나의 단일한 본문으로 바라보았을 때, 여기에는 소명 사화의 요소인 하느님의 등장, 죄의 고백, 정화, 사명 부여, 파견 양식 등이 모두 포함되어 있으므로 소명 사화로 볼 수 있다.

따라서 이러한 충돌을 이해하기 위해서는 공시적 접근이 아닌 통시적 접근, 곧 이사야서의 형성 과정에 대한 언급이 필요하다. 소명 사화의 특별한 배열이 이사야서의 형성 과정을 반영한다고 보기 때문이다. 이 관점에서는, 1장이 아닌 6장에서 원래 이사야서의 본문이 시작되었을 것이라고 본다.[15] 이에 따르면 이사야서는 6,1-8,18을 예언서의 핵심 본문으로 삼았으며, 이 본문의 구조는, 이사야 예언자의 소명 사화(6,1-13), 시리아-에프라임 전쟁을 배경으로 '임마누엘 탄생 예고'가 이뤄지는 이사야 예언자와 아하즈 임금의 대화(7,1-25)와 이사야의 아들 탄생과 상징적 의미(8,1-18)에 관한 이야기로 구성된다. 주목할 점은 임마누엘 탄생 예고를 둘러싼 전후의 본문은 화자를 1인칭인 '나'로 제시하며 이야기를 이끌어가고(6,1-13; 8,1-18), 임마누엘 탄생 예고를 들려주는 본문은 3인칭 '그'의 형식으로 이야기를 전개한다는 사실이다(7,1-25). 이렇게 '나'와 '그'가 분리된 전개에서 이사야 예언자가 직접 기록한 부분과 그의 제자 집단이 기록한 부분에 대한 간접적인 암시를 엿볼 수 있다(8,16-18 참조).

임마누엘 문헌을 중심으로 포도밭 노래(5,1-7)와 새로운 다윗 후손에 대한 예고(8,19-9,6)가 각각 프롤로그와 에필로그의 역할을 한다. 포도밭의 노래 이후 여섯 가지 재앙을 전하는 불행 선언이 선포된다(5,8-30). 마지막 부분인 9,7-10,4은 '하느님의 뻗은 손'(9,11.16.20)을 후렴으로 삼는 심판의 노래(9,7-9,20)와 불행 선언(10,1-4)으로 구성된다. 이후 아시리아에 대한 재앙이 선포되고(10,5-34), 이사이의 새순에서 돋아나는 메시아의 예고가 이어지고 구원의 그림이 제시된다(11,1-16). 1-12장은 구원된 이들의 감사 노래와 함께 마무리된다(12,1-6).

조금 복잡하고 어려운 설명이지만, 1-12장의 구조는 이처럼 편집 과정을 거쳐서 씨실과 날실처럼 서로 얽혀 있는 모습을 보인다. 그러나 분명한 것은, 시온을 향한 하느님의 심판과 구원의 이야기가 제1편(1-12장)을 구성하고 있으며, 이로써 이사야 예언서가 전개할 구원 드라마의 시작을 선포한다는 사실이다. 1-12장의 구조를 정리하면 다음과 같다.

1-4장		구원과 심판
	1,2-31	시온을 향한 심판
	2,1-5	시온을 향한 구원
	2,6-4,1	시온을 향한 심판
	4,2-6	시온을 향한 구원
5,1-7		프롤로그 - 포도밭 노래
5,8-30		여섯 가지 재앙 선포
6,1-8,18		임마누엘 문헌
	6,1-13	이사야 소명 사화
	7,1-25	임마누엘 탄생 예고
	8,1-18	이사야의 자녀와 상징
8,19-9,6		에필로그 - 새로운 다윗 후손 예고
9,7-20		하느님의 뻗은 손

10,1-4	불행 선언
10,5-34	아시리아를 향한 재앙 선포
11,1-16	이사이의 새순
12,1-6	시온에서 울리는 구원된 이들의 감사 노래

2. 구원과 심판(1-4장)

1) 머리글(1,1)

이사야 예언서는 1,1의 머리글로 시작된다. "아모츠의 아들 이사야가 유다 임금 우찌야, 요탐, 아하즈, 히즈키야 시대에 유다와 예루살렘에 관하여 바라본 환시"라는 말로 예언서의 대문을 연다. 머리글은 예언서의 저자를 이사야로 규정하지 않고, 오히려 이사야 예언자의 권위를 강조하며 '환시'라는 표현을 사용한다. '환시幻視'는 다른 예언서에서도 사용되는 예언 용어로(오바 1,1; 나훔 1,1; 하바 2,2-3 참조), 특별하게 무언가를 바라볼 수 있는 능력이 아닌, 예언서의 기원과 예언자의 명성을 강조한다.

이사야 예언자의 활동 시기는 우찌야 임금부터 히즈키야 임금까지, 네 명의 임금이 다스리던 시기이다. 이사야가 하느님의 부르심을 받은 때가 "우찌야 임금이 죽던 해"(6,1)라는 점을 고려하면, 이사야서의 머리글은 이사야가 우찌야 임금이 죽던 기원전 736년부터 히즈키야 임금이 죽던 기원전 697년까지 활동했음을 암시한다. 이로써 머리글은 40년이라는 시간을 제시하면서, 이 숫자로 이사야의 활동 기간이 지닌 상징성을 강조한다.

2) 서곡: 구원과 심판 I (1,2-2,5)

이 대목은 이스라엘 백성을 향한 심판과 구원을 예고하며, 이사야 예언서의 첫 번째 서곡으로 기능한다. 첫 번째 서곡은 심판(1,2-31)과 구원(2,1-5) 예고로 구성되며, 심판 부분은 땅의 황폐화를 예고하고(1,2-9), 예루살렘의 지도자를 고발한(1,10-20) 뒤 시온의 심판을 예고한다(1,21-31). 심판 예고가 세 가지 양상으로 전개되고 시온의 구원을 예고하면서 첫 서곡은 마무리된다(2,1-5).

1,2-9 황폐화에 대한 예고

첫 번째 단락은 1,2-9로 이사야 예언자의 선포로 시작된다.

이사야서는 수신자를 '하늘'과 '땅'으로 언급하면서 자신의 선포를 우주적 차원에서 외친다(1,2). 이 선포는 하느님의 말씀을 전하는 사자 정식使者定式으로 이뤄진다(1,2ㄴ). 하느님 말씀은 죄악을 저지른 이스라엘 백성을 향한다. 하느님을 알지 못하는 이스라엘 백성은 소와 나귀보다 못한 이들로 여겨지고, 이로 인해 고발의 대상이 된다(1,3). 이어지는 4-9절은 땅과 도시를 향한 하느님의 심판을 전개한다. 땅은 황폐해질 것이라고 예고된다(1,6-9). 이 예고는 역사적 사건과 연관하여 고려될 수 있다. 예언자 이사야의 시대인 기원전 8세기를 배경으로 시리아-에프라임 전쟁(기원전 734-732년), 북 왕국 이스라엘의 멸망(기원전 722년), 36-37장의 배경을 이루는 아시리아 산헤립의 침략(기원전 701년)과 연관해볼 수 있다. 아울러 황폐화를 좀 더 넓게 바라보면 바빌론에 의한 예루살렘 멸망(기원전 587년)까지 확장해서 볼 수 있다.

1,9은 '생존자'에 대하여 알려준다. 황폐화는 유다 왕국과 그 주변에서 발생하는 역사적 참사를 통한 하느님의 심판으로 이해된다. 그러므로 9절에서 언급된 생존자는 하느님께서 살려주신 일부를 지칭한다. 이들은 온갖 위협 아래 나타나는 하느님 심판 속에서 멸망하지 않고 살아남은 이들이다. 생존자 개념은 '남은 자'라는 신학적 의미를 지니면서 이사야 예언서 전체를 이해하는 핵심 기능을 수행한다. 이사야서를 전체로 바라볼 때, 예루살렘 멸망 이후에 하느님께서 이스라엘 백성을 전멸시키지 않고 생존자를 남겨주셨고, 그 생존자들은 바빌론 유배 시기의 '주님의 종, 야곱/이스라엘'로 불리고, 바빌론 유배에서 돌아와 시온을 재건하는 시온의 백성으로 이어지기 때문이다.

1,10-20 예루살렘 지도자에 대한 고발

이제 예언자는 유다 왕국의 지도자와 부패한 도시의 백성을 비판한다. 10절에서 소돔과 고모라가 언급된다. 이것은 이미 멸망한 성읍 소돔과 고모라(창세 13,10 참조)를 지칭한다기보다, 소돔과 고모라라는 은유적 표현을 통해 이스라엘의 타락된 모습을 연상시켜준다.[16] 이사야는 형식적이고 의무적인 제물 봉헌을 비판하고(1,11-12), 하지 말아야 할 것(1,13-15)

과 참으로 실행해야 하는 것(1,16-17)이 무엇인지 제시한다. 이스라엘 백성은 하느님께 자신들의 손으로 제물을 봉헌하고(1,12), 기도하지만, 그들의 손은 이미 피로 가득하다(1,15). 그러므로 하느님께서는 이스라엘 백성이 행동을 변화하고 올바른 제물의 가르침을 따를 것을 호소하신다. 여기서 긍정적 행동으로 인해 변화될 가능성이 열린다(1,18-20). 하느님의 심판에 의한 처벌은 아직 결정되지 않았으며, 말씀을 들은 수신자들이 긍정적으로 변화된다면 심판이 아닌 구원이 주어지기 때문이다.

1,21-31 시온에 대한 심판 예고

여기서 하느님 심판의 대상은 시온이다. 1,21-26은 시온이 타락하고 더럽혀진 이유를 제시한다. 시온은 지각없고 죄로 가득한 지도자들의 희생자가 되었다. 이에 시온은 창녀가 되었으며, 그 안에 살인자가 가득하게 되었다(1,21-23). 이에 하느님께서는 시온의 회복을 기획하신다. 시온을 더럽힌 이들은 심판을 받고(1,24), 더럽혀진 시온은 정화된 뒤에 다시 건설될 것이다(1,25-26). 이제 시온과 그곳의 회개한 백성은 공정과 정의를 통한 구원을 약속받는다(1,27-28). 반면에 시온을 더럽혔던 지도자들과 사람들은 하느님의 심판을 피하지 못하고 멸망하게 될 것이다(1,29-31). 하느님을 믿는 사람과 하느님을 외면하는 사람들을 향한 구원과 심판의 선포는 이사야서 전체의 중요한 주제이며, 이 주제는 66장에서 다시 다뤄지면서 구원의 의미를 더욱 분명하게 전해준다.

2,1-5 시온의 구원

독자들은 2,1에서 또 다시 머리글을 만난다. 1,1보다 짧은 형식으로 구성된 이 머리글은 새로운 이야기의 시작을 들려준다. 1,2-31에서 시온과 시온의 백성을 향한 하느님의 심판이 전개되다가, 이제 구원의 그림으로 전환된다. 하느님의 집이 서 있는 시온, 세상에서 가장 높은 산 시온은 토라의 가르침을 전해주고, 평화를 보증하는 도성이 된다. 이러한 시온의 모습에서 영향을 받은 온 세상의 모든 백성이 시온을 향한 순례의 여정을 시작한다. 그들은 그곳에서 토라와 하느님의 말씀을 배운다(2,2-3). 그 사이에 하느님께서는 민족들 사이에서 심판관이 되시고 평화를 보증하신다(2,4). 이와 같은 이상적인 그림 속에서 예언자는 야곱 집안에게 주님의 빛 속으로 나아가자는 명령을 선포한다(2,5).

이렇게 이방 민족들의 순례와 시온의 변화라는 구체적인 모습으로 제시된 구원의 드라마는 이사야 예언서 전체를 관통하는 중요한 주제이다. 제1부에서 평화가 가득한 주님의 거룩한 산으로 시온산이 등장하고, 제2부는 하느님께서 참되고 유일하신 하느님이라는 사실을 모든 민족에게 선포하고, 제3부는 민족들과 임금들이 시온에 계신 하느님을 경배하기 위해 모여 오게 됨을 예고한다.[17]

3) 서곡: 구원과 심판 II (2,6-4,6)

이 대목은 이사야 예언서의 두 번째 서곡인데, 여기서도 첫 번째 서곡과 마찬가지로 구원과 심판을 예고한다. 심판과 관련하여 시온에서 벌어지는 우상숭배(2,6-22)와 사회적 혼돈과 도덕적 죄악(3,1-15)이 열거된다. 이어서 시온의 여인들을 고발하면서 시온의 죄악을 드러냄과 동시에 심판의 이유가 제시된다. 시온을 향한 구원의 서곡으로, 시온이 정화된 뒤에 구원될 것이라는 예고가 선포된다(4,2-6).

2,6-22 심판의 이유 – 인간의 교만과 우상숭배

여기서 유다와 예루살렘에 대한 심판의 이유가 다시 제시된다. 가장 큰 이유는 백성의 교만으로, 지상에서 이스라엘이 보여주는 교만의 양상이 언급된다(2,11.17.21). 하느님께서는 이것을 벌하시기 위해 심판관으로 등장하신다. 왜냐하면, 높으신 분은 하느님 한 분이시기 때문이다(2,11). 그리하여 교만한 이들은 하느님 앞에서 공포를 느끼며 그분의 영광스러운 위엄을 피하게 될 것이다. 이 사실은 10절, 19절, 21절에서 "그분의 영광스러운 위엄을 피하여"라는 후렴구 형식이 반복되는 가운데 선포된다. 인간의 모든 교만은 주님의 날에 심판의 대상이 된다(2,12-17). 그 결과 인간의 교만은 꺾일 것이고, 교만으로부터 출발한 우상숭배는 우상을 던져버림으로 끝날 것이다(2,6-9.20-22). 우상숭배의 문제는 40-48장에서 주요 논쟁의 대상이 된다.

3,1-15 사회적 혼돈과 도덕적 죄악

이 단락은 하느님 심판에 의한 사회적 혼돈을 다룬 전반부(3,1-7)와 도덕적 죄악을 언급하는 후반부(8-15절)로 구성된다. 이 단락의 시작과 마침을 "만군의 주님"이라는 호칭으로 구성하여 이 모든 일을 진행하시는 분이 바로 하느님이라는 사실을 강조한다. "만군의 주님"의 계획은 당신을 거스르는 모든 것을 심판하는 일이다. 그 결과 하느님의 심판으로 지도자들은 없어지고(3,3), 능력 없는 이들을 지도자로 삼아 더 큰 혼란이 야기될 것이다(3,4-7). 그리고 이 모든 일에 대한 책임은 이스라엘의 지도자들에게 있음이 강조된다. 그들이 하느님의 포도밭을 망쳐 놓았고, 하느님의 백성을 짓밟았기 때문이다(3,13-15).

3,16-4,1 시온의 여인들을 향한 고발

시온의 딸들로 지칭되는 시온의 여인들이 하느님의 심판을 받는 대상이 된다. 그들의 분별없는 행동에 대한 하느님의 심판(3,16-17)과 그들을 향한 처벌이 예고된다(3,18-4,1). 앞선 단락에서 하느님 심판이 유다와 예루살렘의 지도자를 향했다면, 여기서는 그 책임이 지도자뿐 아니라 모든 백성에게 있음이 강조된다. 3,18-23은 여인들이 사용하는 패물들을 나열한다. 패물과 장식을 추구하는 모습에서 하느님이 아닌 다른 것들을 향한 모습이 드러난다. 시온의 딸들에게 닥친 위기는 수치를 모면하게 해달라는 그들의 애원에서 나타난다(4,1). 이처럼 시온과 시온의 백성, 시온의 딸들의 몰락과 재건의 주제는 이사야서 전체를 관통한다. 시온의 몰락과 재건이 빚어내는 긴장은 정화와 이를 통한 구원으로 해소된다. 이사야서의 끝자락에 이르러서 묘사되는 시온/예루살렘 구원의 그림은 이러한 변화의 본질을 구성한다(60-62장 참조).

4,2-6 정화를 통한 시온의 구원

이 단락은, 두 번째 서곡의 앞선 세 개의 단락과 달리 시온을 향한 구원을 선포한다. 본문은 "그날에"로 시작하면서 1-4장에 이르는 서곡 두 개를 마무리한다. 이미 언급된 시온의 황폐화(1,8-9)가 시온의 구원과 정화로 전환될 것이 예고된다(4,5-6). 하느님께서 심판과 불의 영으로 시온을 정화하신다. 이를 통해 주님의 속성인 거룩함이 시온의 남은 자들에게 수여된다(4,3). 이사야서의 시작과 함께 등장하는 시온을 향한 심판,

정화, 그리고 남은 자들을 통한 구원의 이야기는 이사야서를 관통하는 핵심 주제다. 심판은 이방 민족의 침입과 위협을 통하여, 정화는 '복역 기간을 마치고', '죗값을 지불하고', '죄악에 대한 갑절의 벌'을 통해 이루어진다(40,1-2). 남은 자들을 통한 구원은 제1부에서 하느님을 믿는 이들의 공동체, 제2부에서 주님의 종과 종의 후손들, 그리고 제3부에서 시온의 의로운 이들의 공동체를 통해 성취된다.

공시적 관점에서, 시온을 향한 심판과 구원을 예고하는 두 개의 서곡은 제1부만이 아닌 이사야서 전체를 이끌어가는 주제를 제시한다. 이로써 앞으로 전개될 시온을 향한 구원 드라마의 밑그림이 준비된다.

3. 임마누엘 문헌과 이를 감싸는 여러 테두리(5,1-10,4)

이 단락의 중앙에 '임마누엘 문헌'(6,1-8,18)이 서 있고, 프롤로그(5,1-7)와 에필로그(8,19-10,4)가 이 문헌을 감싸준다. 임마누엘 문헌에는 이사야 예언자의 소명 사화(6,1-13), 표징으로서의 임마누엘(7,1-25), 증언 문서의 봉인(8,1-18) 내용이 담겨 있다. 프롤로그와 임마누엘 문헌 사이에 여섯 가지 재앙을 선포하는 기사가 들어 있다(5,8-30). 이를 도식화하면 다음과 같다.

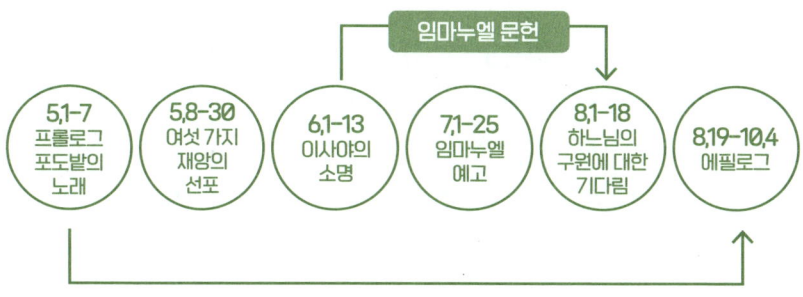

1) 프롤로그: 포도밭 노래(5,1-7)

포도밭 노래는 노래의 시작을 알리는 1ㄱ절을 제외하고 네 개의 연으로 구성된다. 이 노래의 본문은 이야기 형식으로 전개되지만, 이 노래가 누구에게 들려주는 것인지는 언급되지 않는다. 포도밭에 대해 설명한 뒤(1ㄴ-2절), 포도밭의 소유주가 예루살렘과 유다 주민과 시비를 가리고자 그들에게 질문을 던진다(3-4절). 이어서 포도밭을 황폐하게 만들겠다는 주인의 결심이 드러나고(5-6절), 이어서 하느님께서 포도밭의 소유자이며, 이스라엘은 포도밭, 유다 사람은 나무라는 해석과 함께 하느님의 실망이 표현된다(7절). 이 노래는 일종의 우화 형식으로 이스라엘 백성을 향한 하느님의 실망을 들려준다. 노래에 등장하는 수신자들이 '예루살렘 주민'과 '유다 사람'(3절)에서 '이스라엘 집안'과 '유다 사람'(7절)으로 확장되면서, 과거와 현재의 이스라엘 백성 전체가 하느님 심판의 대상으로 언급된다는 사실이 강조된다.[18] 아울러 포도밭은 전체 이스라엘을 가리키는 하나의 은유로 나타난다. 포도밭 노래는 이스라엘 백성에 대한 하느님의 심판이 이루어졌는지를 명확하게 밝히지 않으며 열린 결말의 형식으로 마무리된다.

포도밭은 구약성경에서 이스라엘 백성을 표현한다(시편 80,9). 이를 바탕으로 포도밭 노래는, 이스라엘이 좋은 열매를 많이 맺기를 바라는 하느님의 기대를 담고 있다. 하지만 그런 기대를 저버리는 이스라엘은 비판의 대상이 된다. 그러나 27,2-5에서 다시 등장하는 포도밭 노래는 이스라엘을 향한 심판이 아닌 구원의 그림을 제시한다. 이를 통해 이스라엘 백성이 심판에만 머무는 것이 아니라 구원의 대상으로 전환됨을 보여준다. 두 차례 등장하는 포도밭 노래는 비난과 심판에서 구원으로 넘어가는 과정이 제1부에서도 주제로 다뤄지고 있음을 독자에게 보여준다.

2) 불행 선언(5,8-30)

5,8-30은 이사야 예언서에 등장하는 첫 번째 불행 선언이다. 이 단락은 여섯 부류의 불행을 선포하는 부분(8-23절)과 '하느님의 분노' 및 '그분의 뻗은 손'을 선포하는 부분(24-30절) 둘로 구성된다. 포도밭의 노래는 공정과 정의를 바라시는 하느님께 피 흘림과 울부짖음으로 응답한 이스라엘 백성의 죄악을 비판했다(5,7). 그러한 이유로 불행 선언은 포도밭 노래가 남긴 열린 결말을 심판의 예고로 이어간다. 하느님의 분노와 그분의 뻗은 손은 임마누엘 문헌을 감싸는 에필로그를 연결하며 임마누엘 문헌

의 테두리 역할을 수행한다(9,7-20; 10,1-4). 포도밭 노래가 공정과 정의의 결핍에 대한 탄식이었다면, 불행 선언은 구체적인 잘못과 백성의 죄악에 대한 심판의 메시지를 전달한다.

3) 임금이신 하느님을 통한 이사야의 소명과 완고함의 사명(6,1-13)

이사야의 소명 사화는 이사야가 하느님의 부르심을 언제 받았는지 알려 주며("우찌야 임금이 죽던 해": 1ㄱ절), 시각적인 부분(1ㄴ-7절)과 청각적인 부분(8-11절)으로 구성된다. 또한, 소명 사화의 전개 과정은 다음과 같다: 자연이 반응하는 현상과 함께 등장하시는 하느님(1-3절), 성전에 울리는 진동(4절), 예언자의 고백(5절), 죄로 가득한 백성 사이에서 살아가는 예언자의 정화(6-7절), 하느님과 예언자의 대화와 파견(8-13절).

소명 사화는 시작과 함께 하느님께서 어떤 분이신지를 보여준다. 하느님은 높이 솟은 어좌에 앉아 계신 분이시다(1절). 이사야는 이미 하느님만이 홀로 높으신 분이시며, 인간의 교만은 심판의 대상임을 알려주었다(2,6-22). 이에 부합하여, 여기서도 하느님께서 "높이 솟은 어좌"(6,1)에 앉으셨다는 표현으로 하느님 홀로 높으신 분이라는 신학적 가르침을 제시한다.[19] 이어서 사람들이 등장한다. 이들의 등장은 단순한 무대 장치를 넘어서 하느님의 고유한 특성을 독자들에게 알려준다. 그들은 세 번에 걸쳐 "거룩하시다"고 외치면서 하느님의 거룩함을 강조한다(6,3). 최상급 표현이 따로 존재하지 않는 히브리어에서, 세 번에 걸친 "거룩하시다"

의 외침은 가장 거룩함을 드러낸다. 여기서 강조된 하느님의 거룩함은 그분의 고유한 본질을 나타내고 이사야서 전체의 기본 주제를 구성한다(1,4; 5,19.24; 10,20; 12,6; 17,7; 29,19; 30,11-12.15; 31,1; 37,23; 41,14.16.20; 43,3.14-15; 45,11; 47,4; 48,17; 49,7; 54,5; 55,5; 60,9.14).[20] 이어서 이사야는 하느님을 임금님으로 고백한다(5절). 가톨릭 《성경》에는 표기되지 않았지만, 히브리어 성경은 임금이라는 호칭 앞에 정관사를 함께 사용하면서 "그 임금님(함멜렉המלך)"으로 표기한다. 이는 1절이 제시하는 연대기와 연관하여 생각할 수 있다. 예루살렘의 임금 우찌야가 죽던 해는 기원전 736년이다. 우찌야는 나병이 걸려 임금으로 통치하기 어려웠다. 그래서 그의 아들 요탐이 통치하였으나 아버지 우찌야보다 먼저 죽는 바람에(기원전 741년), 우찌야의 손자 아하즈가 임금의 신분이 아닌 왕자의 신분으로 대리 통치를 하였다. "우찌야 임금이 죽던 해"라는 연대기로 소명 사화가 시작된 것은 아하즈가 임금으로 즉위하기 이전의 시간을 의미하며, 이것은 예루살렘에 다윗 왕조의 통치 공백기가 있었음을 암시한다. 그리고 이사야서는 의도적으로 정관사를 사용하여 유일하고 참된 임금은 만군의 주님이신 하느님이라는 사실을 강조한다. 이사야의 소명 사화에서 드러나는 야훼 하느님의 왕정 사상은 시온 신학과 함께 이사야서 전체를 관통하는 핵심 주제이다.[21]

이사야 예언자의 소명에 앞서 언급되는, 높은 곳에 앉아 계신 분, 거룩하신 분, 성전에 가득 찬 그분의 영광, 임금이신 하느님은 하느님의 고유성을 드러낸다. 여기서 강조되는 하느님의 고유성은 이사야 예언자의 소명이 지닌 의미를 보여준다. 그는 이러한 하느님으로부터 부르심과 권위를 부여받았음을 알려준다. 그러므로 본격적으로 이사야 예언자의 소명을 보도하기에 앞서 하느님의 고유성이 나열된다.

소명 사화는 이사야 예언자가 정화되는 과정을 보여준다. 하느님을 마주한 이사야는 먼저 자신의 죄를 고백한다(6,5). 이어 사랍이 그를 정화하고(6,6-7) 이사야는 파견된다(6,8-13). 주목할 점은 이사야 예언자가 선포해야 하는 사명이다. 예언서에서 그 사명의 방향은 백성을 향해 있다. 곧 "너는 저 백성의 마음을 무디게 하고 그 귀를 어둡게 하며 그 눈을 들어붙게 하여라"(10절). 사명의 내용을 표면적으로만 살펴보면 이사야의 사명은 구원이 아닌 심판에 가깝다. 그 사명이 "주님께서 구원하신다"라는 이사야 예언자의 이름에 부합하는 것이 아니라, 완고함의 사명이기 때문이다. 사명을 부여받은 이사야는 "언제까지입니까?"라고 기한을 하느님께 묻는다. 그러자 그 기간은 "성읍들이 주민 없이 황폐하게 되고 집집마다 사람이 없으며 경작지도 황무지로 황폐해질 때까지다"(11절)라는 말씀을 듣는다. 성읍의 황폐화와 백성의 쫓겨남은 하느님의 심판을 의미한다. 이어지는 12-13절은 심판에 대한 설명을 보충한다. 그렇지만 이사야가 부여받은 완고함의 사명이 비록 부정적인 언급이지만, 이 말씀에서 긍정적으로 전환될 것이라는 전망을 엿볼 수 있다.

그렇다면 소명 사화가 예고하는 성읍의 황폐화와 백성의 쫓겨남은 역사적으로 어떤 사건을 가리킬까? 심판의 의미에서 역사적 사건을 살펴보면, 그것은 북 왕국 이스라엘의 멸망(기원전 722년)과 이보다 후대에 벌어진 산헤립의 예루살렘 침략(기원전 701년: 36-37장)을 의미할 수 있다. 거기에 다음 요소들도 함께 고려할 수 있다. 우선, 소명 사화가 '그루터기'와 '거룩한 씨앗'으로 마무리된다는 사실이다. '그루터기'는 이사야서의 시작과 함께 언급된 '남은 자'(1,8-9; 4,2-3)를 연상시키며, '거룩한 씨앗'은 유배 이후의 귀환 공동체를 지칭하는 표현이었다(에즈 9,2). 이 두 가지를 함께 고려하면, 황폐화와 백성의 쫓겨남은 거시적 관점에서 바빌론에 의한 유다 왕국의 멸망(기원전 587년)까지 연관해서 볼 수 있다.

4) 임마누엘 탄생 예고(7,1-25)

임마누엘 탄생 예고를 담고 있는 7장은 이사야서에서 우리에게 가장 널리 알려진 본문이다. 7장은 아람과 북 왕국 이스라엘이 예루살렘을 위협한 '시리아-에프라임 전쟁'(기원전 734-732년)에 관한 이야기를 시작으로 (1절), 두 개의 에피소드(2-9절/10-17절)와 심판에 관한 세 개의 신탁 (18-20절/21-22절/23-25절)을 담고 있다. 7장에서 주목할 부분은 아람과 북 왕국 이스라엘의 침략을 배경으로 전개되는 두 개의 에피소드이다.

첫 번째 에피소드(2-9절)는 아람과 북 왕국 이스라엘의 위협에 대해 하느님께서 도와주실 것이라는 약속을 전해준다. 약속에 대한 전제는 하느님을 향한 믿음이다: "너희가 믿지 않으면 정녕 서 있지 못하리라"(9절). 이어지는 두 번째 에피소드(10-17절)는 유명한 임마누엘 탄생 예고를 담고 있다. 하느님께서는 아하즈 임금에게 믿음을 바탕으로 표징을 청하라고 말씀하시지만, 아하즈 임금은 하느님을 시험하지 않겠다는 그럴듯한 변명으로 표징의 청원을 거부한다. 아하즈의 모습은 기적과 표징을 청하지 않는 성숙한 신앙인으로 비춰진다. 그가 "저는 청하지 않겠습니다. 그리고 주님을 시험하지 않으렵니다"(7,12) 하고 대답하기 때문이다. 하지만 그의 대답은 신앙의 성숙함을 표현하는 것이 아니라, 하느님과 대화하지 않겠다는 거부의 표현이다. 아하즈가 하느님과의 대화를 거부한 가장 큰 이유는, 그가 하느님을 믿지 않고 강대국 아시리아를 믿고 의지했기 때문이다. 물론 그의 그 믿음은 그에게 아무런 도움도 주지 않았다(2역대 28,16-21).

이러한 맥락에서 이사야는 아하즈 임금을 질책하며 임마누엘의 탄생을 예고한다. "보십시오, 젊은 여인이 잉태하여 아들을 낳으리니 그 이름을 임마누엘이라 할 것입니다"(7,14). 그러므로 하느님을 믿지도, 신뢰하지도 않는 다윗 왕조에게 임마누엘 탄생 예고는 희망과 구원의 말씀으로 이해하기보다 그들을 향한 심판의 의미가 더 가깝다고 볼 수 있다. 물론 "임마누엘"은 긍정의 표징으로 이해될 수 있다. 첫째, 이 단어가 '우리와 함께 계시는 하느님'을 뜻하므로 긍정적이다. 둘째, 구약성경에서 아이의 탄생 예고는 언제나 하느님 축복의 의미를 담고 있다(창세 18,14; 25,21 참조).

그러나 임마누엘 탄생이 예고되는 맥락과, 이후에 "그날에 이러한 일이 일어나리라"(18.21.23절)라는 후렴과 함께 선포되는 세 번의 예고는 심판을 선포한다. 곧 아시리아의 침입(18-20절), 재난의 체험(21-22절), 땅의 황폐화(23-25절)에 대한 예고를 들으면 임마누엘을 구원의 표징으로만 바라볼 수 없게 된다. 아울러 임마누엘이 탄생하여 "엉긴 젖과 꿀"(15절)을 먹는다는 예언은, 이스라엘 백성이 농경민의 음식이 아닌 유목민의 음식을 먹게 된다는 해석에 기초하면, 심판으로 이해될 수 있다(22절 참조). 그러므로 임마누엘의 탄생 예고는 다윗 왕조가 하느님을 온전하게 믿지 않았기 때문에(9절 참조) 받게 되는 심판의 예고이며, 동시에 '우리와 함께 계시는 하느님'을 예고하는 구원의 예고이기도 하다. 임마누엘은 믿지 않는 이에게는 심판이며, 믿는 이에게는 구원의 의미를 담은 양면적 표징이다.[22]

▶ 임마누엘의 신원

마태오 복음사가는 이사 7,14의 임마누엘 탄생 예고를 자신의 복음서 1,23에서 인용하면서 임마누엘 탄생 예고가 예수님의 탄생을 알려준다고 밝힌다. 마태오는 이러한 맥락에서 예수님을 '우리와 함께하시는 하느님'으로 묘사하면서 복음서의 시작과 마지막에 임마누엘을 강조한다(1,23; 28,20). 마태오의 이러한 이해는 그리스도교 신학에 절대적인 영향을 미쳤으며, 그로 인해 그리스도인에게 이사 7,14는 구약에서 가장 유명한 구절이 되었다. 마태오가 제시한 '임마누엘=예수님'의 정식은 19세기까지 견고한 지지를 받아왔다. 하지만 최근에는 '이사야 예언서에서 임마누엘은 누구를 지칭하였을까?'라는 물음을 제기하고 이에 대한 해석을 시도하고 있다. 이 연구의 목적은 임마누엘이 사실 예수님이 아니라고 이야기하려는 데 있지 않다. 단지 "표징"(7,11)으로 제시된 임마누엘을 이사야 예언서 안에서 해석할 수 있는지 묻는 데 있다. 이에 이사야서가 제시하는 임마누엘의 신원을 밝히고자 했던 연구를 간략하게 살펴보고자 한다.[23]

우선 임마누엘의 신원을 올바로 이해하기 위해 필요한 일은 임마누엘을 낳게 될 여인, 곧 "(그) 젊은 여인"[24]의 신원을 밝히는 것이다. 히브리어 성경은 "젊은 여인(알마עלמה)"에 정관사(הַ)를 붙였다. 그러므로 "젊은 여인"은 예언자 이사야와 예언을 청취하는 아하즈 임금이 모두 아는 인물로 이해될 수 있다. 만약 그 여인이 아하즈 임금의 부인이라면 그녀에게서 태어나는 임마누엘은 히즈키야로 볼 수 있다. 과연 그렇게 볼 수 있을까?

이사야서에서 아하즈와 히즈키야 임금의 모습은 강한 대비를 이룬다. 우선, 아하즈 임금은 아람과 북 왕국 이스라엘이 예루살렘을 위협할 때, 나무가 바람 앞에 떠는 것처럼 마음을 떨었다. 이에 하느님께서는 이사야에게 아하즈를 찾아가서 안심하라는 말씀을 전하게 하신다(7,2-3). 반면에 히즈키야 임금은 아람과 북 왕국 이스라엘보다 더 강력한 아시리아의 산헤립이 유다의 모든 성읍을 점령하고 예루살렘을 포위하였을 때, 두려워 떨기보다 제 옷을 찢고 자루옷을 두르고 주님의 집으로 들어가고 대신들을 이사야 예언자에게 보낸다(37,1-2). 아하즈는 하느님을 믿고 의지하지 않고 아시리아라는 외부의 힘을 믿었지만, 히즈키야는 하느님께 온전한 신뢰를 바탕으로 기도를 드린다. 이처럼 아하즈와 히즈키야의 대조되는 모습에서 히즈키야를 구원의 표징인 임마누엘로 볼 수 있는 여지가 생긴다. 만약 아시리아의 침공 이야기가 38장에서 마무리되었다면 임마누엘의 신원은 히즈키야로 밝혀졌을 것이다. 하지만 39장에 묘사된 히즈키야는 임마누엘과 거리가 먼 모습이다. 그가 자신을 방문한 바빌론 사절단에게 교만한 모습으로 궁궐과 나라 안에 있는 것을 모두 보여주었기 때문이다. 이사야는 히즈키야를 바빌론 유배의 결정적인 원인으로 제시한다(39,1-8).

임마누엘의 신원에 관해 상징적인 해석도 가능하다. 앞서 "그 젊은 여인"의 표기는 이사야와 아하즈 임금이 아는 여인이 될 수 있다고 해석해보았다. 이제 그 범위를 넓혀 바라보면 이사야와 아하즈 외에 언급되는 인물이 있는데, 그는 바로 독자이다. 독자들이 알고 있는 "그 젊은 여인"으로 접근해보면 여인의 신원을 이해할 수 있는 또 다른 길이 열린다. 이사야서의 시작 부분에 여인으로 표기되어 등장한 존재가 있는데, 그는 바로 시온이다(1,8). 시온은 "딸 시온"으로 언급되면서 여인의 모습으로 이사야서에 등장한다(1,8; 10,32; 16,1; 37,22; 52,2; 62,11). 아울러 시

> 온은 하느님의 배우자(49,14; 62,4-5), 어머니의 모습을 지니며(50,1; 54,1), 출산하는 여인으로 등장한다(66,7-9). 그러므로 7,14의 "그 젊은 여인"을 시온의 상징적 표현으로 바라본다면, 이사야 예언서가 지향하는 시온 신학에도 부합한다. 그 관점에서 임마누엘은 시온의 첫 자녀이며, 임마누엘이 의미하는 복수형 '우리'는 시온의 자녀들로 이해할 수 있다. 그러므로 임마누엘이 한 명의 개인을 의미하기보다 이사야서가 기획하는 새로운 공동체, '우리'라는 이름으로 모인 공동체를 지칭한다고 볼 수 있다. 이 공동체는 이사야서 전체에서 확장되는 모습으로 등장한다. 임마누엘 공동체는 1-39장에서 이사야와 그의 자녀와 제자들(8,16-18), 그리고 남은 자(1,9), 그루터기(6,13; 참조 11,1)로 나타나고, 40장 이후에서 종과 종의 공동체로 확장되는 가운데 회복된 시온을 구성하는 의로운 이들의 공동체의 모습으로 전개된다.

5) 이사야와 그의 자녀와 제자들(8,1-18)

8장은 이스라엘 전체와 예루살렘에 대한 심판의 예고로 구성된다. 1-4절은 이사야와 그의 둘째 아들 '마헤르 살랄 하스 바즈' 탄생에 대한 이야기를 들려주면서 다마스쿠스와 북 왕국 이스라엘의 멸망을 예고한다. 이어지는 5-10절은 아시리아의 침공을, 11-18절은 하느님만을 두려워하라는 하느님의 말씀(11-15절)과 예언자 개인에 관한 이야기(16-18절)를 전한다.

첫 번째 단락(1-4절)은 하느님의 명령과 이사야 아들의 이름을 지어주는 이야기를 들려준다. 이사야의 맏아들은 '스아르 야숩'으로 이미 7,3에서 등장했다. 그 이름은 '남은 자가 돌아올 것이다'라는 의미를 지니고 있다. 둘째 아들은 '마헤르 살랄 하스 바즈'로 '약탈물은 재빨리, 노략물은 날래게'로 직역된다. 7장의 배경인 시리아-에프라임 전쟁에서 등장하는 스아르 야숩이 하느님을 향한 믿음을 지니면 남은 자가 되어 다시 돌아올 수 있음을 암시하였다면, 재빠른 약탈과 노략의 의미를 담은 마헤르 살랄 하스 바즈는 다마스쿠스와 북 왕국 이스라엘의 운명을 암시하는 것으로 이해된다.

두 번째 단락(5-10절)은 7장에서 하느님을 신뢰하지 않은 유다 왕국을 향한 심판이 내린다(7,9 참조). 유다 왕국은 이제 아시리아의 위협을 받게 될 것이 예고된다. 하지만 이방 민족의 그 계획은 성공하지 못할 것이라는 사실도 함께 선포된다. 여기서 임마누엘의 이름이 선포된다. "하느님께서는 우리와 함께 계시다"(10절).

세 번째 단락(11-18절)은 사람이 아닌 하느님만을 두려워하라는 하느님의 말씀을 들려준다. 유다의 백성은 하느님이 아닌, 자신들을 위협하는 이방 민족을 두려워하고 있다. 그러므로 하느님께서는 이사야를 통해 그들이 걷는 길을 걷지 말고 진정 두려워해야 할 대상은 이방 민족이 아닌 하느님이라는 사실을 알려주신다(11-15절). 그리고 이사야에게는 백성의 편에 서지 말고 하느님의 편에 설 것을 요구하신다(12-13절).[25] 이어서 예언자는 자신의 이야기를 들려준다. 16절은 이사야가 자신의 선포 내용을 적어 문서로 만들었다는 흔적을 제시한다. 그가 "증언 문서를 묶고" "제자들 앞에서 이 가르침을 봉인"(8,16)하는 행위는, 자신이 선포한 내용이 이스라엘 백성에게 수용되지 못하고 거부되었음을 암시한다. 아울러 이 사실로 그가 받은 완고함의 사명이 성취되었음을 알려준다(6,9-10 참조). 그리하여 그는 말씀의 참됨을 증명하기 위해 자신과 뜻을 같이하는 제자들 앞에서 증언 문서를 묶고 봉인한 뒤 주님을 고대하면서 기다린다(17절). 증언 문서는 봉인되고, 이제 이사야, 그의 자녀와 제자들은 이스라엘에 세우신 하느님의 표징이 된다.

6) 에필로그(8,19-10,4)

이 단락은 임마누엘 문헌을 감싸면서 에필로그의 역할을 한다. 에필로그는 크게 세 부분으로 구성된다. 8,19-23은 하느님의 가르침과 역경의 때를 묘사하며, 9,1-6은 이상적 통치자의 탄생과 즉위를 통해 구원의 그림을 보여준다. 이어지는 9,7-10,4은 에프라임과 유다의 지도자들을 향한 하느님의 심판을 들려주면서 에필로그를 마무리한다.

8,19-23 하느님의 가르침과 역경의 때에 대한 묘사

19절은 "너희"라는 2인칭 복수 형태로 시작된다. 그들은 하느님의 부르심을 받고 하느님의 뜻을 따라 사는 사람들로, 이사야 예언자와 그의 자녀와 제자들을 지칭한다(8,16-18 참조). 20절은 가르침과 증언을 다시 언급하며(8,16 참조), 잘못된 백성의 태도를 질책한다. 이어서 위험한 시기가 묘사되는데, 역경의 시대가 오더라도 사람들은 하느님을 믿고 의지하지 않는다. 오히려 그들은 임금과 하느님을 저주한다. 백성 스스로 행한 잘못 때문에 역경의 시대를 맞았건만, 그들은 오히려 하느님을 향해 저주를 내뱉는다(8,21). 백성은 이미 하느님과의 관계를 훼손하였고, 역경이 오면서 불만을 표시한 것이다. 그러므로 그들은 고난과 암흑을 맞이할 뿐이다(8,22). 하지만 역경은 어둠으로 그치지 않고 새로운 희망으로 예고된다(8,23).

9,1-6 이상적인 통치로 드러나는 하느님의 구원

하느님 구원의 그림을 보여주는 9,1-6은 하느님을 향한 감사 노래를 담은 1-4절과 이상적 통치자에 관하여 들려주는 5-6절로 구성된다. 8,21-23에 예고된 역경 속에 가득했던 어둠은 큰 빛이 등장하면서 사라진다. 빛으로 바꿔주시고 기쁨을 주신 하느님께 감사 노래가 울려 퍼진다(9,1-2). 이어서 폭력의 수단이며 도구인 멍에, 장대, 몽둥이, 군화와 군복이 화염에 타버린다(9,3-4). 이처럼 역경에서 구원을 향한 움직임은 빛의 등장과 폭력 수단의 무력화로 드러난다. 그리고 정점에서 이상적 통치자의 탄생이 보도된다. 이어서 그 아이에게 네 가지 이름 – 놀라운 경륜가, 용맹한 하느님, 영원한 아버지, 평화의 군왕 – 이 부여되는데, 이는 통치자의 즉위식 장면을 연상시킨다(9,5). 뒤이어 통치자에게 신탁이 주어지는데, 그와 다윗 가문에 영원한 평화와 정의가 약속된다(9,6).

이상적 통치자, 곧 메시아의 탄생과 즉위에 대한 예언을 들려주는 9,1-6은 나탄 예언자를 통해 다윗 왕조에게 하신 약속과 밀접하게 연관된다. 이 연관성을 드러내는 요소는 다음과 같다: "아들"(9,5; 2사무 7,14); '왕좌의 지속성'(9,6; 2사무 7,16); "이름"(9,5; 2사무 7,9); '판관 시대에 대한 암시'(9,3; 2사무 7,11).[26] 그러나 통치자의 탄생 보도는 태어난 아기의 '생물학적 신원'이 아닌 통치자로서의 '정당성'을 밝혀준다.[27] 탄생 보도 이후에 그에게 주어지는 네 가지 이름은 '왕좌의 이름'으로 통치자의 역할을 설명하고, 태어난 아기가 통치자로 즉위하는 장면을 암시한다.[28] 이처럼 구약성경에서 통치자의 탄생과 즉위 장면을 한 문장에 담아내는 본문은 9,5이 유일하다. 네 가지 이름이 의미하는 바는 다음과 같다.

첫 번째 이름은 "놀라운 경륜가"로 히브리어로는 '펠레 요에츠יועץ פלא'이다. 펠레פלא는 기적 또는 하느님의 업적을 의미한다(탈출 15,11; 시편 77,12.15; 78,11-12; 88,13; 89,6). 그러므로 "놀라운 경륜가"는 '계획자'라는 의미를 지닌 요에츠יעץ와 함께, 하느님의 업적에 관심을 기울이는 계획자를 가리킨다.

두 번째 이름은 "용맹한 하느님"이다. 이는 강한 하느님을 뜻하며, 하느님의 강함을 담고 있는 이름이다.

세 번째 이름은 "영원한 아버지"이다. 구약성경에서는 일반적으로 '아버지'라는 호칭을 임금에게 사용하지 않는다. 왜냐하면 그것은 백성을 돌보시고 염려하시는 하느님의 역할을 나타내기 때문이다. 따라서 통치자에게 부여하는 이름에 들어 있는 '아버지'라는 호칭은 통치자의 신원이 아닌, 이스라엘을 향한 하느님의 보살핌을 의미한다.

네 번째 이름은 "평화의 군왕"이다. 여기서 사용된 군왕의 의미는 주의해서 바라봐야 한다. 우리말 "군왕"으로 번역된 '싸르שר'는 임금을 지칭하는 히브리어 '멜렉מלך'과 구별되기 때문이다. 이사야서에 따르면 야훼 하느님만이 유일하고 참된 임금이시다(6,5; 24,23; 33,22; 41,12; 43,15; 44,6; 52,7 참조). 메시아적 인물은 참된 임금이신 하느님을 대신하여 통치자의 역할을 수행할 뿐이다. 따라서 이 인물에게 임금이라는 호칭은 의도적으로 사용되지 않았다. 그는 하느님의 축복 아래 이르는 평화의 상태, 곧 샬롬שלום으로 이끌 평화의 통치자이다.

여기서 언급된 이름 네 가지 가운데 세 가지는 인간 임금에게 사용된 호칭이 아니며, 하느님께 드리던 호칭이다. 그러므로 인간 임금에게 이 호칭을 부여하였다는 것은 인간 통치자의 통치를 통해 하느님의 통치가 드러난다는 사실을 알려준다. 아울러 여기서 등장한 이름은 개인의 이름과 구별되는 기능적인 이름으로 볼 수 있다.[29] 하느님께서는 자신에게 적용되는 이름을 인간에게 적용하시면서, 인간 통치자와 함께 세상을 다스리시는 모습을 제시하신다.

9,7-10,4 에프라임을 향한 분노와 불행 선언

이 단락의 구조는 반복되는 후렴구로 쉽게 파악된다. 즉, 후렴구 "그분의 손은 여전히 뻗쳐 있다"(9,11.16.20; 10,4)가 네 번 반복되면서 본문을 네 부분으로 나눈다.

첫 번째 단락은 9,7-11로 이사야는 야곱을 거스르는 말씀을 선포한다. 하느님께서는 야곱의 적들을 부추기며 북 왕국 이스라엘을 위협하도록 이끄신다. 이는 에프라임과 사마리아 주민들의 오만함 때문이다(9,8-9). 두 번째 단락은 9,12-16이다. 하느님의 심판에도 불구하고 하느님께 돌아가지 않는 백성의 모습이 질타를 받는다. 세 번째 단락은 9,17-20이다. 만군의 주님의 분노로 땅이 타버리는 모습이 묘사된다. 네 번째 단락은 10,1-4이다. 10,1은 5,8-30에서 선포된 '불행 선언'과 대칭을 이루면서 "불행하여라"라는 외침과 함께 시작된다. 죄악을 저지르며 고아와 과부로 대표되는 가난한 이들을 돌보지 않는 이들에게 불행이 선언된다. 불행 선언 이후에 그들이 맞이할 불행한 운명을 예고하며 마무리된다.

4. 통치자에 대한 두 가지 그림(10,5-11,16)

이 대목은 상반된 두 부류의 통치자를 묘사한다. 10,5-34이 묘사하는 아시리아 임금은 하느님을 거스르면서 점점 상승하지만, 결국엔 몰락하고 만다. 이어지는 11장은 이와 상반된 이상적인 통치자를 소개한다. 그는 이사이의 뿌리에서 움튼 새싹이며 그에게 주님의 영이 수여된다. 그리고 그를 통해 이루어지는 이스라엘과 세상의 변화가 노래로 울려 퍼진다. 상반된 두 개의 그림은 하느님께서 역사에 직접 개입하셨음을 의미하며, 이 개입으로 구원이 준비된다.

1) 교만한 아시리아의 불행(10,5-34)

본문의 구조를 알려주는 주요 표지는 단락의 시작과 함께 선포되는 "불행하여라"(10,5)와 두 번 반복되는 "그날에"(10,20.27)이다. 이에 따르면 10,5-34은 5-19절, 20-26절, 27-34절 등 세 부분으로 구성된다.

첫 단락(10,5-19)에서 하느님과 아시리아 임금이 화자로 등장한다. 그런데 흥미롭게도 둘은 서로 대화하지 않는다. 이 단락은 아시리아 임금의 교만에 대한 하느님의 분노를 예고한다. 아시리아는 이스라엘 백성을 심판하기 위한 하느님의 도구였을 뿐이다(10,5; 참조 9,9-10). 하지만 아시리아는 자신을 하느님의 도구로 생각하지 않으며, 자신의 능력을 뽐내고 자랑하며, 하느님을 섬기지 않는 가운데 하느님을 많은 신 가운데 하나로 치부하였다(10,8-11.13-14). 그는 이렇게 잘못된 인식을 가진 탓에 하느님 심판을 받게 되리라고 예고된다(10,16-19).

두 번째 단락(10,20-26)은 남은 자들에게 구원이 선포될 것을 예고한다(10,20-23). 남은 자들은 하느님께 충실히 의지하면서 새로운 하느님 백성 공동체를 위한 밑거름이 된다. 그들은 더 이상 아시리아를 두려워하지 않는다. 하느님의 진노가 이제 아시리아를 향할 것이기 때문이다(10,24-26). 죄악을 저지르는 백성은 아시리아를 통해 내리는 하느님의 심판을 받고, 하느님께 충실한 남은 자들은 하느님의 구원을 선사 받는다.

세 번째 단락(10,27-34)은 아시리아의 진격과 이를 두려워하는 유다 주민들의 반응을 보여준다. 여기서 언급되는 지명들, 아얏, 미그론, 미크마스, 게바, 라마, 사울의 기브아, 밧 갈림, 라이사, 아나톳, 마드메나, 게빔, 놉은 예루살렘의 북쪽과 서쪽에 위치하는 지역으로 예루살렘을 위협하는 군대의 행진 여정을 암시한다. 이에 대해 두 가지 관점의 해석이 존재한다. 하나는 역사적으로 기원전 720년경 사르곤 2세의 침입을 묘사한다는 해석과, 다른 하나는 북쪽에서 예루살렘을 향해 진군하는 아시리아 군대의 일반적 모습으로 보는 해석이다.[30] 어떠한 해석이든 10,27ㄴ-32는 "딸 시온산"과 "예루살렘 동산"을 향하고 위협하는 아시리아의 움직임을 묘사한다. 아시리아는 "가지들", "높이 솟아오른" "드높은" 것들에 비유되며, 하느님께서 그들의 교만을 꺾으실 것이라는 사실이 선포된다(10,32-34). 아시리아가 심판의 대상이 되는 이유는, 이사야서가 전하는 중요한 신학적 주제, 곧 하느님은 인간의 교만을 심판하고 처벌하신다는 가르침 때문이다(2,6-22 참조).[31]

2) 이사이의 그루터기에서 솟아난 햇순과 그 위에 머무르는 하느님의 영(11,1-16)

11장은 두 부분으로 구성된다. 1-9절은 메시아적이며 이상적인 통치자의 도래를 선포한다. 그는 은유적으로 이사이의 뿌리에서 움튼 새싹으로 표현되며, 그에게 하느님의 영이 작용하는 모습이 묘사된다. 이어지는 10-16절은 남은 자들에 대한 희망의 메시지를 선포한다.

첫 번째 단락(11,1-9)은 하느님의 주도권을 바탕으로 전개되는 고유한 사건을 묘사한다. 선행하는 10,5-34의 맥락을 고려하면 이사이의 뿌리에서 새싹이 솟아나고 하느님의 영이 수여되는 장소를 시온으로 볼 수 있으며(10,12.24.32), 그 장소는 주님의 '거룩한 산'으로 명시된다(11,9). 하느님께서는 이사이의 그루터기에서 햇순이 돋아나고, 그 뿌리에서 새싹이 움트게 하신다. 그 위에 주님의 영이 머무르는데, 그것은 "지혜와 슬기의 영, 경륜과 용맹의 영, 지식의 영과 주님을 경외함이다"(11,2).

이어지는 구절은 새롭게 움튼 싹으로 표현된 이상적인 통치자의 모습을 묘사한다(11,3-5). 그의 다스림은 백성의 지도자들의 통치와 대조된다. 백성의 지도자들은 가난한 이들과 고아와 과부를 돕지 않지만(1,23; 10,2), 이상적 통치자는 정의와 신의를 바탕으로 정당하게 재판하고 무뢰배를 내리치고 악인을 죽이기 때문이다(11,4-5). 이 같은 이상적 통치는 백성 공동체만이 아닌 자연 질서에도 영향을 준다. 맹수들이 가축들과 함께 어울리고 풀을 먹는다(11,6-7). 다소 황당하게 들릴 수 있는 이 진술은 하느님께서 창조 때 모든 생물에게 모든 풀과 과일나무를 양식으로 주신 것에 부합한다(창세 1,29 참조). 따라서 이렇게 변화된 세상은 창조 질서가 회복되었음을 의미한다. 자연의 변화와 함께 땅도 "주님을 앎으로 가득"(11,9)하게 된다. 하느님을 알지 못하고 깨닫지 못해 예언자의 비판을 받았던 상황이 서서히 변화된다(1,2-3 참조).

두 번째 단락(11,10-16)은 남은 자들을 위한 희망을 선포한다. 메시아에 대한 은유로 사용된 이사이의 뿌리는 깃발이 되어 겨레들이 알아보고 모일 수 있는 표지가 된다. 하느님께서 그 깃발을 높이 드시면(11,10-12), 유다와 에프라임의 적개심은 사라지고 그들은 새로운 하나의 백성이 되어 이방 민족을 물리칠 것이다(11,13-14). 하느님의 위력으로 아시리아에 남아 있는 자들을 위한 큰길이 만들어진다(11,15-16). 하느님의 활동으로 움튼 새싹은 이제 민족들의 깃발이 되고, 하느님께서 친히 그 깃발을 들어 올리시면서 남은 자들은 그것을 보고 높이 솟은 깃발이 있는 시온을 향해 모여든다.

은유적 표현으로 가득한 11,1-16은 메시아적 인물의 통치와 이를 통한 변화의 이야기를 들려준다. 이사이의 뿌리에서 움튼 새싹으로 비유된 그는 하느님의 영 안에서 이상적으로 통치하여 창조 질서를 회복시킨다. 이제 오물을 뒤집어쓴 시온은, 하느님께서 선택하시고 하느님의 영이 이끌어주는 이상적인 통치자의 다스림을 받으며 새롭게 변환된다. 이러한 변화와 함께 남은 자들이 시온으로 모여들며, 하느님께서 그들을 위한 큰길을 마련해주신다는 희망이 선포된다. 시온을 중심으로 전개되는 이 변화는 장차 바빌론 유배로부터의 귀환(40-55장)과 영광스러운 시온의 변화(56-66장)를 통해 더욱 구체적으로 드러난다.

▶ 메시아 예고의 삼부작(7,14; 9,1-6; 11,1-9)

이사야서에서 7,14; 9,1-6; 11,1-5은 이상적인 통치자를 예고하는 이른바 '메시아 본문'으로 지칭된다. 이사야 예언서는 이 본문들을 분리된 것이 아닌 연속물로 인식하도록 배열한다. 곧 '우리와 함께 계시는 하느님'이라는 의미를 지닌 임마누엘의 탄생이 예고되고(7,14), 메시아적 인물이 탄생하여 통치자로 즉위하며(9,1-6), 그가 이상적인 통치권을 행사하여 창조 질서가 회복되는 세상을 묘사하기 때문이다(11,1-9). 서로 다른 세 개의 본문을 연속물로 바라볼 수 있는 관점은 이것들이 서로 연결 고리를 갖기 때문이다. 우선, 임마누엘은 그 이름 안에 '우리'라는 공동체를 전제한다. 이사야 예언서에서 '우리'는 주님의 가르침을 따르며 주님의 표징으로 활동하는 이들을 지칭한다(8,16-20). 이어서 '우리'라는 공동체는 메시아적 인물의 탄생을 목격한 뒤 "우리에게 한 아기가 태어났고, 우리에게 한 아들이 주어졌습니다"(9,5)라고 고백한다. 그 아기는 즉위식을 거쳐 통치자의 자리에 앉은 뒤 통치자의 이름을 얻는다. 그는 하느님의 영 안에서 정의와 신의를 바탕으로 통치하여 세상을 변화시킨다(11,1-9). 그러므로 세 개의 메시아 본문은 메시아적 인물의 탄생 예고(7,14), 그 인물의 탄생과 즉위(9,1-6), 그의 통치와 그로 인한 창조 질서의 회복(11,1-9)이라는 삼 단계 과정을 보여준다.

여기서 주목할 점은, 메시아적 인물을 묘사할 때 그에게 임금이라는 호칭을 사용하지 않았다는 사실이다. 이는 우연이 아닌 의도적인 표현으로, 만군의 주 하느님만을 유일하고 참된 임금으로 바라보는 이사야 예언서의 신학을 반영한 결과다(6,5; 24,23; 33,22 참조). 그래서 즉위식 때 그에게 주어진 이름은 임금이 아닌 통치자(9,5: 싸르 שׂר)이다. 또한,

> 메시아적 인물의 기원은 다윗이 아닌, 이사이의 뿌리로 언급된다 (11,1.10). 이 표현은 다윗 왕조, 또는 다윗 혈통에서 나올 메시아를 부정하는 것이 아니라, 메시아적 인물이 다윗을 넘어 새로운 시작을 가져올 인물이라고 이해하기 때문이다.

5. 구원된 이들의 찬미가(12,1-6)

12장이 들려주는 구원된 이들의 찬미가는 이사야 예언서의 전체 구조에서 중요한 기능을 수행한다. '시온의 구원'이라는 주제는 시온을 향한 모든 민족의 순례(2,1-5)와 시온의 정화(4,2-6)를 통해 서곡에서 이미 예고되었다. 이렇게 이 주제가 연속되는 가운데 12장은 구원된 이들이 시온에서 부르는 찬미가를 들려준다. 이사야서가 선포하는 구원은 추상적인 그림으로만, 또는 아무런 논리 없이 전개되지 않는다. 그렇다면 12장의 구원된 이들의 찬미가는 어떠한 논리를 지니고 있나? 12장의 구원은 선행하는 10,5-11,16의 맥락에서 이해된다. 10,5-32에 소개된 아시리아를 향한 심판을 통해 포악한 세상 통치자의 몰락이 예고된다. 이어서 하느님의 활동 속에서 메시아적 인물이 정의와 신의를 바탕으로 통치하는 세상이 예고된다(11,1-9). 이상적 통치자는 이사이의 뿌리에서 움튼 새싹과 겨레들을 위한 깃발로 비유되고, 이를 통해 남은 자들을 위한 희망이 예고된다. 그 결과 12장의 구원으로 자연스럽게 이어진다. 구원을 의미하는 히브리어 예슈아(ישועה)는 예언자 이사야(예샤야후ישעיהו)의 이름을 연상시키는 가운데 세 번 등장하고(12,2에 두 번, 12,3에 한 번), 이후에 하느님의 강한 힘으로 전개되는 구원의 드라마를 이끄는 신학적 프로그램의 핵심 요소로 나타난다(25,9; 26,1.18; 33,2.6; 49,6.8; 51,6.8; 52,7.10; 56,1; 59,11.17; 60,18; 62,1).[32]

찬미 노래는 갈대 바다를 건넌 뒤 부르는 모세의 승리 노래를 인용한다(12,2ㄴ; 탈출 15,2ㄱ). 이 노래는 단순한 인용이 아니다. 모세의 노래를 부름으로써 이사야가 모세의 뒤를 잇는 합법적인 후계자라는 점이 분명해지고, 이사야는 구원된 이들을 시온으로 이끌고 모든 민족과 온 땅에 하느님의 구원 업적을 알려야 하는 책임을 지게 된다.[33] 이러한 맥락에서 "구원의 샘"은 이사야 예언자의 선포와 그 선포를 담은 이사야 예언서를 지칭한다. 곧 말씀 선포의 청자와 예언서의 독자는 광야에서 이스라엘 백성이 모세를 따랐듯이 예언자의 선포와 예언서의 말씀을 따라야 한다. 그러한 과정을 거쳐 구원을 체험한 이들은 '거룩한 남은 자'이며, 이들은 구원을 위한 하느님의 온갖 수고를 민족들과 온 땅에 선포할 의무를 갖는다. 이제 구원을 체험한 이들은 이사야와 함께 시온에서 모든 민족과 온 땅을 위해 주님께 찬미 노래를 부른다. "땅이 주님을 앎으로 가득"할 것이라는 예언의 말씀(11,9 참조)이 점차 실현되어가고, 그 시작은 주님의 거룩한 도성 시온에서 이뤄질 것이다(12,6). 12장은 구원의 기쁨을 미리 보여주고, 시온과 시온의 백성에게서 하느님의 구원이 시작될 것이며 앞으로 성취될 구원의 밑그림을 제공한다.

12장은 1-11장의 내용을 종합하고 정리하며, 동시에 "위로"(12,1)와 "신뢰"(12,2)를 표현하여 40-66장과 연결한다(40,1; 49,13; 51,12; 52,9; 61,2; 66,13

참조). 여기에 등장하는 '시온의 백성'(12,6)이 시온에서 해방의 기쁨을 노래하며 환호한다면, 그들은 장차 "기쁜 소식을 전하는 시온"(40,9)과 일치하고 궁극적으로 '복음 선포자' 시온으로 등장할 것이다.[34]

6. 신학적 의미

1) 하느님은 어떤 분이신가?

1-12장은 시온을 향한 심판과 구원의 그림을 함께 제공하는 가운데 현재의 시온은 심판의 대상이 되지만, 미래의 시온은 정화되어 구원받을 것을 예고한다. 시온을 향한 심판과 구원은 하느님에 대한 올바른 앎을 전제한다. 이스라엘 백성은 이 앎을 지니지 않았기 때문에 심판의 대상이 된다(1,3). 그러므로 이사야 예언서의 제1편(1-12장)은 하느님이 어떤 분이신지를 분명하게 알려준다.

(1) 이스라엘의 거룩하신 분

이사야 예언서는, 하느님께서 "이스라엘의 거룩하신 분"이라는 사실을 분명하게 선포한다. 이 표현은 이사야 예언서에서 하느님의 호칭으로 사용되고 이사야서 전체의 핵심 주제를 구성한다(1,4; 5,19.24; 10,17.20; 12,6; 17,7; 29,19.23; 30,11.12.15; 31,1; 37,23; 41,14.16.20; 43,3.14.15; 45,11; 47,4; 48,17; 49,7; 54,5; 55,5; 60,9.14). 동시에 '거룩함'은 하느님의 고유한 속성을 드러낸다(6,3; 40,25; 57,15). 하느님의 거룩함은 백성의 죄악 앞에서 더욱 강조되고, 하느님께서 역사를 주관하신다는 사실을 통해 드러난다. 이사야 예언자가 하느님의 지극히 거룩함 앞에서 자신을 "입술이 더러운 사람이다"(6,5)라고 고백했듯이, 하느님의 거룩함은 이스라엘 백성이 지닌 악행과 죄악에 대비되는 가운데 윤리적 측면을 강조한다.

이에 따라 거룩하신 하느님께서는 당신을 저버린 백성에게 심판을 선포하실 수 있었다. 또한, 이방 민족의 침입과 위협으로 이스라엘 백성을 심판하셨다. 이방 민족은 이스라엘을 심판하는 하느님의 도구로 사용되었다. 이는 역사를 움직이시는 하느님의 역량을 드러냈다. 그러므로 이스라엘 백성은 하느님께서 역사를 주도하고 계심을 인정하고 그분을 믿어야 했건만 끝내 믿지 않았다(7,9.12 참조). 이처럼 하느님의 거룩함은 이스라엘 백성을 심판하는 이유가 되는 동시에, 그들이 회개하고 정화될 수 있는 근거도 된다. 이사야서는 하느님의 거룩함을 통해 이스라엘 백성이 하느님께 돌아오도록 초대한다.

(2) 하느님의 왕권

제1편(1-12장)에는 지상의 임금이 많이 등장한다. 다윗 왕조의 임금인 우찌야, 요탐, 아하즈, 히즈키야를 비롯하여 북 왕국 이스라엘의 임금 페

카, 아람 임금 르친이 그러하다. 그들은 임금이라는 호칭을 지니고 있지만, 이사야 예언서는 그들을 참된 임금으로 바라보지 않는다. 이러한 맥락에서 이사야 예언서는 주님의 등장을 하느님의 왕권과 함께 보도한다(6,1-5). 하느님 왕권의 절정은 임금이신 하느님의 호칭에서 드러난다. 이사야 예언서는 하느님께 "그 임금님המלך"이라고 표현하며 하느님만이 유일한 임금님이심을 고백한다(6,5). 이렇게 장엄하게 선포된 하느님의 왕권은, 이방 민족 통치자들의 침입이 하느님을 임금님으로 모시는 백성에게 아무런 위협이 될 수 없다는 사실을 알려준다. 하느님의 거룩함이 하느님께서 지니신 역사의 주도권을 드러냈다면, 하느님의 왕권은 지상의 권력자들이 모두 하느님께 종속됨을 보여준다.

2) 이스라엘 백성을 향한 심판과 구원

하느님을 올바로 알지 못한 이스라엘 백성은 하느님 심판의 대상이 된다. 그들의 악행과 죄악으로 시온은 오물을 뒤집어쓴 창녀가 되어버렸다. 그렇게 된 가장 큰 원인은 공정과 정의의 상실이다. 그들이 윤리적으로 살아가지 않은 가장 큰 이유는 하느님의 거룩함을 인식하지 못하기 때문이다. 그 때문에 이스라엘 백성이 심판의 대상이 된다는 사실을, 이사야 예언서는 분명하게 강조한다. 하지만 이사야 예언서의 목적은 백성의 심판, 그 자체에 있지 않다. 심판의 목적은 심판을 통해 처벌을 받고, 그렇게 하여 정화 과정을 거치면 이스라엘 백성이 다시 하느님의 백성이 될 수 있다는 희망을 주는 데 있다. 이것이 이사야 예언서가 제시하는 구원의 그림이다. 그러므로 이사야서는 심판만을 제시하지 않고, 정화를 통한 종말론적 구원의 그림도 함께 제시한다.

 심판과 관련하여 아직 이해되지 않는 부분이 있다. 그것은 이사야가 선포한 완고함에 관한 내용이다(6,9-10). 심판의 목적이 분명 정화를 통한 회개인데, 이사야의 사명은 백성을 계속 심판의 상황에 머물게 만드는 것 같기 때문이다. 이 구절은 이사야 예언자에 의해 백성의 마음이 완고해졌다고 말하지 않는다. 오히려 이스라엘 백성이 이사야 예언자의 말에 귀를 기울이지 않고 그의 행동을 바라보지 않아서 마음으로 깨달을 수 없다고 알려준다. 이처럼 시선을 제1편에 고정한 채 백성에게 내리는 심판을 바라본다면, 명확하게 이해되지 않는 부분이 남아 있다. 이사야 예언서를 마지막까지 읽고 난 후에야 심판의 의미가 전체적으로 명확해진다. 모든 것이 무너지고 파괴된 이후에 정화의 시간을 거치면서 사람들의 눈과 귀는 변화될 것이고(6,11-12 참조), 이를 통해 하느님께 돌아오게 될 것이다. 아울러 제1편의 회개는 심판이라는 기회를 제공하지만, 마지막 제7편은 심판이라는 기회조차 제공하지 않고 의인과 악인을 분리하고 악인의 주검은 영원히 꺼지지 않는 불 속에서 타게 된다(66,24 참조).

3) 남은 자

남은 자에 대한 이해는 하느님의 심판을 전제한다. 하느님의 심판은 모든 백성을 향한다. 다만 하느님께서는 백성을 전부 멸망시키지 않고, 일부를 남기신다. 그러므로 이스라엘 백성은 "우리에게 생존자들을 조금이나마 남겨주지 않으셨더라면 우리는 소돔처럼 되고 고모라같이 되고 말았으리라"(1,9)고 탄식한다. 제1편은 하느님의 심판이 역사적으로 어떠한 사건을 지칭하는지 명확하게 밝히지 않는다. 다만 유다와 시온이 황폐해진 상황을 전하는 가운데 '남은 자'(1,9)를 언급한다. 정리하면, 하느님의 심판은 파괴와 황폐화라는 부정적 의미 외에, 남은 자를 통해 완전한 멸망이 아닌 새로운 가능성이라는 희망적 요소도 품고 있다.

남은 자를 통한 희망의 그림은 제1편에서 다양한 모습으로 전개된다. '남은 자'는 '그루터기'의 모습으로 나타난다. 하느님의 심판에 의해 '황량함이 그득해지고 향엽나무와 참나무가 잘리더라도 남아 있는 그루터기'는 "거룩한 씨앗"(6,13)으로 지칭된다. 완전히 뿌리 뽑히지 않고 생명을 품는 그루터기의 모습은 희망을 제시하며 '남은 자'의 심상을 구체화한다. '그루터기'는 잘린 채 남겨지지 않는다. '이사이의 그루터기'에서 '햇순'이 돋아나며(11,1) 새로운 구원이 이미 시작되었음을 예고한다. 이처럼 이스라엘 백성을 향한 하느님의 심판은 '남은 자'를 통해 부정적 의미에서 희망을 바라도록 이끈다. 희망의 그림을 제시하는 '남은 자'에 담긴 구원의 상징성과 그들의 역할과 사명은 이사야 예언서가 전개되는 과정에서 더욱 두드러지게 나타난다.[35] 그러므로 제1편은 '남은 자'를 하느님께서 계획하신 새로운 구원 드라마의 출발점으로 삼는다.

4) 이상적인 통치자

제1편은 하느님의 구원에 대한 그림을 추상적으로 제시하지 않는다. 임금이신 하느님께서 세상을 공정과 정의로 통치하기 위해 알맞은 인물을 제시하신다. 이사야 예언서는 그를 이상적 통치자로 제시하며 '메시아의 삼부작'을 통해 예고한다. 이상적 통치자 '임마누엘'의 탄생이 예고되고 (7,14), 그가 탄생하여 통치자로 즉위하며(9,1-6), 공정과 정의를 바탕으로 세상을 다스린다(11,1-9). 이 이상적 통치자는 단계마다 다른 인물이 아닌, '탄생 예고'에서 '탄생과 즉위', 그리고 '통치'라는 연속선상에서 등장하는 같은 인물이다. 그는 지금까지의 지상 통치자와는 다른 모습으로 백성을 통치할 것이다. 이 인물에게 부여된 "임마누엘"이라는 이름은 개인이 아닌 공동체적 성격을 내포한다. 그러므로 이사야 예언서가 기획하는 이상적 통치자의 그림에서 군주제가 아닌 공동체가 다스리고 통치하는 체제로의 전환도 함께 전망할 수 있다. 첫머리에 등장하는 '임마누엘'이 이상적인 통치자의 그림을 제시하였다면, 뒷부분(제5-7편)에 등장하는 '주님의 종(들)'과 '시온 공동체'는 그의 이상적인 특징을 수용하고 계승한다.

7. 말씀의 육화를 위한 단상

하느님께서 땅과 하늘을 향해 이스라엘의 악행을 고발하신다. 하느님을 알려 하지 않고, 하느님을 등지고 악을 행하는 그들은 하느님의 심판을 피하기 어려워 보인다.

이스라엘 백성을 향한 하느님의 심판 선고는 우리에게 섬뜩할 정도로 무겁고 무섭게 다가온다. 예언자의 선포가 날카롭고 우리 가슴에 깊이 박힌다면 그것은 하느님을 잊고, 알려고도 하지 않는 이스라엘 백성의 모습과 우리의 모습이 닮았기 때문이다. 그러므로 이사야 예언자의 선포는 기원전 8세기에 선포되고 잊힌 말씀이 아니라, 오늘날 우리를 일깨우는 살아 있는 말씀이다. 거듭 말하지만, 이스라엘 백성에게 심판을 예고하는 목적은 심판하여 멸망시키는 데 있지 않다. 심판의 목적은 정화를 통한 회개이며, 하느님께 돌아가는 것이다. 마음을 불편하게 하기 위함이 아니라, 불편한 마음 때문에 하느님께 돌아갈 수 있게 하기 위함이라는 모순적 가르침이 심판 선고에 담겨 있다.

하느님께서는 이스라엘 백성을 구원하기 위해 애쓰신다. 그분은 미래에 펼쳐질 구원의 그림을 보여주고, 온전한 파멸이 아니라 남은 자를 살려주시고 그곳에서 다시 시작하고자 하는 구원의 큰 그림을 갖고 계신다. 누가 하느님의 심판으로 파괴되고 멸망되기를 바라겠는가? 그래서 이사야 예언자는 하느님을 믿고 의지하라는 가르침을 목 놓아 외친다. 사람들이 눈이 있어도 보지 못하고 귀가 있어도 듣지 못하더라도, 그는 끊임없이 외친다. 그의 외침은 곧 하느님의 외침이다. 하느님께서는 '주님께서 구원하신다'라는 뜻의 이름을 지닌 이사야 예언자를 통해 온갖 노력을 기울이시며 자신의 구원 계획을 추진해가신다.

 문제는 사람들이다. 구원은 원하지만 변화하지 않으려는 우리의 완고한 마음. 그러므로 지금 내 눈은 무엇을 바라보고, 내 귀는 무엇을 듣고 있는지 끊임없이 물어야 한다. 눈앞의 큰 위기 앞에서, 우리는 아하즈 임금과 같이 두려워 떨고 있지는 않은지, 하느님이 아닌 손에 잡히고 확실한 그 무엇만을 좇고 있지는 않은지, 스스로 물어야 한다. 그 물음이 지금 우리가 서 있는 자리가 어디인지를 알려줄 것이고, 우리의 선택을 하느님께로 이끌어줄 것이다. 우리가 하느님으로부터 구원받고 감사와 찬미의 노래를 부르는 이가 될지, 황폐해진 성읍에서 불행 선언을 듣게 될지, 온전하게 우리의 선택에 달려 있다. 선택할 기회가 주어졌다는 것, 그것이 하느님께서 우리에게 베푸시는 자비의 시작이다.

제2편

13-27장

▲

시온의 임금이신 하느님께 대항하는 모든 폭군의 몰락

1. 구조

이사야 예언서 제2편은 민족들을 향한 신탁(13-23장)과 '이사야의 묵시록'(24-27장)으로 구성된다. 신탁 양식은 다른 예언서에서도 발견되는 예언문학의 한 장르이다(예레 46-51장; 에제 25-32장; 스바 2장; 아모 1-2장; 오바 1ㄴ-14). 이 양식의 본문은 신탁을 의미하는 히브리어 마싸משׂא로 시작하는데 주로 이방 민족을 대상으로 삼는다. 하느님의 심판을 받는 대상이 이스라엘에서(1-12장) 이방 민족으로(13-23장) 확장된다. 신탁을 통해 강조하는 점은 두 가지다. 첫째는, 하느님 통치의 영향력이 모든 민족에게 유효하다는 사실이다. 하느님을 전능하신 분으로 고백하려면, 그분께서 이스라엘 백성과 유다 지역만이 아니라 모든 민족과 온 땅에서 활동하시는 분이라는 사실을 전제해야 한다. 따라서 민족들을 위한 신탁은 하느님의 힘이 이방 민족과 그들의 지역까지 미친다는 사실을 알려 준다. 둘째는, 세상 임금들의 통치가 하느님의 다스림에 종속된다는 사실이다. 세상의 강한 임금들은 자신들을 스스로 신들보다 우월한 존재로 자처하며 하느님을 수많은 신 가운데 하나로 바라본다(10,8ㄴ-11; 36,19-21 참조). 그러므로 신탁은, 하느님의 통치가 세상 임금들의 통치와 비교할 수 없을 만큼 우월함을 드러낸다. 이러한 관점에서 이사야 예언서는 이스라엘과 유다 백성을 향한 하느님의 심판을 보여주고(1-12장) 이어서 이방 민족들을 향한 심판을 신학적 의도에 따라 배열한다(13-23장).

신탁에 이어 등장하는 이사야-묵시록은, 하느님의 심판이 악인에게는 처벌을, 의인에게는 구원을 선사한다는 가르침과 구원된 이들의 찬미 노래를 들려준다. 신탁부터 시작된 하느님의 심판과 이후의 모습이 13-27장의 자연스러운 흐름 안에서 드러나면서 제2편의 중심축을 구성한다.

제1편에 이어 제2편에서도 '하느님의 왕권'(24,23)은 연속적인 주제로 등장한다. 민족들을 향한 신탁은 세상 통치자들의 악행을 고발한다. 그들은 하느님을 거스르고 믿지 않았으며, 하느님 백성과 하느님께서 기초를 놓으신 거룩한 도성 시온을 위협하였다. 그 결과 그들에게 임금이신 하느님의 심판과 멸망이 예고된다. 세상 통치자들의 멸망을 선포한 후에 이 모든 것을 가능하게 하신 하느님이 어떤 분이신지가 드러난다. 하느님은 시온에서 임금으로 통치하시는 분이시다(24,23). 세상의 통치자들은 진정한 임금이 아니었다. 그들은 그저 강해 보였을 뿐, 오로지 야훼 하느님만이 유일하고 참된 임금이셨다. 그러므로 이사야 예언자가 야훼 하느님을 '그 임금님'(6,5)으로 고백했던 것처럼, 여기서는 하느님 심판에서 구원된 이들이 하느님의 왕권을 선포한다(24,23).

하느님께서 왕권을 행사하시어 억압받는 이들을 구원으로 이끌고, 이에 상응하여 구원된 이들은 하느님의 구원에 감사하며 찬미의 노래를 부른다(25-27장). 하느님께서는 시온에서 모든 민족을 위한 잔치를 베푸신다(25,6-9). 이사야 예언자는 하느님을 향한 감사 노래를 부르고(25,1-5), 이 노래는 모든 백성 가운데 구원받은 이들의 노래로 이어진다(25,9-10; 26,1-6). 제2편의 후반부에 등장하는 감사 노래는 12장(제1편의 마지막)의 감사 노래와 구조가 비슷하다. 제1편이 이스라엘에 대한 하느님의 심판과 구원된 이들의 감사 노래를 들려주었다면, 제2편은 모든 민족에 대한 하느님의 심판과 모든 민족 가운데 구원된 이들의 감사 노래를 들려준다. 그 감사 노래는 시온에서 울려 퍼진다. 그러므로 1-12장과 13-27장의 주제가 연속되는 가운데, 13-27장은 문학적으로 단일한 본문을 구성한다.

13-23장의 구조를 살펴보면, 총 열 개의 신탁으로 구성되어 있다. 주목할 점은 이사야 예언자의 상징적 행위(20장)를 중심으로 다섯 개의 신탁이 앞뒤로 등장한다는 사실이다. 신탁의 대상에 따라 드러나는 구조는 다음과 같다.

13,1-14,27	바빌론에 관한 신탁(아시리아와 함께)
14,28-32	필리스티아에 관한 신탁
15,1-16,14	모압에 관한 신탁
17,1-18,7	다마스쿠스, 에프라임과 에티오피아에 관한 신탁
19,1-25	이집트에 관한 신탁
20,1-6	이사야 예언자의 상징적 행위
21,1-10	바닷가 광야(바빌론)에 관한 신탁
21,11-12	두마(에돔)에 관한 신탁
21,13-17	드단(아라비아)에 관한 신탁
22,1-25	환시의 계곡(예루살렘)에 관한 신탁
23,1-18	티로에 관한 신탁

신탁에 뒤이어 등장하는 이사야-묵시록은 다음과 같이 셋으로 나눌 수 있다.

24-25장	세상을 향한 시온의 임금이신 야훼 하느님의 심판
26,1-27,1	주님의 도성 시온에서 울리는 의로운 민족의 찬미 노래
27,2-13	거룩한 산에서 주님을 경배하는 쫓겨난 이들의 모임

2. 민족들을 향한 심판 – 지상 권력에 대한 하느님의 심판(13-23장)

민족들을 향한 심판은 '신탁'으로 번역되는 히브리어 마싸משא로 표기된다. 마싸는 13-23장에서 열 번 사용된다(13,1; 14,28; 15,1; 17,1; 19,1; 21,1.11.13; 22,1; 23,1). 민족들에 관한 신탁을 전개하는 마싸는 예언자의 상징적 행위(20,1-6)를 중심으로 전반부(13-19장)와 후반부(21-23장)에 각각 다섯 번씩 사용되면서 민족들을 위한 심판 본문의 구조를 자연스럽게 드러낸다. 신탁 본문의 시작을 알리는 머리글, "아모츠의 아들 이사야가 본 바빌론에 관한 신탁"(13,1)은 이사야 예언자의 권위 아래 1-12장(1,1; 2,1)과 연속되어 신탁들이 전개됨을 드러낸다.[36]

1) 신탁의 전반부(13-19장)

신탁의 전반부가 들려주는 다섯 개의 신탁은 다음과 같다.

- ❶ 바빌론에 관한 신탁(13,1-14,27: 아시리아에 관한 짧은 신탁도 포함)
- ❷ 필리스티아에 관한 신탁(14,28-32)
- ❸ 모압에 관한 신탁(15-16장)
- ❹ 다마스쿠스에 관한 신탁과 에프라임, 에티오피아에 관한 예언 (17-18장)
- ❺ 이집트에 관한 신탁(19장)

여기에 등장하는 민족들이 보여주는 특징은 이러하다. 바빌론, 이와 함께 짧게 언급되는 아시리아(14,24-27)와 이집트(19,1-25)는 모두 고대 근동 지역의 강대국으로서 유다 왕국에 직접 영향을 끼친 민족들이다. 아울러 신탁의 대상이 되는 민족들이 예루살렘을 중심으로 서, 동, 북, 남의 순서로 등장한다는 사실도 주목할 만하다: 서쪽(필리스티아), 동쪽(모압), 북쪽(다마스쿠스), 남쪽(에티오피아). 이러한 배열은, 신탁의 대상이 되는 민족이 지리적으로 예루살렘을 둘러싸고 있으며, 정치·외교적으로 유다 왕국에 직간접적 영향을 미친다는 사실을 알려준다. 주목할 점은 신탁의 전반부와 후반부를 구분 짓는 예언자의 상징적 행위(20,1-6)가 신탁 전반부의 뒤쪽에 등장하는 이집트와 에티오피아와 직접 관련된다는 사실이다. 이로써 신탁의 전반부와 예언자의 상징적 행위는 자연스럽게 연결된다. 아울러 신탁은 심판 그 자체를 목적으로 삼지 않는다. 오히려 신탁은 하느님 진노에 의한 멸망의 예고(13,5)에서 새로운 희망을 제시하는 약속(19,25)으로 마무리되는 움직임을 보인다. 이처럼 신탁은 '심판의 예고'에서 '구원에 대한 약속'으로 넘어가는 역동적 움직임을 갖는다. 그러므로 신탁의 목적은 민족들을 향한 하느님 심판이 아니라 하느님의 통치가 가져오는 구원을 알리는 데 있다는 사실이 드러난다.

13,1-14,27 바빌론에 관한 신탁

첫 신탁의 대상으로 바빌론이 언급된다. 신탁의 시작은 바빌론을 멸망시킬 하느님의 전사와 용사의 등장을 선포한다(13,2-5). 그들은 하느님의 부르심에 따라 하느님의 도구로 등장한다. 바빌론을 멸망시키기 위해 하느님이 소집하신 이 군사들은 누구일까? 신탁 본문은 그들이 메디아인임을 밝힌다(13,17). 역사적으로 메디아와 페르시아의 연합군이 바빌론을 멸망시켰다(기원전 539년). 바빌론을 향한 신탁에서 등장한 메디아인은 구약성경의 주요 본문에서 바빌론을 멸망시킨 페르시아인들과 같은 민족으로 간주된다(에스 1,3.14.18-19; 10,2; 다니 8,20 참조).[37] 이러한 관점이 이사야서에서도 발견되는데 하느님께서는 메디아인을 일으키는 모습처럼 페르시아의 임금 키루스를 일으키신다(41,2.25; 45,13 참조).

바빌론의 멸망은 세상의 모든 폭력적 권력을 심판하시는 하느님의 왕권을 알리는 전주곡이다. 이어서 신탁이라는 표현 없이 아시리아의 멸망도 짧게 예고되면서(14,24-27), 이 두 강대국이 바로 하느님의 심판에 의해 몰락했다는 사실이 신탁에서 드러난다. 그들은 자신들의 신원을 올바르게 이해하지 못했다. 즉, 죄 많은 이스라엘 백성을 심판하는 하느님의 도구였을 뿐이었는데도, 자신들이 신적 능력을 지녔다고 잘못 생각하였다. 이것이 하느님께서 아시리아를 심판하시는 이유이다.

▶ 바빌론 신탁의 의미

공시적 관점에서 바빌론은 아직 유다를 위협하지 않는다. 이사야서가 전해주는 연대기에 따르면 아하즈 임금의 통치 시기는 시리아-에프라임 전쟁을 배경으로 삼고(7장), 14,28은 아하즈 임금의 죽음을 보도한다. 아울러 제1이사야서의 마지막 장(39장)은 바빌론 사절단의 방문과 바빌론 유배를 예고한다. 그러므로 13-14장은, 바빌론이 아직 유다 왕국의 주적으로 등장하기 이전임을 알려준다. 그렇다면, 왜 민족들을 향한 신탁은, 1-39장에서 주적으로 등장하는 아시리아가 아닌 바빌론을 향해 심판과 멸망을 선포하였을까? 바빌론에 관한 신탁에서 바빌론은 이미 적군이고 원수이며, 바빌론 임금은 조롱의 대상이 되고, 죽은 이들을 위해 부르는 애가가 그들을 향해 울려 퍼지며 그들의 멸망이 예고된다. 특히, 아시리아가 보여준 하느님을 거스르는 행위들과 악한 폭군의 모습을 또한 바빌론의 특징으로 언급한다는 사실이 흥미롭다.

아무튼 이사야서의 연대기에 따르면 바빌론은 현재의 적이 아닌 미래의 적이다. 바빌론에 관한 신탁은 미래의 적을 현재의 적으로 등장시키고 현재의 적이 지닌 특징을 미래의 적에게 적용함으로써, 독자들에게 현재의 적인 아시리아(사르곤 2세)와 다가올 미래의 적 바빌론(네부카드네자르: 14,3-4 참조)을 한눈에 보도록 돕는다. 이렇게 보면 왜 아시리아가 아닌, 바빌론에 관한 신탁이 본문에서 중요한 의미를 갖는지 알 수 있다. 이처럼 역사적 사건이 이미 벌어진 이후에 기록된 예언을 사후 事後 예언(vaticinium ex eventu)이라고 한다. 이것은 이미 벌어진 일을 앞으로 다가올 일로 선포하면서 하느님 말씀을 독자들에게 전달하는 방식이다. 바빌론에 관한 신탁은 전형적인 사후 예언 형식으로 전개된다.

14,28-32 필리스티아를 향한 신탁

두 번째 신탁의 대상은 일반적으로 필리스티아로 간주된다. 다만 바빌론에 대한 신탁(13,1)과 달리 14,28은 "아하즈 임금이 죽던 해에 이러한 신탁이 내렸다"는 구절로 시작하여, 그 대상이 명확하게 필리스티아를 지칭한다고 말하기가 어렵다. 비록 이어지는 구절이 필리스티아에 닥칠 일을 예고하지만(14,29-31), 신탁의 마지막 부분에서 시온이 언급(14,32)된다는 점 때문에도 신탁의 대상을 특정하기는 힘들다. 그럼에도 신탁의 주된 내용이 필리스티아를 중심으로 전개되기 때문에 필리스티아를 향한 신탁의 관점에서 접근하고자 한다.

신탁의 주된 내용을 차지하는 필리스티아는 이스라엘의 주변국 가운데 하나로 예루살렘의 서쪽에 위치한다. 필리스티아를 억압하던 이들이 부서졌음이 선포되지만, 그것은 기뻐할 일이 아니다(14,29). 왜냐하면, 새롭고 강한 적들이 북쪽에서 밀려오기 때문이다(14,31). 여기서 필리스티아를 억압하던 이들이 누구인지 그 신원에 대한 정보는 제공되지 않는다. 그들이 유다 혹은, 아시리아인지는 중요하지 않다. 오히려 새로운 세력이 또다시 필리스티아를 위협할 것이라는 예고가 더 중요하게 강조된다. 필리스티아에 관한 신탁에 이어서 시온에 관한 진술이 이어진다. 시온은 하느님께서 세우신 도성이며 그분 백성 가운데 가련한 이들의 피신처이다(14,32).

필리스티아와 시온에 관한 말씀은 다음과 같은 사실을 알려준다. 첫째, 외세의 위협에 맞서는 데 동맹은 아무런 도움이 되지 않는다는 사실이 강조된다. 억압의 세력은 민족과 나라만 바뀔 뿐 사라지지 않는다. 그러므로 동맹은 위협에 대응하는 올바른 해결책이 될 수 없다(7장; 8,1-10; 10,20-23; 20장 참조). 둘째, 시온 신학이 동맹의 대안으로 제시된다. 하느님께서 세우신 시온은 가련한 이들에게 올바른 피신처가 된다. 시온의 가련한 이들은 이사야서의 시작부터 함께 등장한 남은 자들이며, 하느님을 신뢰하는 '우리'로 대표되는 공동체이다. 이들은 하느님을 신뢰하고 하느님을 의지한다. 그래서 그들은 위태로운 순간에 동맹이 아닌 하느님을 향한 믿음과 하느님께서 제공하시는 피난처를 찾는다. 그들의 모습은 필리스티아인들과 분명한 대조를 이루고, 시온에서 참된 임금으로 다스리시는 하느님의 왕권을 준비한다(24,23 참조). 셋째, 하느님의 보호는 이스라엘에게만 한정되지 않는다. 억압받는 모든 사람이 하느님의 보호를 받는다. 그러므로 필리스티아의 가난한 사람을 보호하시는 하느님의 모습에서 억압하는 지상의 폭군과 대조되는 하느님의 통치 방식이 드러나고, 동시에 13-23장이 선포하는 신탁의 주제인 억압받는 이들과 억압하는 폭군의 대립이 폭로된다.[38]

14,28에 "아하즈 임금이 죽던 해"라는 연대기가 소개된다. 이는 정확한 연대기를 제시한다는 의미보다 14,28 이하의 본문이 히즈키야 통치 시대에 속한다는 정보로 볼 수 있다. 그리하여 필리스티아와 시온의 가난한 이를 향한 신탁은 동맹과 봉기를 통하여 위협 세력에 저항하는 필리스티아와, 산헤립의 공격에도 하느님을 믿고 신뢰하는 모습을 지닌 시온의 백성 히즈키야(36-37장)를 대비해 보여준다.[39]

15-16장 모압을 향한 신탁

이제 모압의 역사적 상황에 대한 언급 없이, 예루살렘의 동쪽에 있는 모압의 멸망에 대한 신탁이 전개된다. 모압은 유배 이전부터 이스라엘과 좋은 관계를 유지한 민족이 아니다. 사울은 모압과 싸웠고(1사무 14,47), 다윗은 모압을 정복하였다(2사무 12,29). 북 왕국 이스라엘의 오므리와 아합이 모압의 북쪽을 다스리기도 하였다(2열왕 3,4-5). 이스라엘과 마찬가지로 모압도 아시리아의 영향을 받았으며, 아시리아(티글랏 필에세르 3세)에게 조공을 바쳤다.⁴⁰

　모압을 향한 신탁은 두 개의 애도(15,1ㄴ-9; 16,6-12)와 그 사이에 놓인 모압을 위한 격려문(16,1-5), 그리고 모압 신탁의 맺음말(16,13-14)로 이루어진다. 첫 번째 애도(15,1ㄴ-9)는 모압의 주요 성읍들을 나열하면서 모압 땅 전체가 파멸에 이르렀음을 보여준다. 그리고 모압의 생존자들은 시온의 남은 자들과 달리 짐승 사자獅子를 맞이하게 된다(15,9). 모압의 성읍이 이미 무너지고 모든 것이 파괴된 이후에 또 다른 재앙이 다가와 철저하게 멸망할 것이 예고된다. 두 번째 애도(16,6-12)는 모압의 멸망을 황폐해지는 포도밭에 비유한다. 이사야는 모압의 파괴에 대해 애통해하며 통곡한다(16,9-12). 모압의 멸망 앞에 그는 아무것도 할 수 없는 상황이다. 모압을 향한 심판 예고와 상반되게, 두 개의 애도 본문 사이에 딸 시온을 향한 모압의 호소가 들려오고 이사이의 그루터기에서 돋아날 햇순을 통해 유다가 재건된다는 약속이 선포된다(16,1-5). 구원의 장소 시온(16,5)과 멸망하게 될 모압(16,3-4)이 대비되는 가운데 유다 왕국은 이상적인 인물이 통치할 것이라는 사실이 예고된다.⁴¹

　세 번째 신탁 본문은 모압의 멸망과 황폐화의 예고로 그치지 않는다. 이사야는 모압의 멸망을 기뻐하지 않는다. 오히려 그는 이를 애도하며 눈물을 흘린다(16,9). 모압의 멸망을 막을 수 없겠지만, 모압의 딸들은 시온을 향해 다가오며 호소한다. 비록 그들은 멸망하게 될 터이지만, 유다를 향한 모압의 호소는 이사야가 전해주는 시온 신학에 부합하는 모습이다. 곧 이상적인 통치자가 다윗의 왕좌에서 공정과 정의를 바탕으로 통치할 것이며, 시온으로부터 하느님의 구원이 베풀어질 것이다.⁴²

17-18장 다마스쿠스를 향한 신탁(에티오피아)

선행하는 신탁은 예루살렘을 중심으로 서쪽(필리스티아)과 동쪽(모압)을 향하였다. 네 번째 신탁의 대상인 다마스쿠스는 북쪽에 위치한다. 이 신탁은 북 왕국 이스라엘도 신탁의 대상으로 포함되어 있음을 알려준다(17,3). 신탁(마싸)의 표기가 사용되지 않지만, 에티오피아도 함께 등장한다. 에티오피아는 다마스쿠스와 북 왕국 이스라엘과 반대되는 남쪽에 위치한다. 남쪽을 향한 신탁은 19장의 이집트를 향한 신탁에서도 지속된다.

다마스쿠스를 향한 신탁은 시리아-에프라임 전쟁(기원전 734-732년: 17,1-3)을 연상시킨다. 아람과 북 왕국 이스라엘의 동맹이 남유다를 위협하는 내용은 제1편(1-12장)의 주제와 연결된다(7,1-9; 9,11; 10,9). 그러므로 다마스쿠스를 향한 신탁은 에프라임의 멸망도 함께 예고한다(17,3). 다마스쿠스와 북 왕국 이스라엘의 동맹은 실패한 동맹이며, 그로 인해 그들은 아시리아에게 멸망할 것이다(17,1-6). 두 민족에 대한 심판 신탁 이후 남은 자들은 우상이 아닌 하느님을 옳게 섬기게 될 것이 예고된다(17,7-8). 여기서 우상과 하느님은 비교할 수 없는 존재로 언급된다. 곧 하느님은 거룩한 분이시며, 우상은 인간 손가락으로 만든 목상일 뿐이다. 하느님과 우상에 대한 논쟁은 40-48장에서 더욱 심도 있게 전개된다(40,19; 41,6-7; 44,9-17).

이어서 전개되는 우상숭배와 멸망은 북 왕국 이스라엘의 수도 사마리아에서 벌어지는 일로 여겨진다. 하느님을 잊고 기억하지 않은 결과는 멸망이며 회복할 수 없는 고통이 된다(17,9-11). 뒤이어 침략자들의 멸망에 관한 예고가 이어진다(17,12-14). 침략자들이 지닌 힘과 전횡은 고함소리와 함성, 바다와 큰물이 반복되는 가운데 드러난다. 하지만 하느님이 등장하시자 그들은 쫓겨난다(17,12-13).⁴³ "아침이 되기 전에 그들은 이미 사라지고 없다"(17,14)는 표현은 산헤립의 침략(37,36)을 암시하는 듯 보인다.⁴⁴ 하지만 이 단락에서 역사적 배경으로 볼 만한 흔적이 발견되지 않으므로, 여기서 강조하는 것은 하느님의 구원 행위와 동시에 침략하는 이들의 비윤리적 행위 – "약탈"과 "노략" – 에 대한 고발, 그리고 그들이 받을 몫은 하느님의 심판이라는 사실이다.⁴⁵

18,1부터 에티오피아에 관한 말씀이 시작된다. 에티오피아는 히브리어로 쿠쉬(כוש)라고 표기되는데 본래 이 단어는 이집트 남쪽의 누비아를 의미하며, 기원전 8세기 누비아 왕조의 통치하에 있던 이집트를 지칭한다고 본다.⁴⁶ 따라서 에티오피아에 관한 말씀은 남쪽이라는 지리적 방향성과 이집트와 직접 연관된 민족이라는 사실을 강조한다. 이를 통해 독자들은 19장으로 이어지는 이집트를 향한 신탁을 미리 준비할 수 있다.⁴⁷ 본문은 에티오피아를 향한 아시리아의 공격을 예고한다(18,3-6). 지금 13-23장에서 전개되는 신탁은 하느님의 주도권 아래 전개되는 이방 민족에 대한 심판과 멸망을 예고하고 있다. 이러한 맥락에서 에티오피아가 받을 침략 역시 하느님의 주도권을 전제한다. 따라서 아시리아의 에티오피아 침략도 아시리아의 뛰어난 군사력에 의해 이루어지지 않고 하느님의 뜻에 따른 것이다. 에티오피아에 대한 말씀은 시온산에 대한 언급으로 마무리된다. 필리스티아(14,32)와 모압(16,1-5)을 향한 신탁에서 볼 수 있는 것처럼, 에티오피아를 향한 신탁도 시온산을 향하며 그곳으로 주님께 드릴 선물을 보내게 된다(18,7). 여기서 다시 이사야 예언서의 중심지인 시온이 언급되고, 그 시온을 향해 오는 민족들에 대한 전망이 강조된다(2,1-5; 12,4-5 참조).

19,1-25 이집트를 향한 신탁

이집트를 향한 신탁은 운문(19,1-15)과 산문(19,16-25)의 두 형식으로 구성된다. 전반부는 이집트의 멸망을 선포하는 심판을, 후반부는 이집트 구원의 예고를 다룬다. 운문의 첫 단락(19,1-4)은 전쟁 상황을 묘사한다. 여기서 역사적 사건을 암시하는 정보는 제공되지 않는다. 다만 본문이 전쟁과 관련된 이집트의 상황으로부터 유추하면 다음 시기를 추정할 수 있다: 누비아 왕조에 의한 이집트 내전 상황(기원전 8세기), 아시리아의 위협(기원전 7세기)과 페르시아 시대(기원전 6세기). 이어서 이집트 멸망의 과정은 나일강의 오염과 그 결과에 따른 경제 상황의 악화로 확장된다(19,5-10). 외적 위협에 이어 이집트 내부의 문제가 제기되는데 그 중심에 이집트의 통치자들이 서 있다(19,11-15). 초안과 멤피스의 제후들, 파라오의 고문들과 현인들은 모두 어리석기 때문에 이집트는 멸망에 가까워진다. 이 모든 일은 하느님께서 혼란의 영을 보내셨기 때문에 가능해진다(19,14). 이로써 지상 통치자가 하느님의 통치 아래 놓여 있음이 다시 언급된다.

산문 형식으로 구성된 구원 예고는 "그날에"를 다섯 번 언급하면서 구원의 전망을 제시한다(16.18.19-22.23.24-25절). 그날에 이집트와 유다의 충돌은 끝날 것이며(19,16-17), 이집트 땅에서 주님께 충성하는 성읍들이 생겨날 것이다(19,18). 이것은 실제 역사성을 지녔다고 보기보다 이집트에 생겨난 유다인들의 디아스포라를 지칭한다고 본다.[48] 예루살렘이 파괴된 뒤 일부 유다인들이 이집트로 이주하였기 때문이다(예레 42-44장 참조). 그날에 이집트에 제단이 마련되고 주님을 위한 기념 기둥이 세워지면서 제의의 중심지가 설 것이 예고된다(19,19-22).[49] 이를 통하여 이집트인들이 하느님의 백성이 되고, 그분의 보호를 체험하며, 그분을 향할 것이다. 구원의 그림은 역사적으로 이스라엘을 위협하던 이집트와 아시리아가 함께 하느님께 예배를 드릴 것이라는 말씀에서 절정을 이룬다(19,23). 이처럼 이방 민족이 이스라엘처럼 하느님께 예배를 드리는 것은, 이사야가 전망하는 미래의 모습으로, 이 주제는 제7편에서 구체적으로 전개된다(56,1.8; 66,18-23).[50] 그의 전망은 이집트가 하느님 백성이 되고, 아시리아는 하느님 손의 작품이 되며 이스라엘은 하느님의 소유라는 선언과 함께 마무리된다(19,24-25). 심판에서 구원으로 전개되는 이집트를 향한 신탁은, 불의하고 교만한 민족이 하느님의 심판을 받은 후에 하느님을 알고 옳게 섬긴다면 그들은 하느님 백성이 되고 하느님께서는 그들을 품어주신다는 희망을 선포한다(2,1-5; 56,1-8 참조).

2) 신탁 본문 중앙에 위치한 이사야의 상징적 행위(20,1-6)

20장은 이사야의 상징적 행위를 묘사한다. 상징적 행위는 선포 양식 가운데 하나로서, 예언자가 사람들이 이해할 수 없는 행동을 보여주고, 그것에 대하여 의문을 갖고 다가오는 사람에게 그 뜻을 설명하는 방식으로 이뤄지는 예언 양식이다.[51] 예언자의 상징적 행위를 전하는 20장은, 민족들을 향한 신탁 본문(13-19장; 21-23장) 중앙에 위치하면서 신탁 본문의 주제를 강조하는 데 중요한 역할을 한다. 민족들을 향한 신탁은 교만한 세상의 통치자들을 향한 심판을 예고하고 그들을 심판하시는 분은 참된 통치자 하느님이라는 사실을 선포한다. 이러한 맥락에서 이사야가 보여주는 상징적 행위는, 이방 민족과의 동맹이 강대국의 위협에 대처하는 데 아무런 도움을 주지 못하므로, 이스라엘은 하느님만을 믿고 의지해야 함을 알려준다.

이사야의 상징 행위는 아시리아의 사르곤 2세가 아스돗을 공격하는 해에 시작된다(20,1). 이 사건은 기원전 711년의 일로, 사르곤 2세(기원전 722-705년)가 이집트를 향해 서진 정책을 펼치던 중이었다. 이에 나일강을 중심으로 이집트, 에티오피아, 그리고 지중해 지역인 필리스티아의 성읍들이 동맹을 맺었다. 그러자 아시리아는 기원전 715-711년 사이에 먼저 해안 지역의 국가들을 점령하기 시작했다. 그때 필리스티아 성읍 가운데 하나인 아스돗이 아시리아에 조공을 바치기를 거부하였고(기원전 713년), 아시리아는 아스돗 임금 아주리를 강제로 폐위시켰다. 아스돗이 아시리아에 저항하며 봉기를 일으키자(기원전 712년) 아시리아는 아스돗을 공격한다(기원전 711년). 이 과정에서 아스돗은 함께 반아시리아 동맹을 맺은 이집트와 에티오피아 원군을 기다렸으나 아무런 도움을 받지 못한 채 멸망하고 만다.

이러한 사태를 배경으로 이사야는 하느님의 명령에 따라 자루옷과 신발을 벗어 알몸과 맨발로 삼 년 동안 다닌다(20,2-3). 그가 취한 알몸과 맨발의 모습은 전쟁 포로를 상징한다. 이어서 그가 상징적으로 보여준 포로의 신원이 밝혀진다. 이사야의 행위는 이집트와 에티오피아의 포로를 상징하였다(20,4). 하지만, 1절의 사건 보도에 따르면 포로가 되어야 할 존재는 이집트와 에티오피아가 아닌 아스돗이어야 한다는 데 주목해야 한다. 그런데도 그 상징적 행위는 아스돗이 아시리아에 저항하기 위해 동맹을 맺은 이집트와 에티오피아를 가리킨다고 해석된다. 따라서 이사야의 상징적 행위가 의도하는 바는, 다른 민족과의 동맹은 강대국의 위협 앞에서 아무런 도움이 되지 않는다는 사실이다. 동맹을 통하여 위기를 극복하고자 시도했던 바닷가 주민(필리스티아 사람들)들이 던지는 수사적 질문으로 동맹의 무의미함을 제시하며 이사야의 상징적 행위는 마무리된다(20,6). 이사야는 상징적 행위로 다른 민족과의 동맹은 패배를 가져온다는 경고의 메시지를 선포한다. 동맹에 대한 반대는, 동맹은 아무런 보호를 줄 수 없으니 동맹을 의지하지 말고 참된 통치자이신 하느님을 믿고 의지하라는 가르침을 전해준다. 이사야서가 이방 민족과의 외교 관례를 바라보는 이 기본 입장은 계속 강조된다(7,9; 8,12-13; 10,12.16-17.24-27).

3) 신탁의 후반부(21-23장)

신탁의 후반부가 선포하는 다섯 개의 신탁은 다음과 같다.

❶ 바닷가 광야 – 바빌론(21,1-10)
❷ 두마 – 에돔(21,11-12)
❸ 광야 – 드단(21,13-17)
❹ 환시의 계곡 – 예루살렘(22,1-25)
❺ 티로(23,1-18)

전반부의 신탁은 민족들의 이름을 언급하면서 전개된 것과 달리 후반부의 신탁에는 상징적 이름들 – 바닷가 광야, 광야와 환시의 계곡 – 이 등장한다. 후반부 신탁들의 배열은 의도적인 것 같다. 여기서 언급된 신탁의 대상들은 예루살렘을 중심으로 동쪽과 북서쪽에 위치한다. 동쪽에는 바빌론, 두마(에돔), 광야(드단)(21장)가, 서쪽에는 티로와 시돈(23장)이 놓여 있다. 그리고 그 중심에 환시의 계곡으로 표현되는 예루살렘이 위치한다. 동쪽에 있는 민족들에게는 전쟁의 종결이(21,17), 서쪽에 있는 민족들에게는 그들이 더는 주님께 저항하지 않고 오히려 속하게 될 것이 예고된다(23,17). 신탁 후반부 중앙에 등장하는 예루살렘의 백성과 지도자들은 용서받지 못할 죄로 인해 죽음에 이르게 될 것이라고 예고된다(22,14.25). 이를 통해 후반부 신탁은 하느님의 통치에 저항하는 이스라엘과 이방 민족이 지닌 유사성을 분명하게 밝혀준다.

21,1-10 바닷가의 광야에 대한 신탁

신탁의 전반부에 등장한 바빌론이 다시 등장한다. 바빌론을 향한 두 번째 신탁은 바빌론을 직접 거명하지 않고, '바닷가의 광야'로 표기한다. 이 표현은 남부 바빌론을 가리키던 아카드어 '바다 나라'를 히브리어로 번역한 것으로 보이지만 정확한 것은 아니다.[52] 그러나 신탁 본문은 바빌론을 직접 거명하기 때문에 21,1-10을 바빌론을 향한 신탁으로 바라보기에 무리가 없다.

바빌론에 관한 첫 번째 신탁이 메디아와 페르시아에게 멸망할 것이라고 예고했다면(14,17.22-23), 두 번째 신탁은 바빌론이 그들에게 멸망했음을 선포한다(21,9). 바빌론의 멸망은 미래형이 아닌 과거형으로 진술되고, 바빌론의 멸망은 가상의 이야기가 아닌 역사적 사건으로 드러난다. "무너졌습니다, 무너졌습니다, 바빌론이!"(21,9). 그러므로 바빌론을 향한 두 개의 신탁(13,1-14,27; 21,1-10)은 바빌론 멸망의 '예고와 성취'라는 연속성 안에서 전개된다. 이를 통해 하느님 말씀이 지닌 힘이 증명된다. 그 말씀에는 힘이 있으며 하느님의 능력은 강력하여 지상 통치자들의 능력을 뛰어넘는다. 바빌론의 멸망은 단지 한 민족이 멸망했다는 이야기가 아니다. 그 어떤 세상의 가장 강력한 통치자라고 하더라도 임금이신 하느님의 통치 아래 있다는 사실이 선포된다. 바빌론 멸망을 전하는 신탁은 독자들에게 전반부의 신탁보다 더 강한 하느님 말씀의 힘을 보여주면서, 하느님의 왕권 선포(24,23)와 그분의 통치 아래 벌어지게 될 종말론적 사건들을 준비시킨다(24-27장).

바빌론을 향한 신탁은 메디아와 페르시아가 바빌론을 침략하는 모습을 전하는 준엄한 환시로 시작된다(21,1-2). 예언자는 이 환시 때문에 온 몸에 고통을 겪지만(21,3-4), 바빌론의 제후들은 예언자와는 달리 상을 차리고 먹고 마신다(21,5). 환시는 여기에서 멈춘다. 하느님께서 예언자를 시켜 파수꾼을 두게 하시고, 파수꾼은 이후의 상황을 전해준다. 병거와 기마대, 나귀와 낙타의 대열은 바빌론을 향해 진군하는 메디아인들을 묘사한다(21,6-7). 이어서 망꾼의 보고가 이어지는데 바빌론이 구체적으로 언급되고, 바빌론의 멸망이 선포된다(21,8-9). 바빌론을 쳐들어가던 병거와 기마대가 바빌론을 무너뜨렸다. 바빌론은 무너졌다. 바빌론만 무너진 것이 아니라 그 신상들도 함께 부서진다. 바빌론 신의 몰락은 야훼 하느님의 승리를 의미한다. 인간의 손이 만든 우상은 하느님과 비교 대상이 될 수 없기 때문이다(21,8-9).

바빌론을 향한 신탁에서 중요한 요소는 바빌론의 멸망에 대한 선포이다. 21장의 신탁에서 바빌론의 멸망에 대한 보도는 13-14장과 달리 비교적 짧고 단순하게 전개한다. 첫 번째 신탁(13-14장)은 바빌론 임금에 대한 심판과 처벌을 예고하였지만, 두 번째 신탁(21,1-10)은 멸망에 대하여 짧게 보도할 뿐이다. 다만 여기서 새로이 등장하는 요소는 바빌론 우상의 완전한 파괴이다. 신탁은 바빌론을 적대적인 민족의 도성으로, 동시에 우상숭배의 본거지로 간주한다. 그러므로 우상의 온전한 파괴는 야훼 하느님의 능력이 이방 신들과 비교할 수 없음을 알려준다.[53] 하느님의 왕권은 지상의 통치자들만이 아닌, 우상에 불과한 다른 신들을 향해서도 선포될 것이다(24,23 참조).[54]

21,11-12 두마(에돔)를 향한 신탁

두마를 향한 신탁은 신탁 본문 가운데 가장 짧다. 이 신탁은 '두마를 향한 신탁'으로 기록되었는데, 본문에 등장하는 '세이르산'으로 인해 두마는 에돔으로 이해된다(창세 36,8 참조).[55] 세이르산에서 예언자를 파수꾼이라고 부르고, 밤이 얼마나 지났는지를 묻는다(21,11). 이에 파수꾼은 밤이 얼마나 지났는지를 묻는 이들에게 이미 아침이 왔음을 알려주지만, 여전히 밤이라는 단어를 쓰며 수수께끼 같은 말을 들려준다(21,12ㄱ). 이 말은 아침이 오고 밤이 오는 시간적 순서를 알려주는 것이 아니라, 이미 아침이 왔지만 그 사실을 알지 못하는 사람들을 지칭하는 표현이다.[56] 이 신탁을 이해하려면 선행하는 바빌론의 멸망 선포(21,1-10)와 연관해 보아야 한다. 이 신탁이 전하는 밤은 어둠의 시간으로 억압받는 시간이다. 곧 밤은 바빌론의 억압 속에 머물렀던 시간을 의미한다. 아침은 밤과 반대로 구원을 상징하는 시간이다. 그러므로 밤이 지나고 아침이 왔다는 것은 바빌론 멸망으로 억압의 시간이 끝나고 구원의 여명이 밝았음을 알려준다. 그러나 여명을 인식하지 못하는 이들은 아침이 와도 알지 못하고 밤의 시간을 보낸다. 그러므로 예언자는 계속 묻는 가운데 아침이 왔음을 깨닫도록 이끈다(21,12ㄴ).

바빌론 멸망 신탁은, 이스라엘 백성이 바빌론의 멸망을 이미 알고 있음을 알려준다. 하지만 이스라엘의 이웃이면서 형제인 에돔(창세 36,8 참조)은 아직 그 사실을 완전히 깨닫지 못하고 있다. 따라서 에돔에 대한 신탁은, 바빌론이 이스라엘뿐 아니라 주변 민족에게도 멍에를 씌었다는 사실과 함께 바빌론의 멸망이 주변 민족들에게도 전해져야 한다는 사실을 알려준다. 이를 통해 이사야 예언자는 하느님 구원의 드라마를 이스라엘 백성만이 아닌 모든 민족에게 전하고 이방 민족에게도 그들 실존의 물음에 대한 답을 주는 보편적 예언자의 모습을 보여준다.[57]

21,13-17 광야의 신탁

신탁의 대상으로 언급된 광야는 히브리어로 '아라브ערב'로 표기되며 이는 '아라비아'를 향한 신탁으로 볼 수 있다. 이 신탁은 아라비아의 오아시스 테마에 살던 드단족과 아라비아 북부에 위치한 케다르족(예레 2,10; 49,28-33 참조)의 이야기를 들려준다. 드단족에 관해서는 특별한 역사적 배경이 언급되지 않기 때문에 신탁의 본문을 역사적 사건과 결부해서 해석하기에 어려움이 있다.[58] 신탁 본문은 시각적 장면(21,13ㄴ-15)과 청각적 부분(21,16-17)으로 구성되며 바빌론에 관한 신탁(21,1-10)의 구성과 유사하다.[59] 신탁의 전반부는 드단족이 전쟁으로 인해 겪는 어려움을 묘사한다. 이 장면은 드단인들이 처할 위험을 묘사하고(21,13), 테마 땅의 주민들에게 드단인들을 도와주러 나갈 것을 호소한다(21,14). 그 호소는 칼과 활로 표시되는 전쟁의 고통에서 기인하기 때문이다(21,15).

이어지는 후반부는 산문 형식으로 구성된다. 시각적인 전반부와 달리, 여기서는 하느님의 말씀을 전달하여 청각을 사용하도록 초대한다.

예언자는 자신의 선포가 하느님의 계시에 의한 것임을 강조한다: "주님께서 나에게 이렇게 말씀하셨다"(21,16ㄱ). 이어서 그는 케다르족을 향한 하느님의 말씀을 전한다(21,16ㄴ-17). 케다르는 드단족에게 고통을 준 원인으로 지목되며 그들의 칼과 화살이 드단족을 어려움에 빠뜨렸다고 밝힌다. 이제 하느님의 말씀은 전쟁하는 케다르의 멸망을 예고하신다. 광야의 신탁은, 이방 민족 사이의 폭력 행사도 하느님 심판의 대상이 된다는 사실을 알려준다. 예언자는, 하느님께서 전쟁과 폭력으로 억압받는 백성을 보호하고 도와주시지만, 전쟁과 폭력을 일삼는 백성에게는 멸망이라는 심판을 내리실 것이라고 선포한다. 그러므로 폭력의 행사자로 등장한 케다르의 멸망은 세상의 모든 민족을 향한 하느님 통치라는 신탁 본문의 주제를 다시 드러낸다.

22,1-25 환시의 계곡을 향한 신탁

네 번째 신탁은 이방 민족이 아닌, 예루살렘을 향한 신탁이다. 22장은 크게 두 부분으로 구성되는데, 예루살렘에 관한 신탁(1-14절)과 예루살렘 지도자 – 세브나와 엘야킴 – 에 관한 내용(15-25절)이다. 제2편에 속한 신탁 본문(13-23장)은 주로 이방 민족, 특히 자신의 힘을 믿고 권세를 부리는 강대국과 그 민족의 지상 통치자들을 대상으로 삼는다. 이러한 맥락에서 예루살렘이 신탁의 대상으로 등장한 것은 놀라운 일이라고 생각할 수 있다. 그러나 예루살렘이 그렇게 등장하는 이유는, 예루살렘이 하느님을 믿어 의지하지 않고 오히려 이방 민족과의 정치와 외교적 동맹에 더 의지하기 때문이다. 신탁은 이러한 이스라엘 백성의 태도 때문에 하느님의 심판을 받는다고 강조한다.

머리글(22,1ㄱ)은 신탁이 '환시의 계곡'을 향한 것임을 알려준다. 환시의 계곡을 히브리어 발음이 유사한 예루살렘 남서쪽에 위치한 '힌놈 골짜기'로 보려는 견해도 있지만, 신빙성이 떨어진다. 오히려 환시의 의미를 살펴보는 것이 '환시의 계곡'을 이해하는 데 도움이 된다. '환시(하존חזון)' 혹은 '환시를 보다(하자חזה)'는 구약성경에서 하느님께서 자신을 드러내는 방식이다(2사무 7,17; 요엘 3,1; 즈카 13,4; 욥 4,13 등). 아울러 이사야 예언자는 환시로 자신의 예언서를 시작하고, 이를 통하여 예언자적 계시를 드러낸다(1,1; 2,1; 13,1; 21,2; 26,11; 29,7.11 등). 이처럼 환시라는 어원의 의미를 고려하면, '환시의 계곡'이 특정 지명을 가리키기보다 은유적 표현임을 알 수 있다. 따라서 22,1-14의 본문에 등장하는 '환시의 계곡'(22,1.5)은 심판의 날인 주님의 날이 선포되는(22,5.7) 유다(22,8), 다윗 성(22,9), 예루살렘(22,10)으로 바라보는 것이 타당하다.[60]

예루살렘을 향한 신탁의 말씀은 두 가지 역사적 사건과 연관시켜 볼 수 있다. 전쟁의 위험에서 도망치는 모습(22,2-3)과 예루살렘이 포위된 상황을 묘사한 모습(22,7-11)은 아시리아 임금 산헤립이 예루살렘을 포위한 모습(36-37장 참조)과 바빌론에 의해 파괴되는 모습을 연상케 한다. 다만 본문은 아시리아도 바빌론도 직접 언급하지 않고, 예루살렘이 군사적 위협 속에 놓인 장면을 묘사할 뿐이다. 그러므로 예루살렘을 향한 신탁은 위협받고 있으면서도 하느님을 온전하게 믿지도, 의지하지도 않는 백성을 질책한다. 이사야는 멸망의 순간에 통곡하지만(22,4), 백성은 모든 것을 계획하신 하느님을 살펴보지도, 그분을 믿지도 않았다(22,11). 그리하여 신탁은 이스라엘 백성의 회개를 촉구한다(22,12-13). 하지만 그들의 죄는 용서받지 못할 것이다(22,14). 용서는 모든 것이 무너지고 난 후에 하느님의 위로로 시작될 것이다(40,1-2 참조).

예루살렘을 향한 신탁은 신탁 본문 안에서 중요한 의미를 지닌다.

13-23장의 신탁은 이방 민족이 하느님의 심판을 받게 될 것을 선포한다. 하느님 심판의 대상으로 등장하는 민족들은 유다 왕국을 직접 위협하는 바빌론과 아시리아, 그리고 주변 민족들이다. 논리적으로 위협하는 민족들이 멸망한다는 것은 이스라엘 백성에게 구원을 의미한다. 하지만 이사야 예언서는 그들의 멸망과 심판이 이스라엘 백성의 안녕과 평화를 보증하지 않는다는 사실을 분명하게 밝힌다. 이사야서가 전하는 예루살렘의 신탁은, 이방 민족의 신탁이 이스라엘의 구원을 보증하지 않으며, 위협받는 상황에서 이스라엘은 회개하여 하느님을 믿고 의지하라는 가르침을 전해준다(7,9 참조). 하느님은 지상의 모든 통치자를 다스리는 참되고 유일한 임금님이며 통치자이시기 때문이다(24,23 참조).

23,1-18 티로(와 시돈)를 향한 신탁

신탁 본문의 마지막 대상은 티로이다. 머리글은 티로를 향한 신탁으로 시작하지만, 본문은 시돈을 향한 신탁 내용도 포함한다. 티로와 시돈이 함께 언급됨으로써 페니키아 지방 전체가 신탁의 대상임을 알려준다.[61] 티로와 시돈을 향한 신탁은 크게 두 부분으로 구성된다. 전반부는 몰락하는 티로와 시돈에 대한 탄식을 운문체로 전해주고(23,1ㄴ-14), 후반부는 티로의 재건을 산문체로 선포한다(23,15-18).

전반부에서 여섯 번에 걸친 통곡의 외침(1ㄴ.2-3.4-5.6-9.10-12.14절)은 티로와 시돈의 멸망을 예고한다. 13-23장에서 신탁의 대상으로 언급된 다른 민족들처럼 페니키아 지역의 티로와 시돈도 바빌론과 아시리아인들의 위협으로 고통을 받았다(23,13 참조). 작은 도시국가였던 티로와 시돈이 하느님 심판의 대상이 된 이유는 그들이 지리적 이점을 이용한 경제적 강국이었기 때문이다. 그들은 영화를 누리면서 교만해졌고 존경을 받았다(23,9). 교만과 존경, 자신을 자랑스럽게 여기는 행위는 이사야 예언서에서 심판의 이유가 된다(10,8-11 참조). 그러므로 하느님의 심판은, 군사적 우월함을 바탕으로 다른 민족과 국가를 위협하는 이들만이 아니라 재화를 바탕으로 교만에 빠진 이들도 그 대상으로 삼는다.

후반부는 티로의 회복을 예고한다. 티로의 멸망은 70년 동안 지속될 것이다. 이는 티로의 멸망 상태가 지속되지 않고 끝날 때가 있음을 알려준다. 티로는 창녀에 비유되며 노래를 부르도록 요구받는다(23,16). 그 노래는 티로의 회복을 가져오고, 하느님께서는 70년 동안 잊힌 티로를 찾아오셔서 회복시켜 주실 것이다(23,17). 육체관계에 대한 대가로 주는 돈이라는 의미를 지닌 해웃값은 부정적 의미로 보일 수 있다. 하지만 땅 위에 있는 세상의 모든 왕국으로부터 해웃값을 받게 된다는 것은, 티로가 멸망 이전 상업 교역을 통해 얻었던 이익을 다시 얻게 된다는 의미로 해석할 수 있다.[62] 곧 티로는 회복되어 다시 번영할 것이라는 긍정의 의미가 드러난다. 이제 티로는 자신의 벌이를 하느님께 봉헌하고, 주님 앞에 사는 이들을 넉넉하게 만들어줄 것이다(23,18). 티로를 향한 신탁은, 멸망에서 회복이라는 움직임을 보여준다. 티로(와 시돈)를 향한 신탁 본문은, 민족들이 하느님의 심판을 거친 후에 시온에서 하느님을 섬기게 될 것이라는 전망을 제시한다.

13-23장에서 민족들을 향한 열 번의 신탁은 하느님의 심판으로 세상의 모든 악이 종말을 맞게 되었다는 사실을 선포한다. 신탁은 경고와 회개를 외치기보다 민족과 그들 통치자의 교만(바빌론: 13-14장; 21장; 이집트 19장; 티로와 시돈 23장)과 이스라엘의 우상숭배(17,7-11), 하느님을 신뢰하지 않는 예루살렘(22,11-14)을 고발한다. 이처럼 민족들을 향한 신탁은 고발을 통한 민족들의 심판과 멸망의 예고를 목적으로 삼지 않는다. 심판은

세상 민족들이 하느님의 통치권을 인정하고 그분께 돌아오기 위한 과정일 뿐이다. 그러므로 이 신탁에는 하느님께 돌아와야 민족들은 참된 회복을 맞이할 수 있다는 이사야 예언서의 신학이 반영되어 있다.

3. 질서를 창조하시는 주님의 정의(24-27장)

24-27장은 종말론적이고 묵시문학적 요소를 일부 지녔기 때문에 '이사야-묵시록'이라는 이름으로 지칭되었다. 민족들을 향한 신탁에서는 여러 주요 민족이 하느님 심판 대상으로 등장하였다면, 24-27장은 특정 민족이 아닌 온 땅을 하느님 심판의 대상으로 삼는다. 그러므로 24-27장은 종말론적 가르침보다 땅의 심판을 통해 새로운 질서를 추구한다고 보는 것이 적절하다.[63]

이에 앞선 13-23장에서 민족들을 향한 열 개의 신탁을 들었다. 거기서 바빌론은 야훼 하느님께 가장 적대적인 성읍의 표본으로 등장했다. 반면에 시온은 주님께서 직접 기초를 놓으신 성읍으로 등장한다. 바빌론은 멸망했지만, 시온은 의로운 이들이 모여 오는 주님의 도성이 된다. 민족들을 향한 신탁이 내포한 시온 신학적 요소[64]는 24-27장에서 계승, 심화되어 전개된다. 시온은 이미 제1편(1-12장)에서 구원의 노래가 울리는 장소로 등장하였다. 신탁 본문(13-23장)은 시온을 바빌론과 대립하는 성읍으로 묘사하였다. 시온은 피신하는 이들에게 보호처가 되고

(14,32), 주님을 경배하기 위해 에티오피아인들이 찾아오며(18,7), 주님의 왕권이 선포되는 곳이다(24,23). 주님의 왕권 선포 이후 시온산에서 백성들을 위한 잔치가 벌어지고(25,6-12), 유배로 흩어진 이들이 다시 거룩한 산 시온으로 모이게 된다(27,13).

24-27장은 시온의 위상과 함께 하느님의 왕권을 선포하여 그분의 통치권을 드러낸다(24,23). 하느님의 통치권은 이미 이방 민족을 향한 심판으로 증명되었다(13-23장). 그러므로 세상의 폭군들을 향한 하느님의 심판은 자연스럽게 하느님의 왕권 선포로 이어진다. 하느님께서 임금님으로 다스리시는 그날은 의인과 악인이 구별되고, 의인에게는 하느님의 잔치가, 악인에게는 하느님의 심판이 내린다.

24-27장의 구성은 다음과 같이 세 부분으로 살펴볼 수 있다.

> ❶ 24-25장: 온 땅의 심판과 시온에서 펼쳐지는 하느님 왕권 선포
> ❷ 26,1-27,1: 주님의 도성에서 울리는 의로운 민족의 신뢰 노래
> ❸ 27,2-13: 주님의 거룩한 산에서 주님을 경배하기 위한 쫓겨난 이들의 모임

24-27장의 저술 시기는 페르시아 시대인 기원전 539-331년까지로 간주된다. 24-27장에서 1-12장과 13-23장의 인용문들이 발견되고 24,10에 등장하는 "혼돈의 도시"를 하나의 도시로 특정하지 않았다는 사실에서 니네베, 바빌론, 모압, 사마리아, 예루살렘 같은 주요 성읍들이 멸망한 이후의 작품으로 인식할 수 있다. 그러므로 유배 이후에서 이스라엘의 주적 바빌론이 멸망한 기원전 539년 이후로 연대기를 산정할 수 있다. 아울러 24-27장이 이스라엘과 다른 민족들의 대결 구도가 아닌, 의인

과 악인의 대결 구도로 전개되며 정치권력을 묘사하지 않는다는 점에서도 저술 시기를 가늠해볼 수 있다. 주님의 구원을 온 세계의 구원으로 확장하는 모습은 유배 이후에나 볼 수 있으므로, 이 대목 역시 바빌론 멸망 이후의 작품으로 간주된다. 아울러 24-27장에서 묵시문학 요소들이 온전한 형태로 발견되지 않는 점을 보면 헬레니즘 시대 이전으로 추정되기 때문에 저술 시기를 폭넓게 기원전 539년-331년까지로 잡는다.[65]

1) 온 땅의 심판과 시온에서 펼쳐지는 하느님 왕권 선포(24장)

13-23장의 민족들을 향한 신탁과 비교하면 이 부분은 특정 민족이 아닌 온 땅을 심판의 대상으로 삼는다. 하느님의 심판이 땅을 향하고 있음은 "땅(에레츠אֶרֶץ)"이 열여섯 번이나 등장하는 데서 잘 드러난다 [24,1,3,4(2번),5,6(2번),11,13,16,17,18,19(3번)].[66]

1-3절 온 땅에 대한 하느님의 심판

땅을 향한 심판은 땅만이 아니라 땅에 사는 주민들까지 그 대상에 포함한다. 주민들은 서민과 사제, 종과 상전, 여종과 안주인, 사는 이와 파는 이, 빌려주는 이와 빌리는 이, 빚 준 이와 빚진 이로 나열되고, 신분과 빈부의 격차는 심판 앞에서 무의미하다. 오히려 땅의 주민들을 대비시켜 나열하여 하느님 심판이 모든 이를 향하고 있다는 사실을 알려준다.

4-6절 심판받은 땅에서 울리는 탄식

땅은 말라 시들고 생기를 잃는다. 땅은 땅의 주민들로 인해 심판을 받게 된다. 땅의 주민이 저지른 죄는 세 가지로 요약된다. 곧 법을 어기고, 명령을 거슬렀으며, 영원한 계약을 깨뜨렸다는 것이다. 이는 이스라엘 백성이 아닌 땅의 주민을 대상으로 전개되는 예언의 말씀이다. 그러므로 세상의 민족들은 하느님이나 율법을 모른다고 하여도 인간 공동체를 위해 지켜야 하는 기본 규칙을 준수해야 한다. 5절이 언급한 법과 명령의 거스름은 이러한 의미에서 이해되어야 한다.[67]

5절에 등장한 "영원한 계약"은 구약성경에서 다음의 사항들과 관련하여 언급된다: 노아와 홍수의 마침(창세 9,16); 아브라함과 할례(창세 17,7.13.19); 이스라엘과 안식일(탈출 31,16); 이스라엘과 제의(레위 24,8); 이스라엘과 땅(시편 105,10); 아론과 엘아자르와 피느하스에게서 유래한 사제 가문(민수 25,13); 다윗과 그의 집안(2사무 23,5); 다윗과 이스라엘(이사 55,3); 시온과 그 위로자(이사 61,8); 바빌론 유배자(예레 32,40); 이스라엘과 유다의 재통일(예레 50,5); 예루살렘(에제 16,60; 37,26).[68] 그러므로 영원한 계약은 어떤 특정한 계약으로 바라보기보다 구약성경 전체에서 폭넓게 이해될 수 있는 계약이다.

7-13절 멸망한 도시에서 울리는 탄식

여기서 언급되는 파견된 도시는 특정 도시를 지칭하지 않는다. 이 도시는 "혼돈의 도시"로 표현된다(24,10). 혼돈을 의미하는 히브리어 토후(תהו)는 '없는 것'과 '공허'의 의미를 지녔다. 이 단어는 창조의 반대 개념으로 사용되면서(창세 1,2; 이사 45,18; 예레 4,23; 욥 26,7), 조화가 아닌 혼돈과 혼란의 상황을 나타낸다. 그러므로 혼돈의 도시는 무질서한 상황, 곧 코스모스를 빗어난 카오스의 상태를 드러낸다.

14-16ㄱ절 먼 지역에서 울려오는 노래

여기서 노래를 부르는 이들은 동쪽으로부터, 바다에서부터, 땅끝에서부터 노래를 부른다. 그들은 하느님의 업적을 보고 하느님께 찬미를 드리는 이들이다. 그들은 소리를 높이고 주님의 위엄에 환호하고 환성을 지른다. 그들의 노래는 "의로운 이에게 영광이어라"는 외침으로 마무리된다. 여기에 등장하는 "의로운 이"를 해석하기가 어렵다. 우선 구약성경 어디에서도 하느님을 "의로운 이"로 직접 표현하지 않는다. 그렇다면 "의로운 이"를 의로운 이들의 공동체로 이해할 수 있다. 하지만 만약 "의로운 이"를 사람 혹은 공동체로 이해하면, 사람이 사람에게 찬양을 드리는 상황이 되므로 문제가 된다. '의로운' 또는 '옳은'이라는 수식은 구약성경에서 오직 하느님과 관련되었을 때에만 사용되지 이스라엘 전체를 지칭하는 데에는 사용되지 않는다(탈출 9,27; 신명 32,4; 2역대 12,6; 에즈 9,15; 느헤 9,8.33; 시편 7,10.12; 11,7; 116,5; 119,137; 129,4; 145,17; 이사 41,26; 45,21; 예레 12,1; 20,12; 애가 1,18; 다니 9,14; 스바 3,5). 따라서 구원을 위한 하느님의 개입이라는 관점에서 "의로운 이"를 바라보게 된다.[69] 의로움을 이렇게 이해하면, 1-39장에서 의로움을 회복하기 위한 하느님의 노력이 질서의 재건이라는 관점에서 주제로 다뤄진다는 사실에 부합한다(1,21.26-27; 5,7.16; 9,6; 10,22; 11,4-5; 16,5; 26,9-10; 28,17; 32,1.16-17; 33,5).[70] 그러므로 하느님의 의로움 또는 하느님께서 행하신 의로우신 업적이라는 이해의 틀 안에서 "의로운 이"를 이해할 수 있다.[71]

16ㄴ-18ㄴ절 예언자의 탄식

혼돈의 도시가 파괴되면서 많은 이가 환호하였다. 동쪽과 서쪽, 바닷가에서부터 사람들은 환성을 지르며 의로우신 하느님을 찬송하였다. 하지만 예언자의 반응은 그들과 달랐다. 그에게 혼돈의 도시가 파멸된 것은 온 땅의 멸망이 시작되었음을 의미하기 때문이다. 사람들은 기뻐하지만, 예언자는 걱정과 염려의 탄식을 내뱉고, 하느님의 계명을 어기면서 살아온 세상 주민들을 향해 하느님의 심판은 빠져나올 수 없는 올가미임을 선포한다.

18ㄷ-20절 땅을 향한 심판 예고의 계속

땅을 향한 하느님 심판은 멈추지 않는다. 하늘의 창문이 열리고 땅은 부서지고 갈라지고 흔들리고 비틀거린다. 하늘의 창문은 하늘 위의 물이 땅으로 쏟아지지 않는 수문 역할을 한다(창세 7,11; 8,2). 하늘의 창문이 열렸다는 것은 홍수를 의미한다. 홍수로 세상은 심판을 받게 된다.

21-23절 시온에서 선포되는 주님의 왕권

이제 하느님의 심판은 하늘의 군대와 땅의 임금들에게 펼쳐진다. 그들은 감옥에 갇혔다가 하느님의 벌을 받는다. 이 모든 하느님의 심판이 마무리된 뒤 야훼 하느님의 왕권이 선포되면서 24장은 절정에 이른다(24,23). 이로써 민족들을 향한 신탁(13-23장)과 온 땅을 향한 심판(24,1-20)이 하느님의 통치권에 의한 결과로 분명하게 드러난다. 그분의 왕권 선포와 함께 그분의 영광이 원로들 앞에 빛난다. 원로들의 등장에서 시나이산의 계약 장면이 연상되고(탈출 24,1), 하느님의 왕권 선포는 시나이산의 계약을 넘어서는 새로운 계약을 암시한다. 동시에, 하느님과 이스라엘 백성이 계약을 맺은 시나이산의 자리를 하느님의 왕권이 선포되는 시온산이 대신한다. 그러므로 이제 하느님의 통치 아래 모든 것이 놓여 있음이 그분의 영광과 함께 장엄하게 선포된다.

2) 주님의 산에서 벌어지는 민족들을 위한 잔치(25장)

25장은 하느님의 왕권 선포에 대한 감사 노래로 시작한다(25,1-5). 이어서 모든 민족을 위한 잔치가 벌어진다(25,6-10ㄱ). 그러나 모압은 하느님의 심판을 피할 수 없을 것이라고 예고된다(25,10ㄴ-12).

1-5절 주님 왕권에 대한 감사 노래

주님의 왕권이 선포되고 감사 노래가 울려 퍼진다. 감사 노래는 하느님의 왕권 선포와 하느님의 권능이 가져온 결과에 대한 감사와 찬미의 노래이다. 혼돈의 도시(24,10)가 파괴되고, 이어서 성읍, 요새 성읍과 성채로 파괴가 확장된다. 이후 동쪽과 서쪽, 바닷가에서 몰려오는 백성들(24,15)이 이제 하느님을 경외하게 된다. 임금이신 하느님께서는 지상의 통치자들과 달리 힘없고 곤경에 빠지거나 가난한 이들을 억압하지 않으시고 오히려 그들에게 피신처가 되어주신다. 그럼으로써 이사야서의 앞부분에서 선포된 시온의 구원에 대한 예고(4,5-6)가 성취된다.[72] 이처럼 하느님의 구원과 시온이 조합되어 시온이 하느님 구원의 장소라는 사실을 알려준다.

6-8절 시온에서 펼쳐지는 민족들을 위한 잔치

모든 민족이 시온산으로 초대된다. 하느님의 영광을 바라본 원로들의 모습(24,23ㄴ)과 관련하여 시온산에서 펼쳐지는 잔치를 바라본다면, 이스라엘 백성이 계약을 맺은 후에 하느님 앞에서 음식을 나누는 장면이 떠오른다(탈출 24,11). 시온산에 모여든 모든 민족은 하느님 앞에서 음식을 먹고, 술을 마시는 잔치를 벌이게 된다. 아울러 하느님께서 민족들에게 덮인 너울과 덮개를 없애주시는 것은 그들의 슬픔을 없애는 동시에 하느님을 알 수 없도록 가로막던 장애물을 제거하심을 의미한다.[73]

9-10ㄱ절 구원된 이들의 감사 노래

이제 구원된 이들이 공동체와 함께 하느님께 감사 노래를 부른다. 이 노래는 12,1-6의 감사 노래와 매우 유사한 양상을 보인다. 하느님의 구원을 노래하고 기뻐하는 가운데 하느님을 향한 믿음을 고백한다. 이 노래의 화자는 "우리"라고 표현되는 공동체이다. 그들은 이미 구원을 체험하였으며, 구원에 대한 감사 노래를 다른 이들, 곧 잔치에 모인 모든 민족을 위해 부르고 있다. 그들이 감사를 드리는 "이분"(25,9)은 민족들과 온 세상을 심판하시고 구원하시는 이스라엘의 하느님이다.

10ㄴ-12절 모압의 파멸

24장은 "혼돈의 도시"(24,10)가 하느님 심판에 의해 파괴되었음을 알려준다. 특정 도시가 아닌 온 땅이 심판의 대상이다. 그런데 지금 하느님의 왕권이 선포되고 시온산에서 모든 민족을 위한 잔치가 열리지만, 모압은 그 잔치에 초대받지 못하고 오히려 하느님의 심판 앞에 서 있다. 모압은 이미 그들의 교만으로 심판받았으며(16,6), 하느님의 왕권 앞에서도 꺾이지 않는 오만으로 하느님의 구원이 아닌 벌을 받게 된다(25,11-12). 하느님의 구원은 모든 민족을 향해 열려 있다. 그러나 오만과 교만을 버리고 변화되지 않는 민족은 절대로 구원의 대상이 될 수 없다는 사실이 모압의 파멸을 통해 선포된다.

3) 의로운 이들이 주님의 도성에서 주님을 신뢰하며 부르는 노래(26,1-27,1)

유다 땅에서 의로운 이들의 노래가 울려 퍼진다. 이 단락은 세 부분으로 구성된다. 하느님께 올리는 의로운 이들의 노래(26,1-6), 의인과 악인을 구분 짓는 의인의 청원기도(26,7-19), 마지막으로 심판하시는 주님의 등장(26,20-27,1)이 선포된다.

26,1-6 의로운 이들의 감사 노래

감사 노래는 하느님을 향한 신뢰 고백(26,1.3), 신뢰의 권고(21,4), 하느님의 개입(21,5)과 그 결과(21,6)를 들려준다. "우리"로 등장하는 화자는 유다의 의로운 이들이다. 그들은 주님을 고백하고 주님을 신뢰하며 살아가는 이들로, 하느님 심판의 대상이었던 "혼돈의 도시"(24,10), 파괴된 요새와 성채(25,2)와 달리 견고한 성읍, 시온을 가지고 있다. 예언자는 의로운 겨레를 위하여 성문을 열라고 명령한다(26,2). 성문을 여는 행위는 성전에 입당하는 전례를 배경으로 삼는다. 이것은 '입당 전례'로, 아무나 성전에 들어가지 못하고 윤리적으로 살아간 이들만이 합당하게 성전에 들어갈 수 있다(시편 15편; 24편; 이사 33,14-16). 곧 의로운 사람들은 윤리적으로 올바르게 살아가는 사람들이다.

이 노래에서 오만과 교만이 다시 주제로 대두된다(26,5; 25,10ㄴ-12). 높은 곳과 높은 도시는 하느님 심판의 대상이다. 높은 곳은 하느님만을 위한 자리(6,1 참조)이며, 제2이사야서에서 '주님의 종'을 위한 자리가 된다(52,13). 이 단락에서 울려 퍼지는 구원된 이들의 감사 노래는 12,1-6의 감사 노래와 유사하다. 두 노래의 차이라면, 26장의 구원 노래에서 힘없고 빈곤한 사람들의 발이 하느님 심판의 도구로 사용되어 높은 도시를 짓밟는다는 사실이다(26,6). 임금이신 하느님께서는 높은 자들을 무너뜨리시고 힘없고 가난한 사람들을 통하여 그들을 심판하신다.

26,7-19 의인과 악인의 구별

이 단락은 세 부분으로 나눠서 살펴볼 수 있다: 의인과 악인의 분리(26,7-11), 하느님께서 베푸시는 구원(26,12-15), 그리고 죽은 이들의 부활(26,16-19).

의인은 하느님께서 제시하신 길을 따라 걷는다. 의인은 하느님을 희망하며 하느님을 향한 열망에 사로잡혀 살아가는 사람이다(26,7-9). 반면에 악인은 자비를 입어도, 의로운 세상이 와도, 불의를 저지르며 주님의 위엄을 보지 못한다(26,10-11). 그래서 그들은 하느님 앞에서 환호성을 올리지 못한다(24,14 참조). 그들은 심판하기 위해 높이 드신 하느님의 손도 보려고 하지 않기 때문에 불이 그들을 삼켜버릴 것이다(26,11; 참조 33,14). 이처럼 의인과 악인을 대비하는 모습은 지혜문학적 요소로, 시편 1편에서 강조되는 전통적 지혜에 대한 가르침을 전해준다.[74]

이어서 하느님께서 베푸신 구원이 읊어진다(26,12-15). 그들은 하느님이 아닌 다른 주인들에게 지배를 받았음을 고백한다. 하지만 의로운 이들은 그러한 상황에서도 다른 주인이 아닌 하느님의 이름을 기억하였다. "상전"으로 표현된 히브리어 '아도님(אדנים 단수는 아돈 אדון)'은 '주인들'로 번역될 수 있으며, 개념적으로 지상의 권력자와 관련된 의미를 갖는다(창세 42,30; 45,9; 이사 16,8; 19,4; 24,2; 36,8-9.12; 37,4.6; 예레 27,4; 말라 1,6).[75] 그러므로 의인들은 지상의 권력자들의 지배를 받으면서도 하느님을 잊지 않고 살아가는 충실성을 드러낸다.

단락의 마지막에서 죽은 이들의 부활을 이야기한다(26,16-19). 여기서 말하는 부활의 의미에 대해 논란의 여지가 있다. 죽은 이들의 부활이라고 명백하게 언급하는 구약성경의 본문은 다니 12,2뿐이기 때문이다.[76] 다만 24-27장이 묵시문학의 형태를 온전하게 지니지 않지만, 일정 부분의 묵시문학 요소를 담고 있음도 사실이다. 이러한 맥락에서 죽은 이들의 부활에 대한 언급은 의인을 통한 백성의 재건을 가리키는 은유적 표현으로 바라볼 수 있으며,[77] 이 주제는 이사야서 제3부(이 책의 제7편)에서 더욱 분명하게 드러난다.

26,20-27,1 악인에 대한 하느님 판결

하느님께서는 의로운 백성에게 숨어 있으라고 명령하신다. 당신께서 악인들을 심판하실 것이기 때문이다. 숨어 있는 모습은 홍수 시대에 노아가 방주에 들어가는 모습(창세 7,7-16)과 이집트에 내린 열 번째 재앙을 대비한 이스라엘 백성의 모습(탈출 12장)에 비교할 수 있다. 하느님의 심판은 이제 악인을 향하고, 심판받아 살해된 자들을 더는 덮어두지 않는다. 이는 이사야서 마지막에 악인들에 대한 심판으로 실현된다(66,24).

하느님의 심판은 악인뿐 아니라, 혼돈의 존재를 상징하는 레비아탄에게까지 향한다.

4) 포도밭 노래와 거룩한 산에 모인 추방된 이들(27,2-13)

이 대목은 선행하는 24-25장과 연관성을 지니며, 아울러 26장을 보충하면서 24-26장에서 빠진 주제들을 전개한다. 주님께서 포도밭 노래를 부르시는데, 여기서 '야곱/이스라엘'이 주제로 부각된다(14,1 참조). 이 단락을 구성하는 네 부분은 주님께서 부르시는 포도밭 노래(27,2-6), 이스라엘의 역할(27,7-9), 황폐해진 성읍(27,10-11), 추방에서 귀환한 이들이 주님을 경배하기 위해 거룩한 산에 모임(27,12-13)이다.

27,2-6 주님께서 부르시는 포도밭 노래

이 노래는 5,1-7의 포도밭 노래와 함께 살펴보아야 한다. 5장과 마찬가지로 여기서도 포도밭은 이스라엘, 포도밭을 가꾸는 이는 주님이시다. 5장에서 주님께서는 포도밭이 황폐해지도록 내버려두셨는데(5,5-6), 이제는 시간마다 물을 주고 밤낮으로 지키시며 가시덤불과 엉겅퀴를 없애고 포도밭을 보호하는 데에 매달리신다(27,3-5). 5장의 포도밭이 심판의 상징이었다면, 27장의 포도밭은 구원의 상징으로 전환된다.

27,7-9 이스라엘의 정화

이 단락은 하느님의 수사적 질문으로 시작된다. 하느님께서는 이스라엘을 내리친 바빌론과 아시리아처럼 이스라엘을 대하지 않으셨다. 그들을 향한 신탁(13-14장; 21장)에서 살펴본 것처럼 하느님께서는 바빌론과 아시리아를 심판하셨고 멸망시키셨다. 반면에 이스라엘이 비록 내몰리고 내쫓겨지기는 했으나, 그들을 멸망으로 이끌지 않으셨다. 이스라엘을 향한 하느님의 심판은 그들을 정화하는 데 목적을 두었다. 그렇게 정화를 거쳤기에 그들의 죄는 용서받게 된다(27,9). 심판과 정화를 거쳐 이스라엘은 더 이상 우상에 빠지지 않고 하느님을 올바로 섬기게 될 것이다.

27,10-11 황폐화된 성읍

이스라엘은 하느님의 도우심과 보살핌을 받는 새로운 포도밭이다. 반면에 요새 성읍은 황폐하게 변한다. 이 성읍이 어디인지 언급되지 않지만, 요새 성읍은 세상의 권력자와 폭군들을 지칭한다고 볼 수 있다. 그들의 성읍은 주님의 포도밭과 뚜렷한 대조를 이루면서 하느님께 버림받고 자비를 입지 못하는 황무지가 되고 만다.

27,12-13 이스라엘의 귀향

하느님께서는 추방된 이스라엘을 시온으로 모아들이신다. 그분은 유프라테스강 줄기에서 팔레스티나와 이집트의 경계 지역인 "이집트 마른내"(27,12)에 이르는 광범위한 지역에 흩어진 백성을 하나하나 모아들이신다. 이 동작을 가리키는 동사 라카트לקט는, 하느님께서 이스라엘을 모아들이시는 모습을 곡식의 낟알, 이삭 등을 주워 모으는 행위로 나타낸다. 흩어진 백성을 모으시는 데 얼마나 큰 노력이 필요한지를 보여주는 장면이다. 하느님께서는 정화하여 이스라엘을 용서하시고, 정성을 다하여 모아들이신다. 이제 큰 나팔 소리와 함께 아시리아와 이집트 땅에 흩어진 이들이 모여 오게 된다. 추방된 이들은 유프라테스강(27,11), 이집트(27,11.12), 아시리아(27,12)로부터 모아들여진다. 아시리아에 흩어진 이들은 아시리아에게 멸망한 북 왕국 이스라엘 백성을, 유프라테스강과 이집트로 흩어진 이들은 바빌론에게 멸망한 남 왕국 유다 백성을 의미한다. 그러므로 이들이 함께 모여 온다는 것은, 북 왕국 이스라엘과 남 왕국 유다가 분열 이후에 하나의 민족으로 결합된다는 전망을 제시한다. 그렇게 모인 백성들은 하느님을 주님의 거룩한 산, 시온에서 경배하게 될 것이다(27,13).

4. 신학적 의미

1) 하느님의 통치

이방 민족을 향한 신탁은, 하느님께서 이방 민족의 통치자들을 심판하고 그들에게 멸망을 예고하시는 장면을 전해준다. 여기서 등장하는 이방 민족은 이스라엘을 위협하고, 동시에 하느님을 거스르는 세상의 폭력적 통치자들을 의미한다. 그러므로 그들을 향한 심판은, 하느님만이 진정한 세상의 통치자라는 사실을 증명한다. 이방 민족을 향한 신탁을 통해 하느님께서 이스라엘 백성만이 아닌 모든 민족의 하느님으로서 보편적으로 통치하심을 드러내고, 동시에 하느님의 왕권이 갖는 의미를 더욱 분명하게 강조한다.

(1) 하느님 통치의 보편성

제1편은 이스라엘 백성을 향한 하느님의 심판과 구원의 이야기를 중심으로 전개하였다. 여기서 더 나아가 제2편이 제시하는 이방 민족을 향한 신탁은 하느님의 통치가 이스라엘 백성만이 아닌 모든 민족, 특히 이스라엘을 위협하는 초강대국에도 유효하다는 사실을 선포한다. 그들의 힘과 군사력은 모두 하느님께 종속되고, 그들은 하느님의 심판을 피할 수 없기에 멸망하고 말 것이라는 사실이 선포된다. 하지만, 이방 민족을 향한 신탁이 지향하는 목적은 심판에 있지 않다. 이스라엘 백성을 향한 심판이 그들의 정화와 회개를 목적으로 삼았던 것처럼, 이방 민족도 하느님의 심판을 통해 하느님의 통치권을 인정하고 하느님께 돌아와 그분을 섬기게 된다면, 그들도 하느님 백성이 될 수 있다는 가능성을 제시한다. 하느님은 모든 민족의 하느님이시기 때문이다. 그러므로 심판과 멸망 예고 이후 하느님께서 베푸시는 '모든 민족을 위한 잔치'가 시온산에서 열린다. 하느님 통치의 보편성에 바탕을 둔 이방 민족의 수용은 제2편뿐 아니라 제7편에 이르기까지 이사야 예언서 전체에서 중요한 신학적 주제로 작용한다.

(2) 하느님의 왕권

하느님께서 세상의 통치자들을 심판하고 그들의 멸망을 예고하였다는 것은 그들의 통치권이 하느님께 종속되어 있음을 보여준다. 그러므로 13-23장에서 이방 민족을 향한 신탁은, 그들이 지닌 모든 권력을 무력화시키고 난 후, 하느님의 왕권을 장엄하게 선포한다. 제1편이 이사야 예언자의 증언을 통해 하느님의 왕권을 선포했다면, 제2편은 하느님의 왕권을 세상 통치자들과의 관계 안에서 선포한다. 하느님의 강력한 힘은 세상의 강력한 통치자들을 심판하고 그들을 멸망시킨다. 세상의 임금들이 가진 힘과는 비교할 수 없는 강한 힘을 지니신 하느님의 왕권이 역사에서 드러나게 된다. 그러므로 세상을 다스리는 참되고 유일한 임금님은 하느님 한 분뿐이시다. 이사야 예언자가 "그 임금님"(6,5)이라고 고백했던 하느님이, 이제 모든 민족의 임금님으로 선포된다(24,23).

2) 의인과 악인의 분리

하느님의 견고한 왕권이 바탕으로 하느님의 심판은 세상을 향한다. 하느님 심판의 대상은 민족들의 통치자들을 넘어, 온 땅으로 확대된다. 하느님께서 땅을 심판하시는 목적은 땅의 멸망과 파괴가 아닌, 혼돈 가득한 세상을 질서 있는 세상으로 변화시키는 것이다. 이를 위해 땅을 파괴하고 땅의 주민들을 흩어버리신다. 하지만 노아의 홍수(창세 6-9장)를 통해 의로운 노아를 구하시고 죄인들을 심판하신 것처럼, 의인에게는 구원이, 악인에게는 심판이 예고된다. 이를 통해 의인과 악인이 분리된다. 하느님 심판은 이스라엘 백성과 이방 민족을 분리하지 않는다. 의인과 악인의 분리가 핵심이다. 이러한 구별은 하느님께 속한 의인이 지녀야 하는 윤리적 삶과 실천을 강조하면서, 이스라엘이라는 혈연은 구원에 아무런 역할을 하지 못한다는 사실을 분명하게 밝혀준다. 이를 통해 하느님 백성이 지닌 개방성과 이방 민족의 구원 가능성이 제기되고, 이 주제는 제7편에서 더욱 심화된다.

5. 말씀의 육화를 위한 단상

"만군의 주님께서 시온산과 예루살렘에서 임금이 되시어…"(24,23). 하느님께서 임금님이시다. 그분께서 임금이 되시어 온 세상을 다스리신다. 이 말씀이 우리에게 어떻게 들려오는가?

이사야 예언자가 전해주는 하느님의 모습은 세상을 다스리는 통치자요, 임금님이시다. 민주화 시대를 살아가는 오늘날, 임금이 다스리는 왕정 체제는 구시대의 유물로 다가오기에, 하느님의 이러한 모습이 우리에게 어떤 모습으로 다가올지 묻게 된다. 아마도 '임금이신 하느님'의 모습은 '우리와 함께 계시는 하느님-임마누엘'의 표현을 무색하게 만들고, 우리는 그런 하느님을 성경책에서만 만날 수 있는 분으로, 우리의 일상과 삶의 자리와는 상관없는 다른 세상에 계신 분으로 여기고 만다. 우리는 이 시대의 많은 뉴스에서 하느님의 부재를 절실하게 느낀다. 하느님이 계셨다면 절대 벌어지지 않을 것 같은 일들이 하루가 멀다고 끊임없이 쏟아져 나온다. 하느님께서 진정으로 세상을 다스리시는 분이고 폭군을 심판하여 멸망에 이르게 하시는 분이라면 절대 있을 것 같지 않은 무수한 일이 벌어져, 우리는 하느님의 존재 자체를 의심하게 된다. 신앙이 조금이라도 있는 이들이라면, 우리가 숨겨진 하느님의 깊은 뜻을 알아보지 못하는 것이라는 합리적 신앙을 제시한다. 그렇다면 뭐가 정답이고 뭐가 옳은 것일까?

이사야 예언자는 주변 상황을 주의 깊게 관찰하였다. 그는 국제 정세의 흐름도 함께 살폈다. 그는, 이방 민족의 확장 정책에서 하느님의 존재를 바라보지 못하는 그들의 눈을, 약소국을 점령하면서 자신의 능력을 과신하는 모습에서 그들의 교만을, 약자들을 억압하면서 행사하는 행동에서 그들의 폭력을 정확하게 읽었다. 그는 그것을 심판의 이유로 삼으면서 그들의 멸망을 예고한다. 하느님께서 임금으로 등장하신 가장 큰 이유는 하늘 높은 곳에 홀로 임금으로 계시고자 함이 아니라, 세상의 임금들이 보여주는 죄악을 심판하고 제어하실 수 있는 유일한 분이시기 때문이었다.

그러므로 우리는 '하느님께서 임금님이시다'는 사실에 주목하기보다, '우리와 함께 계시는 하느님-임마누엘'을 성취하시기 위해 '임금님'의 모습으로 인류 역사에 등장하시는 하느님의 모습에 주목해야 한다. 그 하느님께서 '임마누엘'로 우리와 함께 계신다. 그 옛날에도, 지금도, 앞으로도 우리와 함께 계시는 하느님이시다. 이사야는 그 옛날의 이스라엘 백성만을 위한 하느님을 전하지 않았다. 오늘을 살아가는 우리를 위해서도 하느님과 그분의 가르침을 선포하였다. 이제 이사야의 선포에 귀를 기울이며 우리는, 성경책 속에 계신 하느님을 우리가 너무나도 당연하게 여겨왔던 우리의 일상과 삶의 자리로 모셔와야 한다. 그것이 우리 신앙인의 의무이자 권리이며, 동시에 특권이다.

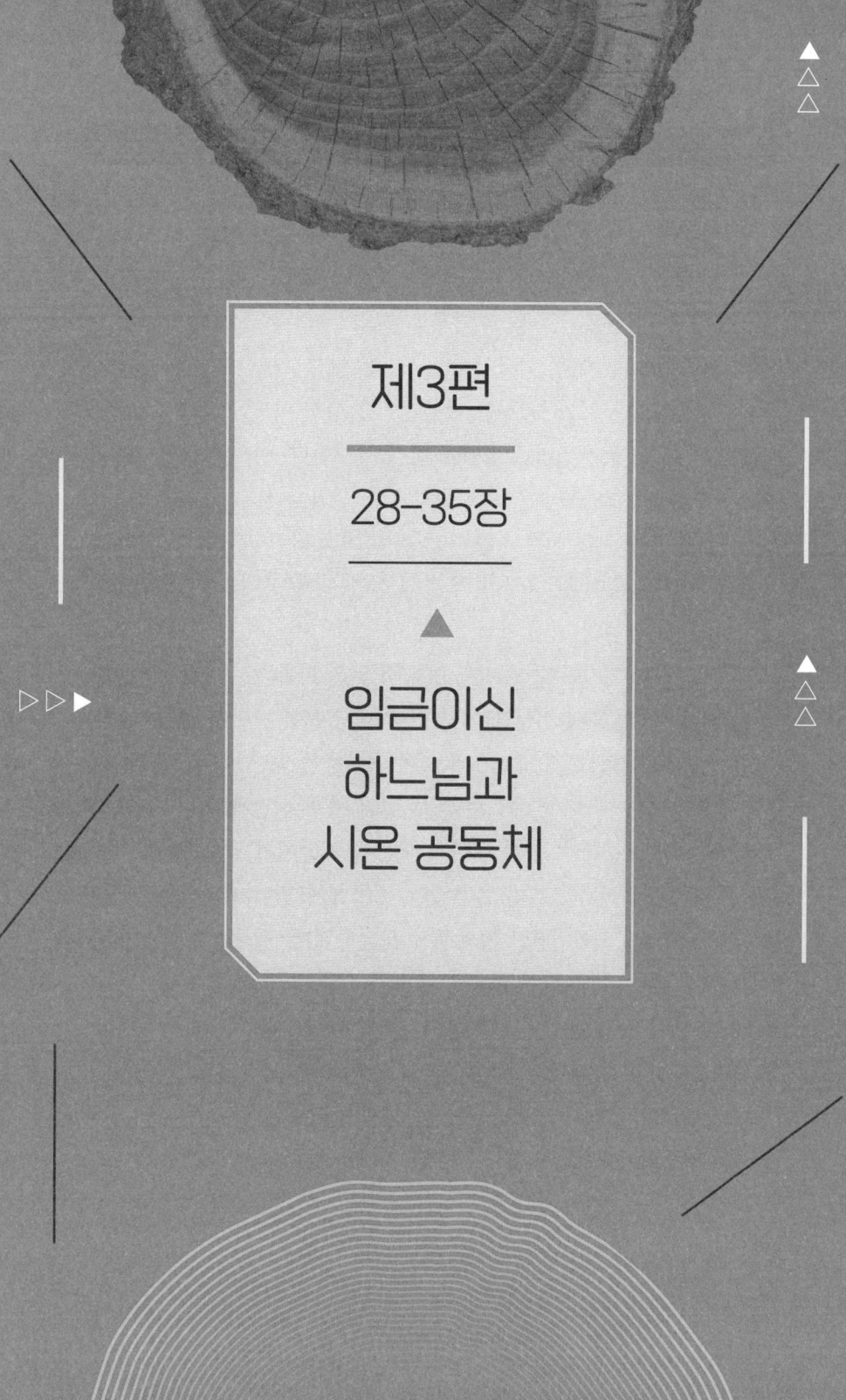

1. 구조

하느님의 왕권 선포(24,23)와 각지에서 주님의 거룩한 산으로 모여든 이들의 귀향(27,12-13) 이후 이사야서의 시선은 예루살렘을 향한다. 1-12장과 유사한 모습으로 28-35장은 예루살렘을 향한 하느님 심판의 말씀을 선포하고, 동시에 구원의 밑그림을 함께 제시한다. 이사야 예언서의 제3편을 구성하는 28-35장은 여섯 번의 불행 선언(28-33장)과, 심판과 구원(34-35장)을 전해준다. 이로써 28-35장은 문학적 단일성을 이룬다.

불행 선언 가운데 첫 다섯 번의 불행 선언은 에프라임(28,1), 아리엘/시온(29,1), 예루살렘의 지배 계급(29,15), 하느님께 반역하는 정치인들(30,1; 31,1)을 향하고, 마지막 여섯 번째 불행 선언은 파괴하는 자들(33,1)을 향한다. 다섯 번째 불행 선언과 여섯 번째 불행 선언 사이에 정의로운 통치를 통한 구원(32,1-8)과 태평스러운 여인을 향한 심판(32,9-20)이 위치하여, 구원과 심판에 대한 예고는 다섯 번의 불행 선언에 대한 에필로그의 모습을 보여준다.[78] 불행 선언에 이어서 에돔에서 벌어지는 살육을 예고하며 하느님을 믿고 따르지 않는 이들에게 벌어지는 하느님 심판(34장)과 광야가 되어버렸던 황폐해진 시온을 향한 구원(35장)이 대조를 이루면서 제3편은 마무리된다.

28-35장이 단일성을 지녔다 하여 앞선 본문과 단절된 것은 아니다. 오히려 28-35장은 선행 본문과 연계되어 앞의 주제들을 심화하면서 하느님 심판과 구원의 의미를 더욱 명확하게 들려준다. 앞 본문과의 연계는 다음 세 가지에서 드러난다.

첫째, 구원 선포에 대한 수신자의 반응이다. 이사야-묵시록이 시온에서 펼쳐지는 하느님의 왕권(24,23)과 시온에서 벌어지는 구원의 모습(27,13 참조)은 선포하지만, 예언의 말씀을 들은 수신자의 반응은 알려주지 않는다. 그런데 28-35장은 하느님의 구원 선포에 대한 수신자의 반응을 알려준다. 28,1부터 시작되는 다섯 번의 불행 선언(28-31장)은 수신자가 하느님의 말씀에 반응하지 않고 하느님의 계획과는 다른 지향점을 갖고 행동하는 모습을 보여준다(28,14-15). 이처럼 24-27장이 하느님의 구원을 선포하였다면, 28-35장은 하느님의 선포에 대한 반응이라는 구조 속에서 예루살렘의 쇄신이라는 주제를 전개한다.

둘째, 이방 민족과 온 땅에 대한 하느님 심판의 지속이다. 28-35장에는 이방 민족으로 이집트와 아시리아가 등장한다. 이집트와 아시리아의 운명이 어떠할지에 대해서는 이미 민족들을 향한 신탁에서 예고하였다(아시리아: 14,24-27; 이집트: 19장). 더 나아가 하느님의 심판은 특정 민족만이 아니라 온 땅을 대상으로 삼고, 하늘의 군대와 땅의 임금들이 벌을 받고 하느님의 왕권 앞에 굴복하게 될 것이 예고되었다(24,13.17-22). 그러므로 28-35장에 등장하는 이집트와 아시리아는 하느님 심판의 대상이며 예루살렘 백성이 믿고 의지할 존재가 아니라는 사실을 명확하게 한다. 그러나 예루살렘의 지도자들은 하느님 말씀과 반대되는 길을 걸어간다(30,1-7; 31,1-3; 참조 28,14-15).

셋째, 13-27장은 이방 민족과 온 땅을 향한 하느님 심판 자체를 목적으로 삼지 않는다. 오히려 하느님 심판 이후에 그들이 하느님께 돌아오고 주님께 예배를 드린다면, 그들도 시온에서 열리는 하느님 잔치에 초대될 수 있음을 알려준다(25,6-10ㄱ). 이 과정에서 하느님의 심판은 이스라엘과 이방 민족이 아닌, 의인과 악인을 분리한다(27,7-11). 이 분리는 의인의 구원과 악인의 심판으로 이어지며, 28-35장은 이 주제를 임금이신 하느님을 모시는 시온의 백성이라는 주제로 발전시킨다.

불행 선언을 담고 있는 28-31장은 하느님과 예루살렘 백성의 현실 관계를 보여준다. 하느님의 왕권이 선포되고 시온산에서 모든 민족이 함께하는 잔치가 벌어지는 시온의 모습과 뚜렷한 대조를 이루면서 예루살렘의 실제 모습이 언급된다. 첫 다섯 번의 불행 선언(28-31장)이 이처럼 예루살렘의 실제 모습을 반영한다면, 마지막 여섯 번째 불행 선언(33,1-6)은 시온이 어떤 장소인지를 보증한다. 여섯 번째 불행 선언과 함께 파괴자를 향한 하느님 심판이 예고되고, 시온은 임금이신 하느님께서 통치하시는 도성(33,22)으로 안전한 거처이며(33,20), 죄를 용서받고 병든 이들이 없는 장소(33,24)로 선포된다. 반면에 그곳에 죄인들을 위한 자리도, 원수들을 위한 거처도 없음이 선포되며 임금이신 하느님을 모시는 거룩한 도성으로서 시온의 위용이 선포된다. 이처럼 28-35장은 앞선 1-27장의 주제를 이어가면서 문학적 단일성을 유지한다.

임금이신 하느님과 시온 공동체에 관한 이야기를 전해주는 28-35장의 구성은 다음과 같다.

28-31장　　　　다섯 개의 불행 선언
　28장　　　　첫 번째 불행 선언
　　28,1-6　　　술 취한 에프라임의 화관을 향한 불행 선언
　　28,7-13　　 예언자와 반대자들과의 논쟁
　　28,14-22　　주님의 판결
　　28,23-29　　농부의 비유

29,1-14		두 번째 불행 선언
	29,1-14	아리엘/시온을 향한 불행 선언
29,15-24		세 번째 불행 선언
	29,15-24	주님 앞에서 계획을 숨기는 이들을 향한 불행 선언
30장		네 번째 불행 선언
	30,1-7	반항하는 자식들을 향한 불행 선언
	30,8-17	순종하지 않는 백성
	30,18-26	구원의 시간
	30,27-33	아시리아를 향한 심판
31장		다섯 번째 불행 선언
	31,1-3	도움을 찾아 이집트로 가는 이들을 향한 불행 선언
	31,4-5	시온을 향한 하느님의 보호
	31,6-9	아시리아의 멸망
32장		**두 개의 말씀**
	32,1-8	정의의 나라에 대한 약속
	32,9-20	심판과 구원의 예고
33장		**여섯 번째 불행 선언**
	33,1-9	여섯 번째 불행 선언
	33,10-13	하느님 말씀
	33,14-24	입당 전례와 시온의 시편
34-35장		**심판과 구원**
34장		에돔의 황폐화
35장		시온에 펼쳐지는 구원

2. 다섯 번의 불행 선언(28-31장)

앞서 13-27장의 선포는 이스라엘뿐 아니라 이방 민족과 온 땅을 수신자로 삼았다. 28-31장은 1-12장처럼 에프라임과 예루살렘에 사는 백성, 특히 지도자 계급을 수신자로 삼는다. 다섯 번의 불행 선언은 예언의 수신자를 명확하게 밝히며, 본문의 구조를 나눈다.

1) 첫 번째 불행 선언(28장)

28장은 크게 네 부분으로 나눠 바라볼 수 있다: 술 취한 에프라임의 화관을 향한 불행 선언(28,1-6); 이사야 예언자와 반대자들-사제와 예언자-의 논쟁(28,7-13); 이들을 향한 주님의 판결(28,14-22); 농부의 비유(28,23-29). 다만 본문의 흐름에서 하느님의 지혜를 농부의 지혜에 비유하는 마지막 단락은 에프라임과 예루살렘을 향한 심판의 말씀을 전하는 앞선 세 단락과 분리된 모습을 보여준다.

1-6절 술 취한 에프라임의 화관을 향한 불행 선언

28장은 불행을 선언하며 "술 취한 에프라임의 거만한 화관!"을 예언의 수신자로 등장시키며 시작한다. 에프라임은 북 왕국 이스라엘을, 에프라임의 화관은 북 왕국의 수도 사마리아를 가리킨다. 거만함을 지닌 화관은 사마리아의 교만을 드러내며 이로 인해 하느님 심판의 대상으로 등장한다. 사마리아를 위협하고 침략하는 세력은 아시리아를 의미하지만, 침략을 지휘하는 분은 하느님이시다. 그 결과로 거만한 화관은 짓밟히고 사마리아의 아름다움은 시들어버린다. 거만하게 높은 곳에 자리잡았던 화관은 땅으로 내동댕이쳐지며 짓밟힌다. 높은 곳에서 낮은 곳으로 이동하는 화관의 움직임은 사마리아를 향한 심판의 역동성을 드러낸다.

단락의 마지막(28,5-6)에 남은 자들을 향한 말씀이 전달된다. 그들이 어느 도성의 출신(사마리아 혹은 예루살렘)인지 명확하지 않지만, 미래를 위한 희망의 표지 역할을 한다는 사실에는 변함이 없다(1,9; 6,13 참조). 하느님을 향한 신앙을 잃지 않으면서 하느님께 충실했던 이들로 등장하는 남은 자들을 위해 하느님께서 화려한 화관과 아름다운 꽃이 되어주신다. 이사야 예언서 전체에서 남은 자들은 새로운 예루살렘을 위한 거룩한 씨앗(6,13 참조)이며, 시온의 기초이고(28,16 참조), 하느님의 소중한 면류관이 된다(62,3).

7-13절 이사야 예언자와 반대자들 – 사제와 예언자 – 의 논쟁

이사야 예언자와 논쟁을 벌이는 이들은 사제이고 예언자이다. 그들은 술에 취해 휘청거리며 비틀거리고 그들의 식탁은 그들이 토한 오물로 더럽혀져 있다. 이렇게 술에 취한 사제와 예언자들은 에프라임의 주정꾼과 흡사하며(28,1.3), 그들의 이러한 모습은, 그들이 직무를 성실하게 수행하지 않고 있음을 묘사한다. 그들은 가르침을 베풀고 계시를 설명하는 이사야 예언자에게 불만을 품는다(28,9). 그러므로 그들은 이사야가 선포하는 말을 이해할 수 없는 말로 이해한다. "차우 라차우 차우 라차우 카우 라카우 카우 라카우 즈에르 삼 즈에르 삼"(28,10)에 대한 해석은 다음 세 가지로 볼 수 있다.[79] 첫째, 이것은 더듬거리는 말씨를 보여줘서 제대로 발음되지 않는 말로 이해한다. 둘째, 차우צ와 카우ק를 히브리어 알파벳 차데צ와 코프ק의 옛 형태로 보면서 어린아이에게 알파벳을 읽어주며 글자를 가르치는 모습을 보여주는 것으로 이해한다. 셋째, 히브리어 차우, 카우, 즈에르, 삼의 어휘를 그대로 직역하여 이해한다. "차우"는 '계명, 명령'을, "카우"는 '잣대, 척도, 규범'을, "즈에르"는 '조금'을, "삼"은 '거기에, 여기에'를 의미한다. 이를 종합해서 직역하면, "명령에 명령, 명령에 명령, 규칙에 규칙, 규칙에 규칙, 여기에 조금, 저기에 조금"으로 이해할 수 있다.

사제들과 예언자들은 이 말씀의 의미를 이해하지 못한다. 그들에게는 이사야의 이러한 말이 더듬거리는 말씨와 다른 나라 말로 들리기 때문이다. 이사야서 맥락에서 다른 나라 말은 아시리아의 말을 가리킨다(33,19; 36,11 참조).[80] 그러므로 하느님께서 내리시려는 재앙의 도구는 아시리아의 군사적 위협을 의미한다(10,5-6 참조). 하느님께서는 아시리아를 통한 위협에 앞서서 이미 '안식처'와 '쉼터'를 말씀하셨다. 하지만 그들은 주님의 말씀을 듣지 않았다. 하느님의 말씀을 듣지 않음은 그들 마음의 완고함을 보여주며(6,9-10 참조), 그것은 그들에게 다가오는 재앙의 원인이 된다. 그러므로 "차우 라차우 … 즈에르 삼"은 반복된다. 10절과 13절의 차이는, 앞이 이사야의 말이었고 뒤는 하느님의 말씀이라는 데 있다. 이로써 재앙이 구체적으로 예고된다.

14-22절 주님의 판결

이 단락부터 예루살렘의 지도자들이 예언의 수신자로 등장한다. 그들은 죽음, 저승과 계약을 맺었음을 자랑한다. 시대적 배경에서 그들이 맺은 계약은 아마도 아시리아의 위협에 대항하여 이집트와 맺은 계약을 의미한다(30,1-6; 31,1-3). 이집트와의 동맹은 유다에게 실질적인 도움을 주지 않았다. 이집트는 아시리아에 대항할 만한 힘을 지니지 못했으며, 그래서 아시리아가 예루살렘을 포위했을 때(기원전 701년)에도 아무런 도움을 주지 않았다. 그런즉 그들과 맺은 동맹과 조약은 위협을 받을 때 아무런 도움을 주지 못하는 무용지물이었다. 이사야 예언자는 그러한 동맹의 무용성을 강조하고, 동시에 동맹에 의지하는 행위는 하느님을 신뢰하지 않음을 의미하기에 동맹에 대해 강하게 반발한다.

예루살렘의 지도자들은 동맹에 의존하면서 자신들의 운명을 이방 민족에게 내맡기지만, 하느님께서는 시온에 품질이 입증된 돌을 기초로 놓으신다(28,16). 여기서 관건은 '믿음'이다. 이방 민족의 침입 앞에서 이사야는 '믿음'이라는 기초를 이미 제시하였다(7,9). 하느님께서는 다시 한 번 믿음이 시온의 기초가 될 수 있도록 주춧돌을 놓으신다. 이에 공정과 정의는 하느님 통치의 척도가 되고, 하느님을 믿지 않은 이들을 향한 심판이 예고된다. 예루살렘을 심판하기 위해 하느님께서 직접 프라침산에서 일어서시고 기브온 골짜기에서 격노하실 것이 예고된다(28,21). 이제 이방 민족의 도움은 사라지고 하느님의 심판이 나타난다. 프라침산은 '바알 프라침'이라는 이름으로 구약성경에 등장하며(2사무 5,17-25; 1역대 14,8-10) 그곳에서 하느님께서는 다윗의 손에 필리스티아인들을 넘겨주셨다. 기브온은 여호수아가 아모리족과 싸울 때, 하느님께서 그곳에 큰 우박을 내려 많은 아모리인을 죽게 하셨으며(여호 10,9-14), 다윗이 하느님 명령에 따라 필리스티아 군대를 쳤던 장소이기도 하다(1역대 14,16). 이처럼 프라침산과 기브온은 이스라엘을 위해 하느님께서 이방 민족과 싸워주셨던 장소이다. 그러나 이사야서는, 전통적으로 이스라엘 백성을 구원으로 이끌어 준 장소로 인정된 곳을 하느님 심판이 시작되는 장소로 변모시킨다.[81]

23-29절 농부의 비유

이 단락은 앞선 불행 선언의 기조 아래 전개되던 재앙에 관한 하느님의 말씀과는 조금 어울리지 않는 본문이다. 여기서는 농부가 지혜롭게 종류별로 씨를 뿌리고 타작하는 모습을 통해 하느님의 지혜를 드러낸다. 농부가 창조 질서에 순응하며 농사를 짓듯이, 비록 하느님의 일이 기이하게 보이더라도 모든 것이 하느님의 계획 안에서 진행된다는 일종의 우화를 들려준다.

2) 두 번째 불행 선언 – 아리엘을 향한 불행 선언(29,1-14)

첫 번째 불행 선언이 사제, 예언자와 지도자(28,7.14)를 향했다면, 여기서는 예언자(29,10)와 백성과 현인(29,13-14)이 수신자로 등장한다. 앞선 불행 선언과 연속성을 보이는 가운데 두 번째 불행 선언이 선포된다.

1-8절 아리엘을 향한 심판과 구원

불행 선언의 수신자로 아리엘이 언급된다. 아리엘은 본문에서 예루살렘을 의미하지만, 그 의미는 다양하게 설명된다. 아리엘אריאל은 구약성경에서 여덟 번 언급되며, 사람의 이름(에즈 8,16)과 제단의 화덕(에제 43,15.16)을 의미한다. 이사야서에서 아리엘은 다섯 번 사용되는데, '예루살렘'[29,1(2번).2.7]과 '제단의 화덕'(29,2)의 의미로 사용된다.[82] 불행 선언은 예루살렘을 다양한 관점에서 접근한다. 우선, 예루살렘이라고 직접 언급하는 대신 아리엘이라는 이름을 사용하였다는 것은, 아리엘이 의미하는 '제단의 화덕'과 관련하여 제의가 진행되는 경신례 중심지를 의미한다고 볼 수 있다. 이는 매년 거듭되는 축제를 언급한 데에서도 드러난다. 둘째로, "예루살렘은 나에게 아리엘처럼 되리라"(2ㄴ절)라는 말씀이 의미하는 것처럼, 아리엘은 모든 것을 태우겠다는 하느님 심판의 의미도 담고 있다. 셋째로, 아리엘은 다윗이 진을 친 도성으로 표현된다. 이것은 다윗이 여부스족의 도성 예루살렘을 점령하고 자리를 잡은 사건을 의미한다(2사무 5,6-12). 따라서 아리엘은 군사력을 바탕으로 예루살렘을 지키려는 예루살렘 지도자들의 사고를 반영한다.[83]

예루살렘은 하느님 심판의 대상이 된다. 예루살렘의 함락이 하느님의 계획으로 선포된다. 예루살렘이 아리엘(제단 화덕)처럼 되고(29,2ㄴ), 성전 함락이 묘사(29,3-4)되는 것은, 이 장면이 바빌론에게 함락되는 과정을 보여주는 것으로 판단된다(예레 52장 참조. 예레미야서는 마지막 부분에서 예루살렘이 불에 타고 함락되는 장면을 묘사한다). 하지만 예언서는 누구에 의한 공격인지 언급하지 않는다. 중요한 것은 예루살렘이 공격받고 있다는 사실이기 때문이다. 이러한 심판의 말씀과 동시에 예루살렘을 향한 구원의 말씀도 선포되는데(29,5-8절), 구원은 시온산을 공격하기 위해 나온 모든 민족의 무리에게 하느님의 심판이 내림으로써 이뤄진다.

9-14절 백성의 어리석음

하느님께서는 예루살렘 예언자들의 눈을 멀게 하신다(29,9-10). 이 부분은 이사야 예언자가 하느님께 받은 '보지 못하게 하라'는 사명의 성취로 이해된다(6,9-10). 이어서 봉인된 문서의 말씀에 관한 이야기가 전개된다. 이사야 예언자는 자신의 증언과 가르침을 제자들 앞에서 봉인하였다(8,16). 그가 자신의 증언을 봉인한 것은, 사람들이 그것을 눈으로 보고 귀로 들어도 보지 못하고 듣지 못해 자신의 사명이 성취되고 있음을 이미 체험하였기 때문이다. 봉인에 대하여 다시 언급하는 29,11은 이사야에게 부여된 사명이 계속 성취되는 중이라는 사실을 보여준다. 봉인은 볼 수 없어서 읽지 못하는 것이 아니라, 읽을 가능성이 아예 차단되었음을 의미한다.

이어서 경신례와 관련된 부분이 비판을 받는다(29,13-14). 백성의 잘못은 입과 입술로만 하느님을 공경하였을 뿐, 마음은 하느님에게서 멀리 떠나 있다는 것이다. 입과 입술을 통한 공경은 형식적 경신례를 의미하며, 이것은 이사야 예언서의 시작 부분에서 심판의 이유로 제기된 문제이다(1,10-20). 그러므로 마음이 함께하지 않는 형식적 경신례는 하느님 심판의 대상이 됨을 알려준다(29,13). 그럼에도 하느님께서는 백성을 향하여 놀라운 일을 계획하신다(29,14). 이를 통해 하느님의 계획과 인간의 계획이 대조를 이루고, 현인들의 지혜와 슬기도 하느님의 지혜 앞에서는 쓸모가 없어 사라질 것이라고 예고된다.

3) 세 번째 불행 선언 –
주님 앞에서 계획을 숨기는 이들을 향한 불행 선언(29,15-24)

예루살렘 지도자들을 향한 세 번째 불행 선언이 이어진다. 현인의 지혜와 슬기가 사라질 것이라는 앞 단락의 예고(29,14)가 여기 와서 구체화한다. 세 번째 불행 선언 단락은 예루살렘 지도자들에게 불행을 선언하는 동시에 고발이 이뤄지고(29,15-16), 이어서 재앙이 구원으로 전환되는 장면이 묘사된다(29,17-21). 단락은 하느님 말씀으로 마무리된다(29,22-24). 불행 선언은 '거꾸로 행동하는 이들'(29,16)을 향하고 이들에 대한 고발이 중심을 이룬다. 아울러 그들에게 대항하여, 하느님의 행위를 통해 모든 것이 변화될 수 있다는 희망을 담은 구원의 메시지가 선포된다.

15-16절 불행 선언을 통해 고발되는 예루살렘 지도자들

불행 선언이 제시하는 고발의 이유는, 예루살렘 지도자들이 그들의 계획을 하느님 앞에서 숨긴다는 사실이다. 여기서 그들의 계획이란 아시리아의 위협에 맞서기 위해 이집트와 동맹을 맺어 군사적 협조를 받으려는 움직임이다(기원전 705-701년: 30,1-7; 31,1-3).[84] 이사야 예언서는 하느님과 인간의 계획을 대립시키고 인간의 계획을 비판한다(8,10; 11,2; 14,26; 16,3; 19,3.11.19; 28,29; 36,5). 왜냐하면, 인간의 계획은 자신에게 이로운지 아닌지에 따라 마음대로 권리를 행사할 수 있는 것으로 여기기 때문이다. 그러므로 하느님과 인간 계획의 대립은 이스라엘 백성의 믿음과 관련된 것이다.

17-22절 재앙에서 구원으로의 전환

구원을 향한 전환은 자연의 변화로부터 시작된다. 레바논은 풍요를 상징하는 과수원이 되고, 과수원은 다시 숲이 되면서 자연의 변화는 점점 확장된다. 이어서 중요한 변화가 시작된다. 귀먹고 눈먼 이들이 듣고 보게 되며, 겸손하고 가난한 이들이 기뻐하고 이스라엘의 거룩하신 분 안에서 즐거워하게 된다는 커다란 변화가 선포된다. 앞서 눈이 덮이고 문서가 봉인되어 읽지 못하는 예언자들(29,10-12)은 겸손하고 가난한 이와 분명한 대조를 이루며, 대전환은 절정에 이른다. 다시 듣고 보게 되는 이들, 겸손하고 가난한 이들과 반대로 포악한 자, 빈정대는 자, 죄의 기회를 엿보는 이들은 없어지고, 사라지고, 잘려 나간다. 이로써 의인과 악인의 분리가 이뤄진다. 29,18-22이 보여주는 신앙인과 불신자들의 분리는 28-33장에서 선포되는 불행 선언의 목적이기도 하다. 이를 통해 불행 선언은 그들의 운명이 어떻게 다르게 전개되는지를 제시한다. 이 주제는 제7편(56-66장)에서 더욱 심화된다.

23-24절 야곱 집안을 향한 구원의 약속

여기서는 야곱 집안이 중심에 서 있다. 하느님은 아브라함을 구원하신 분으로 소개되고, 이제 하느님의 구원이 야곱 집안을 향한다. 앞선 단락에서 구원된 겸손하고 가난한 이들은 야곱 집안과 동일시된다. 그러므로 야곱 집안에 속할 수 있는 사람은 한정된다. 이사야서의 흐름과 함께 살펴보면, 그들은 '남은 자'(1,9; 6,13; 28,5 참조)이다. 이제 그들은 하느님의 이름을 거룩하게 하고 하느님을 두려워하게 된다. 하느님께서 거룩하신 분이심을 알고 인정할 때에야 하느님의 이름을 거룩하게 할 수 있다. 이사야서는 시작하면서 "이스라엘의 거룩하신 분"[85]을 알아보지 못하는 이스라엘 백성을 고발하였다(1,3-4). 이제 큰 변화와 함께 이스라엘의 남은 자들이 이루는 야곱 집안은 하느님을 옳게 인식하게 되고, 이를 통해 하느님의 이름을 거룩하게 할 것이다. 마지막으로, 사라졌던 지혜(29,14)가 다시 나타나게 된다(29,24).

4) 네 번째 불행 선언 - 반항하는 자녀들을 향한 불행 선언(30,1-33)

네 번째 불행 선언과 함께 시작되는 30장은 본문의 형태와 주제에 따라 네 부분으로 구성된다. 네 단락의 내용은 다음과 같다: 이집트에 도움을 청하러 내려가는 자들을 향한 불행 선언(30,1-7); 주님의 길과 원수로부터 도망치는 길(30,8-17); 하느님으로부터 은총을 받은 시온의 백성(30,18-26); 주님의 산을 향하는 주님과 아시리아의 멸망을 기뻐하는 백성(30,27-33).

1-7절 이집트에 도움을 청하러 내려가는 자들을 향한 불행 선언

불행 선언의 수신자로 "반항하는 자식들"(30,1)이 언급된다. 그들은 하느님의 계획을 따르지 않고 자신들이 세운 계획을 따른다. 하느님께 문의하지도 않고 이집트와 동맹을 맺어 하느님이 아닌 이집트의 도움을 보호막으로 삼으려 한다(30,1-2). 그 결과 그들은 보호가 아닌 수치를 받게 된다. 이로써 이집트의 도움은 헛되다는 진실이 밝혀지고, 동시에 동맹을 맺는 것은 하느님 앞에서 죄라는 사실이 알려진다. 동맹은 하느님이 아닌 이방 민족을 피신처로 삼고자 하는 인간적 사고이며 그에 따른 합리적 결과이다. 이사야는 하느님을 향한 믿음을 강조하였고(7,9), 이에 반대되는 모든 움직임을 죄로 바라본다. 그러므로 레비아탄과 같은 바다 괴물(27,1)로 여겨지는 라합은 움직이지 못하는 존재로 언급되며, 이집트와 맺은 동맹이 허상으로 드러난다(30,7).

8-17절 주님의 길과 원수로부터 도망치는 길

이사야는 이미 자신에게 주어진 말씀을 봉인한 바 있었다(8,16-18 참조). 봉인한 이유는 예언자가 선포한 말씀이 사람들에게 수용되지도, 그들을 변화시키지도 않았기 때문이다. 오히려 사람들은 선포된 말씀을 거짓으로 간주하였다. 그러므로 예언자는 자신의 선포가 참다는 사실을 입증하기 위해 말씀을 봉인하고 증거로 남겨두었다(8,16; 29,11). 이제 하느님께서 예언자에게 말씀을 서판과 책에 기록하여 봉인하라고 명령하신다(30,8). 그 기록은 하느님의 말씀을 받아들이지 않은 이들을 고발하는 근거로 사용될 것이다. 그들은 주님의 가르침을 들으려 하지 않았고 올바른 것을 듣기보다 솔깃한 말을 원했으며 주님의 길을 따르지 않았다. 그들은 노골적으로 "이스라엘의 거룩하신 분에 대한 말"을 거부하였다(30,9-11). 그 결과 하느님께서는 말씀을 배척한 이들에게 심판을 예고하시고(30,12-14), 원수들로부터 도망치는 백성의 모습을 고발하신다. 하느님의 길이 아닌 자신들의 길을 따른 이들은 심판을 받아 오히려 도망치는 길을 걷게 될 것이다(30,15-17).

18-26절 하느님으로부터 은총을 받은 시온의 백성

이 단락의 수신자는 앞서 심판을 받은 이들과 반대의 태도를 지닌 이들이다. 그들은 이미 선포된 재앙을 체험하였지만, 시온에 새로이 거주하는 백성이다. 이들을 대하시는 하느님의 태도는 앞 단락과 분명하게 대조된다. 하느님께서는 이 백성을 가엾이 여기시며 자비를 베푸시어(30,18-19), 이들에게 곤경의 빵과 고난의 물을 제공하신다(30,19). 이는 이스라엘이 이집트를 탈출할 때 겪은 광야 여정을 연상시키며(탈출 16-17장 참조), 하느님께서 이 백성과 동반하고 계심을 알려준다. 그렇게 하느님과 함께하는 여정은 하느님의 길이며, 그 결과 이 백성은 우상을 내던질 수 있게 된다(30,20-22). 하느님께서는 이제 열매 가득한 땅에서 이 백성을 살아갈 수 있게 해주신다. 그들이 인간의 계획을 따르지 않고, 하느님의 계획을 따랐으며 하느님을 신뢰하였기 때문이다(30,23-24).

이어서 대살육이 예고된다. 이 말씀은 구원의 관점에서 전개된다. 이 단락(30,25-26)이 묘사하는 '대살육'과 '탑의 무너짐'은 초기 묵시문학적 요소를 나타내며 현재가 아닌 다가올 일을 예고한다.[86] 높은 산과 솟아오른 언덕은 이사야서에서 양면적 의미를 지닌다. 이것을 교만의 관점으로 바라보면 하느님 심판의 대상이 되고(2,10-22; 10,32; 30,17; 41,15; 42,15; 65,7), 하느님께서 머무시는 곳이라는 관점으로 바라보면 구원의 장소가 된다(2,2; 31,4; 40,4.12; 54,10; 55,2). 그러므로 대살육의 때가 하느님을 믿지 않는 이들에게는 심판과 응징의 때로 다가오지만, 하느님을 믿는 시온의 백성에게는 구원의 때가 된다(30,25-26).

27-33절 아시리아를 향한 하느님의 심판

30,27-29은 주님의 행위와 청자의 행위를 대칭의 구조로 전개한다. 주님의 입술이 분노로 가득하고, 혀는 집어삼키는 불과 같으며, 입김은 격류에 비교되며 민족들을 뒤흔드신다(30,27-28). 말씀을 듣는 이는 노래를

부르고, 기뻐하며 주님의 산을 목적지로 삼는다(30,29). 이어서 민족들을 흔드시고자 하는 주님의 행위가 구체적으로 예고된다. 그분의 우렁찬 소리와 팔은 아시리아에 대한 심판을 예고한다(30,30-31). 아시리아는 하느님의 심판 앞에서 놀라 자지러지지만, 주님의 승리는 손북과 수금이 울리는 가운데 기쁨 속에서 경축된다. 아시리아는 주님 진노의 막대였지만(10,5), 이제 하느님께서는 그들에게 형벌의 막대를 내리치실 것이다. 그들의 오만과 교만 때문에(10,12), 이제 아시리아는 하느님의 심판을 피할 수 없게 된다(30,30-33).

5) 다섯 번째 불행 선언 – 도움을 찾아 이집트로 가는 이들을 향한 불행 선언(31,1-9)

31장은 직전의 30장이 선포하는 하느님과 이집트의 대립이라는 주제를 반복하고 심화한다. 다섯 번째 불행 선언의 대상은 도움을 청하기 위해 이집트로 가는 이들이다. 이집트 동맹의 주제가 30장과 연관되어 지속된다. 이 이야기의 배경으로 예루살렘을 포위한 아시리아의 위협(36-37장)이라는 역사적 사건(기원전 705-701년)을 들 수 있다. 아시리아의 위협을 받은 히즈키야 임금이 이집트의 군사적 도움에 의지했기 때문이다(36,6.9 참조).[87] 이집트와의 동맹을 경고하는 31장은 주제와 문체에 따라 다음과 같이 구성된다: 불행 선언(31,1-3); 예언자에게 전하시는 하느님 말씀(31,4-5); 회개를 촉구하는 구원의 약속(31,6-7).

1-3절 불행 선언

불행 선언은 이집트를 믿고 의지하는 예루살렘 지도자들을 겨냥한다. 그들이 이집트를 믿는다는 것은 이집트의 군사력, 곧 군마와 병거를 믿고 의지한다는 뜻이기 때문이다. 이를 달리 말하면 '이스라엘의 거룩하신 분'을 바라보지 않는 예루살렘의 지도자를 책망하는 것이다(31,1). 그러므로 이집트와 동맹을 맺는 행위는 주님의 뜻을 거슬러서 죄악을 저지르는 것이 된다(31,2). 이어서 왜 그런지 이유가 제시된다. 이집트인들은 인간일 뿐 하느님이 아니며, 그들의 군마는 고깃덩어리이지 영이 아니기 때문이다. 그러므로 주님께서 손을 뻗치시면, 이는 곧 하느님 심판을 상징하는데, 돕는 자인 이집트와 도움을 받는 자 이스라엘 백성 모두 망하고 말 것이다(31,3). 하느님과 그분의 행위는, 이집트인들과 고깃덩어리일 뿐인 군마와 강한 대조를 이루면서 이집트와의 동맹이 얼마나 헛된 것인지를 알려준다.

4-5절 예언자에게 전하는 하느님 말씀

하느님의 말씀은 '사자'와 '새'의 비유로 시온을 보호하고자 하시는 주님의 의지를 드러낸다. '사자'는 근접할 수 없는 지배력과 제어할 수 없는 강함을 지니기에 고대 근동에서 임금을 상징하는 동물로 자주 묘사되었다. 그러므로 하느님께서 강력한 임금으로(6,5; 24,23 참조) 시온을 보호하실 것이다(31,4). 또 다른 비유에 나오는 '새'는 둥지 위를 맴돌며 새끼를 돌보는 새처럼 시온을 지켜주겠다는 하느님의 의지를 표현하며, 보호라는 주제를 한층 심화한다(31,5).[88] 그렇다면 이 비유들을 통해 하느님께서는 누구로부터 시온을 보호하려 하시는가? 여기서는 시온을 위협하는 이방 민족의 군대로부터의 보호가 아니라, 하느님이 아닌 이집트의 군마를 믿고 의지하는 예루살렘 지도자들로부터의 보호이다.

6-9절 회개를 촉구하는 구원의 약속

하느님께서는 이스라엘 자손들을 향하여 당신께 돌아오라고 강하게 요구하신다. 이어서 우상숭배를 근절하기만 한다면, 아시리아가 멸망할 것이라고 예고된다(31,6-8). 아시리아는 "인간의 것이 아닌 칼"(31,7)에 맞아 쓰러질 것이다. 이 표현은 아시리아가 다른 이방 민족에 의해서가 아니라 세상의 참된 임금이신 하느님에 의해 멸망한다는 것을 의미한다. 그러므로 아시리아의 멸망은, 이스라엘 백성이 우상숭배를 폐기할 때 그들에게 주어지는 하느님의 선물이다.

30-31장은 이집트와의 동맹에 대한 비판을 강조하기 위해 비슷한 표현을 반복한다.

주제	30장	31장
이집트 군사 동맹을 찾는 행위	1-7절	1-3절
주님께 문의하지 않음	1-2.11절	1ㄴ절
회개의 요구와 그들의 거부	15절	6절
아시리아 멸망 예고	31-33절	8-9절
이스라엘의 반항	1.9절	6절
군마에 의지	16-17절	1.3절
우상 폐기	22절	7절
주님의 화덕	33절	9절

이처럼 두 개의 장은 이집트와 동맹을 맺지 말고 이스라엘의 거룩하신 분이신 하느님을 믿어 의지할 것을 똑같이 강조한다. 하느님을 향한 온

전한 믿음이 시온에 구원을 가져올 것이고 시온을 보호할 것이기 때문이다. 다만 이 주제를 강조하기 위해 하느님과 이집트인의 차이를 묘사하는 방식이 다르다. 즉, 30장이 '행위'라는 측면에서 전개하였다면(30,3-7), 31장은 하느님과 인간, 영과 고깃덩어리(31,3)라는 본질적 차이를 드러낸다. 연속적으로 배열된 두 번의 '불행 선언'(30,1-6; 31,1-9)은 시온을 보호하시려는 하느님의 의지를 전달한다. 시온은 군사적 압박을 통한 외부적 위협과 하느님을 믿지 않고 인간의 계획에 의지하는 내부적 위협, 곧 신앙의 위협을 함께 받고 있기 때문이다. 그러므로 하느님께서는 이 모든 위협으로부터 시온을 보호하고자 하신다.

3. 두 개의 부록 본문: 다섯 번에 걸친 불행 선언의 에필로그(32장)

예루살렘의 통치자들을 향한 다섯 번의 불행 선언(28-31장)과 이방 민족 통치자를 향한 여섯 번째 불행 선언(33장) 사이에, 32장이 위치한다. 여기서 관건은 하느님을 신뢰하지 않고, 자신들의 계획을 추구하는 예루살렘 통치자의 모습과 대비되는 이상적인 통치자들의 등장을 예고하고(32,1-8), 태평스러운 여인들을 향한 애도(32,9-14)와 함께 희망적인 구원(32,15-20)을 선포한다는 점이다. 구조적으로 선행하는 다섯 개의 불행 선언은 32장에서 마무리되고 시온에 다가온 구원의 모습이 예고된다.

이를 위해 32장은 독립적인 단락 두 개를 나란히 배치한다. 이상적인 통치자와 그의 다스림에서 시작되는 전환이 예고되고(32,1-8), 태평스러운 여인들에게 하느님의 말씀을 듣고 실현된 심판에 대하여 애도하라고 호소하는 동시에 구원의 그림이 제공된다(32,9-20).

1) 정의와 공정을 바탕으로 한 이상적인 통치자의 등장(32,1-8)

28-31장에서 불행 선언의 수신자로 지목된 이들은 현실적인 예루살렘의 지도자들이다. 예루살렘 지도자들의 악행으로 시온은 위협을 받게 되었고, 시온을 보호하고자 하시는 하느님의 계획이 선포되었다. 이제 그 구원의 선포가 구체적인 그림을 보여준다. 이 부분은 문학적 장르와 주제에 따라 두 단락으로 구성된다. 첫 단락은 미래를 예고하는 형식으로 의로운 임금과 제후를 통한 이상적인 통치에 대하여 들려준다(32,1-5). 두 번째 단락은 지혜문학적 분위기 안에서 인간의 행위를 고찰하고 그의 악한 행위를 묘사한다(32,6-8).

1-5절 의로운 임금과 제후의 통치

이 단락은 의로운 임금과 제후의 통치를 선포하면서 시작된다(32,1). 이들의 등장은, 지금까지 불행 선언에서 심판의 대상이 된 예루살렘 지도자와 대비를 이룬다. 예루살렘 지도자들은 인간적 계획과 계산으로 백성을 다스렸지만, 의로운 임금과 제후는 공정과 정의를 바탕으로 통치한다. 공정과 정의의 조합은 이사야 예언서에서 매우 중요한 주제를 구성한다. 시온이 심판을 받은 이유는, 시온에 공정과 정의가 사라졌기 때문이다(1,21). 따라서 공정과 정의가 바탕을 이루어야만 시온과 시온의 백성은 재건될 수 있다(1,27). 아울러 이사야서가 제시하는 이상적 통치자 메시아는 공정과 정의를 통치의 기초로 삼는다(9,6; 11,4). 그러므로 여기에 등장하는 통치자가 공정과 정의를 바탕으로 다스린다는 것은 그가 메시아적 인물임을 알려준다.

의로운 통치자의 다스림을 통해 공정과 정의가 회복되면서 상황은 변화된다. 변화된 상황은 '봄', '들음', '깨달음', '말함'에서 드러난다. 보고 들음은 이사야 예언자가 사명을 받을 때부터 이사야서의 주요 주제로 나타난다(6,9-10; 심판의 의미에서: 29,9-10; 30,10-11 참조). 하느님께서는 이스라엘 백성에게 그들이 보고 듣고 마음으로 깨우쳐서 당신께 돌아올 것이라고 기대하지 않으셨다. 하느님의 그러한 모습은 이사야에게서도 볼 수 있었다. 이사야 역시 이러한 맥락에서 자신의 전하는 가르침을 봉인하여 증거로 남겼다(8,16-18; 29,11; 30,8 참조). 그렇게 보고 들어서 깨우치지 못하던 백성이 하느님 심판을 통해 회개라는 전환점을 맞이하면서, 대전환이 선포된다. 그리하여 눈은 보고, 귀는 듣고, 마음은 깨닫고, 혀는 말을 할 수 있는 상황으로 바뀌게 된다. 말 그대로 정상적인 세상이 펼쳐진 것이다(32,5).

6-8절 악한 행동에 대한 묘사

여기서는 악한 이들의 행동에 대한 심판과 구원의 예고가 함께 선포된다. 악한 이들은 두 부류 곧 어리석은 이들과 간교한 자들로 나뉘어 언급된다. 지혜로운 자들의 눈에 어리석은 자는 어리석을 뿐이며, 간교한 자는 존귀한 이로 보이지 않는다(32,5). 어리석은 자는 어리석은 것을 말하고, 간교한 자는 술책을 꾸밀 뿐이다(32,6-7). 여기에 등장하는 어리석은 자와 간교한 자를, 앞에 나온 불행 선언의 수신자인 예루살렘의 지도자들과 연관하여 살펴보면(28-31장), 그들은 하느님을 믿지도, 의지하지도 않는 이들이다. 오히려 이집트의 군사를 믿고 그들의 보호를 청하는 어리석은 사람들이다. 하느님의 계획을 따르지 않고, 인간적인 간교한 술책을 꾸밀 뿐이다. 그러므로 의로운 통치자가 그들을 대신하게 될 것이라는 희망의 말씀이 예고된다. 여기에서 의로운 임금과 통치자는 어리석고 간교한 자들과 대비되면서 고귀한 이로 드러난다(32,8).

2) 심판과 구원의 예고(32,9-20)

두 번째 말씀은 두 부분으로 구성된다. 우선 걱정 없이 사는 여인들에게 다가올 재앙에 대하여 슬퍼하고 애통해하라는 요구가 선포되고(32,9-14), 이와 반대되는 모습으로 구원이 예고된다(32,15-20). "한 해가 조금 지나면 너희는 무서워 떨게 되리니…"(32,10)라는 말씀은 예루살렘이 외부의 침략을 앞둔 상황을 설정한다. 본문이 구체적인 역사적 정황을 제시하지 않는 점을 고려하면, 그 침략의 배경으로 기원전 701년의 산헤립의 공격과 기원전 587년 네부카드네자르의 공격을 꼽을 수 있다.

9-14절 걱정 없는 여인들을 향한 호소

하느님의 말씀이 여인들을 향한다. 그들은 걱정 없고 태평스러운 모습이다. 하느님께서는 그녀들이 듣고(32,9), 가슴을 치며 탄식할 것을(32,11-13) 호소하신다. 하느님의 호소와 함께 황폐해지는 장면이 묘사된다(32,10). 여인의 태평스러운 모습은 이미 3,16-4,1에서 심판의 이유로 언급되었다. 그러나 여기서는 여인의 의미를 두 가지로 생각해볼 수 있다. 첫째, 재앙의 원인이 여인에게 있지 않다. 28-31장에서 전개되는 불행 선언은 분명하게 예루살렘 지도자들을 향하고 있다. 이 본문을 그들의 악행에 따른 결과로 바라본다면, 32,9-20은 불행 선언의 예고(28-31장)를 현실화하고 마무리하는 에필로그로 이해된다.[89] 그 맥락에서 여인들을 향한 호소는 그들 때문에 재앙을 겪는다는 비난이 아니라, 위협을 모르고 살아가는 여인들에게 갑작스럽게 닥칠 재앙이 얼마나 끔찍한지 강조할 뿐이다.[90] 둘째, 여인들의 모습에서 은유적으로 표현된 예루살렘의 모습을 볼 수 있다. 여유 있고 한가로운 여인들의 모습은 하느님의 계획을 알려고 하지 않고 자기 식으로 살아가는 백성의 모습이기 때문이다. 이로 인해 예루살렘은 황량해지고 짐승의 소굴로 변할 것이다(32,14).

15-20절 구원의 예고

구원의 예고는 황폐화가 마무리되는 시점을 언급한다. 그때는 "우리 위에 높은 곳에서 영이 내려올 때까지"(32,15)이다.[91] 곧, 하늘에서 영이 내려올 때, 황폐화의 시간이 마무리되고 구원이 새롭게 시작될 것임을 알려준다. 불행 선언에서 언급된 영은 백성 사이를 어둡게 만드는 것으로(29,10.24), 세상에서 벌어지는 일(30,1.28)과 관계된 것이었다. 그러나 여기서 내려오는 영은 그와 완전히 상반된 영이다. 새로운 영이 부여되면서

28-31장의 죄와 악행은 마무리되고 새로운 시작이 열린다. 시온은 공정과 정의가 가득한 곳으로 변화되고, 공정과 정의는 평화, 평온과 신뢰를 열매로 맺는다(32,15ㄴ-17). 그리하여 하느님 백성은 평화롭고 안전한 안식처에 살게 된다(32,18). 앞에서 걱정 없는 여인들이 맞이하게 될 운명(32,9-14)과 하느님께서 "나의 백성"(32,18)이라고 표현하시는 이들의 운명이 극명하게 갈린다. 이러한 구원의 그림이 제시된 마지막에 '행복 선언'이 나온다(32,20). 이로써 예루살렘 지도자들을 향한 다섯 번의 '불행 선언'은 시온의 의로운 이들을 위한 행복 선언으로 마무리된다.

4. 여섯 번째 불행 선언(33장)

33장은 세 부분으로 나뉜다. 여섯 번째 불행 선언이 파괴자를 향해 선포된다(33,1-9). 이어서 심판이 담긴 하느님 말씀이 선포되고(33,10-13), 시온에서 펼쳐지는 하느님의 왕권과 시온의 백성 이야기를 들려준다(33,14-24). 여기에는 역사적 배경을 특정할 수 있는 요소가 등장하지 않는다. 다만 본문에 담긴 주제와 어휘들이 1-39장을 종합하고 40-55장 및 56-66장과 연결점을 갖는다는 사실로 볼 때, 33장은 이사야서의 형성 과정에서 1-32장과 34-35장보다 후대에 편집된 본문으로 간주된다.

1-9절 불행 선언

여섯 번째 불행 선언은 수신자를 "자기는 파괴되지 않았으면서 파괴만 하는 너!"(33,1)로 명시한다. 하지만 그의 이름이 언급되지 않기 때문에 수신자는 익명의 파괴자이다. 이사야서의 역사적 배경에서 익명의 파괴자는 아시리아와 바빌론을 생각할 수 있다. 그들이 이사야서 전체에서 가장 부정적인 민족으로 등장하기 때문이다.[92] 중요한 사실은 이사야가 '파괴자'에게 특정한 이름을 부여하지 않았다는 사실이다. 그러므로 아시리아나 바빌론도 해당될 수 있지만, 시대와 장소 구별 없이 온갖 유형의 파괴적 통치자들이 불행 선언의 수신자가 된다.

파괴자를 향한 불행 선언에 이어서 예언자는 공동체와 함께 구원을 비는 청원기도를 올린다(33,2-3). 예언자는 공동체와 함께 기도한다. 그는 시온에서 시온의 백성과 함께 하느님께 구원을 청하는 기도를 올리고 파괴자의 멸망을 예고한다(33,4). 그들의 멸망과 대조되는 모습으로 하느님의 업적은 시온을 변화시켰다(1,21.26 참조). 그래서 예언자와 시온의 백성 공동체는 하느님을 찬양한다. 하느님께서는 공정과 정의로 시온을 채우셨고(33,5), 지혜와 지식은 풍부한 구원이 되며 주님을 경외함은 시온의 보화가 될 것이라고 예고된다(33,6). 예언자는 시선을 다시 현재의 예루살렘으로 되돌린다.[93] 현재 그들의 모습은 구원의 그림과 대조된다. 아리엘로 언급되면서 예루살렘이 받는 위협이 묘사되고(29,1 참조), 아리엘만이 아닌 온 땅이 황폐화될 것이라고 예고된다(33,7-9).

10-13절 땅의 황폐화에 대한 하느님의 말씀

앞선 단락에서 묘사된 위협적인 상황은 하느님의 개입으로 이어진다 (33,10-12). 하느님께서 위협에 맞서 일어서시고, 몸을 일으키시고, 일어나신다(33,10). 하느님의 일어서시는 행위와 함께 "이제"(33,10)라는 시점이 세 번 반복된다. 이렇게 강조된 "이제"는 하느님의 적극적이고 직접적인 개입을 예고한다. 이러한 하느님의 역동성은, 땅이 처한 어려운 상황에 대해 예언자가 내뱉은 탄식에 대한 응답으로 보인다. 하느님의 행위는 수신자가 직접 언급되는 가운데 전개된다. 파괴자(33,1)로 보이는 "너희"(33,11)와 도망치고 흩어졌던(33,3) "민족들"(33,12)이 하느님의 심판을 받게 된다. 이를 통해 하느님의 업적이 멀리 있는 자들과 가까이 있는 자들로 지칭되는 모든 민족을 향해 퍼져 나간다(33,13). 그리하여 모든 민족이 하느님의 행위를 인식하게 된다.

14-24절 입당 전례와 시온의 시편

14-24절은 두 개의 서로 다른 문학적 장르를 결합했다. 첫 번째 단락은 33,14-16로, 성전을 향한 순례의 맥락에서 이해된다. 물음과 대답을 제시하면서(33,14-15), 방문자가 성전으로 들어가기에 합당한 윤리적 상황에 있는지를 묻고 답한다. 시온의 백성이 될 수 있는 자격은 성전에 들어갈 수 있을 만큼, 윤리적으로 살아가는 이들에게 허락된 것이다. 합당한 자격을 갖춘 시온의 백성은 하느님과 함께 높은 곳에서 살게 되며 구원에 이를 수 있게 된다. 그곳은 안전한 피신처이면서 동시에 식량이 떨어지지 않는 구원의 장소이다(33,16). 이사야서는 이곳에 아무나 머물 수 없음을 강조한다. 이사야 예언자는 윤리적 삶이 바로 생명에 이르는 길임을 강조한다. 이 입장은 제3부에서 신앙인과 악인을 구별하는 기준이 된다. 이로써 제3부는, 하느님 백성이 되는 길은 이스라엘이라는 혈통에 따른 것이 아니라 윤리의 실천 여부에 있음을 강조한다.

두 번째 단락은 33,17-24로 시온의 시편이다. 시온의 시편은 시온을 위해 하느님께서 개입하신 결과를 들려준다. 하느님의 보호 아래 살아가는 것은 축복이라는 사실이 선포된다(33,17-19). 시온의 백성은 임금이신 하느님을 바라보게 되며(33,17), 파괴자와 억압자를 더는 보지 않게 된다(33,18-19). 그러기에 이제 시온의 백성은 시온을 바라보도록 초대받는다. 이를 통해 시온이 이 시편의 중심에 서게 된다. 시온은 안전한 거처이며 거두어지지 않는 천막이다(33,20).[94] 이제 시온을 바라보고 시온에 머무시는 주님을 바라본 시온의 백성은 주님을 "우리의 통치자", "우리의 지도자", "우리의 임금님"(33,22)으로 고백한다. 통치자, 지도자와 임금님은 같은 의미로 이해할 수 있지만, '임금님'이 가장 중요한 의미를 지닌다고 볼 수 있다.[95] 이로써 하느님께서 시온의 백성에게 참되고 유일하신 임금님이라는 사실이 다시 강조된다(6,5; 24,23). 그들이 "우리의 임금님"이라고 고백하시는 하느님께서 그들을 구원해주신다. 시온은 하느님께서 임금으로 다스리시는 곳이며, 동시에 윤리적으로 올바른 삶을 살고 하느님을 믿고 의지하는 이들이 모인 곳이다. 그러므로 시온에는 질병과 죄와 같은 재앙을 가져올 수 있는 요소들이 나타날 수 없다(24절).

하느님을 임금님으로 고백하는 "우리"의 특징은 소명 사화(6장)에 등장하는 이사야 예언자와 연관해볼 때 더욱 분명하게 드러난다.[96] 이사야 예언자는 임금이신 야훼 하느님을 바라보았고, 하느님을 임금님으로 고백한다(6,5). 이처럼 "우리" 공동체도 임금이신 하느님을 바라보고(33,17), "우리의 임금님"으로 고백한다(33,22). 죄 많은 백성 사이에서 살던 이사야의 죄가 용서받은 것처럼(6,7-8), 시온에 거주하는 백성은 죄를 용서받게 된다(33,24). 그러므로 임금이신 하느님을 '보고'(6,5; 33,17), 하느님을 임금님으로 '고백'하며(6,5; 33,22), 죄를 '용서'받는 모습(6,7-8; 33,24)은 두 본문의 유사성을 드러내는 한편, 이사야 예언자와 '우리' 공동체의 관계성도 밝혀준다. 7,14에서 탄생이 예고된 '임마누엘-우리와 함께 계시는 하느님'은 이미 '우리'라는 공동체의 특성을 내포한다. '임마누엘'을 이사야 예언서 안에서 이해되는 인물로 파악하고, 그 이름의 상징성을 고려한다면, '임마누엘'은 시온의 자녀로 이해된다. 그러므로 자신을 "우리"로 표현하면서 하느님의 뜻을 따르고 하느님을 임금님으로 고백하는 이들이 바로 '우리' 공동체에 속한다.

이들은 33장에 와서 갑자기 등장한 공동체가 아니다. 이미 이사야 예언자가 부르심을 받는 순간부터 함께 지속된 공동체이다. 그들은 하느님의 심판에도 살아남았고(1,9; 4,3; 10,20-22; 11,11; 28,5; 참조 6,13), 야훼 하느님의 잔치에 초대되었으며(25,6-9 참조), 하느님을 참되고 유일한 임금으로 모시는 이들이다(6,5; 33,22; 참조 24,23). 이사야 예언서는 '우리' 공동체에 속할 수 있는 조건을 제시한다. 이는 곧 "에프라임 주정꾼들의 거만한 화관"(28,1)과 "화려한 화관" 야훼 하느님"(28,5) 사이에서 누구를 참된 화관으로 바라볼지 선택할 수 있는 조건이기도 하다. "화려한 화관과 아름다운 꽃 관"(28,5)을 마주할 수 있는 이들이 바로 이 공동체에 속할 수 있게 된다. 이들은 하느님께서 시온에 놓으신 "튼튼한 기초로 쓰일 값진 모퉁잇돌이다"(28,16). 그러므로 그들은 의롭게 걸어가며 정직하게 말하며 윤리적 가르침에 따라 사는 이들이다. 그러므로 그들은 집어삼키는 불 속에 머물 수 있으며, 영원한 심판의 불꽃 속에서도 머물 수 있다(33,14-16).

종합하면, '우리' 공동체는 하느님의 심판 속에서 남은 자들이다. 그들은 이사야 예언자, 그의 제자들과 함께 주님의 가르침에 충실하게 머물면서 하느님을 임금님으로 고백하여 참되고 유일한 임금이신 하느님의 백성이 된다. 그들은 공정과 정의가 사라진 시온(1,21 참조)에서 품질이 입증되고 튼튼한 기초로 쓰일 값진 모퉁잇돌의 역할을 한다. 그리고 예언자와 함께 하나의 공동체를 이루면서 자신들을 '우리'로 드러낸다. 이사야서의 시작부터 시온에서의 구원이 선포되기까지 하느님만을 믿고 의지한 이들(7,9 참조)이 바로 '우리'로 표현되는 시온의 백성이다. 이로써 '우리' 공동체는 하느님을 임금님으로 모시는 새로운 시온의 백성이 된다. 이러한 그들의 특징은 주님의 종(제2부), 시온을 재건하는 새로운 하느님 백성 공동체(제3부)를 통해 계승되고 심화되어 나타난다.

5. 심판과 구원(34-35장)

34-35장은 이방 민족과 에돔을 향한 심판(34장)과 시온에 귀환한 이들을 위한 구원(35장)에 관하여 선포한다. 그래서 이 두 개의 장은 표면적으로 '심판을 받는 에돔'(34장)과 '시온의 구원'(35장)이라는 상반된 주제를 대조해놓은 듯 보인다. 하지만 이방 민족을 향한 심판이 시온의 구원으로 이어지는 과정으로 바라보면, 주제의 연속성과 공통된 어휘에서 34-35장이 상반된 본문이 아니라 단일한 본문임을 알 수 있다. 여기서 사용된 공통된 어휘는 다음과 같다: '하느님의 복수'(34,8; 35,4); "에돔의 강"(34,9)과 '초원 지대/사막의 냇물'(35,6); '지나가는 이가 없는 상황'(34,10)과 '부정한 자는 그곳을 지나가지 못하는 상황'(35,8); "승냥이들의 소굴"(34,13)과 "승냥이들이 살던 곳"(35,7); 세 번씩 반복되는 "그곳에"(34,14-

15; 35,8). 34-35장이 지닌 문학적 단일성은 앞뒤 본문과의 연관성에서도 드러난다. 여섯 개의 불행 선언을 담고 있는 28-33장과 산문체 형식으로 전개되는 36-39장으로 둘러싸인 구조 안에 함께 묶여 있는 것도 이 두 장의 문학적 단일성을 보증해준다.[97]

1) 에돔을 향한 심판(34장)

34장에서 하느님의 심판은 에돔을 향하기 전에 민족들의 군대와 하늘의 군대의 몰락을 예고한다(34,1-4). 이어서 에돔의 심판이 중심 주제로 등장한다. 이스라엘과 에돔의 관계는 상호 호의적이지 않았다.[98] 민족들과 겨레들, 그리고 우주를 향한 하느님의 심판이 구체적으로는 에돔만을 향한다(34,5-15). 에돔을 향한 심판 이후에 주님 말씀에 대한 가르침으로 34장은 마무리된다(34,16-17).

1-4절 민족들을 향한 심판

이 단락은 이스라엘 백성이 아닌 민족들과 겨레들을 소환한다. 그들을 소환하는 모습은 제2이사야서에서 하느님과 법리 논쟁을 펼치는 장면에서 나타난다(41,1; 43,8-9; 45,20; 48,16). 이러한 맥락에서 이 구절을 살펴보면, 하느님께서 민족들과 겨레들과 법리 논쟁을 펼치기 위해 소환하고 계심을 알게 된다. 그러므로 그들은 하느님 말씀의 수신자이면서 동시에 하느님 심판의 대상이 된다.[99] 하느님께서는 민족들과 그들의 군대를 향해 분노와 진노를 쏟아내시고 그들의 운명을 예고하신다(34,1-3). 이어서 주님의 심판은 하늘의 군대를 향한다(34,4). 여기서 하늘의 군대는 이방 민족이 섬기는 신들로 이해되며, 그들을 향한 심판과 몰락 예고는 야훼 하느님만이 참된 하느님이라는 유일신론을 전제한다. 34,3-4이 전개되는 방식은 묵시문학적 성격을 보여준다. 곧 기존 세계에 존재했던 혼돈의 상황은 하느님의 개입을 통해 마지막 때에 우주적 차원에서 새롭게 전환된다. 하느님께 소환된 민족과 겨레를 향한 심판은 그들만을 향한 것이 아니라, 그들이 섬기는 신들까지 하느님 심판의 대상이라는 사실을 알려준다.

5-17절 에돔을 향한 심판과 주님 말씀의 가르침

민족과 겨레를 향했던 하느님의 심판이 이제 하나의 민족, 에돔을 향하게 된다. 이방 민족들을 향한 하느님의 심판은 이미 13-23장의 신탁문에서 예고되었다. 거기서 에돔은 "두마에 대한 신탁"(21,11-12) 중에 "세이르"라는 이름으로 짧게 언급되었을 뿐이다. 그런 에돔에게 멸망이 선고된다. 에돔의 심판과 멸망을 예고한 34장은 바빌론을 향한 신탁에서 사용된 어휘와 주제를 똑같이 써서 바빌론과 에돔을 나란히 놓는다: "칼"(13,15; 34,4-5); "주님의 날"(13,6.9; 34,8); '심판에 대한 소돔과 고모라의 비유'(13,19; 34,9[100]); '혼돈의 동물들'(13,21-22; 34,11-15). 그러므로 모든 민족을 대표한 바빌론(13-14장)을 통해 그들의 지도 권력에 대한 심판이 예고되고, 34장은 에돔을 향한 심판으로 예고된 하느님 심판이 실현된다는 사실을 밝혀준다.

에돔을 향한 심판은 세 가지 비유로 표현된다. 첫째, 칼의 비유이다. 칼은 이사야서에서 하느님의 손에 들려 있거나(27,1; 49,2; 65,12; 66,16) 혹은 하느님께서 다른 이에게 쥐어주신다(1,20; 31,8; 37,7). 그리고 이스라엘의 반항(1,20; 65,12)과 주님의 원수(66,16)에 대한 하느님의 대응 방식을 묘사한다.[101] 에돔을 향해 내려오는 칼은 심판이 시작되었음을 알려준다.

둘째, 제사의 비유이다. 에돔을 향한 하느님의 살육이 제사에 비유된다. 어린 양, 숫염소, 숫양은 모두 제물로 봉헌되는 가축이다. 에돔은 봉헌되는 가축들처럼 죽게 될 것이라고 예고된다. 살육을 통한 제사의 비유는 들소와 황소가 제물로 봉헌된다는 사실에서 정점을 이룬다. 이 짐승들은 일반적으로 제물로 봉헌되지 않으며, 강함을 상징한다. 그런 짐승들이 에돔 심판에서 제물로 사용된다는 데에서, 하느님 심판이 얼마나 강력하고 무시무시한지 드러난다.

셋째, 주님 복수의 날과 응보의 해로 에돔을 향한 심판이 언급된다. 주님의 복수는 이어지는 35,4에서도 언급된다. 곧 복수가 원수에게는 심판이 되고, 시온의 백성에게는 구원이 된다. 주님의 복수는 때와 해를 정해놓고 있다. 시간의 설정은 그것이 언젠가 발생할 일이 아니라 반드시 일어날 일이라는 사실을 알려준다.[102] 에돔을 향한 심판이라는 맥락에서 복수는 하느님의 강력한 개입을 보여주고, 동시에 하느님 백성을 위해 혼란스러워진 질서를 다시 세우고자 하시는 하느님의 의지를 의미한다.[103]

34,11-15에서 모두 열두 종류의 동물이 언급된다. 여기 등장하는 동물은 모두 부정하거나 혼돈을 상징한다. 동물에 관한 나열에서 주목해서 바라볼 부분은 올빼미와 부엉이이다(34,11). 이 둘이 함께 등장하는 구약성경의 본문은 34,11 외에 스바 2,14이다. 스바 2,14은 아시리아 수도 니네베에 대한 심판을 예고하는 본문이다. 따라서 죄악으로 가득한 니네베와 아시리아를 하느님 심판의 대상으로 바라볼 때 올빼미와 부엉

이를 등장시키는 것처럼, 여기에서도 하느님께서는 죄와 악행으로 가득한 보츠라와 에돔을 심판하실 것이라고 선포하신다.[104]

에돔을 향한 심판의 마무리에서 말씀을 담고 있는 "주님의 책"이 언급된다. 주님의 책은 이사야 예언자가 직접 쓴 부분 혹은 성경을 의미할 수 있다. 다만 여기서 강조하는 바는, 비록 종말론적인 심판과 구원은 아직 이뤄지지 않았지만, 하느님께서 말씀하신 모든 것이 이미 성취되기 시작하였다는 사실이다.[105] 따라서 뒤이어 선포되는 시온의 구원도 하느님 말씀이고, 곧 실현될 것이라는 사실을 암시한다.

2) 시온에서 펼쳐지는 구원(35장)

35장은 선행하는 에돔의 심판(34,5-17)과 유사한 어휘를 사용하여 34-35장이 제시하는 심판과 구원의 연속성을 보여준다. 35장은 에돔과 대비되는 구원의 그림을 중요한 두 가지 주제와 연관하여 묘사한다. 첫째, 자연의 변화이다. 에돔은 하느님의 심판으로 광야로 변하고 영원한 폐허가 되지만(34,10), 35장은 하느님의 오심으로 광야와 사막이 녹지로 변화될 것을 선포한다(35,1.6). 둘째, 에돔은 하느님의 복수와 시온의 옹호자에게 응보 받는 때를 맞이한다(34,8). 반면에 35장은, 주님의 복수가 구원으로 이끈다는 사실을 선포한다(35,4). 이처럼 에돔과 강력히 대비시켜 35장은 시온으로의 귀환을 주제로 부각한다(35,10). 광야와 사막의 변화, 거기에서 생겨나는 큰 길을 걸어 유배지에서 돌아오는 이들이 기뻐하며 시온에 들어갈 것이다. 35장은 선포의 전개에 따라 다음 세 부분으로 구성된다: 하느님의 등장과 함께 시작되는 자연의 변화(35,1-2); 쇠약하고 두려운 이들을 위한 기쁜 소식의 선포(35,3-6ㄱ); 시온으로의 귀환(35,6ㄴ-10).

1-2절 하느님의 등장으로 인한 자연의 변화

35장이 제시하는 광야와 사막의 변화는 이미 32,15-16에서 예고된 바다. 또 앞에 나온 레바논, 사론과 카르멜이 메마르게 된다는 예고(33,9)와 에돔에 대한 심판(34,5-17)은 35장이 제시하는 그림과 선명한 대조를 이룬다. 사막과 광야의 변화는 기쁨과 꽃에서 나타난다. 이 기쁨은 시온으로 돌아오는 이들이라면 누구나 느끼는 같은 감정이다(35,10). 이 모든 변화가 주님의 오심 때문에 가능해진다. 주님의 영광과 영화는 볼 수 있게 드러나고 모든 변화를 일으키는 근거로 작용한다. 광야의 자연 조건이 극적으로 변화한다. 광야는 이집트를 탈출하여 약속의 땅으로 진입하는 이스라엘 백성의 여정을 보여주는 장소였다(탈출 16-18장; 참조 민수기). 35장은 광야의 모티브와 시온을 향해 돌아오는 이들이 걷는 '길'이라는 주제를 연결하여 흩어진 이들이 돌아오는 여정, 특히 바빌론에서 귀환하는 이들의 여정을 이집트 탈출 사건과 결부시킨다. 이러한 맥락에서 제2이사야서가 광야를 하느님 영광이 드러나는 장소로 제시한다(40,3). 35,1-2은 귀환이라는 주제와 연관하여 광야의 대전환을 선포하고, 이를 통해 탈출 사건을 뛰어넘는 새로운 전망을 제시한다.

3-6ㄱ절 쇠약하고 두려운 이들을 위한 전환 예고

35,1-2이 자연의 전환을 선포하였다면, 여기서는 쇠약하고 결핍된 이들

을 위한 전환이 선포된다. 약한 이에게는 강함이 주어지고, 불안한 이들에게는 두려움 없음이 선포된다. 이러한 전환이 가능한 이유는 광야와 사막의 전환이 가능했던 이유와 같다. 곧 하느님의 복수와 보복이 선포되고, 그분의 오심이 이들을 구원으로 이끌어주기 때문이다. 하느님의 오심은 그분의 현존을 의미하며, 이는 하느님의 복수로 이어지는데, 에돔에게는 심판을 의미했던 복수였다(34,8). 곧 에돔을 향한 하느님의 복수는 이스라엘을 위한 구원을 의미한다. 이어서 눈멀고 귀먹은 이가 다시 보고 듣게 된다는 주제가 펼쳐진다(6,9; 29,18 참조). 이러한 전환은 하느님의 심판이 마무리되고 구원의 시간이 다가옴을 의미한다. 거기서 더 나아가서 다리 저는 이가 뛰어다니고 말을 못하는 이들이 기뻐하고, 앞을 보지 못하는 이가 주님의 영광을 보게 된다. 자연의 전환을 시작으로, 약하고 장애 있는 이들이 전환되는 모습을 통해 하느님의 구원 장면이 더욱 구체적으로 나타난다.

6ㄴ-10절 시온으로의 귀환

35장의 첫머리에서 이미 사막과 광야의 전환이 선포되었다. 사막과 광야가 초원으로 변화하는 데 꼭 필요한 것이 물이다. 그러므로 광야에서는 물이 터져 나오고 사막에서는 냇물이 흐르게 되는 변화는 35장에서 진행되는 자연의 변화를 더욱 고조시킨다. 이사야 예언서에서 물은 하느님 심판의 도구로 등장하거나 비유로 쓰이고(1,30; 8,6-7; 14,23; 15,6; 17,12-13; 19,5-8; 28,2.17; 30,14; 32,2), 드물게 하느님 구원의 결과를 묘사한다(12,3; 30,25; 32,20).[106] 여기서는 구원의 결과를 의미한다. 이제 광야는 구원을 품은 샘터로 변화된다. 이 모습은 역청으로 변한 에돔의 강들과 뚜렷하게 대비된다(34,9).

여기서 길은 또 하나의 주제이다. 이사야서에서 길의 의미는 이집트 사건과 연관되는데(11,16), 이스라엘이나 민족들이 시온 또는 주님을 향해 움직일 수 있는 길(49,11; 57,14; 62,10)과 주님을 위한 길(40,3)을 의미한다. 여기서 사용된 길은 시온을 향해 돌아오는 이들을 위한 길이다. 길의 목적지는 시온이다. 그러나 누구나 이 길에 오를 수는 없다. 이 길은 '거룩한 길'이기 때문이다. 부정한 자와 어리석은 자는 이 길에 오를 수 없다. 성전에 들어갈 수 있는 조건이 있듯이(33,13-16 참조), 이 길은 하느님께 속한 이들만 걸어갈 수 있다. 공정과 정의를 실천하는 의로운 이들은 이 길을 걸을 수 있지만, 죄를 지은 백성(30,22)이나 어리석은 사람(29,11-12)은 이 길에 오르지 못하고 시온에 들어갈 수 없다.

35,9에서 '구원하다', '속량하다'는 의미를 지닌 동사 가알גאל이 처음 언급된다. 기본적으로 이 동사의 능동분사형 '고엘גאל'은 친족이 빚으로 인해 팔려가거나 상속 재산을 팔아야 할 때 그것을 대신 사서 집안 재산을 보전하는 의무를 지닌 사람을 지칭한다(레위 25,23-31 참조). 이러한 개념이 전이되어 '구원자'라는 개념이 자리 잡게 되었고, 이사야 예언서의 후반부(40-66장)에서 '고엘'은 하느님을 가리키는 호칭으로 사용된다(41,14; 43,1.14; 44,6.22-24; 47,4; 48,17.20; 49,7.26; 52,3.9; 54,5.8; 59,20; 60,16; 62,12; 63,9.16).[107]

하느님의 구원을 받은 이들은 세 가지 움직임을 보여준다. 그들은 '걷고', '돌아오고', '들어선다.' 그들은 거룩한 길 위를 걷고 들어선다. 이는 시온으로 돌아오기 위한 것이다. 그들의 움직임은 거룩한 길이 향하는 시온을 향하고 있다. 이사야 예언서는 '돌아옴'과 '걷고', '들어섬'을 구별하여 사용한다. '돌아옴'은 주님을 향한 움직임을 의미하며(1,27; 6,10; 10,21-22; 19,22; 31,6), '걸음'과 '들어섬'은 시온/주님의 거룩한 산을 향한 움직임을 나타낸다(2,3; 26,2; 27,13; 30,29).[108] 그러므로 35,9-10에서 '걸음', '돌아섬'과 '들어섬'이 함께 사용되었다는 것은 이들의 움직임이 주님과 시온을 모두 향하고 있음을 암시한다. 그들은 심판과 시련의 시간이 끝났음을 의미하는 기쁨과 즐거움을 표현하면서 시온을 향해 나아간다.

▶ 제1이사야서와 제2, 제3이사야서를 이어주는 교각으로 구실하는 35장

35장은 이사야서의 전체 구조를 이해하는 데 결정적인 본문이다. 왜냐하면, 35장은 제1이사야서 안에 위치하지만, 신학적 주제와 어휘의 사용은 제2이사야서에 가깝기 때문이다. 35장의 이러한 특징을 고려하면 이사야 예언서 전체의 형성 과정을 추측해볼 수 있다. 곧 이사야 예언서의 형성 과정에서 이미 1-33장과 40장 이후의 본문이 존재했으며, 이 두 부분을 연결하기 위해 35장이 의도적으로 편집과 추가의 과정을 거쳤다는 사실이다. 제1이사야서와 제2-3이사야서를 연결하는 교각으로서 35장이 맡은 구조적 역할은 다음의 요소들에서 드러난다.

우선, 35장과 40,1-11의 연관성이다. 35장은 유배에서의 귀환이라는 주제를 길의 모티브를 통해 드러낸다. 비록 제2이사야서를 시작하는 40,1-11은 귀환을 주제로 삼고 있지 않지만, 35장과 동일한 어휘와 모티브를 보여준다: '광야에서 벌어지는 길의 준비'(35,1; 40,3); '주님의 영광'(35,2; 40,5); '너희의 하느님'(35,4; 40,1.9); '큰길'(35,8; 40,3)[109]; '힘을 돋움/권능'(35,3.4; 40,10)[110]과 '두려워하지 마라'(35,4; 40,9).

다음으로 주제의 연결성이다. 1-39장의 본문은 땅에 대한 심판과 파괴를 주요 주제로 삼는다. 또한, 이방 지역에서의 체류에 관한 담화는 여기서 등장하지 않는다. 반면에 제2이사야서는 바빌론 유배 시기(기원전 587-538년)를 시대적 배경으로, 바빌론을 공간적 배경으로 삼는다. 그러므로 35장은 제1이사야서에서 크게 드러나지 않은 유배지로부터 귀환을 예고하여, 독자들이 40-55장에서 전개되는 '바빌론 유배에서 돌아옴'이라는 주제를 제1이사야서에서도 미리 바라볼 수 있도록 준비시킨다.

이에 따르면 이사야서에서 35장의 구조적 역할이 의미하는 것은, 35장이 이미 존재하는 제2이사야서의 시선으로 제1이사야서를 보충했다는 사실이다.[111] 이처럼 이사야서의 전체 구조에서 35장이 구조적 기능을 수행한다 하여 이를 "교각 본문Brückentext"이라고 표현한다.[112]

6. 신학적 의미

1) 심판과 구원

이스라엘 백성의 지도자를 향한 불행 선언이 전개된다. 그들의 타락은 하느님 심판의 대상이 된다. 그들의 부도덕한 행실과 이방 민족에 의존하는 태도는, 그들이 왜 하느님 심판의 대상이 되어야 하는지를 알려준다. 하느님의 심판과 함께 구원도 선포된다. 하느님께서 직접 놓으신 시온의 모퉁잇돌을 통해 전개될 시온의 구원도 예고된다. 제2편이 제시한 의인과 악인의 분리는 제3편에서도 유지된다. 곧 하느님을 믿고 의지하는 이들은 구원을 맞이하겠지만, 악인은 하느님 심판의 대상이 되어 멸망을 예고받는다.

2) 시온 공동체 = "우리" 공동체

여기서 하느님을 "우리의 임금님"(33,22)이라고 고백하는 공동체가 등장한다. 그들은 33장에 와서 갑자기 등장하지 않았고, 이사야 예언서의 시작과 함께 등장했다. 그들이야말로 하느님께서 심판 후에 남겨주신 이 곧 남은 자이며(1,9), 그루터기에서 돋아난 햇순(6,13; 11,1)이고, 하느님을 희망했던 의로운 이들이다(26,7-18). 그들은 악인들과 철저하게 구별되는데, 윤리적 삶을 실천하며 시온에 머문다(33,14-16). 그들은, 하느님께서 시온에 놓으신 품질이 입증된 모퉁잇돌이다(28,16). '우리'는, 하느님을 임금님으로 고백하는 이사야 예언자(6장)와 깊이 연계된 가운데 임금이신 하느님을 바라보고, 그분을 그들의 임금님으로 고백한다(33,17.22). 이처럼 그들은 시온에 머무는 시온 공동체로, 하느님을 섬기는 의로운 이들의 모습으로 제3편의 중심에 서게 된다. 그들의 신원이 아직 명확하지 않지만, 시온에 머물면서 하느님을 섬기는 참된 공동체의 모습을 지닌다는 점은 이사야 예언서 전체에서 지나칠 수 없는 부분이다. 그들에 대한 묘사를 통해 제2-3이사야서에 등장하는 '주님의 종' 및 '시온의 의로운 이들'과 연속성이 제시되기 때문이다.

3) 하느님의 왕권

제3편은 하느님의 왕권이라는 주제를 지속한다. 특히 34-35장은 하느님 왕권이 어떠한 결과를 가져오는지에 대해 구체적인 그림을 보여준다. 곧 하느님의 왕권에 기초한 통치는 심판과 구원이라는 대비되는 결과를 가져온다. 하느님을 믿고 의지하는 이에게는 구원을, 하느님을 거스르고 저항하는 이들에게는 심판이 내린다. 제3편은 이 명확한 흑백 그림을 에돔의 심판과 시온의 구원이라는 그림으로 분명하게 제시한다. 심판과 구원은 앞선 제2편에서 주제로 언급되었다. 제3편이 제시하는 하느님의 왕권은 13-27장과 함께 살펴보면 다음과 같이 종합된다.

   13-23장에서 이방 민족들을 향한 심판을 통해 세상의 모든 폭군의 통치가 무력화된다. 그들이 무력하게 된 이유는 참되고 유일한 통치자요 임금님은 야훼 하느님 한 분뿐이시기 때문이다. 그러므로 13-23장은 세상 통치자들의 멸망을 선포하고 하느님의 왕권을 선포한다(24,23). 이후 하느님의 통치 아래서 벌어지는 시온의 종말론적 그림이 제시된다(25-27장). 이어서 불행 선언이 여섯 번 선포된다. 불행 선언의 수신자는 앞서 나왔던 민족들을 위한 신탁과 달리 에루살렘의 지도자들이다(28-33장). 참되고 유일한 임금이신 하느님을 믿지 못하고 자신들의 계획에 따라 움직이는 그들에게 심판이 내린 후에, 의로운 이들을 중심으로 한

시온 공동체는 하느님을 "우리의 임금님"(33,22)으로 고백한다. 이와 같이 13-33장은 통치자에 대한 심판과 몰락 예고, 그리고 시온에서 펼쳐지는 하느님 왕권이라는 병행 구조를 보여주면서 에돔의 심판과 시온의 구원을 묘사한다. 에돔은 이방 민족과 하느님의 뜻을 따르지 않는 악인들을, 시온은 하느님을 믿고 의지하는 의로운 이들을 대표한다. 13-33장의 전체 그림에서 1-35장이 제시하는 심판과 구원의 주제는 마무리된다.

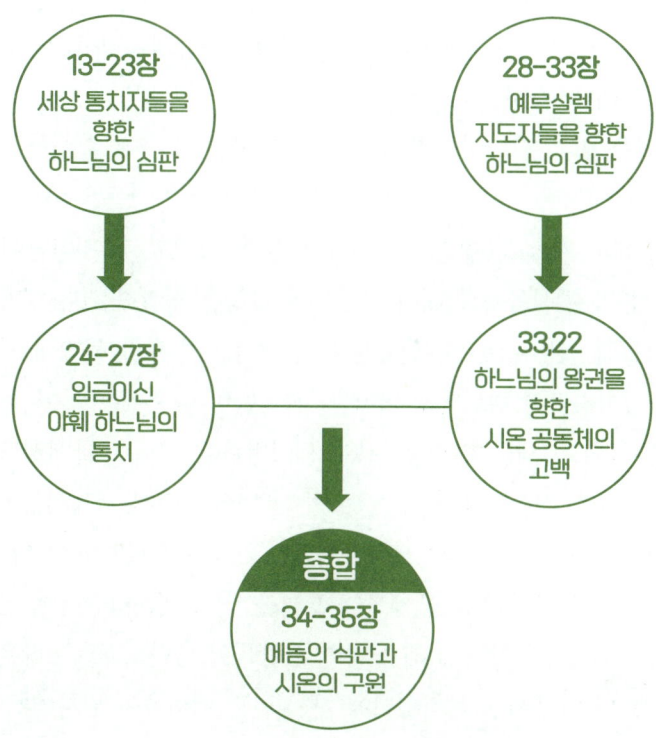

7. 말씀의 육화를 위한 단상

　불행 선언을 듣는 이스라엘의 지도자들을 떠올려본다. 그들은 하느님의 사제로 성별되고 하느님께 제사를 봉헌하고, 하느님의 말씀을 선포할 때, '나는 내 욕심을 채우며 살아가야지', '매일 술이나 마시면서 흥청망청하면서 살아가야지'라고 결심하며 사제 직무를, 예언 직무를 시작했을까? 어느 누가 하느님의 일을 수행하면서 하느님의 뜻과 다른 길을 걸어가겠노라고 결심하면서 살아갈까?

　하느님을 믿는 사람이라면 누구나 시작하는 순간에 순수하고 열정 가득한 첫 마음을 지녔을 것이다. 그런데 어느 순간 그들은 하느님의 품에서, 길에서, 뜻에서 멀리 벗어나게 되었다. 그리고 그 벗어남에 대해 온갖 이유와 구실을 둘러대며 자신들의 악행을 정당화한다. 그러는 가운데 그들의 죄는 더욱 깊어지고, 다시 그들은 이유를 둘러대고, 죄는 더더욱 깊어지고…. 하느님과 벌어진 작은 틈이 나중에는 돌아갈 수 없는 다리가 되고, 넘을 수 없는 강이 되어버린다. 그런 그들에게도 모두 이유가 있었다. '상황이 이래서…', '이번 한 번만…', '하느님께서는 이해하실거야…' 등 작은 이유에서 시작하여 하느님과 크게 벌어지게 되었다.

　이들과 달리, 작은 어려움에도 하느님을 믿고 의지하면서 주님의 길을, 뜻을 거스르지 않기 위해 노력한 사람들이 있다. 그들은 작은 어려움을 하느님 안에서 극복하였기에 큰 시련과 어려움이 덮쳐 와도 하느님 안에서 머무는 힘을 지니고 있었다. 그러므로 그들은 '집어삼키는 불 속에서 머물렀고', '영원한 불꽃' 속에 머물 수 있었다(33,14). 처음부터 그들이 불구덩이에 들어갔을까? 처음에 그들에게는 불구덩이를 버틸 힘이 없었다. 그들은 무시하고 넘어가도 좋을 아주 작은 어려움도 하느님을 향한 믿음으로 넘었고, 그러면서 불구덩이에서 머물 수 있는 힘을 얻게 되었다. 그 힘을 바탕으로 그들은 큰 시련을 넘어서면서 하느님의 진정한 백성으로 새롭게 거듭나게 되었다. "주님은 우리의 임금님"(33,22)이라는 그들의 고백은 입으로만 외치는 공허한 소리가 아니었다. 시련이라는 고통과 어려움 속에, 모두가 제 살길을 찾으며 살아갈 궁리를 하고 있을 때, 그들은 하느님을 온전하게 신뢰하며 하느님의 품을 선택하였다. 고통스러웠지만, '우리와 함께 계시는 하느님-임마누엘'을 체험하고, 그 체험을 통해 얻게 된 열매가 "주님은 우리의 임금님"이라는 고백이다.

불행 선언을 듣게 되는 이들도 하느님을 "우리의 임금님"이라고 고백할 수 있다. 그러나 그들의 고백은 우리 가슴에 와닿지 않을 것이다. 와닿지 않으니 우리 마음을 움직일 수 없고, 결국 그것은 그들의 말이 지극히 귀하고도 소중한 내용을 담고 있지만 거짓임을 의미한다. 자! 우리도 함께 고백해보자.

"주님은 우리의 통치자, 주님은 우리의 지도자, 주님은 우리의 임금님!"

우리가 뱉은 이 고백이 우리에게 어떻게 들리는가? 우리의 귀가 듣고 있을 뿐인가? 우리 마음이 듣고 있는가?

제4편

36-39장

시온을 향한 위협과 구원

1. 구조

36-39장은 이사야서에서 보기 드문 산문 형식으로 이야기를 전개한다 (6장; 7장; 20장도 산문 형식으로 전개). 문체가 지닌 이러한 특징은 이사야 예언서에 어울리지 않는 모습으로 비친다. 이처럼 독특한 양식으로 구성된 36-39장은 이사야 예언서의 중앙에 위치하며, 전반부(1-35장)를 마무리하고 동시에 이어지는 후반부(40-66장)를 준비시키면서 이사야 예언서 전체에서 구조적으로 중요한 역할을 한다. 이미 28-35장에서 주님의 도성, 시온의 구원에 관한 진술들(28,16; 29,17-24; 31,4-9; 32,15-20; 33,17-24; 35,9)과 시온을 위협하는 이들의 운명(30,27-33; 31,8; 34,5-17)이 예고되었다. 이사야의 권위 아래 선포된 그 예언의 말씀은 제4편에 나오는 '예루살렘의 위협과 구원의 이야기'(36-37장)와 '히즈키야의 발병과 치유에 관한 이야기'(38장)를 통해 이사야 예언자의 예언이 참되다는 사실을 역사에서 확인해준다.

그러므로 36-39장의 목적은, 유일하고 참된 임금이신 하느님에 저항하는 세상의 모든 통치 세력이 멸망에 이르게 된다는 사실과, 시온과 이 도성의 백성이 하느님만을 믿고 의지하면 하느님께서 그들을 이방 통치자의 손에서 구원하여 주신다는 사실을 드러내는 데 있다. 여기서 히즈키야의 모습은 그의 아버지요 선대 임금이었던 아하즈와 분명하게 대비된다. 아하즈는 이방 민족의 위협 앞에서 두려워하며 하느님을 믿지 않고 아시리아의 도움을 청하였지만(7,1-17 참조), 히즈키야는 이사야 예언자를 찾고 주님의 집에서 기도를 드린다(37,5.14-20).[113] 이렇게 유다의 두 임금을 비교하여 주님을 향한 신뢰가 시온과 그곳의 백성에게 구원을 가져온다는 신앙의 진리를 분명하게 강조한다(7,9 참조). 시온의 구원이라는 예언의 성취와 히즈키야의 신앙이라는 모티브는 36-39장과 1-35장이 밀접하게 연결되어 있음을 보여준다.

또한, 39장은 바빌론 사절단의 방문 이야기를 통해 독자들에게 이사야 예언서의 후반부를 준비시킨다. 바빌론은 이미 하느님 심판 신탁의 대상이 되었으며(13,1-14,23; 21,1-10), 그의 멸망이 보도되었다(21,9). 심판과 멸망의 대상인 바빌론 사절단을 맞아들이는 히즈키야의 태도는 그의 후손들이 겪게 될 바빌론 유배의 원인으로 제시된다(39,6-7). 그러므로 39장은 이어지는 40-48장의 시대적 배경과 공간을 미리 언급하며 이사야서의 전반부와 후반부를 연계한다.[114] 따라서 36-39장이 지니는 구조적 특징, 산문 형식의 장르와 신학적 주제는 이사야 예언서에서 낯선 요소가 아닌, 이사야 예언서의 전체 흐름을 조화롭게 만드는 중요한 요소이다.

그동안 이사야서 연구 분야에서 36-39장은 다른 본문들에 비해 소홀하게 다뤄졌고, 36-39장에 대한 연구 역시 주변부에 머물렀다. 가장 큰 이유는, 이사 36-39장이 2열왕 18,13-20,19의 본문과 거의 흡사하기 때문이다. 이 유사성으로 인해 이사야 예언서가 신명기계 역사서에 속한 열왕기 하권을 인용한 것으로 간주하였고, 그 결과 이사 36-39장은 제1이사야서를 마무리하는 부록 정도로 이해되었다. 하지만, 두 본문을 자세히 비교하면 36-39장은 열왕기 하권의 온전한 인용이 아님을 알 수 있다. 두 본문의 차이점은 다음 세 가지에서 드러난다. 첫째, 2열왕 18,14-16에 나오는 히즈키야의 조공 기사가 이사야서에서 누락되었다. 둘째, 이사 38,9-20에서 나오는 히즈키야의 기도가 2열왕 20,1-11에서 누락되었다. 셋째, 이사 38,7-8에 등장하는 해시계에 관한 묘사가 2열왕 20,9-11과 다르다.[115] 이 사항을 종합하면, 이사야 예언서가 열왕기 하권을 단순하게 인용한 것이 아니라, 두 권의 책이 서로 영향을 주고받는 가운데 각 책의 주제에 부합하게 본문을 완성했다는 사실을 알 수 있다.[116] 따라서 이사야 예언서의 (최종) 편집자는 신명기계 역사서인 열왕기 하권의 영향 속에서 이사야 예언서의 신학적 주제와 문맥에 어울리게 의도적으로 36-39장을 1-35장과 40-66장 사이에 위치시켰음을 알 수 있다.

36-39장의 내용은 주제에 따라 크게 세 가지 이야기로 구성된다. 첫째는 아시리아 임금 산헤립이 유다의 성읍 대부분을 장악한 뒤 유다 왕국의 수도 예루살렘을 포위하고 위협하는 이야기다. 이에 대항하여 하느님께서는 산헤립의 군대를 전멸시켜 그의 위협을 무력화시키시고 그의 죽음으로 예루살렘을 구원하신다(36-37장). 두 번째 이야기에서는 유다 임금 히즈키야가 중심인물로 등장한다. 그는 죽음에 이르게 하는 중병에 걸렸으나 하느님께 기도를 드리고 다시 건강해진다(38장). 이 두 이야기는 하느님의 도성 시온을 향한 군사적 위협과 하느님을 신뢰하는 사람이 맞이한 죽음의 위협을 들려주면서 시온과 히즈키야를 자연스럽게 나란히 놓는다. 38장과 연속되는 세 번째 이야기에서 다시 건강해진 히즈키야가 바빌론의 사절단을 맞이한다. 그리고 그것이 바빌론 유배의 원인으로 선포된다(39장). 다만 그것은 히즈키야 시대가 아닌 그의 후손 세대의 이야기가 될 것이며, 자기 시대에는 평화와 안정이 유지되기를 바라는 히즈키야의 진술과 함께 열린 결말로 마무리된다.

36-39장의 구조는 다음과 같다.

36-37장		예루살렘을 위협하는 산헤립과 구원하시는 하느님
	36,1-3	개시
	36,4-10	첫 번째 장면
	36,11-21	두 번째 장면
	36,22-37,7	세 번째 장면
	37,8-13	네 번째 장면
	37,14-35	다섯 번째 장면
	37,36-38	이야기의 마무리
38장		히즈키야의 발병과 회복
	38,1-8	히즈키야의 발병과 이에 대한 하느님의 약속
	38,9-20	히즈키야의 감사기도
	38,21-22	이야기의 마무리
39장		바빌론 사절단의 방문
	39,1-2	바빌론 사절단의 방문
	39,3-8	이사야 예언자와 히즈키야의 논쟁

2. 예루살렘을 위협하는 산헤립과 구원하시는 하느님(36-37장)

역사적 배경

36-37장은 아시리아 임금 산헤립이 파견한 군대가 예루살렘을 포위하고 있었던 기원전 701년의 사건을 묘사한다. 산헤립은 기원전 705년에 임금으로 즉위하여 아시리아를 부흥시켜 다시 전성기를 이루었다. 그의 즉위 이전 아시리아는 힘을 조금씩 잃어가고 있었다. 그 사이를 틈타 서쪽 지역의 작은 민족들은 이집트의 도움을 받아 아시리아의 굴레에서 벗어나고자 시도했다. 그러자 산헤립은 기원전 701년에 출정하여 해안 지역에 위치한 시돈을 시작으로 남쪽의 아스클론과 에크론을 공격하여 점령하였다. 이 과정에서 산헤립은 이집트의 원군을 엘테케에서 격파하여 기세를 올렸으며, 이어서 유다 지역을 점령하였다. 산헤립은 예루살렘을 바로 공격하지 않고, 라키스를 점령하기 위해 이동하였다. 라키스는 예루살렘에서 남서쪽 45킬로미터 떨어진 곳에 위치하였다.[117] 산헤립은 라키스 점령에 집중하는 동안 랍 사케에게 병력을 주어 예루살렘을 포위한다. 산헤립이 예루살렘을 위협한 이 사건이 36-37장의 배경이다.

36-37장의 개요와 구조

36-37장은 예루살렘을 포위하고 위협하는 아시리아의 군대와 이에 대응하는 예루살렘의 모습을 묘사한다. 이야기의 전개 과정에서 등장하는 인물은 네 부류이다. 첫째, 아시리아의 임금 산헤립이다. 물론, 그는

직접 등장하지 않고, 그의 신하 랍 사케를 통해 자신의 말을 유다 임금 히즈키야에게 전한다. 둘째, 유다 임금 히즈키야와 그의 대신들이다. 산혜립이 자신의 말을 랍 사케를 통하여 전달하듯이, 히즈키야도 아시리아인과 직접 대면하지 않고 그의 신하를 통하여 대응한다. 히즈키야의 대신으로 엘야킴, 세브나와 요아가 등장한다.[118] 셋째, 하느님과 그분의 사자使者인 이사야 예언자다. 산혜립이 랍 사케를 통해, 히즈키야가 대신들을 통해 자신의 이야기를 전달하듯이, 하느님께서도 자신의 사자인 이사야 예언자를 통하여 말씀을 전달하신다. 또한, 이사야는 히즈키야 임금의 이야기를 주님께 전달하는 중개자의 역할도 수행한다. 넷째, 마지막은 시온이다. "딸 시온"(37,22)의 명칭으로 등장하는 시온은 노래를 부르면서 산혜립을 조롱하고, 그의 운명을 예고한다. 36-37장은 이러한 네 부류의 등장인물과 함께 하나의 이야기를 펼쳐간다.

본문은 설화자의 이야기와 등장인물 사이에 주고받는 대화를 통해 전개된다. 여기서 아시리아 임금 산혜립과 유다 임금 히즈키야는 직접 대화를 진행하지 않고, 신하들 사이의 대화로 본문이 구성된다. 대화를 이끌어가는 이는 산혜립의 신하 랍 사케와 히즈키야의 신하, 엘야킴, 세브나, 요아이다. 대리자 사이에 전개되는 대화는 산혜립과 히즈키야의 거리감을 보여주고 동시에 이 둘의 운명이 다르게 흘러가게 되는 모습을 암시한다.

랍 사케는 두 번에 걸쳐 히즈키야가 어떤 인물인지를 제시한다(36,4-10.14-20). 그는 히즈키야가 주님의 산당들과 제단들을 치워버려서 주님을 거스르게 되었고, 그래서 주님의 도움을 받을 수 없다고 증언하며(36,7), 히즈키야가 '주님께서 우리를 반드시 구해내신다'라고 말하면서 백성을 속이고 있다고 잘못된 정보를 제공한다(36,15.18). 설화자는 히즈키야가 행하고 말하는 것을 그대로 인용하여 랍 사케가 제시한 히즈키야의 인물상이 잘못되었음을 보여준다(37,1-4.14-20). 동시에 히즈키야가 이사야와 함께 하느님께 의지한다는 사실과 그의 믿음에 부합하게 하느님께서 예루살렘을 구원하심으로써 산헤립의 생각과 판단이 잘못된 것임을 증명한다(37,2.5-6.14.21).[119]

이야기는 아시리아 군대가 도착해서 예루살렘을 위협하다가 주님의 천사에 의해 몰락하는 사건의 전개 과정을 보도한다. 이를 통해 36-37장은 구원이 어떻게 발생했는지를 묘사하고(37,36-37), 시온의 진정한 통치자가 누구인지를 밝히며, 예루살렘이 구원된 사건은 놀라운 일이 아니라고 알려준다.

예루살렘을 향한 산헤립의 위협과 하느님의 구원이라는 주제로 전개되는 36-37장은 산헤립(랍 사케)과 히즈키야(대신들)의 대화 구조에 따라 다음과 같이 구성된다: 사건의 개시(36,1-3); 첫 번째 장면(36,4-10); 두 번째 장면(36,11-21); 세 번째 장면(36,22-37,7); 네 번째 장면(37,8-13); 다섯 번째 장면(37,14-35); 이야기의 마무리(37,36-37).

36,1-3 사건의 개시

이야기는 "히즈키야 임금 제십사 년"이라는 연대기와 함께 상황 설명으로 시작된다. 산헤립은 유다의 모든 요새 성읍으로 올라가서 그곳을 점령하고 라키스에서 랍 사케를 시켜 예루살렘을 포위한 상황이다. 이런 설명만으로도 예루살렘이 처한 군사적 위협을 한눈에 파악할 수 있다. 여기서 등장하는 두 명의 임금, 유다 임금 히즈키야와 아시리아의 임금 산헤립의 대결 구도가 준비된다. 산헤립이 자신의 신하 랍 사케를 보낸 것처럼, 히즈키야의 신하 엘야킴, 세브나와 요아가 그를 마주한다.

36,4-10 산헤립(랍 사케)의 조롱 – 첫 대화

이 단락은 랍 사케의 담화로 구성된다. 그는 히즈키야와 산헤립을 대비하면서 이야기를 시작한다. 설화자는 1절에서 '히즈키야 임금'과 '아시리아 임금'이라는 호칭을 모두 사용하지만 랍 사케는 자신의 담화에서 히즈키야에게 임금이라는 호칭을 부여하지 않고, 산헤립에게는 "대왕이신 아시리아 임금님"(36,4.13)이라고 표현한다. 이는 유다가 아시리아에 종속되어 있는 상황을 설명한 것으로 이해된다.[120] 랍 사케는 히즈키야가 현재 이집트에 의지하고 있다는 상황도 알려준다. 히즈키야는 아시리아에게서 벗어나기 위해 이집트와 동맹을 맺고자 했으며, 이러한 그의 시도는 이사야의 비판을 받았다(30,1-7; 31,1-3). 랍 사케는 이집트를 의지하는 유다의 모습(36,4-6)과 기마대를 다룰 줄 모르는 유다의 군사력을 조롱한다(36,8-9). 아울러 주님의 명령으로 공격했다는 거짓을 말한다(36,10). 랍 사케는 히즈키야를 무시하는 것을 넘어 하느님까지 조롱하는 모습을 보인다.

36,11-21 히즈키야의 대신들과 랍 사케의 대화

이 단락은 두 부분으로 나눠 살펴볼 수 있다. 첫째, 히즈키야의 대신들과 랍 사케의 대화이다(36,11-12). 이들의 대화는 외교적 대화이므로 히즈키야의 대신들은 비밀을 요구한다. 반면에 랍 사케는 그들을 조롱하며 계속해서 유다 말로 이야기를 전개한다.

둘째, 랍 사케는 백성을 수신자로 삼아 담화를 이어간다(36,13-21). 그는 예언자가 하느님의 말씀을 선포하듯이 '사자 전언使者傳言' 양식에 따라 "대왕이신 아시리아 임금님의 말씀을 들어라"(36,13) 하며 자신의 이야기를 시작한다. 랍 사케의 선포 내용은 다음 두 가지를 지향한다. 하나는 히즈키야와 야훼 하느님의 틈을 노리고, 다른 하나는 히즈키야와 백성 사이의 틈을 노린다(36,15-18). 곧 그는 하느님을 향한 신앙을 흔들고 이를 통해 백성을 동요시키고자 한다. 이를 위해 산헤립은 복지의 수여자로 묘사된다. 결국 그의 제안은 항복이다. 아울러 그는 새로운 땅으로 데려가겠다고 제안한다. 이스라엘 백성에게 땅은 주님께서 주신 유산이다.[121] 그러므로 그들이 유산으로 받은 땅을 버리고 다른 곳으로 간다는 것은 생각할 수 없는 일이다. 여기서 복지와 땅의 수여자로 묘사되는 산헤립은 하느님과 동등한 위치에 서 있는 모습이다. 이어지는 랍 사케의 담화는, 이방 신들이 아시리아 임금의 손에서 누구도 구해내지 못했다는 사실을 열거하며(36,18-19), 궁극적으로 아시리아의 위협 앞에서 야훼 하느님도 예외가 될 수 없다는 교만한 모습을 드러낸다.

36,22-37,7 히즈키야의 대응

랍 사케의 위협으로 긴장이 고조된다. 이러한 위기 상황에서 히즈키야는 능동적인 모습을 보여준다. 그는 주님의 집에 들어가고, 이사야 예언자를 찾고, 그에게 랍 사케의 조롱을 들려주며, 기도를 청한다(37,4).[122] 하느님의 사자 이사야는 주님의 말씀을 히즈키야에게 전달한다. 그 말씀에서 하느님께서는 산헤립이 칼에 맞아 죽을 것을 예고하신다(37,6). 하느님은 이 둘의 대화에 직접 등장하지 않으시지만, 대화 뒤에 '살아 계신 분'으로 존재하신다(37,4).[123]

37,8-13 새로운 긴장

또 다른 전투를 위해 이동하는 가운데(37,8-9) 산헤립은 신하들을 통해 자신의 이야기를 히즈키야에게 전한다. 히즈키야와의 첫 대면(랍 사케와 히즈키야의 대신들)에서 산헤립은 히즈키야를 겨냥하여 말했다. 그러나 여기서는 산헤립이 노골적으로 하느님을 목표로 삼으면서 하느님께 정면으로 대항한다. 이미 그는 하느님과 동등한 위치에서 복지의 수여자 행세를 하였고(36,16-18), 교만하게 하느님의 자리에 서 있다.

37,14-35 히즈키야의 기도와 그를 위한 표징
히즈키야는 주님의 집으로 간다. 그리고 자신이 받고 읽은 편지를 성전 앞에서 펼쳐놓고 기도한다. 히즈키야의 기도는 임금이 봉헌하는 기도 가운데 모범적이며, 하느님을 향한 신앙을 고백한다. 그의 기도는 하느님만이 홀로 세상을 다스리시고 유일하고 참된 하느님이라는 사실을 알려준다. 곧 아시리아의 임금이 이야기한 이방 신들은 나무와 돌에 지나지 않는 우상이었다(37,18-19). 하지만 하느님은 다른 신들과 구별되는 분이시니 산헤립의 손에서 구해주시기를 청원한다(37,15-20).

그의 기도에 대하여 하느님께서 응답하신다. 그 응답은 예언자에 의해 전달된다(37,21). 산헤립이 하느님을 조롱하였듯이 하느님도 산헤립을 조롱하신다. 여기서 등장인물의 네 번째 부류인 시온이 "딸 시온"으로 등장한다(37,22). 시온은 산헤립의 위협을 받은 장소이다. 이제 시온의 의인화를 통해 아시리아의 산헤립을 향한 조롱이 전개된다. 산헤립이 조롱한 대상은 이방 신들과 같은 우상이 아닌 '이스라엘의 거룩하신 분'이시다. 산헤립이 막강한 군사력을 뽐내며 위세를 떨쳤지만(37,24-25), 그 모든 것은 하느님의 계획에 의한 것이다.

시온의 이야기는 여기까지이고 37,36부터 화자가 하느님으로 전환된다. 하느님 말씀에 따르면, 산헤립이 흥할 수 있었던 것은 모두 하느님의 계획이 있었기 때문이다(37,26-27). 이러한 맥락에서 이사야 예언서는 아시리아를 그저 하느님의 도구로만 인식할 뿐이다(10,5 참조). 산헤립은 지금 하느님께 격노하고 소란을 피우고 있지만, 마침내 코에 주님의 갈고리를 꿰고 입술에는 주님의 재갈이 물려, 왔던 길로 되돌아갈 것이라고 예고된다(37,28-29). 그의 모습은 정상적이지도, 승리하여 개선하는 장수의 모습도 아니다. 오히려 그는 포로의 형상으로 돌아가게 된다. 이와 같은 그의 몰락 예고는 시온의 구원을 의미하며, 하느님께서 시온을 지켜주실 것이라는 희망의 말씀이 된다.

이사야 예언자는 히즈키야에게 또 다른 표징을 전해준다(37,31-35). 하느님을 조롱한 산헤립에게는 조롱의 노래가, 하느님을 신뢰한 이에게는 표징이 주어진다. 표징은 예루살렘이 산헤립으로부터 구원될 것을 예고한다(37,31). 37,31-32에 대한 해석은 다양하다. 첫째, 31-32절의 생존자와 남은 자를 이스라엘 백성과 관련해서 바라보는 관점이다. 곧 아시리아의 위협에서 살아남은 사람들에게 구원이 온다는 사실을 예고한다는 것이다.[124] 둘째, 유다 집안의 생존자(37,31)와 예루살렘 및 시온산에서 나오는 남은 자와 생존자를 구별하는 관점이다.[125] 이에 따르면 유다 집안의 생존자는 산헤립의 침략에서 살아남은 이스라엘 백성을, 예루살렘 및 시온산에서 나오는 남은 자와 생존자는 아시리아의 군대를 의미한다. 그런데 유다 집안의 남은 자들은 뿌리를 내려 새로운 열매를 맺을 것이 예고되고(37,31), 아시리아 군대의 남은 자들과 생존자들(37,32)은 물러가는 상황이 묘사되면서 예루살렘의 구원이 선포된다.

37,36-37 산헤립의 죽음

마지막 장면은 하느님께서 예고하신 예루살렘의 구원이 어떻게 실현되는지를 보여준다. 주님의 천사가 아시리아 진영의 십팔만 오천 명을 쳤고, 산헤립은 그곳에서 니네베로 돌아간다. 주님 천사의 등장은 이집트 종살이로부터의 탈출을 연상시킨다(탈출 14,19). 구원된 이스라엘 백성이 죽어 있는 이집트인들을 보았던 것처럼(탈출 14,30), 예루살렘의 해방을 체험한 이들은 아침에 죽어 있는 아시리아 군사들의 시체를 본다(36,36). 그들의 죽음은 아시리아에 대한 심판 신탁이 성취되었음을 보여준다 (8,8-10; 10,12.16-19.24-27; 14,25-27; 17,12-14; 29,5-8; 30,31-32; 31,5.8-9; 34,3).[126] 또 그 군인들의 시체는 이사야 예언서의 마지막 구절에 등장하는 하느님께 거역하는 이들의 주검을 예시한다(66,24 참조). 그러므로 아시리아 군사들의 죽음은 과거 이집트 탈출 사건을 회상시키는 한편, 하느님을 거역하는 이들의 마지막 운명도 보여준다.

36,1-3과 37,36은 아시리아 군대의 시작과 마침을 보여준다. 그들은 예루살렘을 금방이라도 무너뜨릴 기세로 도착해서 도성을 포위했으나, 전멸이라는 비참한 최후를 맞는다. 이에 부합하여 산헤립도 히즈키야와 하느님을 향해 자만을 뽐냈지만, 그 또한 죽음을 맞게 된다(37,37). 둘 사이에 차이가 있다면, 아시리아 군대는 주님의 천사에게 몰락하지만, 산헤립은 주님의 천사가 아닌 그의 두 아들에게 살해된다. 그의 모습은 히즈키야와 대비되는데, 히즈키야는 위기의 상황에서 주님의 집으로 가 (37,1.14) 그곳에서 하느님의 구원을 체험한다. 반면에, 산헤립은 자신의 도성 니네베에서 자신의 신 니스록의 신전에서 예배드리는 가운데 죽임을 당한다(37,37). 대비되는 두 임금의 모습은, 하느님을 믿는 이가 구원된다는 신학적 주제를 드러내는 동시에, 니스록이 아닌 하느님만이 참되고 유일한 신이라는 사실을 증명한다.

3. 히즈키야의 발병과 치유 (38장)

38장은 유다 임금 히즈키야가 죽음에 이르는 중병에 걸렸다가 치유되는 이야기를 전해준다. 이 이야기는 히즈키야의 발병 과정과 이에 대한 등장인물의 대응을 통하여 세 부분으로 구성된다. 첫째 부분에서 히즈키야의 발병과 그의 죽음이 예고된다. 그러자 히즈키야는 통곡하며 하느님께 기도를 올리고 하느님께서는 이에 응답하여 그에게 치유를 약속하신다(38,1-8). 둘째 부분에서 히즈키야는 하느님을 신뢰하는 가운데 하느님께 치유를 청하는 기도와 감사기도를 봉헌한다(38,9-20). 마지막으로 기도가 끝난 후에 무화과 과자를 통한 치유 방법이 제시되고, 히즈키야가 '주님의 집에 오를 수 있다는 표징'을 물으면서 전체 이야기가 마무리된다(38,21-22).

1-8절 히즈키야의 발병과 치유 예고

히즈키야의 발병 보도는, 시온이 산헤립으로부터 구원받고 시온을 위협한 산헤립은 죽음을 맞이하는 이야기에 이어서 등장한다(38,1). '예루살렘이 받은 위협과 하느님의 구원' 이야기에 뒤이어 '히즈키야의 발병과 치유' 이야기가 연속적으로 전개되어 하느님의 구원이라는 주제를 반복하여 강조한다. 두 이야기는 하느님을 믿으면 강대국의 위협에서 구원받을 수 있고, 죽음의 위협에서도 벗어날 수 있다는 사실을 알려준다. 그러므로 두 이야기는 서로 분리된 것이 아니라 하나의 주제를 다루는 두 가지 사례다. 다만 산헤립이 예루살렘 점령을 시도한 시기가 기원전

701년이었고, 히즈키야(기원전 725-697년)가 치유되어 열다섯 해를 더 살게 되었다는 사실은(38,5) 연대기 일치에 문제를 일으킨다.[127] 따라서 이사야 예언서의 목적은 연대기를 일치시켜 역사적 사건에 대한 정보를 전하는 데 있지 않고, 하느님의 도성 시온/예루살렘과 하느님을 신뢰하는 인물 히즈키야를 나란히 보여주는 데 있음을 알 수 있다.

히즈키야는 병에 걸리고 이사야 예언자에게서 죽을 것이라는 하느님의 말씀을 듣는다(38,2). 이에 그는 슬피 울며 하느님께 기도를 드린다. 구약성경은 죽음을 낯선 것으로 바라보지 않았다. 다만 갑작스럽고 수를 채우지 못하는 이른 죽음은 하느님의 벌로 인식되었다.[128] 그러므로 히즈키야가 하느님께 성실함을 기억해달라고 청하는 것은 자신이 일찍 죽을 만한 죄를 짓고 살아오지 않았다는 표현이다(38,3). 그러자 하느님께서는 이사야를 통하여 히즈키야의 삶을 인정하신다. 그가 당신 마음에 들었으며, 당신을 신뢰하는 그의 기도를 들으시고 그의 청원을 수락하신다(38,4-5). 그리하여 히즈키야에게 열다섯 해가 더 주어질 것이 예고되고, 히즈키야와 도성을 구해주시겠다는 하느님의 약속까지 전해진다(38,6). 이를 통해 시온과 히즈키야가 구원의 대상으로 함께 등장한다.[129] 열왕기 하권의 본문과 비교하면, 열왕기 하권은 히즈키야가 표징을 요구하는 모습을 강조한다(2열왕 20,8-11). 하지만 이사야서는 이 부분을 의도적으로 빠트려 표징과 관련 없이 하느님을 신뢰하는 신앙인 히즈키야의 모습을 보여준다.[130]

9-20절 히즈키야의 기도

히즈키야는 하느님께 기도드린다. 그의 기도는 개인 감사 시편의 양식이다. 여기서 독자가 주목해야 할 점은 히즈키야가 자신의 치유 여부에 대해 아직 알지 못한다는 사실이다. 그의 치유는 기도가 끝난 후인 38,21에서 이뤄지기 때문이다. 그러므로 그가 바치는 기도는 하느님의 치유에 대한 감사기도가 아니라, 하느님을 신뢰하면서 바치는 기도이다. 그의 기도는 "병이 들었다가 그 병에서 회복된 유다 임금 히즈키야의 글이다"(9절)라는 머리글로 시작한다. 기도의 머리글은, 그가 병에서 회복된 뒤에 기도를 봉헌하였다고 제시한다. 하지만, 이 기도는 치유의 표징(38,7)과 치유(38,21) 사이에 위치하면서 치유 과정의 시간적 모순을 드러낸다. 이러한 치유 과정의 모순적 표현은, 히즈키야가 이미 치유된 사람의 마음으로 하느님께 기도를 봉헌하였으며 이 기도에 하느님을 향한 그의 신뢰가 담겨 있다는 사실을 보여주어 히즈키야의 신앙을 드러낸다.[131]

히즈키야는 자신의 기도에서 앞으로 자신이 맞이할 죽음을 고통과 관련해서 바라본다. 그에게 죽음은 모든 이와의 관계가 단절되는 것이다. 그는 주님을 뵙지 못하는 것은 물론, 세상 사람들을 볼 수 없음을 탄식한다(38,11). 그의 운명은 이제 목자들의 천막처럼 뽑히고 치워졌으므로, 그에게 새로운 삶의 가능성은 존재하지 않는다(38,12). 그는 자신이 맞이할 죽음의 운명이 모두 하느님에게서 기인함을 고백한다(38,13). 그는 울음과 탄식으로 지쳐간다. 그의 눈은 이제 지쳐서 죽은 자의 눈처럼 되고 그가 외치는 도움은 약하게 들려온다(38,14). 히즈키야는 다시 자신의 운명을 쥐고 계신 분이 하느님이심을 고백하며, 자신에게 다가온 죽음이 피할 수도, 돌릴 수도 없는 운명임을 인식한다. 그러니 그는 하느님께 아무런 말씀을 드릴 수 없음을 잘 알고 있다(38,15). 이어서 그는 하느님께 청을 올린다. 죽음을 맞이한 자신의 현실을 수용하고 있지만, 동시에 치유되어 살 수 있는 희망을 표현한다(38,16).

이제 히즈키야는 변화된 모습을 보여준다. 그의 쓰라린 고통은 행복이 되고, 하느님께서 그를 멸망의 구렁텅이에서 구원하시고 그의 죄를 용서해주셨음을 고백한다(38,17). 여기서 그의 구원은 죄의 용서를 의미한다. 죄의 용서와 치유의 인과관계는 구약성경의 신학을 반영한다. 구약성경은 질병과 죽음이 죄로부터 나온다고 바라본다(시편 7,4-5; 38,4-6; 미카 6,13). 그러므로 하느님께서 당신을 신뢰하는 이들의 보호자가 되신다는 것은, 하느님께서 그들을 파괴하는 온갖 위협, 죽음, 질병과 죄를 제거해주신다는 사실을 의미한다. 이를 통해 인간은 하느님 앞에 옳게 설 수 있게 되기 때문이다(이사 1,18; 6,7; 31,6-7; 33,14; 43,25; 44,22; 59,2.12 참조).[132]

히즈키야는 기도의 마지막에 죽은 이들이 아닌 살아 있는 이들만이 하느님을 찬미할 수 있음을 강조한다(38,18-19; 시편 6,6; 30,10; 88,11-13; 115,17-18). 이것은 하느님의 영광을 위해 자신이 살아 있어야 하는 이유를 밝히고, 동시에 자신이 하느님께 찬미를 드리기 위해 하느님께서 직접 개입하셔서 자신을 구해주셔야 한다는 요구를 담고 있다. 마지막으로 히즈키야는 '우리' 공동체를 소환하고 그들과 함께 주님의 집에서 노래 부르자는 권유와 함께 기도를 마무리한다(38,20). 기도를 시작하면서 그는 괴로움과 고통을 호소하였다. 그러나 기도하는 가운데 그는 하느님의 용서를 통한 구원을 체험하였고, 살아남아서 하느님께 영광을 드리겠다는 열망을 표현한다. 그리고 더는 고통에서 신음하지 않고, 주님의 집에서 공동체와 함께 머물면서 주님을 찬양한다.

21-22절 치유 방법의 발견과 표징에 대한 히즈키야의 문의

38장은 열왕기 하권과 비교하여 논리적이지 않은 모습으로 마무리된다.

히즈키야는 아직 온전하게 치유되지 않았으며(38,21 참조), 표징에 관한 그의 질문은 마치 하느님을 불신하면서 확신을 달라고 청하는 모습을 보여준다. 주목할 것은 이야기가 명확한 사건으로 마무리되지 않고, 열린 결말을 맞는다는 사실이다. 곧 히즈키야가 치유되었는지, 히즈키야가 요구한 표징의 의미는 무엇인지에 대한 추가적인 설명 없이 마무리된다.

히즈키야의 치유 여부는 이어지는 39,1에 등장하는 바빌론 사절단의 이야기에서 밝혀진다(39,1). 그러나 그의 표징에 관한 설명은 직접 언급되지 않는다. 열왕기 하권은 표징을 히즈키야의 치유와 관련하여 전개한다(2열왕 20,8-11). 그러나 이사 38장은, 주님께서 표징에 대해 언급하시고 그대로 이루어주시는 장면을 묘사한다(38,7-8). 그러므로 히즈키야가 38장의 끝에서 묻는 표징은 치유와 관련하여 하느님을 의심하면서 문의하는 것과는 다른 맥락에서 이해되어야 한다. 이로써 열왕기 하권과 이사야 예언서가 전하고자 하는 강조점이 다름을 알 수 있다. 곧 열왕기 하권은 하느님을 신뢰하는 히즈키야의 발병과 치유를 통해 그를 구원해주시는 하느님의 모습을 강조하고, 반면에 이사야 예언서는 하느님의 치유와 관계없이 하느님을 신뢰하는 히즈키야를 모범적인 인물로 제시한다. 그러므로 히즈키야처럼 의롭고 하느님을 신뢰하는 사람이 주님의 집에 오를 수 있다는 표징은 이사야 예언서의 전반부에서 전개되지 않고, 주님의 집과 산에 오름을 주제로 삼은 40장 이후의 본문에서 펼쳐진다.

▶ 히즈키야의 발병과 치유에 관한 두 이야기(2열왕 20,1-11; 이사 38,1-22)

이사 38장이 전하는 히즈키야의 발병과 치유의 이야기는 2열왕 20,1-11과 병행된다. 하지만 이사야 예언서의 경우, 이야기가 열왕기의 본문과 비교하여 더 짧고, 구절들의 배열이 다르며, 열왕기 하권에는 없는 히즈키야의 기도(38,9-20)가 있다. 이야기의 전반적인 전개 과정은 열왕기 하권의 본문이 더 논리적이다. 병의 시작과 죽음이 예고되고(2열왕 20,1), 하느님을 향해 히즈키야가 탄식의 기도를 드린다(20,2-3). 이에 하느님께서는 이사야 예언자를 통하여 히즈키야에게 치유될 것을 예고하시고(20,4-6), 무화과 과자로 히즈키야는 치유된다(20,7). 이어서 해시계에 드리운 그림자를 열 칸 뒤로 돌아가게 하는 표징에 관한 담화(20,8-10)로 전체 이야기는 마무리된다. 이처럼 열왕기 하권의 본문은 병의 시작에서 치유, 그리고 이에 대한 표징을 보여주면서 이야기를 매끄럽게 전개한다.

이와 비교하여 이사야 예언서에서 이야기는 조금 정돈되지 않은 채 전개된다. 히즈키야의 발병과 그의 죽음이 예고되고(이사 38,1), 하느님을 향해 히즈키야는 탄식의 기도를 드린다(38,2-3). 이에 하느님께서는 이사야 예언자를 통하여 그를 치유하실 것이라는 사실을 예고하신다(38,4-8). 열왕기 하권과 달리, 이사야서는 여기서 표징과 해시계의 그림자 이동에 관한 이야기를 언급한다. 이어서 이사야서에만 등장하는 히즈키야의 기도(38,9-20)가 나온다. 기도 후에 무화과 과자를 통한 치유가 다시 언급되고, 히즈키야가 던지는 표징에 관한 질문으로 전체 이야기가 마무리된다(38,21-22). 두 권을 비교하면 열왕기는 히즈키야가 치유되었다는 사실을 전해주지만, 이사야서는 그의 치유 여부를 전하지 않는다. 또한 표징에 관한 두 번의 언급은 마치 히즈키야가 치유에 관한 하느님의 말씀을 믿지 않는 모습으로 묘사된다.

그렇다면 두 이야기가 이렇게 다르게 전개되는 이유는 무엇일까? 열왕기 하권은 하느님과 다윗의 관계를 더욱 강조하며(2열왕 20,6), 이야기의 중심 주제인 히즈키야의 발병과 치유에 온전하게 집중한다. 반면에 이사야 예언서는 히즈키야의 기도(38,9-20)를 길게 배열하면서 그의 발병과 치유가 아닌, 히즈키야라는 인물에 주목한다. 히즈키야는 자신의 기도를 감사기도 형식으로 봉헌하지만, 그때까지 이사야 예언서는 그가 병에서 치유되었다는 사실을 언급하지 않는다. 이를 통해 히즈키야는 치유 여부를 떠나서 하느님을 온전히 신뢰하는 참된 신앙인의 모습을 보여준다. 그러므로 열왕기 하권이 당신을 신뢰하는 사람을 치유하시는 하느님의 모습을 그려냈다면, 이사야 예언서는 고통과 아픔 속에서도 하느님을 신뢰하는 참신앙인의 모습을 보여준다.

아울러 이사야 예언서는 히즈키야의 발병과 치유 이야기를 산헤립의 예루살렘 위협과 하느님의 구원 이야기와 함께 전개한다. 이를 통해, 하느님께서 당신을 신뢰하는 도성과 그곳의 임금을 군사적인 위협과 죽음의 그늘로부터 구원하신다는 신학적 가르침이 제시된다. 마지막으로 이사야서의 히즈키야 발병 이야기는 히즈키야가 표징에 관하여 물으면서 마무리된다. 그가 청하는 표징의 의미는 병의 치유를 가리키지 않고, '주님의 집에 올라감'과 연관된다. 히즈키야의 물음은 전체 이야기의 열린 결말을 보여준다. 이런 결말을 이해하려면 36-39장과 40장 사이에 계속되는 관계를 살펴야 한다. 곧 주님의 집에 오를 수 있는 표징이 무엇인가라는 히즈키야의 물음은 기쁜 소식을 전하는 시온에게 주어지는 "높은 산으로 올라가라"(40,9)라는 명령에서 응답되는

> 것으로 나타난다. 그러므로 여기서 의인화되어 등장하는 시온은 38,6의 "너와 이 도성"을 승계하고 동시에 '우리-공동체'로 이해될 수 있다. 따라서 이사야 예언서가 전하는 히즈키야의 발병과 치유 이야기는 열왕기 하권을 인용하는 과정에서 생겨난 편집의 흔적을 보여준다기보다, 한편으로 어떠한 어려움 속에서도 하느님을 신뢰하는 도성과 사람과 그들의 구원 이야기를 들려주고, 다른 한편으로 주제가 이어지며 전개되는 이사야서 후반부를 준비시키기 위해 의도적으로 구성된 본문으로 볼 수 있다.

4. 바빌론 사절단의 방문과 유배 예고(39장)

제1이사야서 곧 제1부의 마지막에 놓인 39장은 선행하는 히즈키야의 발병과 치유 이야기와 자연스럽게 연결되는 가운데 바빌론 사절단이라는 새로운 등장인물을 보여준다. 바빌론의 등장은 39장에 이어지는 40장 이후의 본문을 연결하면서 이사야 예언서의 후반부(40-66장)를 준비한다(43,14; 47,1; 48,14.20). 39장에서 주목할 것은 히즈키야의 변화된 모습이다. 36-38장은 히즈키야를 유다의 가장 모범적인 인물이며 임금으로 묘사한다. 어떠한 어려움 속에서도 변함없이 하느님을 신뢰하는 그의 모습에서, 그가 가장 이상적인 임금이라는 사실을 추호의 의심 없이 인정하게 된다. 그러나 바빌론 사절단을 맞이하는 히즈키야는 앞선 모습과 정반대로 그려진다. 그것은 이사야 예언자와의 관계에서도 드러난다. 이사야는 사절단 앞에서 취한 그의 행동에 동의하지 않을 뿐만 아니라, 그의 행동이 바빌론 유배를 가져오게 될 것이라고 예고한다. 이사야는 이사야서의 시작과 함께 이방 민족과 동맹에 대해 부정적 태도를 보여왔다(22,1-14; 30,1-7.15-17; 31,1-3). 그의 이러한 정치적 입장은 39장에서도 계속된다. 반면에 히즈키야의 입장은 다르게 보인다. 바빌론 사절단을 두고 대비되는 두 인물의 모습은 바빌론 유배의 예고로 마무리된다.

바빌론 사절단의 방문에 관한 이야기를 전하는 39장은 사절단 방문에 관한 이야기(39,1-2)와 이사야 예언자와 히즈키야의 논쟁(39,3-8)으로 구성된다.

1-2절 바빌론 사절단의 방문

히즈키야의 발병과 치유는 38장과 39장을 이어주는 연결 고리이다. 38장은 히즈키야의 치유 여부에 주목하지 않았으나, 39장은 첫머리에서 그가 다시 건강을 회복했음을 알려준다. 여기에서 바빌론 임금 므로닥 발아단이 처음 소개된다. 그는 아시리아에 맞서 바빌론의 독립을 쟁취한 인물이다.[133] 여기서는 그가 보낸 사절단이 나온다. 바빌론의 등장은 갑자기 이뤄진다. 이것은 역사의 시계가 새로운 시대로 전환됨을 예고한다. 아모츠의 아들 이사야가 활동하던 기원전 8세기는 고대 근동 지역이 아시리아의 영향권 아래 있었다. 곧 제1부(1-39장) 시대에 가장 강한 국가는 아시리아였다. 그런데 1-39장의 가장 마지막 부분에 바빌론이 등장하였다는 것은, 이제 바빌론이 새로운 패권 국가로 나설 것이라는 예고와 이어지는 제2부(40-55장)는 바빌론과의 관계 안에서 전개될 것임을 암시한다.

바빌론 임금 므로닥 발아단의 행동은 '듣다'와 '보냈다'라는 두 개의 동사로 나타난다. 이에 상응하여 히즈키야는 두 가지 행동, '기뻐하고(반가이 맞아들이고)', '보여준다'.[134] 이것은 히즈키야가 사절단의 방문을 단순히 기뻐한 것이 아니라 므로닥 발아단에게 호의를 품고 행동하였음을 뜻한다. 그는 자기의 보물 창고 전체와 창고 안에 있는 것을 다 보여주었다. 본문이 전하듯이 히즈키야가 기뻐서, 기분이 좋아서 자신의 창고를 보여주었을 수도 있다. 하지만 정치적 맥락에서 그의 행위를 바라본다면, 그는 반아시리아 정책을 위해 바빌론과 동맹 맺을 생각을 하였다고 이해된다. 자신이 바빌론과 동맹을 맺을 충분한 가치가 있음을 입증하기 위해 보물 창고를 보여주었을 수 있다. 왜냐하면, 그 행위는 자신이 지닌 군사적 힘과 정치적 위치를 보여주기 때문이다.[135]

역사적 상황에 비추어보면, 이 당시 히즈키야가 보물 창고를 소유하고 수많은 보물을 보유할 수 없었을 것 같다. 이사야 예언서가 언급하지 않는 조공에 관한 이야기(2열왕 18,14-16)에 따르면, 히즈키야는 "은 삼백 탈렌트와 금 서른 탈렌트"를 조공으로 바쳐야 했다. 그는 산헤립에게 주님의 집, 왕궁의 창고에 있는 은을 모두 내주었고, 주님의 집 문짝과 문설주에 입힌 금까지 벗겨내어야 했다. 이러한 상황에서 그의 보물 창고에 은과 금이 남아 있다는 것은 불가능하다. 따라서 바빌론 사절단에게 그가 보물 창고와 모든 것을 보여주었다는 내용은, 역사적 사건이라기보다 이야기의 전개 과정에서 바빌론 유배를 예고(39,6)하기 위한 근거를 제시한 것으로 보인다.

3-8절 이사야 예언자와 히즈키야의 논쟁

바빌론 사절단을 향한 히즈키야의 행동에 이어서 이사야 예언자가 등장한다. 그는 대화를 주도하며 히즈키야에게 질문을 던지고, 그에게 하느님의 말씀을 전달한다. 이사야 예언자가 던지는 질문은 그 사람들이 무슨 말을 하였는지와 어디에서 왔는지다. 그러나 히즈키야는 그 중 두 번째 질문에만 응답한다(39,3). 왜 히즈키야는 무슨 말을 나누었는지 이야기하지 않았을까? 바빌론 임금 므로닥 발아단은 아시리아로부터 독립하고자 노력하였고, 독립을 쟁취했다. 이 시대에 바빌론과 유다는 아시리아라는 공동의 적을 마주하고 있었다. 그러므로 바빌론의 임금이 사절단을 보냈다는 것은 단순한 친분의 교환이 아닌 동맹을 위한 포석으로 이해된다.[136] 따라서 히즈키야가 사절단과 나눈 이야기를 이사야에게 알리지 않은 것은, 그도 바빌론과의 동맹을 긍정적으로 바라보고 있음을 암시한다. 반면에 이사야 예언자는 이방 민족과 동맹을 맺는 모든 시도를 강하게 비판한다(30,1-7; 31,1-3 참조). 동맹에 대한 두 인물의 상반된 태도는 대화의 긴장을 고조시킨다. 이사야는 다시 질문을 던진다. 그러나 그는 대답을 듣지 못한 질문을 다시 던지지 않고, 그들이 무엇을 보았는지를 묻는다(39,4ㄱ). 이사야 예언자의 이러한 태도는, 히즈키야가 의도적으로 첫 질문에 답을 피했음을 알고 그의 답변을 유도하기 위한 것이다. 이에 히즈키야는 그들이 궁궐의 모든 것을 보았다고 응답한다(39,4ㄴ). 이미 살펴본 것처럼, 히즈키야가 자신이 소유한 모든 것을 보여 주는 행위는 자신의 가치를 드러내기 위함이었다.

이사야는 히즈키야가 보인 행위에 대한 하느님의 말씀을 그에게 전한다. 주님의 판결은 두 가지이다. 우선, 집(《성경》은 '궁궐'로 번역)에 있는 모든 것이 바빌론으로 옮겨질 것이고(39,6), 다음으로 아들들 가운데 일부가 바빌론으로 끌려가 내시가 된다는 예고이다(39,7). 여기서 언급된 '집'과 '아들'은 다윗 왕조를 의미한다(2사무 7,1-17 참조). 그러므로 주님의 두 가지 판결은 바빌론 유배라는 사건을 예고할 뿐만 아니라, 대가 끊기게 된 다윗 왕조의 몰락도 함께 예고하는 것이다. 이에 대해 히즈키야는 하느님께 순종하는 모습을 보이며(39,8ㄱ), 자신이 살아 있는 동안에 평화와 안정이 지속하기를 바라는 생각을 밝히면서 이야기는 열린 결말로 마무리된다(39,8ㄴ). 이러한 열린 결말에서, 바빌론에 의한 멸망과 다윗 가문의 몰락이 곧 일어날 사건이 아닌, 언젠가 미래에 발생할 일임을 알 수 있다. 이를 통하여 39장은 40장 이후에 펼쳐질 이야기를 준비한다.

이사 36-39장을 하나의 드라마로 읽게 되면, 히즈키야와 이사야 예언자의 태도가 관찰된다. 우선, 히즈키야는 극한의 어려움에도 하느님을 믿고 의지한 모범적인 신앙인의 모습을 보여주다가(36-38장), 건강을 되찾은 이후 다른 인물로 변한 듯한 모습을 보여준다. 반면에 이사야 예언자는 하느님의 사자使者로서 한결같은 모습으로 하느님의 말씀을 히즈키야에게 전달한다. 따라서 36-38장과 39장이 전달하고자 하는 주제가 구별된다. 36-38장은 시온과 히즈키야를 병렬한 가운데 히즈키야라는 모범적인 인물을 통해 하느님을 향한 신앙을 강조하였다면, 39장은 히즈키야의 변화된 마음이 아닌, 이사야 예언자가 지닌 모습과 권위, 그리고 그의 선포에 집중한다. 이와 더불어 이사야 예언서는 권위 있는 이사야 예언자의 선포가 예언서의 후반부에 성취됨을 보여준다.[137] 이처럼 이사야 예언자가 전달한 하느님 심판의 예고가 성취되었다는 것은, 그가 선포한 하느님 구원의 말씀도 성취될 것이라는 확신을 제공한다. 비록 '아모츠의 아들 이사야'가 39장을 끝으로 더는 등장하지 않지만, 그가 지닌 권위는 40장 이후에도 유효함을 강조한다. 그러므로 39장은 유배 시기의 이스라엘 백성을 위한 '예언과 그 성취'라는 도식을 제공하며, 이를 위하여 이사야 예언자의 태도와 권위에 집중한다.

성경에서 히즈키야 시대는 평화와 안정이 유지되는 모습을 보여준다. 하지만, 그의 후계자 므나쎄는 아버지와 같은 길을 걷지 않고 아시리아와 화친하였으며, 유다 왕국은 아시리아에 종속된다. 아울러 그는 야훼 신앙을 저버리고 이방 신들을 섬기면서 악행을 저지른다(2열왕 21,1-18 참조). 이렇게 다윗 왕조에 의해 야훼 신앙이 계속 위협을 받다가 요시야 임금이 즉위하여 종교 개혁(기원전 622년)을 시행한다. 그러나 요시야 임금이 죽고 난 후에, 유다 왕국은 멸망을 향해 가다가 바빌론에게 멸망하고 만다(기원전 587년). 결국 이사야 예언자가 선포한 바빌론에 의한 멸망과 다윗 가문의 몰락은 약 한 세기(기원전 701년부터 기원전 587년)가 조금 넘는 시간이 지나서야 성취된다.

이사야서는 예언자의 '예언과 그 성취'라는 도식으로 전반부와 후반부가 자연스럽게 연결되는 구성을 보여준다. 따라서 1-39장은 다윗 왕조에 속한 지상 임금의 시대를 보여주고(1,1 참조), 40-66장은 참되고 유일하신 임금님으로 이스라엘 백성은 물론 모든 민족을 다스리시는 야훼 하느님의 통치권을 강조한다. 야훼 왕권 신학은 지상의 임금과 하느님을 모두 임금으로 호칭하는 가운데 이사야서 전체에서 구체적으로 전개된다. 1-39장에서 임금의 호칭은 하느님과 지상 임금들에게 모두 쓰인다. 게다가 지상의 임금들은 직접 이름까지 언급된다(1,1; 6,1; 7,1-2; 20,1; 36-39장). 그러나 이사야 예언서에서 유일하고 참된 임금님으로 고백하고 선포하는 분은 야훼 하느님뿐이다(6,5; 24,23; 33,22). 하느님의 왕권을 처음 고백하는 6,5은 임금의 호칭에 정관사를 사용하여 하느님의 유일한 왕권을 강조한다. 39,7에서 다윗 왕조의 몰락을 예고한 이후, 이어지는 40장 이후의 본문은 하느님만이 유일하신 임금님이라는 사실을 전제한다 (41,21; 43,15; 44,6; 52,7). 40-66장에서 지상의 임금들은 복수 형태로만 언급될 뿐(41,2; 45,1; 49,7.23; 52,15; 60,3.10.11.16; 62,2), 역사의 실제 임금에게도 임금의 호칭이 부여되지 않는다. 예컨대 페르시아 임금 키루스는 임금이 아닌, "나의 목자"(44,28)와 "기름부음받은이"(45,1)로 표현된다.[138] 하느님의 왕권은 이사야 예언서 전체를 구성하는 중요한 주제로서 하느님의 구원 드라마를 이끄는 중심 기둥의 역할을 한다.

5. 신학적 의미

1) 시온과 시온의 백성

이사야 예언서가 전개되는 중심은 시온과 시온의 백성이다. 이사야 예언서는 시작과 함께 타락하고 죄로 가득한 시온의 모습을 비판하였다. 물론 그 책임은 시온 자신에게 있지 않고, 시온의 백성에게 있었다. 그러므로 이사야서는 첫머리에서 시온의 백성을 향해 공정과 정의를 바로 세우고 하느님에 대한 올바른 앎을 가지라고 강하게 요구하였다. 이에 부합하여 히즈키야는 시온의 백성이 본받아야 하는 모범적인 인물로 등장한다. 외부의 큰 위협을 받으면서도 그가 하느님을 믿고 의지했고, 하느님께서는 시온을 구해주셨다. 아울러 시온의 백성이 고백하는, "그곳에 사는 이는 아무도 '나는 병들었다' 하지 않고"(33,24)라는 신탁은 히즈키야의 발병과 치유 이야기(38장)를 통해 실현된다. 이처럼 하느님께서 시온을 보호하고 시온의 백성을 돌보신다는 신학적 주제는 역사적 사건 가운데 전개되는 시온과 그 백성의 구원 이야기에서 구현된다.

2) 하느님을 향한 믿음

하느님을 믿는 것은 제1부(1-39장)의 중심 주제이다. 하느님을 믿지 않으면 누구든지 옳게 설 수 없기 때문이다(7,9 참조). 제4편은 유다 왕국이 역사적으로 체험한 기원전 701년의 산헤립의 침략을 배경으로 전개된다. 그러므로 제4편이 전해주는 메시지는 분명하다. 그것은 하느님을 믿고 의지하면 위협으로부터 구원받을 수 있다는 사실이다. 하느님을 향한 믿음을 가장 강력하게 보여준 인물이 히즈키야 임금이다. 그는 산헤립의 위협 속에서도 하느님을 향한 믿음을 잃지 않았으며, 적극적으로 하느님께 기도하는 가운데 하느님의 구원을 직접 체험한다. 예루살렘, 곧 시온의 백성이 하느님을 옳게 믿게 되면 시온은 절대로 멸망하지 않는다는 시온 신학의 가르침이 제시된다.

시온의 위협과 함께, 히즈키야가 중병에 걸려 죽음의 위협에 놓인 이야기가 이어진다. 여기서도 히즈키야는 하느님을 향한 믿음을 잃지 않으면서 하느님께 기도를 드리고, 병에서 치유되어 생명이 연장된다. 시온이 산헤립의 군사적 위협에 놓인 것처럼, 시온의 백성 히즈키야도 죽음의 위협에 놓인다. 이 위협을 벗어나는 유일한 출구는 하느님을 향한 믿음이었다. 그러므로 '믿음'이라는 주제는, 시온이 어둠의 힘으로부터 위협받을 수 있지만 하느님을 향한 참된 믿음을 지니면, 그 위협에서 벗어날 수 있다는 사실을 역사적 사건으로 분명하게 증명한다. 이 신학적 주제는 이사야 예언서의 마지막에 이르기까지 일관성 있게 전개된다.

3) 역사적 사건에서 증명되는 하느님의 왕권

하느님의 왕권은 선행하는 제1-3편에서 각각 한 번씩 직접 언급되었다 (6,5; 24,23; 33,22). 하지만 역사적 사건을 통해 하느님의 다스림이라는 주제를 펼쳐가는 제4편에서는 하느님의 왕권이 직접 언급되지 않는다. 오히려 아시리아의 산헤립이 "대왕이신 아시리아 임금님"(36,4.13)으로 등장한다. 그러나 하느님을 임금님으로 표현하지 않았다고 해서 하느님의 왕권이 축소되거나 사라졌다는 뜻은 아니다. 다만 제4편은 역사적 사건을 전하는 본문에서 히즈키야와 산헤립의 대결 구도를 보여주는 가운데 임금이라는 호칭을 반복해서 사용한다.[139] 이러한 상황에서 하느님을 임금님이라고 표현한다면, 산헤립, 히즈키야, 혹은 바빌론 임금 므로닥 발아단과 같은 수준으로 보이기에 의도적으로 임금이라는 호칭을 하느님께 사용하지 않은 것으로 이해할 수 있다.[140] 아울러 대왕으로 등장하는 산헤립의 무력한 죽음, 하느님의 천사에게 아시리아 군대가 몰살당하는 장면은, 하느님이 대왕 산헤립보다 더 힘 있고 능력 있는 분이라는 사실을 증명한다. 이와 같이 이사야서에서 하느님의 왕권은 신학적이고 사변적인 주제로 머물지 않고 역사에서 전개되고 증명된다.

6. 말씀의 육화를 위한 단상

예루살렘이 포위되었다. 하느님을 믿고 신뢰하는 히즈키야는 중병에 걸렸다. 그러나 우리가 알고 있는 것처럼 예루살렘을 위협하던 산헤립과 아시리아의 군대는 죽음에 이르게 되고, 히즈키야는 치유된다. 모두 하느님을 향한 믿음이 살린 결과이다. 우리의 삶도 그렇게 하느님을 믿고 기도하면 위협도 사라지고, 아픈 병이 낫게 될까?

 우리가 지상에서 순례의 여정을 걷는 중에 피하고 싶고 다가오지 않았으면 좋겠다고 바라지만, 반드시 마주하는 것이 시련과 고통이라는 걸림돌이다. 왜 나에게 이런 시련이, 고통이 다가오는가? 이러한 실존적 물음은 신앙의 여부를 떠나 누구에게나 해당된다. 그렇다면 우리의 신앙은 이렇게 다가오는 시련과 어려움에 무슨 답을 주는가? 아쉽게도 성경은 어떻게 하면 고통이 사라지고, 어떻게 하면 위기나 어려움이 다가오지 않는지에 대해 우리에게 답을 주지 않는다. 다만 성경은 우리보다 먼저 신앙을 가지고 하느님을 믿고 찾으면서 만났던 사람들의 이야기로 시련과 어려움을 넘어서는 방법을 제시한다. 그들이 성경에 나오는 사람들이니까 시련을 넘어설 수 있었다고 이야기는 서술하지 않는다. 그들이 어려움, 고통과 위협을 넘어설 수 있었던 이유는, 그들이 하느님을 온전하게 믿고 신뢰하였기 때문이다. 하느님의 도성이요, 주님의 거룩한 산 시온이 위협 속에서 구원받을 수 있었던 것은, 그곳에 하느님을 신뢰하는 사람이 있었기 때문이다. 죽을병에 걸려 슬퍼하던 히즈키야가 삶을 연장할 수 있었던 것도, 그가 하느님을 온전히 믿었기 때문이었다. 이처럼 이사야 예언자가 우리에게 전해주는 바는 분명하다. 하느님을 믿고 신뢰하라는 가르침이다.

이제 자문해본다. 우리는 하느님을 어떻게 믿고 있는가? 분명 "전능하신 천주 성부, 천지의 창조주를 저는 믿나이다"라고 고백하지만, 역사에서 활동하시는 하느님의 힘을 바라보고 있는지, 하늘과 땅을 하느님께서 만드신 세상으로 바라보고 있는지 묻게 된다. 어쩌면 우리는 하느님을 손안의 스마트폰보다 무능한 분으로 생각하고 있을지도 모른다. 보이는 것이 전부이고 과학으로 실증될 수 있는 것만을 진리로 여기는 이 세상에서, 보이지 않고 실증될 수 없는 하느님을 믿고 의지하기란 쉬운 일이 아니다. 산헤립이 하느님을 모독했던 말을 기억해보자. "뭇 민족의 신들 가운데 누가 제 나라를 아시리아 임금의 손에서 구해낸 적이 있더냐? … 이 나라들의 모든 신 가운데 누가 자기 나라를 내 손에서 구해낸 적이 있기에, 주님이 예루살렘을 내 손에서 구해낼 수 있다는 말이냐?"(36,18-20). 산헤립처럼, 세상도 '하느님이 우리에게 무엇을 해주는가?' 하고 묻고 있다. 그러기에 우리는 히즈키야의 모습보다 산헤립의 말을 더 신뢰하며 살아가고 있는지도 모른다. 그래서인지 하느님의 힘과 능력은 시대의 중심이 아닌 변두리로 자꾸 밀려나고 있다.

　자칫하면 하느님은 성당에서만 들을 수 있는 말이 되고 만다. "하늘은 하느님의 영광을 이야기하고, 창공은 그분 손의 솜씨를 알리네"(시편 19,2). 우리가 바라보는 하늘과 살아가는 이 땅이 전해주는 창조주 하느님의 힘을 바로 볼 수 없다면, 우리는 세상의 주인이신 하느님을 성당에서만, 성경 책에서만 찾을지도 모른다. 전능하신 하느님의 크신 능력을 우리의 생각과 눈으로 가두어버리는 어리석음을 범하지 말라고 이사야 예언서는 우리에게 권고한다. 역사에서 참으로 활동하시고, 하느님을 믿고 의지하는 이들에게 구원을 베푸시는 하느님을 잊지 말라고.

▲ 제2이사야서(40-55장) 전체 보기

제2이사야서를 여는 40,1은 위로의 외침으로 시작한다. 40장이 선포하는 내용은 위로와 복역 기간의 마무리, 죗값이 치러짐, 죄악에 대한 갑절의 벌(40,2)을 언급하며 바빌론 유배를 암시한다. 아울러 위로의 외침과 처벌의 마무리를 암시하는 이 구절은 바빌론 유배가 거의 마무리되고 있음을 알려준다. 따라서 40,1은 바빌론 유배를 이미 과거의 사건으로 간주한다. 아모츠의 아들 이사야는 40장부터 등장하지 않는다. 예언의 선포는 이름 없는 익명의 인물을 통해 이뤄지고, 익명의 예언자를 역사적 인물 이사야 예언자와 구분하기 위해 '제2이사야'라고 부른다.[141]

그렇다면 이사야 예언자가 등장하는 1-39장(제1부)과 이사야 예언자가 한 번도 언급되지 않는 40-55장(제2부)은 아무런 상관이 없는 별개의 것일까? 그렇지 않다. 이사야 예언서는 1-66장까지 한 권의 책으로, 아모츠의 아들 이사야(1-39장)가 이사야 예언서 전체의 예언자로 전환되어 그의 음성과 선포를 통해 하느님 백성과 모든 민족의 과거, 현재, 미래를 관통한다.[142] 그러므로 40-55장은 예언서의 전반부(1-39장)와 같은 주제를 전개한다. 다시 말해 전반부의 주제가 여기서 유배라는 시대적 배경과 맥락 안에서 심화되어 전개됨으로써, 이사야서를 전반부와 후반부로 분명하게 분리할 수 없음을 보여준다.

물론 1-39장과 40-55장의 차이점도 존재한다. 우선, 40-55장은 전반적으로 찬양가적 장르로 구성되었다(42,10; 44,23; 48,20-21; 49,13; 52,7-10; 55,12-13). 하느님을 찬양하는 이 장르는 시편의 영향을 받은 것으로 보이고, 특히 야훼-임금 시편의 전통과 관계된다(시편 96; 98편). 아울러 "새로운 노래"로 표현되는 찬양가적 표현도 시편에서 전형적인 찬양을 이끄는 중심 모티브로 쓰인다(시편 33,3; 40,4; 96,1; 98,1; 144,9; 149,1). 시편의 영향을 강하게 받은 것으로 보이는 이러한 문학적 장르에 비춰보면, 40-55장은 전례적 요소도 많이 담고 있음을 알 수 있다.

40-55장 곧 제2부가 제시하는 신학적 기본 입장은 하느님에 관한 이야기다. 우선, 하느님께서 강력한 힘을 바탕으로 역사에 개입하신다. 그분은 키루스를 '나의 목자', '기름부음받은이'(44,28; 45,1)로 부르시어 바빌론을 처벌할 도구로 선택하신다. 바빌론에 대한 심판은 이스라엘 백성에게 구원을 의미한다. 그러므로 바빌론 심판 이후, 이집트 탈출 사건을 능가하는 새로운 탈출이 예고된다. 이 과정에서 하느님의 구원 행위는 이스라엘 백성만이 아니라 모든 민족과 이방 신들의 눈앞에 펼쳐지게 될 것이다.

다음으로 야훼 하느님의 통치권이다. 40-55장은 하느님께만 임금이라는 호칭을 부여하고(41,12; 43,15; 44,6; 52,7) 하느님 홀로 참된 임금이라는 사실을 선포한다. 하느님의 왕권과 함께 강조되는 것은 시온이다. 1-39장은 하느님의 왕권과 시온, 그리고 시온의 백성을 중심으로 하느님 구원의 드라마를 전개하였다. 이 주제는 40-55장에서도 중요한 위치를 차지하며 예언서의 후반부를 이끌어간다. 하느님께서 머무시는 지상 거처는 시온이며, 이스라엘 백성은 물론 모든 민족이 시온으로 초대된다. 단, 하느님의 초대에 응할 수 있으려면 그들이 우상숭배를 거부해야 한다. 여기서 하나의 신학적 강조점이 드러난다. 우상숭배의 문제는 1-39장에서도 중요한 주제였고,

하느님 심판의 이유였다. 40-55장은 우상숭배 문제를 해결하기 위해 유일신론을 전제하고 하느님과 우상들과 법리 논쟁을 전개하며, 하느님만이 유일하고 참된 신이라는 사실을 강조한다.

40-55장은 모든 이에게 개방된 하느님 백성 공동체를 지향한다(45,22). 이를 전통적인 신앙고백과 비교하면 새로운 방향성이 보인다. "너 이스라엘아 들어라"(신명 6,4)라는 전통적인 신앙고백은 이스라엘 백성이라는 혈통 중심의 소속감을 강조한다. 반면에 40-55장은 이러한 하느님 백성의 경계를 허문다. 유배라는 시대적 배경 속에서 야훼-종교는 새로운 방향성을 갖게 된다. 다만 이러한 방향성을 갖추는 데 조건이 필요하다. 유배지에서 눈 멀고 듣지 못하는 주님의 종 야곱/이스라엘의 장애 상황이 극복되고 제거되어야 하며, 동시에 그가/그들이 하느님 백성과 민족들 앞에서 유일하신 주님을 증언하는 증인이 될 때 그 조건이 채워진다(43,10; 44,8). 40-55장은 새로운 방향으로 나아가는 가운데 1-39장의 흐름과 주제를 단절하지 않고 계승하고 심화하면서 자신의 신학적 입장을 전개한다.

40-55장은 신학적 주제와 유배 상황의 변화가 드러나는 두 부분으로 구성된다. 전반부는 40-48장으로, 바빌론 신들과 논쟁하면서 유일하고 참된 신인 하느님을 증명하고 바빌론으로부터 주님의 종 야곱/이스라엘의 귀환을 준비한다. 이어지는 후반부는 49-55장으로, 여기서는 전반부의 주제였던 바빌론과 그들의 신들이 더는 언급되지 않는다. 후반부의 시선은 전반부와 달리, 바빌론이 아닌 시온을 향한다. 여기의 중심인물은 더 이상 눈멀고 귀먹은 주님의 종 야곱/이스라엘이 아니다. "백성을 위한 계약"이 되고 "민족들의 빛"(42,6)으로 자신의 사명을 수행하는 '주님의 종'과, 자신을 향해 선포되는

위로를 신뢰하지 않으면서 비판적이고 의심 가득한 모습을 보여주는 시온이 후반부의 이야기를 이끌어간다.

1) 제2이사야서에 대하여

오늘날의 눈으로 바라보면, 이사야 예언서가 구별되는 시대적 바탕 위에 전개된다는 것이 너무나도 당연해 보인다. 하지만, 이러한 시각을 갖기까지 중요한 연구의 과정이 있었다. 이 부분을 간략하게 설명하고자 한다.

우선 18세기 이전, 곧 계몽주의가 발생하기 이전, 이사야 예언서의 저자는 아모츠의 아들 이사야였다. 그는 하느님으로부터 권위를 받아서 앞으로 다가올 일을 정확하게 예측할 수 있었다는 입장이 아무런 의심 없이 수용되었다.[143] 그러나 18세기에 계몽주의가 퍼지면서 인간 이성이 강조되고 성경도 이성적 관점에서 접근하게 되자, 이사야서에 관심이 쏠리게 되었다. 이미 언급한 바와 같이, 아모츠의 아들 이사야는 이사 40장 이후에 언급되지도, 등장하지도 않는다. 아울러 38,6-7에서 예고된 바빌론 유배와 다윗 가문의 몰락은 이미 전제된 상황에서 40장 이후의 본문이 전개된다. 그리고 페르시아 임금 키루스의 실명이 본문에 언급되었기에 기원전 8세기의 예언자 이사야가 기원전 6세기의 인물인 키루스를 안다는 것이 불가능하다는 매우 중요한 사실에 주목한다. 이러한 시간의 격차에서, 이사야가 이사야 예언서 전체의 저자는 될 수 없음을 알 수 있으며, 40-66장은 아모츠의 아들 이사야가 아닌, 다른 인물에 의해 기록되었다는 논리적 결론에 이르게 된다.

이러한 주장을 본격적으로 전개한 인물이 되더라인(J. C. Döderlein, 1746-1792)이다. 그는 유배 시기 마지막에 이사야 예언자가 아닌 익명에 의해 이사야라는 이름으로 이사 40-66장이 기록되었다고 주장한다. 이 관점을 수용한 베른하르트 둠(B. Duhm, 1847-1928)은 40장 이후에 등장하는 익명의 예언자에게 '제2이사야Deuterojesaja'라는 가공의 이름을 부여한다. 더 나아가 그는 이사 56-66장의 저자로 제2이사야서와 다른 시대적 배경 속에 등장하는 인물을 제시하며 '제3이사야Tritojesaja'라는 또 다른 가공의 이름을 부여한다. 이 외에도 그는 네 개의 단락을 구분하여 고난받는 주님의 종의 노래(42장; 49장; 50장; 53장)라고 주장한다. 이와 같은 역사-비평적 관점의 접근이 그리스도교에 영향을 미쳤다. 그리하여 40장 이후의 본문이 제시하는 모든 민족을 향한 구원은 신약성경에서 중요한 구원관의 토대로 제시되고, 둠이 주장한 주님의 고난받는 종의 노래는 신약에서 그리스도를 통해 성취되었다고 수용된다.

2) 제2이사야서의 저자 그룹에 관하여

제2이사야서가 보여주는 문학적 특징은 찬양가적 구성이며, 그것은 시편으로부터 많은 영향을 받았다. 특히 야훼-임금 시편(시편 96; 98편)의 영향 속에서 야훼 하느님의 왕권을 전개하며, 하느님의 통치력은 이방 신들을 넘어서는 유일한 것으로 증명된다. 아울러 제2이사야서는 구약의 다양한 전통을 수용하였다. 창조 신학, 성조 전승, 탈출 전승과 함께 제1이사야서의 중요한 신학적 주제를 계승하였을 뿐만 아니라, 시온 신학과 연관하여 모든 백성을 향한 하느님의 왕권을 주창한다. 다채로운 신학적 요소들을 광범위하게 전개한다는 점에서 제2이사야서를 기록한 이들이 문학적(시편과의 연관성), 신학적(다양한 구약 전승)으로 교육된 이들임을 추론할 수 있다. 아마도 이들은 찬양가와 전례음악을 맡은 전문가 집단이었으며, 바빌론 유배 시기에 예루살렘에 남아 있던 성전성가대로 추정된다. 유배지에 끌려간 이스라엘 백성의 첫 번째 대규모 귀환은 기원전 520년에 이뤄졌다. 성전성가대는 예루살렘으로 귀환하는 이들에게 위로의 노래를 선포했다. 따라서 그들을 향한 위로와 예루살렘 재건이 제2이사야서의 중심 주제를 구성한다.

    이러한 가설이 가능할 수 있는 근거는 무엇인가? 유배와 유배 이후 시기에 선포되고 낭독된 백성의 탄원을 담고 있는 애가가 제2이사야서와 유관하기 때문이다. 예루살렘 성전이 파괴된 뒤 예루살렘에 남은 이들은 유배를 떠나게 된 이들을 위해 기원전 520년 이후에 성취된 희망의 드라마를 소개한다. 이 부분에서 애가와 제2이사야서는 많은 연관성을 갖는다. 예루살렘 파괴 이후의 절망적 상황을 배경으로 삼는 애가는 위로자가 없음을 탄식한다(애가 1,2.9.16.17.21). 이러한 탄식에 대응하여 제2이사야서는 시작과 함께 위로를 선포한다(이사 40,1). 또한 애가와 제2이사야서는 바빌론에서 귀환을 암시하는 '떠남'에 대해 선포한다(애가 4,15; 이사 52,11). 이처럼 애가와 제2이사야서가 보이는 연속성과 유사성은 제2이사야서의 저자가 예루살렘 성전성가대일 것이라는 가설에 힘을 실어준다.[144]

▶ 39장과 40장의 시간적 간격

이사야 예언서의 가장 큰 특징이라면, 다른 예언서처럼 특정 시대만 배경으로 삼지 않고, 바빌론 유배를 중심으로 유배 이전, 유배와 유배 이후 시기로 시대적 배경이 폭넓다는 점이다. 이러한 시대적 배경을 근거로 이사야 예언서를 세 부분으로 나눈다. 그런데 시대적 배경을 자세하게 살펴보면, 제1부와 제2부 사이에 제법 긴 시간적 공백이 존재한다. 39장은 제1부를 마무리하며, 바빌론 유배와 다윗 가문의 몰락을 예고한다(39,6-7). 이어지는 40장은 유배지에서 울리는 위로의 외침과 함께 제2부를 시작한다. 39,8과 40,1 사이에 약 150년에 가까운 시간적 공백이 존재한다. 예언서 가운데 유일하게 유배 시기의 전, 중, 후를 배경으로 삼는 이사야서가 유다 왕국을 전환시킨 엄청난 역사적 사건인 바빌론 침공과 예루살렘 파괴에 대해 침묵한다는 사실은 놀라운 일이다. 이는 유배 시대 직전의 예언서 예레미야서가 예루살렘의 파괴 장면을 묘사한 것과 대조된다(예레 52장 참조). 예루살렘의 파괴 장면에 대한 언급 혹은 묘사는 이사야 예언자의 심판 예언이 역사적으로 실현되었음을 입증하는 좋은 근거가 될 수 있었을 것이다. 그럼에도 이사야서는 이 부분에 대해 철저하게 침묵한다. 그 이유를 종합하면, 이 침묵은 우연이 아닌 저자(최종 편집자)[145]의 의도적인 생략으로 이해할 수 있다. 곧 이사야 예언서가 신학적 의도를 주장하거나 지지하기 위하여 일부러 예루살렘의 파괴 장면을 언급하지 않았다는 것이다.

제1부에 따르면 시온은 매우 중요한 장소이다. 시온은 하느님의 심판을 받고, 심판으로 정화되어 하느님의 구원이 실현되는 거룩한 장소이다. 이방 민족이 시온을 침범할 수 있지만 그들의 공격이 성공하여 시온을 점령할 수는 없다. 이유는 유일하고 참된 임금이신 하느님께서 보호하시고 지켜주시기 때문이다(6,5; 24,23; 33,22 참조). 그러므로 시온은 주님의 보호를 받는 이들을 위한 안전한 장소이고, 그곳에는 의로운 이들이 공동체를 이루고 살아간다. 또한, 그곳에는 주님께서, 품질이 입증되고 튼튼한 기초로 쓰일 값진 모퉁잇돌을 놓으셨다(28,16). 시온이 이러한 신학적 성격을 지녔다고 보면 외부의 침입으로 파괴되거나 정복당하는 시온을 생각할 수 없다. 이에 근거하여 이사야 예언서는 네부카드네자르에 의한 예루살렘 점령 이야기가 아닌, 산헤립에 대한 승리만 보도한다.

시온은 하느님께서 임금으로 통치하시는, 하느님만을 온전하게 신뢰하며 의로운 길을 걸어가는 이들이 살아가는 주님의 거룩한 산이며 도성이다. 그러므로 이사야서의 저자(최종 편집자)는 예루살렘이 역사적으로 파괴되었다고 할지라도, 적어도 이사야 예언서 안에서만큼은 주님의 도성이요 안식처라는 시온의 역할이 훼손되지 않도록 예루살렘 파괴 이야기를 의도적으로 생략했다고 볼 수 있다. 참되고 유일한 임금이신 하느님께서 머무시는 시온을 중심으로 펼쳐지는 하느님 구원의 드라마가 이사야 예언서가 전하는 신학적 중심 주제이다. 그러므로 저자(최종 편집자)는 39장과 40장의 긴 시간적 공백을 의도했으며, 이로써 이사야서의 중심 신학을 구성했다.

제5편

40-48장

바빌론으로부터의 귀환

1. 구조

이 책의 5편, 제2부 전반부의 시작을 알리는 40,1은 "위로하여라, 위로하여라, 나의 백성을"이라고 외치며 위로를 선포한다. 이어지는 구절에 나오는 "복역 기간", "죗값", 죄악에 대한 "갑절의 벌"(40,2)이라는 표현들은 이 말씀이 선포되는 시기가 유배 시기, 더 정확하게 유배가 거의 마무리되는 시기라는 사실을 암시한다. 이처럼 40-48장은 제1부와 구별되는 시대적 배경 속에서 전개되고, 먼저 시온과 야곱/이스라엘의 서곡으로 그 시작을 알린다(40,1-11.12-31). 이어서 하느님과 이방 신들의 법리 논쟁을 통해 참되고 유일하신 하느님은 주님뿐이라는 사실을 증명한다(41,1-42,13). 그 뒤 주님의 종, 야곱/이스라엘이 주님의 증인으로 부르심을 받고, 하느님께서 귀먹고 눈먼 종을 변화시키신다(42,14-44,23). 그다음 역사의 주도권을 지니신 하느님께서 페르시아 임금 키루스를 "나의 목자"(44,28)요 "기름부음받은이"(45,1)로 선포하시며, 그를 통해 바빌론의 멸망과 이스라엘 백성의 귀환을 준비하신다(44,24-45,25). 이를 위해 가장 먼저 바빌론 우상들의 몰락이 예고되고(46,1-13), 이어서 바빌론의 멸망에 대한 신탁이 선포된다(47,1-15). 제2부의 전반부는 유배 시기에 대한 회상과 함께 바빌론을 탈출하라는 하느님의 명령으로 마무리된다(48,1-22).

40장	시온과 야곱의 서곡
40,1-11	시온의 서곡

40,12-31	야곱/이스라엘의 서곡
41,1-42,13	이방 신들의 무력함과 야곱을 위한 주님의 약속
41,1-20	역사적 권능에 대한 법리 논쟁
41,21-42,13	법적 담화와 종의 공개
42,14-44,23	주님과 그의 눈멀고 귀먹은 종
42,14-43,13	눈멀고 귀먹은 종을 위한 주님의 설득
43,14-44,8	죄의 제거와 축복의 약속
44,9-20	우상 제작자를 향한 비난
44,21-23	찬양 노래
44,24-48,22	키루스를 통한 주님의 승리와 바빌론과 우상의 몰락
44,24-45,25	키루스를 통한 주님의 승리
46,1-13	바빌론 신들의 몰락
47,1-15	바빌론의 멸망
48,1-22	유배의 회상과 탈출을 향한 외침

2. 시온과 야곱의 서곡(40,1-31)

제1부가 심판(1,1-31; 2,6-4,1)과 구원(2,1-5; 4,2-4)의 서곡으로 전개된 것처럼, 제2부의 본문도 시온과 야곱/이스라엘의 서곡(40,1-31)으로 이사야 예언서의 새로운 장을 펼친다. 이 서곡의 수신자는 시온과 야곱/이스라

엘인데, 야곱/이스라엘은 41-48장에서, 시온은 49-55장에서 중심인물로 나선다. 40장은 두 부분으로 나눠 볼 수 있다. 앞부분은 하느님 백성을 향한 위로의 선포로 시작되어 유다의 성읍들에 기쁜 소식을 전하는 시온의 이야기로 마무리된다(40,1-11). 뒷부분은 좌절에 빠진 야곱/이스라엘에게 하느님께서 모든 일을 행하실 수 있는 힘을 보여주시는 내용이다(40,12-31).

1) 시온의 서곡(40,1-11)

40장은 시작과 함께 위로를 외치며 "복역 기간이 끝나고", "죗값이 치러졌으며", 죄악에 대한 "갑절의 벌을 받았다"고 선포한다. 하느님께서는 "나의 백성"이라고 언급하며 이스라엘에게 구원의 소식을 전하신다(40,1-2). 이어지는 담화는 주님의 길을 묘사하고(40,3-5), 주님의 위로를 아직 신뢰하지 못하는 이들에게 하느님 말씀의 영원함이 선포된다(40,6-8). 제1부에서 주님의 도성, 거룩한 산성, 의로운 이들의 안식처로 언급되며 신학적 공간의 중심지였던 시온은 이제 주님의 전령이 되어 유다의 성읍들을 향해 구원의 기쁜 소식을 전한다(40,9). 시온은, 권능을 떨치며 승리자로 오시는 하느님과, 새끼 양과 가축들, 어미 양들을 돌보시는 목자의 모습으로 나타나시는 하느님을 선포한다(40,10-11).

1-2절 위로의 책

"위로하여라, 위로하여라"(40,1)처럼 선포 내용의 반복은 제2부에서 주로 나타나는 표현 양식이다(51,9.17; 52,1.11). 이 같은 새로운 문체와 함께 제2부는 구약성경에서 매우 드물게 사용하는 신학적 주제, 하느님의 '위로'를 제시한다(40,1; 49,13; 51,3.12.19; 52,9; 66,13; 에제 14,23; 16,54; 즈카 1,17).[146] 1-39장이 주로 이스라엘 백성을 향한 심판 선고를 중심으로 전개되었다면, 40-55장은 이스라엘 백성을 향한 위로의 말씀으로 전개된다. 이러한 맥락에서 제2이사야서는 '위로의 책'이라고 여겨진다.[147] 여기서 선포되는 위로는 1-39장에서 선포된 심판과 강한 대비를 이루고, 도성과 경작지가 황폐해지는 심판의 시기가 마무리되어 감을 암시한다(6,11 참조). 그러므로 '위로의 선포'는 하느님의 위로와 함께 새로운 시대로 전환되고 있음을 예고한다. 시기의 전환은 '복역 기간', '죗값이 치러짐', '갑절의 벌'이라는 어휘 사용에서 더욱 분명해진다. 비록 39장과 40장 사이에 아모츠의 아들 이사야가 히즈키야 임금에게 예고했던 바빌론 유배(39,6-7)는 일절 언급되지 않지만, 죗값이 치러지고 이미 갑절의 벌을 받았다는 이야기로 바빌론 유배가 거의 마무리되고 있음을 보여준다.

위로는 하느님께서 "나의 백성"이라고 부르신 이들에게 선포된다. 이 호칭은 하느님과 이스라엘 백성의 계약 관계에서 나타나는 표현(탈출 6,7; 레위 26,12; 신명 26,17-18; 29,12 참조)으로 제1부와 구별되는 사항이다.[148] 1-39장은 이스라엘 백성을 지칭할 때 "이 백성"(8,6.12; 29,13)으로 표현하며 호의적 태도가 아닌 중립적, 혹은 부정적 태도를 보인다. 그러므로 제2부는 위로의 선포와 함께 하느님과 이스라엘 백성의 계약 관계가 회복되며, 이를 바탕으로 새로운 구원의 드라마가 전개될 것이 예고된다.

3-5절 주님의 길

위로의 외침은 광야에 길을 건설하라는 명령으로 이어진다. 여기서 주목해야 할 점은, 광야에 놓이는 이 길이 유배에서 귀환하는 백성을 위한 해방의 길(35,10 참조)이 아닌, "주님의 길"이라는 사실이다. 이 길은 주님께서 오시도록 광야에 놓이는 길이다. 이 길의 목적인 주님의 오심은 주님의 계시로 이해된다. 곧 유배라는 참사에서 벗어날 길 없는 백성을 위해 하느님께서 직접 자신을 드러내시기 위해 주님의 길을 마련하라고 이르시는 것이다. 길의 준비는 평탄화를 예고하면서 구체적으로 전개된다. 높고 낮음을 보여주는 골짜기, 산과 언덕은 메워지고 낮아지며, 거칠고 험한 곳은 평지와 평야로 변화된다. 이러한 준비 후에 주님의 영광이 그곳에 드러난다. 구약성경에서 주님의 영광은 두 가지 맥락에서 언급된다. 첫째, 이스라엘 백성의 광야 여정에서(탈출 16,7.10; 24,16.17; 40,34-35; 레위 9,6.23; 민수 14,10; 16,19), 둘째, 솔로몬 성전의 축성(1열왕 8,11; 2역대 5,14; 7,1-3)과 관련되어 예루살렘 성전에서 주님의 현존 혹은 부재를 보여준다(에제 1,28; 3,12.23; 10,4.18; 11,23).[149] 그러므로 주님 영광의 계시는 유배지에서 돌아오는 이스라엘 백성을 이끌어주실 하느님의 능력을 보증하고 그들과 함께하시는 하느님의 현존을 의미한다. 이사야 예언서에서 이사야 예언자만이 정화를 거쳐 주님의 영광을 마주할 수 있는 사람이었다(6,3-6). 그런데 이제는 모든 사람이 주님의 영광을 볼 수 있게 된다. 이것은 갑절의 벌로 제1부에서 예고된 심판의 과정이 마무리되고 새로운 시대, 곧 거룩한 씨앗의 시대가 시작되었음을 의미한다(6,13 참조).[150]

6-8절 하느님 말씀의 영원함

이 단락은 하느님과 인간에게서 드러나는 강한 대비를 보여준다. 인간과 그의 영화는 마르고 시드는 풀과 꽃에 비유된다(40,6-7). 반면에 하느님 말씀은 영원성을 지니고 있음이 강조된다(40,8). 여기서 풀과 꽃에 비유되면서 인간의 유한성이 강조되는 듯 묘사되나, 정작 주목해야 하는 것은 인간의 유한성이 아닌 인간의 윤리적이고 종교적인 심성이다.[151] 이러한 해석은 "영화"로 번역된 히브리어 헤셋דסח을 이해할 때 가능하다. '충실, 자비, 연대성'의 의미를 지닌 헤셋이 인간에게 적용될 때는 하느님을 향한 태도로 이해된다. 그러므로 여기서 강조되는 것은 인간의 한계성이 아닌, 인간의 윤리적이고 종교적인 결심과 하느님 말씀이 지닌 영원함의 대비이다.[152] 다시 말해 인간이 하느님의 위로를 듣고 갑절의 벌을 받아 정화 과정을 거쳤지만, 그럼에도 다시 죄로 기울 수 있다는 것이다. 그런데도 인간에게 위로를 전하시는 하느님의 말씀은 변함없이 영원하다고 선포된다.

9절 기쁜 소식의 전령인 시온

여기서 시온과 예루살렘은 말씀을 받아 유다 성읍들에게 기쁜 소식을 전하는 전령으로 등장한다(41,27과 52,7 참조). 선포의 중심에는 "너희의 하느님께서 여기에 계시다"(40,9)라는 외침이 있다. 이 구절은 "보라, 너희의 하느님을"이라고 직역될 수 있는데, "보라"라는 외침은 하느님의 현존을, "너희의 하느님"이라는 표현은 하느님과 수신자의 관계를 드러낸다. 그러므로 기쁜 소식의 전령인 시온과 예루살렘이 전하는 소식은 하느님의 현존 및 하느님과의 관계 회복이다(40,9ㅅ). 1절과 9절은 "너희의 하느님"으로 연결되며, 이는 시온과 예루살렘(40,2ㄱ)이 하느님의 위로를 선포하시는 말씀을 듣고, 수용한 다음, 이제 유다의 성읍들에게 그 소식을 전하는 주님의 전령으로 활동하는 연속성을 드러낸다.

10-11절 주님의 오심과 새로운 방식의 돌보심

주님의 오심이 선포된다. 주님을 위해 준비된 길로 주님께서 오심으로써 그분이 선포하신 위로가 구체적인 사건으로 변화된다(40,3-5 참조). 하느님께서 오시는 모습은, 권능을 떨치시고, 팔로 왕권을 행사하시는 가운데 전쟁터에서 개선하시는 모습으로 묘사된다(40,10). 그분께서 지니고 오시는 상급과 보상에서 하느님의 오심이 무엇을 의미하는지가 더욱 구체적으로 드러난다. 상급(사카르שכר)은 하느님께서 인간에게 베푸시는 보답을 의미한다(창세 15,1; 30,18; 시편 127,5). 보상(페울라פעלה)은 하느님께서 수여해주시는 일종의 보상과 같은 것이다(이사 49,4; 61,8; 시편 28,5의 "위업"). 아울러 상급과 보상이 묶여 정치·군사적 영역에서 사용되기도 하는데, 여기서는 일종의 전리품으로 이해된다(에제 29,19-20).[153] 그러므로 하느님께서 오시는 행위는, 한편으로 이스라엘 백성에게 무엇인가를 베풀기 위해 들고 오신다는 의미로 해석할 수 있고, 다른 한편으로 이스라엘 백성을 전리품으로 취해 바빌론에서 데리고 나오시는 하느님의 행위로 해석될 수 있다.

이어서 하느님의 새로운 보호 행위가 묘사된다(40,11). 첫째, 하느님께서 목자에 비유된다. 구약성경은 하느님을 종종 목자로 비유하고(호세 4,16; 미카 7,14; 에제 34,13-16; 시편 23,1; 28,9; 80,2), 목자는 임금을 표현하는 은유로 사용된다. 이미 제1부는 하느님을 참되고 유일한 임금님으로 선포하였다(6,5; 24,23; 33,22). 다윗 왕조가 멸망한 이후(38,7 참조), 이스라엘 백성에게 임금이 없는 것이 아니라 하느님께서 목자의 모습, 곧 참된 임금님으로 이스라엘 백성을 다스리신다는 사실이 선포된다. 둘째, 하느님의 모으시는 행위가 언급된다. 하느님께서 흩어진 이스라엘 백성을 모으시는 행위가 새끼 양들을 모으시는 행위에 비유된다. 흩어버림이 하느님의 심판을 의미하였다면, 이제 하느님께서는 모으시는 행위를 통해 심판에서 구원으로 넘어가는 새로운 시간을 시작하신다. 흩어진 이들을 모으시는 하느님의 행위는 구원을 드러내는 행위로서 제2-3부의 중심 주제를 구성한다(43,5; 45,20; 48,14; 49,18; 54,7; 56,8; 60,4; 66,18).

2) 야곱/이스라엘의 서곡(40,12-31)

제2부의 두 번째 서곡은 야곱/이스라엘에게 하느님께서 어떤 분이신지를 소개한다. 첫 번째 서곡이 "위로하여라", "선포하여라"와 같이 명령형의 문장으로 구성되었다면, 두 번째 서곡은 하느님의 본질을 묻는 수사적 질문(12.13.14.18.21.25절)과 왜 야곱/이스라엘이 하느님을 향해 절망적인 탄식을 내뱉는지에 대한 물음으로 구성된다(27절). 아울러 시온의 서곡의 중심에 하느님께서 백성을 위로하려는 의지가 있다면, 야곱/이스라엘을 향한 서곡의 중심에는 모든 것을 행하실 수 있는 하느님의 능력이 있다. 그러므로 여기서 제기되는 수사적 질문에 대한 대답은 야곱/이스라엘이 가진 절망을 희망으로 변화시키고, 그들에게 주어지는 새로운 힘으로 전환된다. 본문의 문체와 주제에 따라 이 대목은 다음과 같이 구성된다: 위로의 원천이신 분의 본질에 대한 물음(40,12-14); 인간 역사에 대한 하느님의 지배권(40,15-17); 우상숭배의 헛됨(40,18-20); 지상 권력자들을 향한 심판(40,21-24); 천체 숭배(40,25-26); 야곱/이스라엘의 항변(40,27-28); 지친 이에게 힘을 주시는 하느님(40,29-31).

12-14절 위로의 원천이신 분의 본질에 대한 물음

이 단락은 백성에게 위로를 전하시는 하느님이 어떤 분이신지를 소개한다. 이를 위해 다섯 개의 수사적 질문을 제기하며 하느님의 본질을 드러낸다. 이스라엘 백성은 바빌론 유배를 겪으면서 하느님의 능력에 대하여 의문을 품었다. 고대 근동의 세계관에 따르면 전쟁은 신들의 전쟁이었으며, 전쟁에서 패배하고 멸망하였다는 것은 그 민족이 섬기는 신의 무력함을 증명했다. 그러므로 바빌론에게 멸망한 기억에서, 이스라엘 백성은 야훼 하느님의 무능력을 체험했다. 이러한 맥락에서 이스라엘 백성은 하느님께서 전해주시는 위로와, 유배가 거의 끝나가고 있다는 예고를 온전하게 수용하지 못하는 모습을 보여준다. 그런 백성을 향해 위로의 원천이신 하느님께서 어떤 분이신지가 선포된다. 곧 하느님께서는 바빌론의 신 마르둑보다 열등하거나 무능력하지도 않을 뿐 아니라 어떤 신과도 비교될 수 있는 분이 아니라는 사실이 선포된다.

15-17절 인간 역사에 대한 하느님의 지배권

여기서는 민족들에 대한 하느님의 통치권이 중심 주제이다. 모든 민족은 하느님 앞에서 아무것도 아니며, 헛것으로만 여겨지는 존재이다. 그들은 하느님 앞에서 두레박에 떨어지는 물방울, 천칭 위의 티끌이며, 먼지에 불과하다. 이러한 은유적 표현은 이방 민족에 대한 멸시와 무시를 의미하지 않는다. 하느님께서는 그들보다 더 높고 강한 힘을 지니고 계시며, 인간의 역사를 움직이시는 분이라는 사실을 강조할 뿐이다.

18-20절 우상숭배의 헛됨

이제 하느님의 능력은 우상들과 비교된다. 우상은 인간이 만든 작품에 불과하다. 우상과의 비교를 통하여 드러나는 참된 하느님의 본질은 제 2부(특히 40-48장)를 이끌어가는 중심 주제이다(40,19-20; 41,6-7; 44,9-20; 46,1-2.6-7).[154] 탈출기와 신명기가 전하는 십계명을 보면, 다른 신을 섬기지 말라는 계명이 들어 있어 다른 신의 존재를 인정하는 모습을 보여준다. 하지만 이사야 예언서는 하느님만이 홀로 참된 신, 유일하신 하느님이라는 사실을 강조한다. 이는 바빌론 유배 체험과 깊은 연관을 갖는다.[155] 모순적으로 보이지만, 이스라엘 백성은 유배지에서 이스라엘 백성만의 하느님이 아닌, 모든 민족의 하느님이라는 하느님 이해의 새로운 지평을 열게 된다. 곧 유배는 하느님의 무력함 때문이 아니라 이스라엘 자신의 죄로 인한 결과이며, 이를 위해 하느님께서 강대국 바빌론을 심판의 도구로 사용하셨다고 이해한 것이다. 그런 관점에서 하느님께서 지니신 유일성은 우상과 비교할 수 없다는 신학적 가르침으로 나타난다.

21-24절 지상의 권력자

하느님의 능력은 역사와 우상을 넘어 이제 지상의 권력자를 향한다. 지상 권력자들의 능력은 위대해 보일 수 있다. 하지만 그들이 지닌 힘을 하느님과 비교하면 비교 자체가 무의미하다. 그들이 살아가고 다스리는 땅을 하느님께서 세우셨고, 그곳에서 그들을 심판하신다. 그들이 능력으로 무언가를 행하면 그것이 시작되기도 전에 하느님께서는 그것을 무력하게 만드신다. 이스라엘 백성이 두려워하는 지상 통치자들의 실체는 하느님 앞에서 아무것도 아니다.

25-26절 천체의 숭배

하늘의 별들이 언급된다. 이들이 구약성경의 여러 곳에서 '하늘의 군대들'로 지칭되기도 하지만(신명 17,3; 2열왕 17,16; 예레 8,2), 여기서는 바빌론에서 숭배하는 우상을 의미한다.¹⁵⁶ 이처럼 바빌론에서 섬겨지는 하늘의 별들은 하느님의 피조물일 뿐이다. 이 점에서 하느님의 절대적 우월성과 비교할 수 없음이 드러난다. 하느님께서 별을 창조하셨다(40,26). '창조하다' 라는 동사(바라ברא)는 구약성경에서 오로지 하느님만 주어로 등장하며 하느님의 절대적 능력을 나타낸다. 그러므로 창조의 능력은 다른 인간이나 우상에게는 없는 하느님만이 지니신 고유한 능력이다. 이 능력을 지니시기에 하느님은 역사를 주관하시는 분으로 등장한다. 누구도 하느님의 창조 행위와 그 능력을 측정할 수 없듯이 이스라엘과 민족들을 위한 하느님의 계획도 설명할 수 없다(40,14 참조).

하느님의 고유한 능력은 창조의 능력과 함께 "거룩하신 분"이라는 주님의 호칭에서 정점을 이룬다(40,25). 하느님의 거룩함과 관련하여 제1부는, 백성이 자신들의 죄로부터 돌아서고, 하느님께서 백성을 향하는 가운데, 하느님 백성을 겨냥한다(1,4; 5,19.24; 10,17.20; 12,6; 17,7; 29,19; 30,11.12.15; 31,1). 반면에 제2부는 민족들 가운데 있는 이스라엘을 위한 비길 수 없는 하느님의 보살핌을 보여준다(41,14.16.20; 43,3.14; 45,11; 47,4; 48,17; 49,7; 54,5; 55,5; 60,9.14).¹⁵⁷ 40,25에서 사용된 "거룩하신 분"이라는 표현은 이후에 더는 표현되지 않고, 구약성경 전체에서도 매우 드물게 사용된다(1사무 2,2; 탈출 15,11; 하바 1,12; 시편 77,14; 이사 6,3 참조). 이것은 하느님께서 이스라엘 백성을 넘어서 모든 민족에게 자신을 공표하시는 표현으로, 지상과 천상의 어떤 권력에 대해서도 인내하지 않으시는 하느님을 보여준다.¹⁵⁸

27-28절 야곱/이스라엘의 항변

40,27에서 선행하는 본문과 구별되는 호칭이 쓰인다. 이전까지 "너희"(40,18.21.25)로 지칭되던 이들이 "너"로 변화된다. 앞 단락(40,12-26)은 야훼 하느님께서 어떤 분이신지 분명하게 증언하였다. 거기서 하느님께서는 자신의 본질을 직접 드러내셨다. 그러나 여기서는 익명의 대상이 아닌 야곱과 이스라엘이라는 이름을 부르며 그들의 탄원에 반박하신다(40,27). 하느님께서는 성조와 연관 지어 이스라엘 백성을 야곱/이스라엘로 부르신다. 야곱과 이스라엘은 이스라엘 백성의 성조 야곱을, 그리고 그의 새로운 이름 이스라엘을 떠올려준다(창세 32,29). 나라의 멸망을 겪고 낯선 유배지로 끌려온 이들에게 야곱/이스라엘이라는 이름을 부여하시는 것은 그들이 바로 성조 때부터 선택된 하느님의 백성이며, 하느님 구원의 중심에 있음을 의미한다. 그러나 이스라엘 백성은 하느님께서 유배라는 시간 동안에 자신들을 잊고 계시다고 생각하며 탄식한다. 이미 40,1에서 위로와 함께 시작된 하느님의 구원 계획을 이스라엘 백성은 회의적으로 바라보고 있다. 이런 야곱/이스라엘에게 하느님께서는 당신의 능력을, 당신 창조의 힘을 선포하신다(40,28).

29-31절 지친 이에게 힘을 주시는 하느님

창조주 하느님은 피곤함과 지침을 모르신다(40,28-29). 오히려 젊은이들과 청년들은 피곤하여 지치고 비틀거려도 그분은 지친 이에게 힘을 주시고 기력을 북돋아주신다(40,30). 하느님의 새로운 힘은 당신을 희망하고 바라는 이에게 주어지는 선물이다. 그러므로 하느님께 의심이 아닌 희망을 품을 때 세상의 누구에게서도 얻을 수 없는 강한 힘을 얻게 된다. 이스라엘 백성은 유배라는 어려운 시간을 보내고 있다. 그럼에도 하느님을 믿고 신뢰한다면 세상의 그 누구도 줄 수 없는 강한 힘을 얻고 새로운 미래를 맞이하게 될 것이다.[159]

제2부를 여는 두 개의 서곡은 시온과 야곱/이스라엘에 관하여 들려준다. 이 둘은 이후 전개되는 제2부에서 매우 중요한 역할을 한다. 먼저 이스라엘 열두 지파의 성조 야곱/이스라엘의 이름을 지닌 유배 공동체의 이야기가 41-48장에서 전개된다. 이어서, 성취되는 귀환의 목적지로서 시온이 49-55장의 중심에 위치한다. 두 개의 서곡은 제2부가 담고 있는 이야기가 무엇인지를 미리 독자들에게 들려주고, 이야기의 중심인물 시온과 야곱/이스라엘을 통해 앞으로 전개될 이야기를 준비한다.

3. 이방 신들의 무력함과 야곱/이스라엘을 위한 주님의 약속(41,1-42,13)

41장부터 48장까지 두 번째 서곡의 주인공이었던 야곱/이스라엘을 중심으로 주요 주제들이 전개된다. 먼저 두 개의 담화 안에서 각각의 주제가 전개된다. 첫 번째 주제는 법리 논쟁 형태로 전개되는 이방 민족과 그들의 신의 무력함이다(41,1-20). 두 번째 주제는 야곱/이스라엘을 위한 구원의 확신이다(41,21-42,13). 이 단락의 장르를 살펴보면, 이방 신들을 향한 심판의 말씀(41,1-7; 41,21-29), 종을 위한 구원의 신탁(41,8-16; 42,1-9), 구원

의 말씀과 종말론적 찬양(41,17-20; 42,10-12)의 형태로 대칭 구조가 드러난다.[160]

장르	첫 번째 담화	두 번째 담화
이방 신들을 향한 심판의 말씀	41,1-7	41,21-29
종을 위한 구원의 신탁	41,8-16	42,1-9
구원의 말씀/종말론적 찬양	41,17-20	42,10-13

1) 이방 민족과 그들의 신의 무력함(41,1-20)

지중해의 여러 섬을 의미하는 "섬들"과 겨레들이 하느님의 명령을 받으면서 참되고 유일하신 하느님과 이방 신들의 법리 논쟁으로 41장은 시작된다. 이 본문을 이해하는 데 중요한 역사적 인물이 페르시아 임금 키루스이다. 아직 그의 이름이 직접 언급되지 않지만, 이방 신들과의 대결 구도에서 고대 근동의 새로운 강자로 키루스를 일으키고(41,2), 그의 군사적 행동을 실행하게 만든 이(41,4)가 바로 하느님이라는 사실이 강조된다. 그러므로 하느님과 이방 신의 법리 논쟁이 키루스의 활약과 관련하여 진행된다(41,1-7). 이어서 야곱/이스라엘이 "종"으로 등장하고 그에게 하느님의 구원 신탁이 전해진다(41,8-16). 마지막으로 하느님께서 광야를 수원지로 변화시키는 구원의 말씀을 전해주시면서 이야기가 마무리된다(17-20절).

1-7절 이방 신들과의 법리 논쟁

이방 민족을 의미하는 섬들과 겨레들이 하느님과 이방 신들 사이의 재판 증인으로 소환된다(41,1). 여기서 하느님과 신들의 대결은 무기를 갖고 싸우는 전쟁의 모습이 아니라 말씀을 통한 신학적 논의로 진행된다. 재판의 요지는 누가 역사를 움직이는 참된 하느님이냐는 문제다. 논쟁을 전개하기 위해, 역사의 주도권을 쥐고 자신의 통치권을 확대해가는 키루스가 언급된다. 키루스를 소환하고 그를 움직이는 신이 참된 신이라는 논리이다. 물론 여기서도 의문은 남는다. 이스라엘의 구원이 어떻게 이방인의 손에 의해 이뤄질 수 있는가라는 물음이다. 이미 제1부에서 이방인의 손을 통해 이스라엘이 심판받았던 것처럼(10,5), 이방인을 통한 이스라엘의 구원도 가능하다. 그래서 키루스가 막강한 권좌에 오른 것은 자신의 능력 때문이 아니라, 하느님의 이끄심에 의한 것이라는 사실이 강조된다. 왜냐하면, 그러한 일을 계획하고 행할 수 있는 유일한 신은 하느님 한 분뿐이시기 때문이다. 마침내 이방 신들은 침묵하며 논쟁은 마무리된다(41,28).

▶ **키루스를 쓰신 역사의 주관자**

키루스는 기원전 555년에 페르시아의 임금이 되어 바빌론 주변 지역을 점령하면서 자신의 세력을 확장한다. 그가 바빌론을 공격할 즈음, 바빌론의 마지막 임금 나보니두스는 바빌론의 전통적 신인 마르둑을 섬기지 않고 달의 신 신(Sin)을 섬겨 마르둑의 사제들과 충돌을 빚었다. 이후 키루스가 바빌론에 입성하였을 때 마르둑의 사제들은 그를 환영하며 마르둑이 그를 통해 자신들에게 해방을 선사하였다는 믿음을 갖게 되었다. 키루스는 바빌론을 정복(기원전 539년)한 뒤 선포한(기원전 538년) 칙령에서 유배지에서의 귀환과 종교의 자유를 선포하였다. 기본적으로 점령한 국가와 민족에게 종교의 자유를 허락하는 식민 정책을 펼친 것이다. 고향으로 돌아가도 좋다는 해방을 선사받은 이스라엘 백성은 하느님께서 키루스를 통해 자신들을 구원하셨음을 고백했다. 이러한 역사적 맥락을 바탕으로 이사야서에서 하느님과 마르둑의 대결이 벌어지게 된 것이다. 곧 승리하는 임금 키루스를 소환하고 그에게 다른 민족들을 넘겨준 이는 마르둑이 아닌 하느님이며, 이를 입증하기 위해 하느님과 이방 신(마르둑)의 법리 논쟁이 전개되고, 하느님이 참된 하느님이심이 증명된다.[161]

8-16절 종을 향한 구원의 신탁

여기서 처음으로 야곱/이스라엘이 주님의 종으로 등장한다. '주님의 종'은 제2부의 신학적 주제를 구성하는 중요한 요소이다.[162] 종은 제2부에서 단수 형태로 20회 등장한다. 그 가운데 12회는 이스라엘을 지칭한다 [41,8.9; 42,19(2번); 43,10; 44,1.2.21(2번); 45,4; 48,20; 49,7]. 종에 관한 담화는 56-66장에서 "종들"로 표현되면서 제2부의 주제가 제3부에서도 계속된다. 종은 이스라엘 백성에게 명예로운 호칭이다. 아브라함, 이사악, 야곱, 다윗, 이사야, 즈루빠벨이 주님의 종으로 등장한다. 이들은 하느님께 소속되고 봉사하는 사람들이다. 이사야서는 야곱/이스라엘을 주님의 종으로 언급한다. 하느님께서는 이스라엘을 "나의 종"이라 부르신다. 그들은 하느님께서 선택하신 백성이며, 아브라함의 후손이다.[163] 이렇게 먼 옛날부터 당신 백성으로 삼으신 이스라엘 백성을 하느님께서는 절대로 내치지 않겠다고 약속하신다. 야곱/이스라엘의 탄원(40,27)에 대해 약속하시는 하느님의 모습을 볼 수 있다. 그러므로 하느님께서는 이스라엘 백성을 보호해주실 것이다(41,11-13). 그들이 벌레와 구더기 같아도 하느님께서는 그들을 도와주실 것이며, 그들에게 구원자가 되어 그들을 해방시키실 것이다(14-16절).

17-20절 구원의 말씀

여기서는 물이 중요한 모티브로 쓰인다. 황량한 광야에 하느님께서 샘물을 솟아나게 하실 것이 약속된다(35,6 참조). 광야에서의 목마름은 이스라엘 백성이 걸어간 광야 여정을 연상시킨다(탈출 17,1-7; 민수 20,2-13 참조). 하느님께서는 그때에도 이스라엘 백성의 목마름을 해갈해주시고, 그들을 광야에서 이끌어주셨다. 이와 마찬가지로 하느님께서는 유배 중인 가련하고 가난한 야곱/이스라엘을 위하여 그들에게 물을 마련해줄 것을 약속하시며 당신을 구원자로 확실하게 드러내신다.

2) 주님의 종을 위한 하느님의 약속(41,21-42,13)

앞 단락에 상응하여 이 단락도 장르와 주제에 따라 세 부분으로 구성된다. 하느님의 능력을 두고 이방 신들과의 법리 논쟁이 전개되고(41,21-29), 이어서 주님의 종이 다시 언급되는 가운데 그에게 하느님의 사명이 부여되고, 아울러 하느님의 이름이 선포된다(42,1-9). 마지막으로 주님을 찬미하는 종말론적 찬양이 새로운 노래로 울려 퍼진다(42,10-13).

41,21-29 이방 신들과의 법리 논쟁

하느님과 이방 신들 사이에 소송이 재개된다. 41,1-7에서는 섬들과 민족들을 증인으로 소환하여 논쟁이 진행되었다면, 여기서는 이방 신들이 직접 호명("너희")되는 가운데 논쟁이 전개된다. 이때 하느님께서는 "야곱의 임금님"(41,21)으로 등장하신다. 하느님의 왕권은 제1부에서도 중요한 신학적 주제였다. 40장 이후부터 하느님 홀로 참된 임금님이라는 주장이 전개되는 가운데, 구약성경에서 유일하게 이곳에서만 "야곱의 임금님"이라는 호칭이 사용된다. 이는 한편으로 하느님께서 이스라엘 민족의 하느님이라는 사실을 알려주고, 다른 한편으로 모든 민족을 심판하시고 다스리시는 임금이신 하느님의 모습을 함께 강조하기 위함이다(13-23장; 24,23 참조). 이방 신들과 비교하여 드러나고 강조되는 하느님의 능력은 다가올 일을 예측하고, 과거 사건을 옳게 해석하며, 알고 있는 결말을 통해 드러난다(41,22-24). 다른 신들은 이러한 일을 할 수 없으며, 아무것도 할 수 없는 아무것도 아닌 존재다.

법리 논쟁에서 가장 중요한 요소는 무엇보다 역사에서 주도권을 지닌 이가 누구인가에 대한 물음이다. 이에 답변하기 위해 소환되는 이가 키루스다. 여기서 키루스는 하느님께서 역사를 주관하시고, 당신의 계획대로 역사를 움직이신다는 사실을 드러내는 명백한 증거로 제시된다. 그의 승리는 이방 신들이 할 수 없고, 오로지 야훼 하느님만이 행하실 수 있는 일이다(41,25). 하느님께는 어떤 조언자도 필요하지 않으며(41,26), 우상과 비교될 수 없는 유일한 하느님이시기에(41,29), 그분과의 논쟁에서 대답을 할 수 있는 신들은 아무도 없다(41,28).

▶ 유일신론, 단일신론, 그리고 다신론

> 이사야 예언서는 참되고 유일한 신은 하느님 한 분뿐이라는 사실을 강조한다. 곧 다른 신들을 인간들이 만든 우상으로 간주하며 존재를 인정하지 않는다. 이처럼 하나의 신만을 전제하는 사상이 유일신론Monotheismus이다. 반면에, 다른 신들의 존재를 인정하고, 수많은 신 가운데 야훼 하느님을 믿고 섬기는 사상을 단일신론Monolatry이라고 부른다. 구약성경은 많은 곳에서 유일신론이 아닌 단일신론을 제시하는 것 같은 모습을 보여준다. 하지만, 구약성경은 근본적으로 단일신론을 배척하고, 유일신론을 전제한다. 참고로, 다신론Polytheismus은 다양한 신의 존재를 인정하고 모든 신을 믿는 사상이다.

42,1-9 주님의 종의 첫째 노래

독일 성서학자 베른하르트 둠(B. Duhm)은 이사야서 연구에 큰 획을 그었다. 그는 이사야 예언서를 1-39장과 40-66장으로 구분해서 바라보던 관점에서 나아가 56-66장에 등장하는 익명의 예언자에게 '제3이사야'라는 이름을 부여하였다. 아울러 그는 이사야서에서 '주님의 종의 노래'를 최초로 구분하여 언급하였다. 신약성경은 주님의 종의 노래들 가운데에서 여러 구절을 인용하여 예수님께 적용하였다. 그러한 이유로 주님의 종의 노래는 그리스도교에서 중요한 본문으로 자리 잡았다. 다만 오늘날에도 주님의 종의 신원이 명확하지 않다는 점, 둠이 제2부에 언급되는 모든 종과 관련하여 주님의 종의 노래에 접근하지 않았다는 사실로 인해 주님의 종의 노래에 등장하는 종에 관한 논의는 여전히 진행

중이다.

여기서 등장하는 주님의 종은 하느님께서 붙들어주시고, 선택하시고, 하느님 마음에 드는 이다(42,1). 이미 야곱/이스라엘은 주님께서 선택하신 주님의 종으로 등장하였다(41,8). 그러므로 주님의 종을 이스라엘로 바라볼 수 있다. 종은 민족들에게 공정을 펴기도 하고 세우기도 할 것이다(42,2-4). 공정을 바탕으로 통치하는 모습은 임금의 덕목이다(9,6; 11,3 참조). 아울러 하느님께서는 종에게 사명을 부여하신다. 하느님께서는 종을 빚어 만드시고, 그에게 "백성을 위한 계약이 되고 민족들의 빛"(42,6)이 되라는 사명을 부여하신다. 이것은 보지 못하는 눈을 뜨게 하고 갇힌 이들을 해방하기 위함이다(42,6-7). 그러므로 전개되는 제2부는 주님의 종이 이러한 사명을 어떻게 수행하는지에 대한 이야기를 풀어나간다.

하느님과 종의 밀접한 관계는 하느님께서 당신의 이름을 계시하는 장면에서 절정에 이른다. "나는 야훼, 이것이 나의 이름이다"(42,8). 이 장면은, 하느님께서 당신의 이름을 모세에게 드러내시는 장면을 떠올려준다(탈출 3,14-15). 하느님께서 모세를 통하여 이스라엘 백성을 이집트에서 데리고 나오신다는 계획은 하느님의 이름이 계시될 때부터 시작된다. 그러므로 이제 하느님께서 유배 중인 이스라엘 백성을 데리고 나올 계획을 이 종과 함께 시작하실 것이라는 하느님의 뜻이 드러난다. 하느님께서는 당신의 이름만이 아니라 새로 계획하시는 여러 일도 종에게 알려주시겠다고 약속하신다(42,9).

42,10-13 종말론적 찬양가

이 단락은 "새로운 노래"와 함께 시작된다. 새로운 노래는 앞 단락의 "새로 일어날 일"(42,9)과 관련하여 이해할 수 있다. '새로운'이라는 의미는 아직 일어나지 않은 사건을 의미하지 않고 모든 것이 무너진 가운데 진행되는 '새로운 시작'을 가리킨다.[164] 그러므로 새로운 노래는 새롭게 창작된 노래가 아닌, 새로운 사건과 관련해 하느님을 찬미하는 노래이다. 다시 말해 새로운 노래는 하느님께서 종에게 부여하신 사명을 통해 눈먼 이들이 보게 되고 갇힌 이들이 해방되는 사건을 기리는 찬양가를 의미한다. 이방 신들과는 비교할 수 없는 하느님의 업적에 대한 찬양의 노래가 울려 퍼지면서 단락이 마무리된다(42,10-12).

▶ **키루스와 주님의 종의 상호 보완**[165]

41,1-42,10에 등장한 키루스와 주님의 종은 모두 주님께서 세우신 이들로, 자신에게 주어진 과제를 수행하여 서로 보충한다.

우선, 둘은 부여받은 사명이 다르다. 키루스의 사명이 바빌론을 멸망하는 일이라면, 주님의 종은 주님에게서 백성의 계약을 위한 중재자가 되고 민족들의 빛이 되는 사명을 맡는다. 바빌론의 멸망으로 유배지의 백성이 해방되어 주님을 향해 나아가게 했다면, 그 해방으로 이제 백성은 하느님과 새로운 계약을 맺고 민족들의 빛이 되어 모든 민족이 그분을 향해 다가오게 이끈다. 이처럼 둘은 모두가 하느님을 향해 움직이도록 계기를 마련한다.

다음으로, 키루스는 비록 주님을 알지 못했지만, 주님의 계획에 따라 움직인다. 주님의 종은 주님의 영을 받고 공정을 펼치는 이상적인 통치자의 모습을 보여준다. 키루스는 자신의 역할로 하느님을 역사의 주인으로 증명하였다. 주님의 종은 공정을 펼치는 가운데 하느님의 통치를 현실화하면서 하느님의 다스림이라는 큰 주제를 형성한다. 이렇게 하느님의 부르심을 받은 두 인물, 키루스와 주님의 종은 씨실과 날실처럼 하느님의 큰 계획 안에서 각자 자신의 고유한 역할을 수행한다.

4. 주님과 주님의 눈멀고 귀먹은 종(42,14-44,23)

이 본문은 병렬 구조를 통해 앞 단락과 닮은 모습을 보여준다. 이 단락은 두 개의 담화(42,14-43,13; 43,14-44,8)로 구성되고 이어서 우상숭배 논쟁, 구원의 말씀과 찬양가(44,9-20; 44,21-22.23)로 마무리된다.[166] 여기서 관건은 하느님과 눈멀고 귀먹은 주님의 종의 논쟁이다. 주님의 종, 이스라엘은 유배를 거치면서 하느님으로부터 버림받았다고 여겨 하느님에게 의혹을 품고 있었다(40,27-28). 그래서 그들은 주님의 구원을 회의적으로 바라본다. 그렇다면, 하느님께서는 종이 지닌 회의와 의혹을 해소하여, 그가 주님의 증인으로 일할 수 있게 하시는가라는 물음이 제기된다. 만약 주님의 종이 역사를 주관하시는 하느님을 위한 증인의 역할을 하지 못한다면, 하느님께서는 이방 신들과의 논쟁(41,25-29)에서 증인 없이 논쟁을 이어가야 하는 상황이 펼쳐진다. 따라서 이를 해결하기 위한 하느님의 노력이 펼쳐진다.

1) 눈멀고 귀먹은 종을 위한 주님의 설득(42,14-43,13)

의혹으로 가득한 종을 설득하기 위한 하느님의 노력이 전개된다. 종이 의혹을 품게 된 원인은 하느님의 의도적인 침묵 때문이었다(42,14-17). 그래서 하느님께서는 지금의 모든 참혹한 상황이 당신의 계획에 의한 것임을 알려주시면서, 그것을 알지 못하는 종을 눈멀고 귀먹은 자로 표현하신다(42,18-25). 하느님께서 종을 창조하셨으므로, 그분의 눈에 종은 값지고 소중한 존재이며 사랑의 대상이다. 그러므로 하느님께서는 종과 함께하는 가운데 그들을 데려오고 모아오실 것이다(43,1-7). 이제 하느님께서는 눈멀고 귀먹은 이스라엘을 증인으로 세우시며 다른 신들과 비교할 수 없는 그러한 하느님이심을 밝히신다(43,8-13).

42,14-17 종의 의혹에 대한 하느님의 해명
이스라엘 백성은 바빌론 유배를 겪으면서 고통스러운 시간을 보냈고, 그런 가운데 무력하게 보이는 하느님을 체험하였다. 그러므로 야곱/이스라엘은 하느님에게서 버려짐을 탄식한다(40,27). 하지만 하느님께서는 그들을 버리거나 외면하지 않았으며, 이 모든 것이 당신의 계획에 따라 이루어졌음을 알려주신다. 하느님께서는 야곱과 이스라엘의 권리를 모르지 않으셨지만 의도적으로 침묵하셨다. 이제 하느님께서 더는 침묵하지 않고 행동에 옮기시겠다는 말씀을 선포하신다. 유배를 체험하면서 하느님으로부터 버림받았음을 탄식한 이스라엘 백성에게 구원의 말씀이 예고된다.

42,18-25 하느님 계획에 의한 의로운 처벌

주님의 종은 이사야 예언자의 사명에 부합하는 눈멀고 귀먹은 이들로 표현된다(6,9-10 참조). 그들은 보면서도 주의를 기울이지 못하고, 귀가 있으면서도 듣지 못하였다. 이렇게 가려진 탓에, 주님의 종은 자신들에게 닥쳐왔던 약탈과 노략질을 하느님의 계획 아래서 진행된 일로 알 수 없었다. 따라서 하느님께서 긴 침묵을 멈추시고 이들을 위한 활동을 시작하실 때, 비로소 주님의 종은, 자신들이 체험한 고통의 시간이 자신들에게 내려진 하느님의 정당한 처벌이었음을 알게 된다. 하느님께서는 종에게 이 사실을 설득하신다.

43,1-7 종을 향한 하느님 구원의 말씀

하느님께서는 종을 향해 "두려워하지 마라"(43,1.5)라는 말씀을 전하신다. 이는 멸망과 유배를 겪으면서 의기소침해진 이스라엘을 향한 격려의 말씀이다. 이스라엘을 향한 위로의 말씀(40,1)으로 제2부가 시작된 데 이어 이제 주님의 종, 야곱/이스라엘을 향해 두려워하지 마라는 격려의 말씀이 건네진다. 전통적으로 '두려워하지 말라'는 격려의 말씀은 고대 근동에서 임금에게 주어졌다. 그런데 여기서는 임금이 아닌, 이스라엘 백성 전체가 격려의 대상으로 전환되었다는 사실에 주목하게 된다.[167] 이로써 하느님께서는 유배 중인 이스라엘 백성을 임금처럼 대하면서 그들에게 말씀하신다. 이제 그분은 이스라엘 백성에게 고통스러웠던 역사를 좋은 것(토브 טוב)으로 변화시키신다. 이스라엘 백성은 정치, 종교, 군사적 이유로 바빌론에서 유배의 시간을 보내고 있다. 하지만 하느님께서 이스라엘 백성을 구원하시고자 하는 가장 큰 이유는 정치적 이유가 아닌, 당신 백성을 향한 사랑 때문이다(43,4). 하느님의 그 사랑이 이제 이스라엘의 상황을 변화시킬 것이다.

43,8-13 종에게 주어진 증인의 사명

주님의 종, 야곱/이스라엘을 위한 하느님의 행동은 역사에서 구체적으로 나타난다. 이제 하느님께서는 눈멀고 귀먹은 백성을 데리고 나오신다. 이 모든 일은 하느님께서 역사의 주도권을 쥐고 일으키셨으며, 이 권능은 다른 신들이 지니지 못한 하느님만의 독점적인 능력이다. 이러한 순간에 하느님께서는 종을 "나의 증인"(43,10)이라고 선포하시며 이스라엘이 주님의 증인 임무를 수행할 것을 요구하신다. 주님의 종, 야곱/이스라엘은 반복해서 눈멀고 귀먹은 존재로 등장한다(42,18.19; 43,8). 주님의 종이 지닌 이러한 모습은 이사야 예언자가 수행한 사명에 부합한다(6,9-10). 그러나 이제 그 사명은 전환된다. 하느님께서는 이제 이 백성이 깨우치고 깨달아서 주님을 믿으라고 말씀하신다. 모든 성읍과 경작지가 황폐해질 때까지 유효했던 이사야의 사명(6,11-13 참조)은 마무리되고 하느님의 새로운 구원의 시대가 열리게 된다.

2) 죄의 제거와 축복의 약속(43,14-44,23)

이 본문은 구조적으로 42,14-43,13과 유사하다. 두 번째 담화는 시작 부분에서 바빌론 멸망과 이집트 탈출을 병행하여 언급하며 구원의 말씀을 선포한다(43,14-21). 이어서 이스라엘 백성이 잘못된 경신례를 거행하여 하느님께 죄를 지었음을 강조한다. 하지만 하느님께서는 그들의 죄 때문에 그들을 몰락시켰지만, 이제 그들의 죄를 제거하신다고 선포하신다(43,22-28). 하느님의 구원은 마른 땅에서 시작된다. 그 땅에 물을 부어 주시고, 거기서 솟아나는 이스라엘의 후손과 새싹에게 주님의 영과 복을 수여하겠다고 약속하신다(44,1-5). 이처럼 주님의 구원 행위는 그분이 유일하신 하느님이시기에 가능하며, 그래서 이스라엘도 두려워하거나 겁먹지 말고 주님의 증인으로 나서기를 강조한다(44,6-8).

43,14-21 바빌론의 멸망과 이집트 탈출의 비유

하느님의 말씀은 바빌론의 멸망과 이스라엘의 구원을 예고하신다. 바빌론의 멸망은 이집트 탈출과 비교되며 이스라엘 백성에게 기억하도록 촉구한다. 하지만 그들은 하느님의 구원 업적을 기억하지 못한다. 그 사건이 그들에게는 너무 오래전의 일이기 때문이다. 그러므로 하느님께서 이제 예전의, 옛날의 일을 기억하지 말라고 말씀하신다(43,18). 그분께서 새로운 일을 시작하실 것이기 때문이다. 역사의 주도권을 쥐고 계신 하느님께서 이 백성 안에서 새로운 사건을 계획하신다. 이스라엘 백성이 광야에서 이루시는 하느님의 업적을 옳게 바라볼 수 있다면, 이제 그들은 하느님을 찬양하게 될 것이다.

43,22-28 이스라엘의 죄와 선택

그러나 이 모든 변화에 앞서 이스라엘 백성은 유배의 시간에 대해 올바로 성찰해야 한다. 그들이 벌을 받는 이유는, 그들이 제물을 옳게 봉헌하지 않아서가 아니라, 그들의 죄로 주님을 괴롭혔기 때문이다(43,22-24). 하지만 하느님께서는 그들의 죄를 기억하지 않으시고 오히려 그들의 악행을 씻어주신다(43,25). 죄의 용서가 이스라엘의 성조 야곱에게까지 소급된다(43,27). 하느님께서는 첫 조상 야곱의 죄와 거짓(야곱이란 이름의 의미: '사기꾼, 속이는 자')에도 그를 선택하셨다. 그러므로 "첫 조상"이라는 표현이 성조에 대한 언급으로 그치지 않는다. 오히려 인간의 죄와 하느님의 선택은 야곱에게서 시작되어 그의 후손, 곧 이스라엘 백성에게 새겨진 고유한 특징이 된다. 하느님께서 죄에도 불구하고 야곱을 선택하신 것처럼, 이제 이스라엘이 죄를 지었음에도 그를 선택하시기 때문이다 (41,8-9; 43,10; 44,1-2; 48,10; 49,7 참조).[168] 그러므로 야곱/이스라엘은 자신들이 하느님으로부터 죄를 용서받았음을 인식할 때에야, 유배의 이유를 올바로 성찰하게 되고 동시에 하느님의 구원 계획이라는 새로운 선택을 온전하게 이해할 수 있게 된다는 것을 명심해야 한다.

44,1-5 하느님의 축복

하느님의 축복은 "이제"라는 시간과 함께 시작된다(44,1). "이제"라는 표현은 지난 과거에 벌어진 일도, 언젠가 미래에 발생할 일도 아닌, 바로 '지금'이라는 시간을 강조하며, 하느님 말씀이 지닌 현재성을 강조한다.[169] 하느님의 선택이 강조되는 가운데(44,1-2), 하느님의 축복은 지금의 이스라엘과 그들의 후손들에게까지 확장된다(44,3-4). 시점은 "이제"(44,1)에서 "그때에"(44,5)로 변화되면서 다가올 전망이 제시된다. 여기서 관건은 혈통이 아니다. 죄와 선택을 통해 야곱과 이스라엘이 주님의 것이 되었듯이, 모든 민족에게 "주님의 것"(44,5)이 될 수 있는 길이 제시된다.

44,6-8 유일하신 하느님

하느님께서 임금님(41,21; 43,15 참조)이시며 구원자로 등장하신다. 그분만이 참되고 유일하신 하느님으로 선포된다. 하느님을 드러내는 세 가지 관점이 기술된다. 우선, 이스라엘과 모든 민족을 다스리시는 진정하고 참된 임금이신 하느님의 특징이 드러난다. 다음으로, 하느님의 구원 행위는 유배 시기를 보내는 이스라엘 백성을 향한다. 하느님은 잃었던 재산을 찾아서 회복시키는 구원자(고엘גאל)가 되어 이스라엘의 권리를 되찾아주신다. 마지막으로, 유일신론을 바탕으로 전개되는 하느님의 유일성은 다른 신들과 비교할 수 없음을 거듭 반복한다(40,19-20; 41,6-7; 44,9-20; 46,1-2.6-7). 하느님께서 이러한 위상을 지니셨음으로 이스라엘은 두려워하거나, 무서워하거나, 겁낼 필요가 없다. 그러므로 하느님께서는 이스라엘에게 두려워하지도, 무서워하지도, 겁내지도 말라고 요구하신다(44,8). 그들은 하느님의 증인이기 때문이다.

44,9-20 우상 제작자를 향한 비난

우상숭배의 문제는 40-48장의 중심 주제이다. 여기서는 우상숭배에 대한 비판보다 우상을 제작하는 이들을 향한 비난에 초점을 맞춘다. 그 비난은 하느님의 행위와 대비해서 구체적으로 제기된다. 하느님도 우상을 만드는 이도 모두 '빚어 만드는(야차르יצר)' 일을 통해 그 행위를 드러낸다. 우선 하느님께서는 주님의 종, 야곱/이스라엘을 빚어 지으셨다(43,1.7.21; 44,2.21.24). 그런데 그렇게 하느님에게서 빚어진 이들이 우상을 빚어 만든다(44,9.10.12). 하느님 이전에 신이 만들어진 일도 없으며, 하느님 이후에 어떤 신도 존재하지 않는다(43,10). 따라서 이스라엘은 자신을 빚으신 분을 섬길 것인지, 아니면 빚어진 존재를 숭배할 것인지 올바로 선택해야 한다.

우상은 나무로 제작된다. 하지만 하느님께서는 메마른 광야에 온갖 나무를 심으시는 분이시다(41,19). 이처럼, 하느님께서는 우상과는 비교할 수 없는 유일하고 참된 하느님이시다. 그런 하느님께서 우상의 재료가 되는 나무를 잘라버리면 나무는 재로 변하고 말 것이다(44,20). 우상을 만드는 자들은 하느님을 올바로 알지 못하며, 그들의 눈은 아직 들러붙어 마음으로 깨닫지 못한다. 그래서 그들은 자신의 목숨을 구하지 못하게 될 것이다.

44,21-23 찬양 노래

그러므로 인간이 빚은 우상을 섬기는 증인들은 수치를 당하고(44,9), 주님께서 빚어주신 주님의 종은 죄악의 용서를 체험한다. 그렇게 되려면 이스라엘이 우상으로부터 돌아서서 하느님을 향해야 한다는 전제가 필요하다. 이스라엘이 하느님을 향해 돌아섬은 그들의 구원으로 이어지고, 이를 바탕으로 세계적인 찬양이 울려 퍼진다. 주님께서 이스라엘을 구원하셨고 그들에게 당신 영광을 드러내셨기 때문이다(44,23).

5. 키루스를 통한 주님의 승리와 바빌론과 그 신들의 몰락(44,24-48,22)

이제 주님의 승리와 이방 신들의 무력함이 역사적 사건에서 드러난다. 이미 이방 신들과 논쟁한 결과 그들이 아무것도 아닌 존재임이 드러났다(41,1-42,13). 이제 역사를 주도하시는 하느님께서 승리를 어떻게 성취하시는지에 대한 이야기가 전개된다. 이 부분은 네 장면으로 나눠 바라볼 수 있다. 하느님께서 키루스를 부르시고(44,24-45,25), 바빌론의 신이 몰락하며(46,1-13), 거대한 제국의 도성과 그곳에서 유행하던 주술적 가르침이 종말을 맞는다(47,1-15). 마지막으로 유배를 회고하고 바빌론에서 탈출하라는 요구와 함께 마무리된다(48,1-22).

1) 키루스를 통한 주님의 승리(44,24-45,25)

키루스는 기원전 539년 10월에 바빌론에 무혈 입성하였다. 이로써 바빌론의 시대는 저물고 키루스가 통치하는 페르시아의 시대가 개막되었다. 이사야 예언서는 이러한 역사적 사건을 키루스의 위대함으로 바라보지 않고, 주님께서 역사를 주도하시는 가운데 이뤄진 일로 보았다. 그러므로 키루스의 승리에서 키루스의 위대함이 칭송되지 않고, 하느님의 이끄심이 강조된다. 이 대목은 여섯 장면으로 나눠 볼 수 있다. 키루스의 등장이 하느님에 의한 것으로 선포되고(44,24-28), 키루스를 향한 하느님의 신탁이 이어진다(45,1-8). 뒤이어 불행 선언이 언급된다. 하느님의 이해할 수 없는 계획에 대해 빈정거리는 이스라엘 백성에게 하느님께서 말씀하신다(45,9-13). 모든 민족이 이스라엘을 향해 모여 오고, 그 안에서 주님의 구원이 선포된다(45,14-17). 이어서 숨어 계시는 것처럼 보이지만 창조와 구원 활동을 하시는 하느님이 우상들과 대비되어 선포된다(45,18-25).

44,24-28 키루스 신탁을 위한 준비

하느님께서는 자신을 '구원자'요, '빚어 만드신 분'으로 소개하신다(44,24). 이 표현은 제2부에서 주로 사용되면서 역사에서 활동하시는 하느님의 힘을 드러낸다.[170] 이러한 힘을 지니신 하느님께서는 당신의 종과 사자使者들의 말과 계획을 성취시키리라고 말씀하신다(44,26). 바빌론의 점쟁이와 비교할 수 없는 그들을 통해 유다와 예루살렘의 재건을 예고하신다. 이와 같이 하느님의 말씀이 실현되고 성취되는 데서 그 말씀의 힘이 드러난다.[171] 이어서 하느님께서 깊은 물을 말려 마른 땅을 준비하신다. 마른 땅은 혼돈으로 무너진 세상을 재건하는 토대이다(50,2; 51,10 참조). 예전에 주님께서는 갈대 바다를 가르셔서 이스라엘 백성이 마른 땅을 밟고 그곳을 건널 수 있게 하셨다. 그리하여 억압되었던 그들은 자유롭게 되었다(탈출 14,16.22.29; 15,19; 시편 77,16; 106,7).[172] 이 모든 예고 뒤에 페르시아 임금 키루스가 언급된다(44,28). 그는 바빌론의 뒤를 이어 고대 근동을 지배하는 새로운 권력자다. 그러나 이사야서는 키루스가 그 모든 것을 스스로 이루지 않았으며, 비록 그는 하느님을 모르지만, 하느님께 종속된 인물임을 강조한다.

45,1-8 키루스를 부르시는 하느님

하느님께서 키루스를 당신의 도구로 부르신다. 이 부르심을 이해하려면 하느님께서 그를 부르는 두 가지 호칭에 주목해야 한다. 첫째 호칭은 "나의 목자"이다(44,28). 키루스는 주님의 지상 대리자로서 임무를 수행하며, 하느님의 뜻을 모두 성취하게 될 것이다. 목자라는 호칭은 이스라엘 백성을 광야에서 이끈 모세를 연상시킨다(63,11; 시편 77,21). 둘째 호칭은 "기름부음받은이"다.[173] 이 호칭에서, 이사야서가 키루스를 다윗 임금의 위상과 관련하여 바라보고 있음을 알 수 있다. 하느님께서는 이스라엘이 아닌 이방 민족의 통치자에게 목자와 기름부음받은이라는 호칭을 부여하시고, 그를 통하여 역사를 주도하시는 모습을 보여준다. 키루스 신탁의 수신자는 키루스가 아닌 이스라엘 백성이다. 따라서 이 신탁의 목적은 키루스가 새로운 시대의 통치자라는 사실을 알리는 데 있지 않다. 오히려 본문은 키루스를 주님의 목자, 기름부음받은이로 부르시고 그를 통하여 역사를 기획하시는 분이 바로 하느님이심을 강조한다. 이 점을 아는 게 중요하다

하느님과 키루스의 관계는 하느님과 주님의 종의 관계와 유사점이 많다. 하느님께서 키루스의 오른손을 붙잡아 주신 것처럼(45,1), 종의 오른손을 붙잡으신다(41,13). 또한, 하느님께서 키루스의 이름을 부르신 것처럼(44,28; 45,1), 주님의 종인 야곱/이스라엘을 부르신다(41,9; 43,1; 49,1). 이러한 유사점과 함께 분명한 차이점도 보인다. 키루스가 부르심을 받은 이유는 정치·군사적 행위를 통해 바빌론을 멸망시키는 주님의 도구로 쓰이기 위함이었다. 반면에, 주님의 종은 이방 신들과 논쟁하여 참되고

유일하신 하느님을 증명하는 증인의 역할을 하기 위해 부르심을 받았다.[174] 이러한 유사점과 차이점에서 알 수 있는 것은, 이스라엘을 위한 하느님의 구원 행위가 바빌론의 정치·군사적 영역에서의 해방이 아닌 바빌론의 모든 우상으로부터의 해방을 지향한다는 점이다.

키루스의 군사 행위가 가능했던 이유는 하느님께서 그에게 그것을 허락하셨기 때문이다. 이사야서는 키루스가 주님을 알고자 희망했는지를 주요 관심사로 두지 않는다. 여기서 중요한 것은 키루스가 주님을 고백하는 것이 아니라, 하느님 백성이 주님께서 키루스를 당신 계획에 따라 불러 세우셨다는 사실을 수용하는 것이다. 그러므로 하느님께서 키루스를 부르시는 이유는 키루스를 위해서가 아니라, 야곱/이스라엘 때문이었다(45,4).

45,9-13 불행 선언과 하느님의 응답

키루스 신탁의 이전 본문은 하느님을 하느님 백성의 구원자며 창조주로 이해한다(44,24-28). 하지만, 키루스 신탁 이후에 전개되는 본문은 하느님 구원 행위에 대한 의혹을 제기한다. 이스라엘 백성은, 하느님께서 이방 민족의 임금 키루스를 선택하시고 그를 도구로 삼으셔서 주님의 백성이 해방을 맞이하게 된다는 사실을 이해할 수 없었다. 그리하여 키루스를 통한 하느님의 구원을 의혹의 눈으로 바라본다(45,9-10). 그러나 하느님께서는 그들의 의혹이 정당하지 않으며, 당신의 창조와 구원 능력을 조합하여 하시는 일의 위대함을 선포하신다(45,12-13).

45,14-17 이스라엘을 향해 모여 오는 민족들

이집트, 에티오피아, 스바인들이 이스라엘을 향해 모여 온다. 이방 민족이 모여 오는 모습은 이사야 예언서가 묘사하는 종말론적 구원의 한 장면이다(2,1-5; 19,16-25). 여기에 등장하는 이방 민족은 유일하신 하느님을 고백한다. 그들은 하느님을 제외하고 다른 이도, 다른 신도 없음을 고백한다. 하느님을 믿고 의지하는 이에게는 구원이 약속되지만, 우상을 섬기는 이들은 수치를 당하고 부끄러워하게 된다(40,19-20; 41,6-7; 44,9-20; 46,1-2.6-7 참조).

45,18-25 현존하시는 하느님과 우상의 비교

이 단락은 하느님께서 숨어 계시는 분이신지에 대한 물음에 답을 제시한다. 이미 하느님은 숨어 계신 분으로 언급되었다(45,15). 하지만 하느님께서는 숨어서도, 어두운 땅 어느 구석에서도 이야기하지 않으셨음을 분명하게 밝히신다(45,19). 하느님께서 숨어 계시는가, 그렇지 않은가 하는 질문은 신학적으로 중요한 주제이다. 이에 대한 전제는 하느님께서 숨어 계시지 않는다는 사실이다. 다만 인간의 눈에 그분의 모습이 보이지 않을 뿐이다. 키루스를 통하여 이스라엘을 구원하는 하느님의 구원 행위를 이스라엘 백성이 이해할 수 없는 것처럼, 인간의 눈으로 하느님의 행위를 인지할 수 없다. 곧 하느님께서는 명확하게 창조와 구원 행위를 베푸시지만, 인간은 이것을 온전하게 이해할 수 없다. 이와 같이 하느님의 현존이 인간에게 명확하게 인지되지 않으나, 이사야서는 그분의 현존을 근본적으로 신뢰하며 살아가야 함을 알려준다(45,19).

이방 민족에게는 하느님이 여전히 숨어 계시는 분이시지만, 이스라엘 백성은 하느님의 현존을 신뢰한다. 그리하여 현존하시는 하느님과 숨어서 자신의 현존을 드러내지 못하는 우상이 대비된다(45,20). 하느님과 우상의 대조에 이어 하느님을 신뢰하는 이들과 우상을 섬기는 이들이 대조되어 나타난다. 하느님을 섬기는 이들은 주님 안에서 승리와 영예를 얻겠지만, 우상을 섬기는 이들은 부끄러움과 수치를 느낄 뿐이다(45,24-25).

2) 바빌론 신들의 몰락(46,1-13)

46-48장은 키루스의 소명 이후(44,24-45,25), 바빌론에 벌어지는 일들에 관한 이야기를 들려준다. 우선 바빌론의 신들이 몰락하고(46장), 바빌론의 수도 바빌론의 몰락이 이어진다(47장). 이에 하느님께서는 이스라엘을 향해 바빌론에서 도망치고 빠져나오라고 명령하신다(48장). 46-48장은 단편적 예언을 모아놓은 것이 아니라, 바빌론의 멸망 과정을 보여주는 연속된 이야기로 전개된다. 이사야 예언서는 바빌론의 멸망을, 권력의 중심지이며 우상숭배의 본거지가 파괴되는 일로 바라본다. 바빌론의 멸망 이야기는 이스라엘 백성에게 주는 하나의 경고이다. 곧 우상숭배를 멀리하고 하느님만을 믿고 의지하라는 가르침인 셈이다.

 연속된 세 개의 이야기 가운데 바빌론 신들의 몰락을 언급하는 46장은 네 단락으로 구성된다. 바빌론의 신 벨과 느보의 몰락에 대하여 이야기하고(46,1-2), 이스라엘 백성을 보호하고 도우시는 하느님의 의지가 표현된다(46,3-4). 이어서 우상의 무력함을 소개되는 가운데 바빌론 신들의 무력함이 강조된다(46,5-7). 마지막으로 불성실하고 마음이 굳은 이들을 향한 하느님의 구원 의지가 선포된다(46,8-13).

1-2절 바빌론 신들의 몰락

바빌론의 벨과 느보 신이 무너지는 모습이 묘사된다(46,1). 이것은 바빌론이 키루스에게 점령되었음을 의미하며, 이어서 신상을 짊어지고 도망치는 모습이 익살스럽게 묘사된다(46,2). 이로써 이스라엘 백성에게 우상숭배가 지닌 허상을 경고하며 우상을 멀리하라고 가르친다.

3-4절 하느님의 대비되는 행동

이어서 바빌론의 신들과 대비되는 하느님의 행위가 묘사된다. 바빌론의 신들은 사람이 짊어지고 가야 했다. 하지만 하느님께서는 이스라엘 백성을 모태에서부터 업고 다니고, 태중에서부터 안아주셨다. 그분은 이렇게 이스라엘 백성을 구원하신다.

5-7절 우상의 실체

하느님과 바빌론 신들이 뚜렷하게 대비되어 표현된 이후에 우상의 실체가 밝혀진다. 우상은 인간의 손에 의해 만들어진 것일 뿐이다. 사람들은 우상 앞에 경배하지만, 그것은 스스로 움직이지도, 대답하지도, 구원을 주지도 못한 하나의 상像일 뿐이다(46,7; 47,15 참조). 반면에 하느님께서는 당신을 믿고 의지하는 모든 이에게 구원을 선사하시는 분이시다 (43,3.11.12; 45,8.15.17.20-22).

8-13절 불성실하고 마음이 완고한 이들을 향한 말씀

하느님께서 불성실하고 마음이 완고한 이들에게 우상숭배가 무의미함(46,8)과 주님께서 역사의 주도권을 쥐고 계심(46,9)을 기억하라고 명령하신다. 그분이 새로운 권력자 키루스를 직접 부르시는 모습에서 하느님과 우상의 결정적 차이가 드러났다. 우상은 스스로 움직일 수도 없는 존재이지만, 하느님께서는 동쪽에서 맹금을 불러오고 먼 나라에서 당신 계획을 이룰 사람을 불러오는 분이시다(46,11). 그분은 이러한 사실을 믿지 못하는 야곱/이스라엘 백성에게 구원과 의로움을 가져오셨음을 선포하며 이스라엘을 위하여 시온에 베푸실 구원을 약속하신다(46,13).

기억하라는 하느님의 명령(46,8-9)은 기억하지 말라는 하느님의 앞선 명령(43,18)과 충돌하는 것처럼 보인다. 하지만 이것은 충돌이 아니다. 곧, 기억하지 말라는 명령은 단절을 강조하며, 새로운 것을 위한 공간을 마련하려는 의도에서 나왔다. 반면에 기억하라는 명령은, 하느님께서 주도하시는 역사가 지속됨을 잊지 말라는 의도에서 나왔다.[175] 그러므로 기억과 기억 금지의 명령은, 같은 사건과 현상에 대한 상반된 명령이 아니라 기억할 것과 기억하지 말 것에 대한 명백한 식별을 전제한다.

46장을 올바로 이해하려면 역사적 배경을 아는 것이 필요하다. 앞서 말한 대로, 바빌론의 마지막 임금 나보니두스는 전통적인 바빌론의 신 마르둑 대신 달의 신 신Sin을 섬겨 마르둑의 사제들과 충돌을 빚었다. 그래서 역사에서 볼 때 바빌론의 신 마르둑은 키루스의 등장과 함께 멸망하지 않았다. 오히려 그의 바빌론 점령 이후 마르둑의 사제들은 다시 마르둑을 섬길 수 있게 된 것을 기뻐하며 마르둑의 상을 들고 바빌론의 중심에서 행렬을 졌다. 그들의 행렬 모습이 46,1-2에서 묘사된다.

문제는 키루스의 바빌론 점령으로 하느님의 구원이 완수되었다고 생각한 이스라엘 백성이 마르둑의 행렬을 바라보면서 신학적 충돌을 체험한 데 있다.[176] 하느님께서 키루스를 불러 그를 통하여 구원을 이루셨는데, 오히려 바빌론의 신이 칭송받는 현실을 보며 의혹을 가진 것이다. 이사야 예언서는, 그 장면을 바라보며 신앙에 비관적인 태도를 보이는 이들에게 하느님 구원의 때가 가까이 왔음을 선포한다. 하느님께서는 의로움을 가까이 가져오셨으며 멀리 있지도 않고, 구원을 지체하지 않으심이 선포된다. 아울러 이스라엘과 시온을 위해 행하실 구원도 함께 예고한다(46,13).

3) 바빌론의 멸망(47,1-15)

바빌론은 "처녀 딸 바빌론", "딸 칼데아"로 언급되면서 주님 심판의 대상이 된다. 도성을 딸과 처녀로 비유하는 표현은 이사야서에서 이미 시온에게 적용되었다(딸 시온: 1,8; 10,32; 16,1; 37,22; 52,2; 62,11; 처녀: 37,22). 유사한 표현을 통해 바빌론과 시온의 대비되는 운명이 암시된다. 여기서 바빌론은 하느님의 심판을 받아 멸망이 예고된다(47,1-4). 만국의 여왕이라는 교만에 빠진 바빌론이 이스라엘 백성에게 자비를 베풀지 않았기 때문이다(47,5-7). 이제 그들에게 주님의 재앙이 닥쳐올 터인데 바빌론이 신봉하던 마술, 주술, 점성술에서 구원에 필요한 어떠한 도움도 받지 못할 것이라는 주님의 말씀이 선포된다(47,8-15).

1-4절 바빌론의 멸망 예고

바빌론의 무너짐이 예고된다. 이미 46장에서 바빌론의 신 바벨(마르둑)과 느보는 몰락하였다. 그러므로 이제 바빌론에 왕좌는 남지 않고, 신들이 무너지는 모습처럼 바빌론도 먼지 위로 떨어진다(47,1). 몰락의 결과 바빌론은 여종이 해야 하는 맷돌 가는 일을 하고(47,2), 알몸을 보이는 수치를 당하게 된다(47,3). 이 모든 것은 하느님의 계획이었으며 바빌론을 향한 하느님의 보복이다. 여기서 보복은 분노에 가득 찬 폭력적 행위가 아니라 무너진 질서의 재건을 의미한다.[177]

5-7절 바빌론의 교만

바빌론의 멸망은 이미 이루어졌다. 왜냐하면 사람들이 바빌론을 더는 "만국의 여왕이라 부르지 않기" 때문이다(47,5). 이전의 바빌론은 교만함과 함께, 유배지에 끌려온 하느님 백성을 탄압하면서 그들에게 자비를 베풀지 않았다(47,6). 바빌론은 자신을 "영원한 여왕"이라 여기면서 미래를 생각하지 않았다(47,7). '영원함'은 하느님과 그분의 말씀이 지닌 고유성이다(40,8.28; 42,14; 44,6).[178] 그러므로 하느님의 영역을 넘보는 바빌론의 모습이 그 교만함에서 드러난다. 그의 교만은 자기소개 방식에서도 나타난다. 바빌론이 사용한 "나는 …이리라"는 히브리어로 "에흐예אהיה"로 표현된다. 이 표현은 하느님께서 모세에게 드러내신 자기소개 방식으로 "나는 있는 나다"(에흐예 아쉐르 에흐예 אהיה אשר אהיה: 탈출 3,14)에서 사용된 것과 같은 표현이다.[179] 이처럼 바빌론이 사용하는 영원함과 신적 자기소개 방식은 하느님께 종속된 존재가 아닌, 하느님과 동등함을 넘어서 하느님보다 위에 존재한다고 착각하는 바빌론의 교만을 극단적으로 드러낸다.

8-15절 바빌론의 마술/주술/점성술의 무력함

바빌론은 자신들에게 아무런 일이 벌어지지 않을 것이며, 과부가 되거나 자녀를 잃는 일이 없을 것이라고 장담한다(47,8). 이에 하느님께서는 그들의 태평함을 재앙으로 변화시키실 것을 예고하신다(47,9). 바빌론은 이기주의와 교만으로 가득 차서 "나뿐이다. 나밖에는 없다"고 생각하였다(47,10). 이에 대한 심판으로 바빌론을 향한 재앙이 예고된다(47,11). 그들이 믿고 신봉하던 마술, 주술, 점성술, 천체 숭배 가운데 그 어떤 것도 그들에게 닥치는 재앙으로부터 그들을 구해주지 못할 것이다. 이스라엘 백성을 유배로부터 구원하시는 하느님과 우상에 불과한 바빌론의 온갖 술책이 강하게 대비된다.

4) 유배의 회상과 탈출을 위한 외침(48,1-22)

48장은 이사야 예언서의 5편을 마무리한다. 이사야 예언서의 후반부가 전개되면서 언급된 신학적 주제들이 여기서 종합된다. 곧 주님의 종, 야곱/이스라엘의 선택, 주님께서 행사하신 역사의 주도권, 키루스를 부르심과, 그를 통한 바빌론과 그 신들의 멸망이라는 큰 주제가 여기서 마무리된다. 그러므로 이어지는 49-55장은 바빌론이 아닌, 시온을 시야에 담는다(46,13 참조).

48장은 여덟 개의 연으로 구성되어 있다. 말씀의 수신자가 소개되고(48,1-2), 하느님과 수신자의 관계가 묘사되며(48,3-5), 하느님의 새로운 창조가 선포된다(48,6-8). 하느님께서 반역자들을 멸망시키지 않는 이유가 밝혀지고(48,9-11), 야곱/이스라엘에게 하느님을 다시 소개하며(48,12-13),

하느님의 계획을 선포한다(48,14-16). 마지막으로 당신 백성에 대한 하느님의 아쉬움(48,17-19)과 그들에게 바빌론 탈출을 명령하시는 말씀이 소개된다(48,20-22).

1-2절 말씀의 수신자들

48장은 바빌론의 멸망을 전제하고 있음에도 전반적인 분위기가 무겁다. 그것은 48장의 말씀이 하느님을 온전히 믿고 신뢰하는 이들이 아닌, 하느님을 반역하고 마음이 완고한 자들을 향하고 있기 때문이다. 수신자로 언급된 이들은 야곱 집안에 속하고 이스라엘이라는 이름으로 불리지만, 하느님을 진실과 의로움으로 섬기지 않는 이들이다(48,1-2). 이 단락은 이스라엘 공동체가 유배 시기에 당면했던 공동체 분열의 문제를 보여준다. 여기의 수신자들이 이스라엘의 혈통을 지녔지만 하느님을 온전히 신뢰하지 않는 이들이므로, 이 말씀은 전반적으로 심판의 뉘앙스를 풍긴다.

3-5절 하느님과 충실하지 못한 백성의 관계

하느님께서는 이들에게 모든 것을 알려주셨다(48,3). 하지만 그들의 마음이 완고하여 하느님을 믿지 않고, 하느님보다 우상을 더 신뢰하였다(48,4-5). 백성의 마음이 완고한 탓에 하느님께서 행하신 일들을 알아볼 수 없었다. 그들의 목과 이마가 각각 쇠막대기와 구리에 비유되면서 그 마음의 완고함이 어느 정도인지 드러난다(46,12 참조).

6-8절 하느님의 새로운 창조

하느님께서는 이들의 완고함 때문에 새로운 일들을 기획하신다(48,6). 지금껏 모르던 일로, 과거가 아닌 지금 창조되었기에 쉽게 안다고 말할 수 없는 일들을 준비하신다. 하느님께서는, 하느님의 창조 앞에서 완고한 이들은 배신만 하고 모태부터 반역자로 불린 이들임을 이미 알고 계셨다고 말씀하신다(48,8).

9-11절 멸망시키지 않는 이유

하느님께서는 "내 이름 때문에", "내 명예 때문에" 노여움과 분노를 참으신다(48,9). 다만 고난의 도가니 속에서 백성을 시험하실 뿐이다. 주님은 유일하고 참된 하느님이시다. 이는 제2부의 시작과 함께 전개된 중요한 주제이다. 그분은 백성을 위해 멸망이 아닌 단련을 통한 시험을 선택하셨다(48,10).

12-13절 하느님 소개

하느님께서는 야곱/이스라엘을 향해 "내가 바로 그분이다. 나는 처음이며 나는 마지막이다"(48,12)라고 선포하신다. 하느님의 이름에 부합하여 창조주 하느님의 능력이 다시 언급된다. 역사의 주도권을 쥐고 계시면서 다른 신들과 비교조차 할 수 없는 하느님의 창조 능력은 유배 중인 이스라엘 백성을 위해 구원을 준비한다.

14-16절 키루스를 통한 하느님의 구원 계획

하느님께서는 키루스를 부르시고, 그를 통해 계획하신 구원을 성취하신다(48,14). 하느님께서는 그에게 성공을 주실 것이다. 하느님께서는 숨어 계시거나 감추어진 분이 아니다(45,15.19). 하느님의 계획을 인간이 이해할 수 없을 뿐이다. 이스라엘은 이방 민족의 임금 키루스를 선택하여 구원하시는 하느님의 행위를 이해하지 못하지만, 하느님은 인간의 생각과 눈을 뛰어넘으시는 분이라는 사실이 하느님의 '숨어 계심'이라는 모티브와 함께 강조된다. 하느님께서는 숨어 계신 분이 아니라 백성과 함께 현존하시는 분이시기 때문이다(48,15-16).

17-19절 하느님의 탄식

하느님께서는 당신 백성이 주님의 가르침과 길을 잘 따를 것을 호소하신다. 하지만 이스라엘 백성은 그 길을 걷지 않았다. 하느님께서는, 그들이 그 길을 걸어갔다면 평화와 의로움이 넘쳐났으며 후손들도 모래알처럼 많아졌을 것이라고 탄식하신다. 하느님의 약속이 충만하게 성취되지 못한 원인은 하느님이 아닌, 이스라엘에게 있다. 그들이 계명을 잘 지키고 주님께 충실했다면 멸망과 유배가 아닌, 평화와 의로움을 가득 누리고 모래알처럼 많은 후손을 가졌을 것이기 때문이다(48,18).[180]

20-22절 바빌론 탈출의 명령

하느님께서는 당신 종 야곱/이스라엘을 구원하시기 위하여 바빌론으로부터, 칼데아로부터 탈출을 명령하신다. 이스라엘 백성이 바빌론을 탈출하는 목적은 예루살렘을 향한 귀환과 함께 당신의 종을 구하신 하느님의 구원을 온 세계에 선포하는 데 있다(48,20). 여기서 이집트 탈출 여정과 바빌론 탈출의 차이가 드러난다. 이집트 탈출이 이집트인들에게 하느님이 누구이신지 알려주는 것을 목적으로 삼았다면(탈출 7,5), 바빌론 탈출은 세상의 모든 민족이 하느님께서 행하신 이스라엘의 구원을 알게 하는 데 목적을 두었기 때문이다.[181] 탈출 이후에 이어지는 사막의 여정도 이집트 탈출과 다른 모습을 보여준다. 이집트 탈출 이후 이스라엘 백성이 목마름으로 고생하였다면(탈출 17장; 민수 20장), 바빌론을 탈출한 이스라엘 백성을 위해 하느님께서는 바위에서 물을 솟게 하여 미리 마련해주시기 때문이다(48,21). 그 덕분에 이 여정에 참여한 이들은 하느님께 투정을 부리지 않을 것이다.

다만 48장의 마지막 구절은 무겁게 마무리된다. 48장의 수신자로 등장한 반역자들은 하느님을 온전하게 신뢰하지 못한다. 그러므로 하느님께서는 구원과 탈출의 여정을 오직 하느님을 믿는 이들에게만 제공하신다. 반면에 그렇지 못한 이들은 구원이 아닌 심판을, 평화가 아닌 고통을 맞게 된다. 그래서 "악인들에게는 평화가 없다"(48,22)라고 선포된다.

6. 신학적 의미

1) 위로의 책

제5편(40-48장)의 시대적, 공간적 배경은 유배 시기의 바빌론이다. 따라서 바빌론에서 유배 시기를 보내고 있는 이스라엘 백성을 위한 위로의 말씀으로 시작한다(40,1). 백성을 향한 하느님의 위로는 제2부의 중심 주제를 구성한다. 하느님의 위로는 고통과 슬픔을 멀리서 바라보는 가운데 전해지지 않는다. 고통의 원인이 되었던 바빌론의 멸망도 함께 예고

되는 가운데 하느님의 위로가 전해진다(40,1; 49,13; 51,3.12.19; 52,9; 66,1).

제5편에서 하느님의 위로는 야곱/이스라엘의 의혹을 풀어주기 위한 그분의 수고에서도 드러난다. 하느님께서는 야곱/이스라엘을 당신의 종으로 선택하시고, 그들과 함께 있겠다고 약속하시며 그들을 위해 온갖 수고를 아끼지 않으신다. 눈멀고 귀먹은 주님의 종의 눈과 귀를 열어주시고, 그들을 통해 백성에게 위로를 전개하신다. 곧 바빌론으로부터 해방이다. 그러므로 하느님께서는 백성을 위로하기 위해 바빌론의 멸망을 예고하고 종을 통해 그곳으로부터 해방될 수 있도록 기획하신다. 이처럼 제5편은 위로가 선포된 이후 야곱/이스라엘을 위해 하느님께서 쏟으시는 갖은 수고를 묘사하는 가운데 그 위로가 어떻게 실현되는지 구체적으로 보여준다.

2) 우상숭배 근절

제5편은 바빌론을 공간적 배경으로 삼는다. 바빌론은 우상숭배의 본거지이다. 그래서 하느님께서는 바빌론으로 유배 온 이스라엘 백성이 우상숭배에 빠지지 말 것을 경고하신다. 왜냐하면, 하느님 홀로, 참되고 유일하신 하느님이기 때문이다. 나머지 신들은 인간의 손에 의해 빚어진 우상에 불과할 뿐 신이 아니다. 그 배경에서 **40-48장**은 하느님과 이방신의 대결을 전개한다. 이 대결은 무기를 사용하는 대결이 아닌, 법리 논쟁의 형태로 전개된다. 이 논쟁에서 하느님의 자기 진술이 이어지고,

우상은 침묵하며 하느님만이 참된 하느님이심이 드러난다. 오늘날의 눈에는 우습게 보일 수 있지만, 법적 용어를 써서 신의 존재를 증명하는 본문이 당시의 시선에서는 충분히 설득할 수 있는 구조로 짜여 있다. 그러므로 유일하신 하느님을 믿고 섬기기보다 우상을 섬기는 이들은 수치를 당하고 멸망하게 될 것이 선포된다. 우상의 본거지인 바빌론에서 하느님의 유일성이 증명되면서 이와 대비되는 우상의 허구성이 극적으로 드러난다. 여기서 제시된 우상숭배 문제는 이스라엘 백성 공동체가 안고 있던 고질적인 문제로, 제3부(56-66장)에서 다시 거론된다. 거기서도 여기서와 같이 우상을 섬기는 이들에게는 수치와 심판, 멸망만이 있을 뿐이다.

3) 바빌론 탈출

바빌론으로부터 탈출은 주님의 종의 사명과 관련된다. 야곱/이스라엘의 의혹을 해소하기 위해 하느님께서 노력하신다. 그분은 야곱/이스라엘을 종으로 선택하시고, 그에게 백성을 위한 계약과 민족들을 위한 빛이 되라는 사명을 부여하신다. 종은 그 사명을 충실하게 수행해야 한다. 제5편은 주님의 종이 그 사명을 완수했는지의 여부를 알려주기보다 그에게 주어진 사명에 집중한다. 하느님께서 눈멀고 귀먹은 종을 다시 보고 들을 수 있게 해주시고, 눈멀고 귀먹은 이 백성을 유배지에서 해방시키라는 명령을 내리신다. 바빌론 탈출은 몰래 빠져나오는 것이 아니라 바빌론이 멸망한 뒤 공적으로 나오는 것을 의미한다. 이를 위해 하느님께서는 먼저 바빌론의 신들을 무력화시키고, 다음으로 바빌론의 멸망을 예고하신다. 그리고 바빌론을 탈출하라는 명령을 내리신다. 바빌론 탈출은 이집트 탈출과 연결되는 부분도 많지만 이집트 탈출을 넘어서는 새로운 모습으로 전개된다.

4) 하느님의 왕권 - 역사의 주도권

제5편에서 제일 주목할 점은 페르시아 임금 키루스의 등장이다. 키루스의 등장은 하느님께서 지니신 역사의 주도권을 잘 드러낸다. 곧, 하느님께서는 세상의 강력한 통치자 키루스를 당신의 "목자"요 "기름부음받은이"로 선언하시며 그를 통해 바빌론을 멸망시키겠다는 계획을 구체적으로 선포하신다. 역사를 주도하시는 하느님의 힘은 그분의 속성으로부터 나온다. 하느님께서는 "이스라엘의 거룩하신 분"이시며,[182] 하느님 홀로 세상을 다스리시는 참된 임금님이시기 때문이다. 아무리 위대한 지상의 통치자라고 하더라도 하느님의 통치 아래 예속된다. 하느님의 왕권은 제2부에서도 계속되는 주제인데, 여기서는 제1부와 달리 하느님에게만 "임금"이라는 호칭을 사용하여 하느님 왕권을 직접 강조한다. 이러한 이유로 페르시아 임금 키루스에게 임금이라는 호칭 대신 하느님께 종속된 존재임을 보여주는 "목자"와 "기름부음받은이"라는 호칭을 사용한다.

7. 말씀의 육화를 위한 단상

하느님으로부터 버림받았다는 체험으로 하느님의 구원 계획/행위를 거부하고 하느님께 의혹을 품는 이스라엘 백성의 모습을 바라본다. 그러면서 다음과 같은 질문을 던진다. '바빌론 유배 시기를 바라보는 이스라엘 백성은 어떤 마음이었을까?'

'나의 길과 권리는 숨겨지고 없어져 버렸다', '하느님께서 나를 버리셨다', '나를 기억에서 지우셨다'라고 이스라엘과 시온이 의혹을 품고 있는 것처럼, 바빌론 유배 시기는 그들에게 가혹한 시련의 시간이었다. 그렇게 처참한 시간을 보내고 있는 그들을 향해 하느님께서는 위로를 선포하신다. 하지만 그들은 그 위로를 쉽게 받아들이지 못한다. 하느님께서 전하시는 따뜻한 마음을 품지 못한다. 하느님께서는 그들을 설득하시고자 백방으로 노력하신다. 하지만 상처 입은 그들의 마음이 변화하기란 쉽지 않아 보인다. 그럼에도 하느님께서는 그들을 변화시키기 위한 노력을 멈추지 않으신다. 종을 부르기도 하시고, 이방 민족의 임금을 목자로 세워 세상을 변화시키고 이를 통해 백성을 향한 위로가 실현될 수 있도록 애쓰신다.

시련은 우리에게도 다가온다. 시련 앞에서 우리는 어떤 태도를 보이는가? 신앙적으로 성숙한 척하며 '모두 다 하느님의 뜻이야'라고 섣부르게 시련을 대하고 있지는 않은가? 이사야 예언서는 참으로 감사하고 고맙게도 우리에게 성숙한 신앙인을 강요하지 않는다. 오히려 예언서는 하느님을 향해 의혹을 내뱉으라고, 불평과 불만을 쏟아내라고 이야기한다.

신앙의 선조들인 이스라엘 백성도 하느님을 향해 의혹을 내뱉고 불평을 쏟아냈기 때문이다. 다만 이사야서는 거기서 멈추지 않는다. 그렇게 하느님을 의심하고 하느님께 의혹을 내뱉으면 그분께서 위로해주실 것이며, 그 모든 의혹을 제거하기 위해 애쓰신다는 사실을 함께 전해준다.

하느님의 노력은 다양하게 드러난다. 하느님께서는 주님의 종을 보내셔서 그 의혹을 제거하시기도 하고, 세계의 역사를 움직이면서 구원과 해방을 전해주시기도 한다. 다만 그것을 알아보지 못하는 것은 우리의 눈이 멀고 귀가 먹어, 우리를 위해 노력하시는 하느님의 땀방울을 알아채지 못하기 때문이다. 이사야 예언자는 이 사실을 이스라엘 백성만이 아닌 오늘을 사는 우리에게도 분명하게 전해준다. 우리를 위해 하느님으로부터 파견된 주님의 종을 우리는 얼마나 많이 지나쳤던가? 우리를 위해 세계의 역사를 움직이면서 노력하시는 하느님의 그 움직임을 우리는 과연 보려 했고, 들으려 했던가? 우리의 모습을 돌아보자. 우리는 하느님의 눈에 값지고 소중한 이들이며 하느님의 사랑을 받는 소중한 존재임을 잊지 말아야 한다(43,4 참조).

제6편

49-55장

종과 어머니 시온

1. 구조

제5편(40-48장)은 바빌론에서 하느님을 향한 의혹을 품고 하느님께 버림받았다고 탄식했던 눈멀고 귀먹은 주님의 종, 야곱/이스라엘이 주님의 증인이 되라는 사명을 부여받고, 바빌론 탈출을 준비하는 내용이다. 제5편의 중심에는 눈멀고 귀먹은 주님의 종이 어떻게 다시 보게 되었는지에 대한 이야기가 있다. 이어지는 제6편(49-55장)은 주님의 종이 하느님으로부터 부여받은 사명, "백성을 위한 계약이 되고, 민족들을 위한 빛이" 되라(42,6)는 주님의 명령을 어떻게 성취하는지를 보여준다.[183]

모든 이스라엘 백성이 하느님을 믿고 신뢰하며 주님을 참되고 유일하신 하느님으로 고백하기보다 우상을 섬겼다. 그래서 주님의 종은, 눈멀고 귀먹은 주님의 종을 설득하셨던 하느님처럼, 자신의 사명을 완수하기 위해 백성을 설득하여야 한다. 그 맥락에서 제2이사야서의 첫 번째 서곡의 중심인물, 시온이 등장한다. 시온의 모습은 종이 그러하였듯이 하느님에게 의혹을 제기하는 가운데 논쟁을 펼친다. 시온은 바빌론을 탈출하는 이들의 귀환 목적지면서 동시에 하느님에게 의혹을 제기하는 의인화된 존재로 등장한다. 제6편은 하느님, 주님의 종과 시온을 등장시키면서 바빌론 멸망 이후에 전개되는 구원의 드라마를 들려준다.

제6편은 크게 다섯 부분으로 구성된다. 하느님으로부터 부여받은 사명을 수행하는 주님의 종의 자기소개와 하느님의 구원에 대한 시온의 의혹이 전개되고(49,1-26), 주님께서 당신의 종을 통해 시온의 자녀들을 설득하시는 작업이 이어지며(50,1-51,8), 주님께서 시온에 귀환하시고 흩

어진 이들도 귀환한다(51,9-52,12). 이어서 주님의 종의 고통과 들어 높임(52,13-53,12), 그리고 시온의 회복(54,1-55,13)으로 마무리된다.

49,1-26	주님의 종의 자기소개와 시온의 의혹
50,1-51,8	시온의 자녀들을 위한 설득
51,9-52,12	시온으로의 주님의 귀환과 흩어진 이들의 귀환
52,13-53,12	종의 고통과 고양
54,1-55,13	시온의 회복

2. 주님의 종의 자기소개와 시온의 의혹(49,1-26)

49장부터 55장까지 주님의 종과 시온/예루살렘이 번갈아 등장하며 구원 드라마의 주인공으로 활동한다.[184] 선행하는 40-48장은 종이 변화되는 과정을 보여주었다. 하느님에게 의혹을 품었고, 눈멀고 귀먹은 그가 하느님에게 설득되어 주님의 증인이 되는 과정이 펼쳐졌고, 그에게 바빌론 탈출 명령이 주어지면서 제2부의 전반부가 마무리되었다. 후반부를 여는 49장은 시작과 함께 주님의 종이 사명에 얼마나 충실했으며, 어떤 결과를 가져왔는지를 보여준다. 동시에 시온을 새로 등장시킨다. 주님의 종이 주님에게서 부여받은 사명을 수행하기 위해 노력하였다면, 시온은 종과는 반대로 하느님께 의혹을 제기한다. 종의 의혹이 하느님의 설득으로 해소된 것처럼, 이제 하느님께서는 시온의 의혹을 해소하기 위해 노력하신다.

이처럼 49장은 종과 시온에 관한 이야기로 구성된다. 앞부분은 주님의 종이 자신에게 주어진 사명에 얼마만큼 성과를 거두었는지를 보여준다. 이른바 '주님의 종의 둘째 노래'로 알려진 부분이다(49,1-13). 뒷부분은 시온의 의혹을 다루면서 하느님과 시온의 담화를 들려준다(49,14-26). 49장부터 바빌론은 독자의 시야에서 사라진다. 이제 그 자리를 종과 시온이 차지하며 49-55장의 중심인물로 등장한다. 시온은 40-48장에서 단 세 번 언급되었다(40,9; 41,27; 44,28). 제2이사야서 첫 번째 서곡의 주인공이었던 시온은 종과 함께 49-55장에서 전개되는 드라마의 중심인물로 다시 등장한다(시온: 49,14; 51,3.11.16; 52,1.2.7.8/예루살렘: 51,17; 52,1.2.9). 서곡에서 시온은 유다의 성읍들에게 기쁜 소식을 전하는 전령으로 소개되었다(40,9). 그 임무를 올바르게 수행하기 위해서 시온은 주님의 종이 전하는 선포를 수용해야 한다.

한마디로, 제6편은 시온의 의혹이라는 주제를 중심으로 종과 시온이 마주하는 긴장을 강조하고 해결하는 드라마를 들려준다. 여기서 종과 시온은 종/시온, 종/시온, 종/시온으로 반복해서 배열된다[185]: 종(49,1-13); 시온(49,14); 종(50,4-11); 시온(51,1.3.11.16; 52,1.2.7.8); 예루살렘(51,17; 52,1.2.9); 종(52,13-53,12); 시온/예루살렘[186](54-55장). 이러한 배열은 우연이 아닌 저자의 의도에 따라 구조적으로 계획된 구성으로 바라볼 수 있다.[187]

1) 주님의 종의 둘째 노래(49,1-13)

주님의 종의 둘째 노래는 첫째 노래(42,1-9)와 연속성을 지닌다. 첫째 노래가 하느님께서 주님의 종을 선택하신 이야기를 들려준다면, 둘째 노래는 주님의 종이 자신에게 주어진 사명을 수행하는 모습을 보여준다. 둘째 노래는 세 부분으로 구성된다. 주님의 종의 노래가 선포되고(1-6절), 이어서 종의 노래를 보충하는 내용이 전개된 다음(7-12절), 찬미가로 마무리된다(13절).[188]

1-6절 주님의 종의 둘째 노래

주님의 종의 첫째 노래(42,1-9)는 하느님께서 당신의 종을 선택하시고 그에게 사명을 부여하는 내용을 들려준다. 주님의 종은 하느님으로부터 "백성을 위한 계약이 되고, 민족들의 빛이 되라"(42,6)라는 사명을 부여받는다. 종의 둘째 노래는 그 사명을 수행하는 종의 모습을 보여준다. 먼저 종은 섬들과 먼 곳에 사는 민족들을 포함한 온 세상을 향해 자신의 이야기를 들려준다(49,1). 그는, 하느님께서 모태에서부터 자신을 부르시고 이름을 지어주셨다고 말하며 하느님의 선택으로 자신이 이 사명을 수행하고 있음을 밝힌다(49,1; 참조 42,1). 그는 바빌론에서 탈출하라는 명령을 받았다(48,20). 이를 수행하기 위해 그는 주님의 말씀으로 무장하며 예언자의 모습을 보여준다.[189]

"쓸데없이 고생만" 하였고 "허무하고 허망한 것에" 힘을 다 써버렸다는 종의 탄식은, 그가 사명을 성공적으로 수행하고 있지 못함을 알려준다(49,4). 하지만 종은 변화된 모습을 보인다. 자신의 권리는 없어져 버렸다고 탄식하던(40,27) 모습과는 대조적으로 자신의 권리와 보상이 하느님께 있음을 고백한다(49,4ㄷ-ㄹ). 이러한 변화는 하느님께서 주님의 종이 지닌 보지 못하는 눈과 듣지 못하는 귀를 제거하여 주셨음을 전제한다.

그가 수행해야 하는 사명이 다시 언급된다. 그의 사명은 "지파들을 다시 일으키고 이스라엘의 생존자들을" 다시 돌아오게 하는 것으로 충분하지 않다. 더 나아가 "구원이 땅 끝까지 다다르도록" 하느님께서는 그를 "민족들의 빛"으로 세우신다(49,6). 첫째 노래에서 주어진 사명(42,6)이 반복된다. 그러므로 종이 자신에게 주어진 사명에 성공한다는 것은, 이스라엘 백성 가운데 많은 이가 유배지에서 다시 돌아오고, 동시에 빛인 그를 모든 민족이 바라봄으로써 하느님께서 이스라엘을 구원하셨다는 사실을 알게 되어 하느님을 참되고 유일하신 분으로 고백하는 것을 의미한다.

7-13절 종의 노래의 보충과 찬양가

이어서 다른 사명, "백성을 위한 계약"(49,8)에 대한 설명이 주어진다. 이 사명은 "땅을 다시 일으키고 황폐해진 재산을 다시" 나누어주는 것을 의미한다. 이를 수행하기 위해 주님의 종은 이스라엘 백성과 함께 황폐해진 땅으로 가는 귀환 여정에 올라야 한다. 귀환 여정이 자신의 사명을 완수하기 위한 전제 조건이기 때문이다. 제2부는 바빌론 탈출과 관련하여 광야 여정과 땅의 분배 모티브를 사용한다. 이를 통해 목마름과 모세라는 공통점을 제시하고, 거기서 더 나아가 바빌론 탈출이 지닌 새로움을 강조한다. 바빌론 탈출은 이집트 탈출을 뛰어넘는 하느님의 구원 행위이다(48,20; 49,10-11; 비교 탈출 17장). 동시에 땅의 분배는 여호수아기와 연관하여 귀환 여정의 마무리를 내다볼 수 있게 한다(여호 13장 참조). 이러한 흐름에서 주님의 종은 모세와 여호수아를 연상시키며 새로운 하느님 백성을 위한 지도자의 모습을 보여준다.[190]

종의 역할이 변화되고 진화되는 모습은, 48장이 바빌론 탈출이라는 긴급한 명령을, 49장은 바빌론 탈출 이후 귀환을 주제로 삼는 데에서 드러난다. 하느님께서는 주님의 종을 통해 흩어진 백성을 모으신다. 이미 흩어진 이들이 행렬을 지어 모여 오기 시작했다. 북쪽, 서쪽, 남쪽(시님족의 땅)에서 그들이 모여들고 있다(49,12). 여기에 동쪽이 언급되지 않은 것은 바빌론 탈출을 통해 실현될 것이기 때문이다. 종에게 주어진 사명, "민족들의 빛"이 되고 "백성을 위한 계약"이 성취되는 가운데 하느님의 구원은 실현되고, 그로 인해 하느님께 찬미를 드리게 된다(49,13).

2) 시온의 의혹(49,14-26)

주님의 종에 이어서 시온이 등장한다. 하느님께서는 종을 통해 귀환 여정을 준비하고 계시지만, 시온은 하느님에게 의혹을 제기한다. 시온은 하느님께 버림받고 하느님께 잊혔음을 탄식한다. 주님의 종인 야곱/이스라엘이 왕국의 멸망 이후 바빌론에 끌려간 이들이라면, 시온은 바빌론에게 파괴되고 무너져 폐허가 된 예루살렘이다. 하느님을 향한 시온의 의혹은 이러한 배경 속에서 전개된다. 이 본문은 시온의 의혹(49,14-15), 시온을 향한 귀환의 움직임(49,16-18), 시온을 향한 하느님의 약속(49,19-23), 시온을 대적하는 이들의 운명(49,24-26)을 차례로 보여준다.

14-15절 시온의 의혹

시온은 하느님을 향해 짙은 의혹을 제기한다. "주님께서 나를 버리셨다. 나의 주님께서 나를 잊으셨다"(49,14). 이를 통해 파괴되고 멸망한 도시, 예루살렘의 장면이 연상된다. 유배지에 끌려왔던 종과(40,27 참조) 유사한 모습으로 시온도 하느님께 의혹을 제기한다. 이에 대해 하느님께서는 어머니의 모습으로 시온을 돌봐주셨음을 밝히신다. 젖먹이와 아기로 비유된 시온을 잊은 적도, 가엾이 여기지 않은 적도 없다고 말씀하신다(49,15). 이 구절에서, 특히 '가엾이 여기다'라는 단어에서 하느님의 모성이 잘 드러난다. '가엾이 여기다'는 뜻의 히브리어 동사 라함םחר은 어머니의 '태胎'를 의미하는 레헴םחר과 같은 어근을 갖는다(레헴은 《성경》에서 흔히 '자비'로 번역된다). 곧 하느님께서 가엾이 여기신다는 것은 어머니의 모습으로 태아를 품는 행위를 의미한다.

하느님은 제2부에서 어머니의 모습으로 등장한다. 새 생명을 출산하는 여인의 모습(42,14), 모태부터 출생 이후 아이를 돌보는 모습(46,3-4)과 젖먹이를 잊지 않는 모습은 하느님을 아버지만이 아닌 어머니의 모습으로 바라보게 이끈다.[191] 시온을 돌보시는 하느님의 마음은 시온을 향해 자녀를 약속하시는 데에서 절정에 이른다(49,20). 이러한 시온의 모습은 이제 과부가 되고 아이를 낳지 못하는 여인이 될 것이라고 예고된 바빌론과 대비된다(47,9). 바빌론의 영화는 몰락하였지만, 시온은 이제 다시 회복되고 재건될 것이라는 희망의 말씀이 선포된다.

16-18절 시온으로의 귀환을 준비하는 움직임

하느님께서는 당신 종에게 바빌론 탈출을 명령하시고(48,20), 주님의 종은 이 사명의 완수를 위해 준비한다(49,4-5). 그러나 하느님의 구원은 바빌론 탈출과 예루살렘 귀환만을 목적으로 삼지 않는다. 궁극적 목적은 부서지고 파괴된 예루살렘의 재건이다. 하느님께서는 주님의 종이 이 사명을 완수할 수 있도록 그를 후원하신다. 반면에 시온을 허물고 부수던 자들은 그곳에서 물러난다(49,17). 이제 모든 이가 시온을 향해 몰려오게 될 것이다(49,18). 그러므로 바빌론의 멸망(46-47장)은 시온의 재건을 위한 첫걸음이며, 이를 위해 탈출과 귀환, 그리고 재건이 단계적으로 진행된다.

19-23절 시온을 향한 하느님의 약속

시온의 모습은 아직 폐허이며 황무지이다(49,19). 이러한 상태로 인해, 시온은 하느님께 의혹을 품었다(49,14). 시온의 의혹은 자녀와 관련해서 다시 언급된다. 시온의 의혹은, 바빌론 유배로 출산과 자녀 양육이 어려웠던 상황을 묘사한다(49,21). 하느님께서는 이러한 의혹을 품은 시온에게 수많은 후손을 약속하신다(49,20; 참조 48,18-19). 이어지는 약속은 "깃발"(49,22)에서 드러난다. 주님께서 손을 드시고 주님의 깃발을 들어 올리신다. 그것을 보고 이제 흩어진 이들이 모여 온다. 제1부는 깃발을 처벌과 관련하여 사용하였다. 하느님께서 깃발을 먼 곳의 민족에게 올리시는데(5,26), 그 깃발은 이스라엘의 구원이 아닌 이스라엘을 침략하기 위한 것으로, 아시리아를 부르는 표시였다. 반면에 여기서 하느님께서 들어 올리신 깃발은 구원의 표시로, 모든 민족이 그 깃발을 보고 시온을 향해 모이게 된다. 이를 보고 시온은 주님이 누구이신지 알게 될 것이며, 우상을 섬기는 이들과 달리(48,5 참조) 수치나 부끄러운 일을 당하지 않게 될 것이 약속된다(49,23).

24-26절 시온을 대항하는 이들의 운명

시온은 이미 폭군과 그의 군사들에게 점령되어 파괴를 체험하였다. 그러나 하느님께서는 이제부터 시온을 위협하는 이들을 대적하여 구해주시겠다고 약속하신다(49,25). 시온을 적대시하는 이들에게 파멸의 운명이 예고된다. 그들은 제 살과 피를 먹고 마시게 될 것이기 때문이다(49,26). 이로써 하느님께서는, 시온이 하느님을 구원자요, 야곱의 장사임을 알게 하신다.

3. 시온의 자녀들을 위한 하느님의 설득(50,1-51,8)

50,1에서 시온은 직접 등장하지 않는다. 시온의 자녀들이 등장할 뿐이다("너희 어미": 50,1). 이스라엘 백성을 은유적으로 표현하는 '시온의 자녀들'은 종과 관련하여 그들의 정체성을 드러낸다. 즉 그들은 종의 이야기에 귀를 기울이면서 주님을 두려워하는 이들과 종을 반대하는 이들로 나뉜다(50,10-11). 이러한 분리는 이미 제2부의 전반부에서, 주님을 신뢰하는 '주님의 종'과 우상을 섬기면서 하느님을 신뢰하지 않는 '완고한 이들'을 나누면서 언급된 주제이다(48,4-6.22).

분리의 양상은 계속된다. 이어지는 "내 말을 들어라"(51,1.7)라는 말씀은 주님을 찾는 이들과 그렇지 않은 이들을 분리한다. 주님을 찾는 이들은 아브라함과 사라처럼 혼자일 수 있지만, 하느님께서 그들에게 복을 내리신 것처럼 주님을 찾는 이들에게 축복이 약속된다(51,1-2). 하지만 하느님의 정의가 아닌 악을 행하는 이들은 좀이 먹어버리는 옷에 비유되고, 멸망하게 될 그들의 운명이 예고된다(51,8). 하느님의 의로움과 구원은 영원하고 대대에 미친다는 사실로써 의로움을 찾는 이들에게 희망이 주어진다(51,8ㄷ-ㄹ). 따라서 50,1-51,8은 종을 중심으로 주님을 두려워하는 이들과 반대자들에 관한 담화(50,1-11)와 주님을 찾는 이들과 그렇지 않은 이들에 대한 말씀을 들려준다(51,1-8).

1) 주님의 종과 시온의 자녀들의 의혹(50,1-11)

앞선 본문(49,14-26)은 시온의 의혹을 중심으로 전개되었다. 여기서는 시온이 직접 등장하지 않고, 시온의 자녀들이 품고 있는 의혹이 중심을 이룬다. 그 의혹이 직접 명시되지 않지만, 하느님의 응답에서 그들의 의혹이 무엇인지 유추할 수 있다. 이 본문은 주님의 종의 셋째 노래를 담고 있다(50,4-11). 주님의 종의 노래를 연속해서 읽으면 종의 선택(첫째 노래)과 사명(둘째 노래)이 주제를 이룬다. 여기서는 종의 사명 수행 결과를 알려준다.[192] 본문의 구성은 다음과 같다. 시온의 자녀들이 제기한 의혹에 대한 하느님의 응답(50,1-3); 주님의 제자인 종(50,4-9); 주님의 종을 따르는 이들과 거부하는 이들의 분리(50,10-11).

1-3절 의혹을 제기하는 시온의 자녀들에 대한 하느님의 응답

시온이 아닌 시온의 자녀들이 하느님 말씀의 수신자로 등장한다(50,1). 하느님 말씀에 따르면 하느님과 시온은 부부의 관계로 묘사되고, 현재 시온은 하느님으로부터 쫓겨난 상황이다. 하지만 하느님께서는 이혼 증서를 작성하지 않았다는 사실을 밝히신다. 모세의 율법에 따르면 이혼한 여인은 다시 받아들일 수 없다(신명 24,1-4; 예레 3,1 참조).[193] 하느님과 시온 사이에 이혼 증서가 존재하지 않는다는 것은 하느님과 시온의 재결합이 가능함을 알려준다. 이어서 하느님께서는 시온이 쫓겨난 이유를 밝히신다. 그것은 시온 자녀들의 죄악 때문이었다(50,1). 그들은 하느님께서 오셨을 때, 불렀을 때 응답하지 않았으며, 하느님의 구원을 신뢰하지도 않았다(50,2).

4-9절 주님의 제자로서 주님의 종

주님의 종은 하느님께 선택되었고, 하느님의 사명을 수행하였으며 이제 그 결과가 어떠한지를 보도한다. 그는 자신을 주님의 제자로 표현한다. 그는 한때 자신의 임무 수행을 쓸데없는 헛고생으로 표현하면서 성공하지 못한 모습을 보여주었다(49,4). 이제 그는 제자의 혀와 귀를 도구 삼아 하느님의 말씀을 전하였다(50,4). 그에게 돌아온 것이 매질과 수염을 뜯기는 모욕이었지만, 그는 하느님께서 함께 계신다는 사실을 알았기에 수치도 부끄러운 일도 당하지 않았다(49,23 참조). 이러한 모습은 우상을 섬기던 이들이 수치스럽게 된 것과 분명한 대조를 보인다(48,5 참조).

다른 부분과 달리 여기서 종의 성격에 대한 작은 변화가 감지된다. 등장인물 뒤에 개인이 아닌 공동체가 있음이 암시되기 때문이다. 《성경》은 제자와 관련된 표현을 "제자의 혀"(50,4ㄱ)와 "제자들처럼"(50,4ㅁ)으로 단수와 복수형으로 구별해서 번역하지만, 히브리어 성경은 두 부분을 모두 "제자들의 혀"와 "제자들처럼"의 복수 형태로 표현한다. 이를 통해 종과 함께하는 제자 공동체, 곧 종-공동체를 떠올릴 수 있게 된다.[194] 이사야 예언자는, 자신과 그의 제자들이 선포한 심판이 옳았음을 증명하기 위해 하느님의 심판이 이루어지기를 기대했다(8,16-18). 그의 모습처럼, 종-공동체도 그들이 선포한 고통의 시간이 끝난다는 구원 선포가 옳은 것이었음을 증명하기 위해 구원 사건이 일어나기를 기다린다.[195] 그러나 이사야 예언자와 그의 제자들의 선포에 사람들이 귀를 기울이지 않았던 것처럼, 종-공동체도 사람들에게 배척당하고 고통을 당한다. 하지만 그들은 하느님께서 함께 계심을 믿으면서 수치와 부끄러움을 당하지 않게 된다(50,6-7).

이어서 주님의 종은 선포를 수용하지 않고 하느님을 믿지 않는 이들을 겨냥하여 소송을 제기한다(50,8). 이는 하느님께서 이방 신들과 법리 논쟁을 벌이는 모습(41,21)과 비슷하다. 이어서 하느님의 말씀을 수용하지 못하는 이들에게 처벌이 예고된다(50,9).

10-11절 종을 따르는 이들과 거부하는 이들의 분리

하느님 말씀을 듣고 그것을 선포하는 것이 종의 사명이다. 주님의 종이 전하는 선포를 듣고, 이스라엘 백성은 수용하는 이들과 거부하는 이들로 분리된다. 그 말씀을 듣고 수용하면서 주님을 경외하고 종의 말에 순종하는 사람과 반대하는 이들의 분리가 핵심이다. 빛이 없이 걷는 자에게는, 주님의 이름을 신뢰하라고 초대된다(50,10). 그러나 스스로 불을 피우고 불화살에 불을 당기는 이들은 그 불 속으로 들어가며 멸망하게 될 것이다(50,11).

2) 주님을 찾는 이들을 위한 외침(51,1-8)

이 대목에 실려 있는 명령문은 여덟 개나 된다[1(2번),2,4(2번),6(2번),7절]. 이 명령문의 수신자는 "너희"로 지칭되며 본문의 시작과 함께 "의로움을 추구하는 이들"과 "주님을 찾는 이들"로 등장한다(51,1). 이들의 신원을 종이 지닌 공동체성(50,4 참조)과 관련하여 살펴보면, 이들은 자신을 주님의 종이라고 고백하며, 주님을 경외하는 이들이다(50,10 참조). 이 대목의 특징은 주요 어휘를 반복하는 데 있다. 정의/의로움(51,1.5.6.7.8), 토라/가르침(51,4.7), 공정(51,4: 같은 어근으로 '심판하다' 51,5), 구원(51,6.8)이 반복해서 사용된다. 어휘의 반복 사용에서 본문이 서로 깊이 연결되어 있음을 알 수 있다. 특히 의로움은 본문의 시작과 마지막에 사용되며 "주님의 의로움을 추구하는 이들"(1절)이 "의로움을 아는 이들"(7절)로 변화되어 주님의 영원한 의로움을 완성하는 데 중요한 역할을 한다. 이 대목을 장르에 따라 분류하면 다음과 같다. 논쟁적 담화(51,1-3); 구원 선포(51,4-6); 구원 신탁(51,7-8).

1-3절 논쟁적 담화

여기서 너희로 지칭되는 이들은 "의로움을 추구하는 이들"과 "주님을 찾는 이들"이다. 그들에게 반석과 저수 동굴을 쳐다보라는 명령이 주어진다. 반석(바위)은 피신처와 보호를 상징하는 주요한 수단이다(시편 18,3.32.47; 19,15; 28,1; 31,3; 62,3.7.8; 71,3; 73,26; 78,35; 89,27; 92,16; 94,22; 95,1; 144,1; 이사 17,10; 26,4; 30,29; 44,8; 하바 1,12).[196] 이를 신앙적으로 해석한다면, "너희가 떨어져 나온 반석"(51,1)은 주님을 향한 신뢰를 의미할 수 있다. 바빌론 유배는 이스라엘 백성에게 매우 충격적인 사건이었다. 유배를 통하여 죄를 인식하고 뉘우치기도 하였지만, 백성의 대부분은 하느님에 대한 기본 신뢰를 잃었다. 이처럼 유배는 이스라엘 백성이 지닌 신앙의 근간을 흔들어놓았다. 그러므로 "반석을 우러러보고"(51,1)라는 말씀은, 그들이 신뢰를 두었던 하느님을 다시 바라보라는 초대로 해석된다.

이처럼 신뢰의 근간이 되는 반석에서 떨어져 나온 이들은, 반석을 바라보라는 명령과 함께 아브라함과 사라를 바라보라는 명령을 듣는다. 아브라함과 사라는 믿음을 상징하는 성조다.[197] 그들은 온갖 위기와 어려움 속에서도 하느님을 굳게 신뢰하여 하느님 백성을 위한 신앙의 모범이 된 인물이다. 이스라엘 백성에게 아브라함과 사라를 바라보라는 명령은 시련 속에서 하느님에 대한 신뢰를 잃지 말라는 초대의 말씀으로 이해된다. 단락의 마지막에 시온의 변화가 예고된다. 황무지로 변해버린 시온을 하느님께서 위로하신다(51,3). 유배 중인 백성에게 주어진 위로(40,1)가 이제 시온을 향한다. 주님의 위로와 함께 시온은 변화되어 감사와 찬미가 가득한 곳이 될 것이다(12장 참조).

4-6절 구원 선포

이 단락은 듣고 귀를 기울이라는 명령형으로 구원의 선포가 시작된다. "들어라"와 "귀를 기울여라"라는 말씀은(51,4), 이사야 예언서의 시작과 함께 하느님께서 이스라엘 백성을 고발하면서 사용한 표현이다(1,2). 이제 듣고 귀를 기울이는 수신자는 하느님이 "내 백성", "내 겨레"로 삼은 이들이다. 하느님께서는 그들에게 가르침을 전하신다. 하느님께서, 주님으로부터 토라(《성경》에 "가르침"으로 번역)가 나가고, 공정을 빛으로 만드실 것이며, 정의를 통해 구원을 가져오시겠다고 선포하신다(51,4). 민족들에게 공정을 펼치고(42,1) 민족들의 빛이 되는 것이 주님의 종의 사명이었다(42,6). 하느님의 계획과 종의 사명이 공정과 빛이라는 점에서 일치한다. 이로써 하느님께서 이루시려는 구원이 주님의 종을 통해 완수되리라는 사실을 알려준다.

7-8절 구원 신탁

"의로움을 추구하는 이들"(51,1)이 "의로움을 아는 이들"로 변화된다(51,7). 주님의 토라를 통해 그들은 자신이 추구하는 바를 알게 되었다는 사실이 여기서 전제된다. 그들이 변화된 가장 큰 이유는 주님의 토라를 마음속에 간직하였기 때문이다. 하느님께서는 그들에게 모욕과 악담에 두려워하지도 낙심하지도 말라고 말씀하신다(51,7ㄷ-ㄹ). 이 말씀은, 매질과 수염을 잡아 뜯는 자들에게 뺨을 내맡기고 모욕과 수모를 받지 않으려고 얼굴을 가리지 않았던 종의 모습과 연결된다(50,6-7). 의로움을 아는 이들이 모욕과 악담을 하느님 안에서 이겨낼 수 있다면, 그는 주님의 종-공동체의 구성원으로 살아갈 수 있다. 반면에 모욕과 악담을 하는 이들은 종-공동체의 구성원과 반대의 운명을 맞이한다. 그들은 좀이 먹어버리는 옷, 양 벌레가 먹어버리는 양털 같은 신세가 되어 버린다(51,8). 이처럼 하느님을 믿고 신뢰하는 종과 그의 공동체의 구성원이 될 이들의 운명은 악인의 운명과 전혀 다른 길로 뻗어간다.

4. 시온으로 돌아오시는 주님과 흩어진 이들의 귀환(51,9-52,12)

구조적으로 잘 조직된 이 본문은 세 개의 명령형 문장으로 구성된다. 주목할 점은 같은 동사(עור)로 세 개의 명령형 문장을 구성하고(모두 2인칭 여성형: 51,9.17; 52,1), 수신자로 각각 "주님의 팔"(51,9), "예루살렘"(51,17), "시온"(52,1)이 등장한다는 것이다. 이렇게 명령형 문장이 조직적으로 구성되었다는 이유로, 이 본문을 "명령(형의) 시Imperativgedicht"라고 표현하기도 한다.[198] 또 하나 주목할 점은, 시온과 예루살렘의 사용이다. 첫 번째 명령형 본문은 시온을, 두 번째는 예루살렘을, 세 번째는 시온과 예루살렘을 모두 언급하여 시온과 예루살렘이 명령형 문장의 중심 주제임을 암시한다. 이처럼 이 대목은 명령형 문장에 따라 세 부분으로 구성된다. 주님을 향한 기도와 그분의 응답을 전해주는 첫 번째 본문(51,9-16), 구원의 전환이 시작되는 두 번째 본문(51,17-23), 준비와 임금이신 주님의 귀환을 알리는 세 번째 본문(52,1-12)이다.

1) 주님을 향한 기도와 그분의 응답(51,9-16)

앞 본문과 관련하여 이 본문을 바라본다면, 여기서 명령형 문장 형태의 기도를 이끄는 이는 의로움을 찾고, 주님을 찾으며, 토라를 마음속에 지니는 이들, 곧 주님의 종-공동체의 구성원으로 생각할 수 있다(51,1.2.4.6.7). 그들은 하느님께 탄원기도를 올리면서 시온으로 귀환할 것을 희망한다(51,9-11). 이들의 기도가 끝나자 하느님께서는 조금의 망설임도 없이 기도에 응답하신다(51,12-16). 이처럼 이 대목은 기도와 응답의 두 부분으로 나눠 바라볼 수 있다.

9-11절 깨어나소서, 깨어나소서

이 기도는 주님의 팔을 향한 외침이다. 하느님을 향해 깨어나시라고 요구하는 기도는 시편에서 발견된다. 제2이사야서는 "주님의 팔"을 다양한 맥락에서 사용한다: 하느님의 권능(40,10; 52,10; 53,1; 참조 62,8; 63,5.12); 하느님의 심판[48,14《성경》에서는 번역하지 않음]; 51,5]; 희망의 대상(51,5); 하느님의 품어주심(40,11). 이 단락에서 사용되는 주님의 팔은 혼돈의 상징인 라합과 용을 무찌르셨던 힘과 관련하여 하느님의 권능과 힘을 의미한다. 주목할 것은 라합과 용을 제압한 하느님의 전설적 승리가 이스라엘 백성의 구원과 관련하여 언급된다는 점이다. 라합과 용은 전설적 존재로서 혼돈을 상징한다. 따라서 하느님께서 그들에게 승리를 거두셨다는 것은 혼돈을 물리치고 질서와 조화로 이끄는 하느님의 힘을 드러낸다. 이로써 이스라엘 백성의 구원은 혼돈(카오스)에서 질서(코스모스)로 옮겨가는 대전환을 맞는다. 하느님의 또 다른 힘이 언급된다. 갈대 바다 사건(탈출 15,13)을 연상시키는 "깊은 바다를 길로 만드"신 하느님의 힘이다(51,10). 이 힘에 대한 기억이 전설의 영역에서 역사의 영역으로 넘어온다. 그 놀랄 만한 하느님의 기적이 이제 시온을 향한다. 하느님께서 구원하신 이들이 환호하며 시온으로 들어선다(51,11). 그들에게서 드러나는 기쁨과 즐거움은 이사야 예언서에서 구원된 이들을 보여주는 명확한 표시이다(12,6; 42,11; 44,23; 48,20; 49,13; 51,11; 52,8.9; 54,1; 65,14).[199]

12-16절 기도에 대한 하느님의 응답

하느님께서는 명령형 문장으로 전개되는 종-공동체의 기도에 순간의 망설임도 없이 바로 응답해주신다. 두 번에 걸친 "깨어나소서, 깨어나소서"(51,9)라는 기도에 상응하여 하느님께서는 두 번 반복하여 "내가, 바로 내가"(51,12)라고 응답하신다. 하느님은 위로자 하느님으로 자신을 드러내시며(40,1 참조), 인간에 대해 두려움을 갖지 말라고 하신다. 하느님의 위로와 두려워하지 않음은 제2부의 주요 주제이다[위로: 40,1; 49,13; 51,3.12.19; 52,9; (66,13); 두려워하지 마라: 40,9; 41,13.14; 43,1.5; 44,2; 54,4.14]. 하느님의 위로와 격려의 말씀으로 위로를 받고, 두려움을 없애면 압제자들의 노여움을 더는 두려워하지 않게 된다(51,13). 하느님께서는 사슬에서 풀려난 이 백성을 보살펴주실 것이다(51,14). 그래서 그분은 자신을 "나는 주 너의 하느님"이라고 드러내시고(51,15), 시온을 향해 "너는 나의 백성이다"라고 말씀하신다(51,16). 하느님과 백성의 상호 관계를 드러내는 이 표현은 전형적인 계약 양식이다(탈출 6,7; 레위 26,12; 예레 11,4; 에제 36,28). 또 말씀과 함께 선포되는 하느님의 행위, "네 입에 내 말을 담아주고 내 손 그늘에 너를 숨겨준다"(51,16)는 하느님께서 주님의 종에게 보여주신 행위(49,2)와 거의 유사하다. 따라서 이 말씀을 들은 이는 주님의 종의 후계자로 불렸다는 의미로 이해할 수 있다. 문맥에서 "너"는 시온으로 드러나므로, 하느님 백성으로 인정받고 주님의 종의 뒤를 따르는 시온은, 시온에 거주하는 주님의 종-공동체에 속하는 이들을 포함한다고 이해된다.

2) 구원의 전환이 열리다(51,17-23)

예루살렘이 명령의 수신자로 등장한다. 이 본문은 시작과 마침에 "진노의 잔"[51,17.22.(23)]이 등장하며 진노의 잔과 예루살렘의 운명이 병행되는 모습을 보여준다. 진노의 잔은 하느님의 진노만이 아니라, 진노에 따른 징벌도 함께 의미한다(예레 13,13; 25,15-18; 48,26; 51,7; 에제 23,32-34; 하바 2,15-16; 오바 16절; 즈카 12,2).[200]

"깨어라"라는 명령형으로 시작되는 이 본문은 예루살렘의 과거, 현재와 미래를 모두 담고 있다. 이 명령은 멸망 이후에 좌절에 빠진 예루살렘을 향한다(51,17-18). 과거에서 현재까지 혹독한 고통 속에 있는 백성의 모습이 묘사되고(51,19-20), 하느님의 개입을 통해 구원으로 전환될 것이 예고된다(51,21-23).

17-18절 깨어라, 깨어라

하느님께서 예루살렘을 깨우신다. 파괴와 멸망을 체험한 예루살렘은 아직도 죽은 듯이 잠들어 있다. 구원의 시간이 다가오면서 하느님께서 예루살렘을 깨우신다. 그들이 파괴된 이유는 하느님께서 진노의 잔을 주셨고, 예루살렘은 그것을 바닥까지 마셨다(51,17). 예루살렘의 지금 모습은 너무나도 처량한 신세이다(51,18).

19-20절 진노의 잔

이 단락은 하느님께서 내리신 "진노의 잔"에 의한 결과를 보여준다. 예루살렘은 위로받지도 못한 채 철저하게 "파멸과 파괴, 굶주림과 칼"을 마주하였다(51,19). 예루살렘 백성은 주님의 노여움과 질책을 입어 길거리에 쓰러져 있다(51,20).

21-23절 구원으로의 전환

하느님께서는 직접 예루살렘을 향해 구원의 말씀을 전하신다. 그분이 당신 백성을 직접 변호해주신다(51,21). 이어서 선포되는 하느님의 구원은, 하느님께서 술잔을 거두어주시면서 시작되고, 다시는 예루살렘이 마시지 않으리라고 약속하시는 데에서 정점에 이른다(51,22). 단락의 마지막에서 주님 진노의 술잔은 예루살렘을 억압했던 자들에게 돌아간다. 그들이 하느님의 도구로 예루살렘을 억압하였지만, 이제는 심판의 대상이 되어 예루살렘을 억압했던 모습을 되돌려 받게 된다. 그들이 하느님의 도구라는 사실을 망각하고, 폭력적 행위로 주님의 도성 예루살렘을 파괴했기 때문이다. 이로써 구원의 선포가 마무리된다(51,23).

3) 준비 행위들과 임금이신 주님의 귀환(52,1-12)

세 편의 명령시Imperativgedicht 가운데 마지막에 나오는 52,1-12은 첫 번째 명령시와 매우 밀접한 관계를 갖는다. 세 편의 명령시가 같은 어근으로 시작한다는 공통점이 있지만, 처음과 마지막은 어근은 물론 동사의 형태도 같기 때문이다.[201] 또한, 같은 표현 "힘을 입으소서(입어라)"(51,9; 52,1)를 통해 "주님의 팔"(51,9)과 "시온"(52,1)의 관계가 암시된다. 곧 힘을 입은 주님의 팔이 좌절하고 낙담한 시온과 예루살렘에게 힘을 불어넣고, 그 힘으로 시온과 예루살렘이 일어나는 연속성이 관찰된다. 이 단락은 시온에게 바빌론에서 귀환할 준비를 하도록 이르고, 하느님께서 임금으로 시온에 오심을 선포한다. 시온을 향한 깨어나라는 외침과 구원의 예고가 선포되고(52,1-3), 이방 민족으로부터 당한 억압의 회고(52,4-6)가 이어지고, 하느님의 왕권과 시온을 향한 귀환이 환호와 함께 선포된다(52,7-10). 바빌론을 떠나라는 명령으로 세 번째 명령시는 마무리된다(52,11-12).

1-3절 깨어나라, 깨어나라

주님의 팔(51,9)이 시온과 예루살렘을 깨운다. 이제 시온과 예루살렘으로 "할례 받지 않은 자와 부정한 자"는 들어올 수 없게 된다(52,1ㅁ). 이들은 시온으로 모여 오는 모든 민족(2,2-5)을 지칭하지 않는다. 여기서 할례 받지 않고 부정한 이들은 시온과 예루살렘을 파괴하고 점령하기 위해 몰려오는 아시리아와 바빌론을 의미한다. 따라서 더는 이방 민족의 침입은 없을 것이며, 포로가 된 시온과 예루살렘은 해방을 맞이하게 된다(52,2). 그들의 해방은 대가 없이 이뤄진다. 그들은 흥정을 거쳐 값을 치르고 풀려나지 않는다. 그들의 해방은 임금이신 하느님(52,7)의 힘으로 이루어진 것이다(52,3).

4-6절 억압받은 역사에 대한 회고

이스라엘 백성은 억압받은 역사를 지니고 있다. 먼 옛날 이집트에서의 종살이에서 시작하여 아시리아의 위협과 침입을 겪었으며, 이제 바빌론에게 멸망하고 유배지로 끌려왔다(52,4-5ㄴ). 이 과정에서 하느님의 이름은 끊임없이 멸시를 당하였다(탈출 5,2; 이사 36,10.18; 37,10 참조). 그러므로 이제 하느님께서는 당신의 거룩한 이름을 알게 하실 것을 선포하신다(52,6). 하느님께서는 이미 백성과 함께하시고(6ㄴ절) 당신의 존재 – "바로 나" – 를 이들이 알게 하신다.

7-10절 임금이신 주님께서 시온으로 귀환하심과 환호

주님의 사자는 시온을 향해 "너의 하느님은 임금님이시다"(52,7) 하고 선포한다. 이것이 시온에게 전해지는 기쁜 소식이다. 하느님께서 임금님이시기에 시온에 평화, 기쁜 소식과 구원이 선포된다. 하느님의 왕권은 이사야서에서 매우 중요한 주제이다(6,5; 24,23; 33,22; 41,21; 43,15; 44,6). 하느님의 왕권은 이방 민족 통치자들의 힘을 무력하게 만들고, 그들을 심판하신다(13-23장). 또 지상의 권력자만이 아닌, 하느님의 뜻을 거스르는 이방 신의 모든 세력을 제압하신다. 바빌론의 멸망은 하느님의 왕권을 보증한다(46-47장). 하느님의 강력한 왕권에 근거하여 시온에게 기쁜 소식이 선포된다. 따라서 시온이 이 기쁜 소식을 수용한다면, 시온은 주님의 전령이 되어 주님의 기쁜 소식을 선포할 수 있게 된다(40,9 참조).

제2부는 시작부터 주님께서 '오심'을 선포하였다(40,10). 이를 위해 주님의 길이 준비되고(40,3), 주님께서 권능을 떨치며 오시는 모습이 예고되었다(40,10). 그 모습으로 이제 하느님께서 시온을 향해 오고 계신다(52,8). 그것을 바라보는 시온의 파수꾼들은 기뻐하며 환호한다(52,9). 하느님은 백성을 위로하시고 예루살렘을 구원하신다. 이제 하느님의 거룩한 팔(51,9 참조)이 강한 힘으로 이스라엘을 구원하시니 모든 민족과 땅 끝들이 하느님의 구원을 보게 된다(52,10).

11-12절 떠나라, 떠나라, 거기에서 나와라

하느님께서는 이미 시온에 도착하셨다. 그에 따라 아직 바빌론에 있는 백성은 그곳을 떠나 주님 계신 곳으로 오라는 명령을 받는다. 바빌론에서의 귀환은 많은 면에서 이집트 탈출을 연상시킨다. 하지만 바빌론에서의 귀환과 이집트 탈출이 같은 모습으로 전개되지 않는다. 이집트를 탈출하던 이스라엘 백성은 이집트인들의 귀금속을 지니고 광야로 나왔다(탈출 12,35). 하지만 바빌론에서 귀환할 때는 부정한 것에 손을 대지 말고 몸을 정결하게 할 것(52,11)을 강조하여, 이집트 탈출과 차이를 보여준다. 귀환하는 이들이 주님의 기물들을 나르는 자들이기 때문이다(11ㄷ절). 여기서 언급된 "주님의 기물들"은 바빌론의 네부카드네자르가 예루살렘 성전에서 탈취한 성전의 기물과 관련된다(2열왕 24,13; 25,13-17). 페르시아 임금 키루스는 탈취당한 기물들을 가져가도록 허락하였고, 이스라엘은 유배지를 떠나오면서 성전 기물을 들고 올 수 있었다.[202] 이스라엘이 이집트를 탈출할 때는 서둘러서 그곳을 떠났다. 반면에 바빌론에서 귀환할 때는 서두르지도 도망치지도 않아도 된다. 하느님께서 그들의 앞뒤에서 지켜주시기 때문이다.

5. 종의 고통과 들어 높임(52,13-53,12)

이 대목은 주님의 종의 넷째 노래이다. 첫째 노래는 종의 선택을, 둘째와 셋째 노래는 종의 사명 수행을 들려주고, 넷째는 종이 당하는 박해와 고통을 통해 죄인의 돌아옴을 주제로 삼는다. 그래서 종의 넷째 노래는 종이 당하는 고통보다, 종의 박해와 고통을 통해 변화되는 이들에게 더 주목한다. 본문은 처음과 마지막에 "나의 종"을 언급하며 수미상관 구조를 보여준다(52,13; 53,11). 본문의 중앙은 종의 고통과 박해를 "우리"의 입을 통해 진술한다. 여기서 화자로 등장하는 "우리"는 종이 고통받는 모습을 보았고, 바라봄으로써 변화된다. 종의 박해와 고통, 이를 통한 변화를 보여주는 종의 넷째 노래는 화자와 주제에 따라 다섯 부분으로 구성된다: 하느님의 담화(52,13-15); "우리"의 담화-인식 전환 이전에 바라본 종의 모습(53,1-3); "우리"의 담화-인식 전환 이후에 바라본 종의 모습(53,4-6); 저자의 담화(53,7-10); 하느님의 담화(53,11-12).

52,13-15 하느님의 담화

주님의 종은 "나의 종"이라고 표현되고, 하느님께서는 그 종의 성공을 예고하신다. 그의 성공은 "높이 올라 숭고"해짐(52,13)에서 드러난다. 높이 오르고 숭고해지는 종의 처지는 이사야 예언자의 소명 사화에 비추어 보면 좀 더 분명하게 이해된다. 이사야 예언자는 하느님의 "높이 솟아오른 어좌"를 바라본다(6,1).[203] 그러므로 주님의 종이 높이 올라 숭고해진다는 것은, 그가 주님의 옥좌에 가까이 머물게 됨을 의미한다.[204] 그가 보여주는 과거 모습은 "사람 같지 않게 망가지고" "인간 같지 않게 망가져 많은 이들이 그를 보고 질겁하였다"(52,14). 그러나 지금은 상황이 변화되어 수많은 민족이 놀라고 임금들도 그 앞에서 아무런 말도 할 수 없게 되었다(53,15). 왜냐하면, 지금까지 그들이 듣지도 보지도 못한 것을 깨닫기 때문이다(53,15). 많은 이들이 망가진 몰골을 한, 주님의 종을 보았다. 여기에 나오는 '많은 이들'의 신원은 노래가 진행되면서 분명하게 드러난다.

53,1-3 우리의 담화 – 인식 전환 이전에 바라본 종의 모습

여기서 본격적으로 "우리"로 지칭되는 공동체가 등장한다. 그들은 들은 것을 믿지 않았으며, 주님의 권능이 드러남을 외면했다(53,1). 그들이 묘사하는 주님의 종의 모습은 이러하다. 그는 새순처럼 돋아났고, 볼품없는 모습을 하고 있었으며, 사람들에게 멸시와 배척을 당하고, 고통과 병고에 익숙한 사람이었다. 이처럼 "우리"는 그를 대수롭지 않게 여겼음을 고백한다(53,2-3). 여기서 나열된 종의 모습은, "우리"가 그를 올바로 인식하기 전에 바라본 것이다.

53,4-6 우리의 담화 – 인식 전환 이후에 바라본 종의 모습

이 단락은 "우리"가 종을 올바로 인식한 후 종의 고통에 대해 해석한 내용을 들려준다. 이제 "우리"는 그가 겪는 병고와 고통이 자신들의 것임을 알게 된다. 전에 "우리"는 "그를 벌 받은 자, 하느님께 매 맞은 자, 천대받은 자"로 간주하였다. 하지만 지금 "우리"는 고백한다. "그가 찔린 것은 우리의 악행 때문이고 그가 으스러진 것은 우리의 죄악 때문이다. 우리의 평화를 위하여 그가 징벌을 받았고 그의 상처로 우리는 나았다"(53,5절). 죄인은 "우리"였지만, 하느님께서는 우리의 죄악을 종에게 떨어지게 하셨다(53,6). 그들은 종의 모습을 바라보면서 인식을 전환하게 된다.

53,7-10 저자의 담화

주님의 종의 모습이 계속해서 과거형으로 전개된다. 학대받고 천대받았으며, 도살장에 끌려가는 어린 양의 모습으로 아무런 말도 하지 않고 그는 온갖 고통을 감내했다(53,7). 마침내 그는 구속되어 판결을 받고 제거되었다. 그가 그렇게 된 것은 백성의 악행 때문이었다(53,8). 그는 죄악을 행하지도 않았지만, 악인들처럼 다루어졌다(53,9). 이해할 수 없는 종의 모습이 묘사된다. 고통 속에서도 침묵으로 일관한 그는 아무런 보상을 얻지 못한 채 죽음을 맞이했다. 하지만 반전이 일어난다. 주님의 종이 매를 맞고 고통을 당했던 이유는 하느님 때문이었다. 주님의 뜻이 그를 으스러뜨렸고, 그를 병고에 시달리게 하셨다. 그를 통하여 주님의 뜻이 이루어지게 하려고 하느님께서 이 모든 일을 기획하셨다.

53,11-12 하느님의 담화

하느님께서 이 모든 일을 기획하신 이유를 설명하신다. 종의 망가진 몰골을 보고 질겁했던 많은 이들(52,14)이 이제는 의로운 주님의 종을 통해 의롭게 변화되기 때문이다. 주님의 종은 아무런 보상을 받지 못하고 무력하게 죽은 이들의 땅에 묻히는 것이 아니라(53,9), 귀인과 함께 몫을 차지하고 전리품을 나누게 될 것이다(53,12). 그가 죽음에 이르기까지 자신을 버렸고, 많은 이들의 죄를 메고 갔으며 무법자를 위하여 빌어주었기 때문이다.

1) 종의 넷째 노래에서 드러나는 주제의 전환

종의 넷째 노래는 이사야 예언서의 중요한 주제가 전환되는 모습을 보여준다. 이사야서의 전반부에서 이해할 수 없었던 부분들이 종의 노래에서 구체적이고 분명하게 드러난다. 그것은 크게 세 가지 범주에서 고찰된다.

(1) 6장과의 연결 고리[205]

여기서 등장하는 종의 모습은 6장과 여러 면에서 연결 고리를 지닌다. 이사야 예언자가 높이 솟은 어좌에 앉아 계신 주님을 바라보았는데도, 그의 입은 열린다(6,6-8). 반면에 민족들의 임금은 종의 기대하지 않은 성공에 입을 다물게 된다(52,15). 이사야는 숯으로 정화되어 죄가 없어졌는데(6,7), 종은 "우리"의 죄 때문에 매를 맞았다(53,5). 이사야의 사명은 백성의 마음을 완고하게 하여 그들이 돌아와 치유되는 일이 없게 하는 데 목적을 두었다면(6,10), "우리"는 종의 상처로 낫게 되었음을 고백한다(53,5).

  종을 바라보는 "우리"의 인식 전환은 이사야 예언자와 깊은 연관성을 갖는다. 즉 종을 보고 "우리"의 고백에 함께하는 자는 이사야가 목적한 완고한 마음이 변화되어 이사야와 종의 제자가 될 수 있음을 알려준다. 6장에서 향엽나무와 참나무가 잘리고 남은 그루터기는 "거룩한 씨앗"으로 묘사된다(6,13). 종은 매를 맞고 온갖 병고에 시달리며 죽어 묻혔지만 비극적 결말로 끝나지 않는다. 그는 후손을 얻게 된다(53,10). 그러므로 "거룩한 씨앗"이 새로운 싹을 돋아내듯이, 종의 후손은 새로움을 준비한다. 그러므로 이제부터 종은 혼자가 아니라 후손을 통해 공동체를 이루고, 54,17부터 종은 복수형인 "종들"로 표현된다.

(2) 이스라엘 백성의 변화

종이 보여주는 고통과 병고의 모습은 1장이 들려주는 백성의 모습과 유사하다. "우리"를 낫게 한 종이 입은 '상처'는 히브리어 하부라חבורה의 번역이다. 이 어휘는 이사야 예언서에서 1,6과 53,5에서만 사용되었다. 이것은 종과 백성이 '상처'라는 고리를 통해 서로가 깊은 관련이 있음을 보여준다. 종이 입은 상처는 "우리"를 낫게 하기 위해서였다(53,5). 그러나 백성의 상처는 스스로 잘못하여 얻게 된 상처이다(1,6). 또한, 주님의 종과 백성은 모두 하느님의 매질로 질병을 얻게 되었다(53,3.4.10; 1,5). 이 모든 표현을 통해 주님의 종이 맞이한 운명과 주님으로부터 강하게 처벌받은 백성의 운명이 나란히 놓인다. 주님의 매질로 인해 백성의 온몸이 멍과 상처로 뒤덮이게 되었다면(1,5-6), 종의 몸은 주님의 매질로 일그러져 더는 인간처럼 보이지 않게 된다(53,2-3). 1장의 백성이 자신들의 잘못으로 처벌을 받았다면, 주님의 종은 죄도 없이 "우리"의 죄를 짊어졌다. 1장의 백성이 하느님을 올바로 인식하지 못했다면(1,3), 주님의 종은 "우리"가 올바르게 인식하도록 이끌었다(53,11).

이사야 예언서의 첫머리부터 이스라엘 백성은 완고한 마음을 지닌 자들로 등장한다. 하느님의 온갖 매질에도 변화되지 않는 이들이었다. 하지만 1장과 53장의 연결점에서, 그들 가운데 일부가 주님의 종을 통해 새로운 인식에 이르게 되는 움직임이 나타난다. 이스라엘 백성이 변화되는 중심에 '주님의 종'과 '우리'가 서 있는 것이다.

(3) 많은 이들 - 우리 - 주님의 종 공동체

자신들을 "우리"로 표현하는 이들이 누구인지 조금 더 가까이 다가가 보자. 우선, 여기서 "우리"로 표현되는 이들은 이스라엘 백성 전체를 의미하지 않는다. "많은 이들"이 주님의 종을 바라보았지만, 모두가 "우리"처럼 인식의 전환을 이루지는 않았기 때문이다. "우리"의 출발점은 유배지에서 선포된 바빌론 탈출 명령과 관련된다. 시온의 자녀들은 하느님께 의혹을 품고 하느님의 명령을 따르지 않는 모습을 보여준다. 그러므로 탈출 명령을 수행해야 하는 주님의 종은 자신의 모든 노력이 헛되었음을 고백한다(50,4). 하느님께서는 시온의 자녀들이 품는 의혹을 해소하기 위해 많은 노력을 기울이신다(50,1-3). 그 노력은 하느님께서 시온에 임금으로 오시는 장면에서 절정에 이른다. 그러므로 주님의 전령은 "너의 하느님은 임금님이시다"(52,7)라고 선포하며 기쁜 소식을 시온에게 전한다. 시온의 자녀들은 평화와 구원을 가져오는 기쁜 소식을 들었다. 그리고 그들은 주님의 종이 병고와 질병에 시달리는 것을 보았다.

성읍들이 황폐하게 되고 경작지가 황무지로 변화된 후에(6,11-12 참조), 이사야 예언자의 선포가 목적으로 삼았던 완고한 마음이 시온의 자녀들을 통해 전환되기 시작한다. 그들은 시온의 기쁜 소식을 듣고, 종의 고통을 보면서 자신들의 죄를 고백한다(53,5-6). 이처럼 그들은 듣고, 보고, 고백하며 자신의 신원을 "우리"로 표현한다. "우리"는 1장의 이스라엘 백성과 구별되는, 변화된 시온의 자녀들이다. 주님의 종이 그루터기가 되어 "거룩한 씨앗"(6,13)이 되었다면, 종을 보고 변화된 "우리"는 종의 후손이 되어 주님의 종 공동체를 이루는 싹이 된다. 그러므로 그들과 함께 종의 고통을 올바로 인식하여 죄를 고백하는 이들은 종의 후손이 되고, 새롭게 변화될 시온의 자녀, 시온의 공동체가 된다.

(4) 종과 시온의 유사성

주님의 종과 시온은 고통을 받고 숭고해진다는 공통점에서 매우 밀접한 관계를 갖는다. 문장 구조상 시온이 고통받는 종의 이야기를 감싸고 있다. 아울러 종의 후손과 시온의 자녀들은 종의 넷째 노래에서 "우리"로 자신을 표현하였다. 그들이 많아진다는 것은 시온의 자녀들도 늘어나게 됨을 의미한다. 따라서 시온은 혼인한 여인의 아들들보다 많아진다는 희망의 예고를 듣게 된다(54,1). 주님의 종이 고통받은 후에 높이 올라 숭고해지는 것처럼, 시온도 버림받고 쫓겨났다가 주님의 신부(54,5)가 되어 높이 오르게 된다. 이러한 일이 일어나면 민족들과 임금들은 입을 다물고 그들이 들어보지 못한 것을 마주하게 될 것이다(52,15).

  48-55장의 구원 드라마를 이끄는 종과 시온은 동일한 운명을 공유하며 밀접한 관계를 보여준다. 종이 바빌론에서 귀환하도록 백성을 독려하는 사명을 수행하였다면, 시온은 주님의 기쁜 소식을 유다의 성읍들에 선포하는 복음 선포자의 사명을 수행한다. 종과 시온의 밀접한 관계는 제3부에서도 지속되며, 시온의 재건을 위해 함께 노력하는 모습에서

드러난다. 시온은 "민족들을 위한 빛"이 되라는 종의 사명을 수용하여 민족들을 위한 빛이 되어 세상의 중심에 선다. 그리하여 그 빛을 보고 모든 민족들이 하느님을 경배하기 위해 모여 올 것이다(60-62장 참조).

6. 시온과 예루살렘의 회복과 미래(54,1-55,13)

54-55장의 주제는 시온의 회복이다. 하느님께 쫓겨나고 자녀 없는 여인으로 묘사되었던 시온은 이제 주님의 신부가 되고, 많은 자녀의 어머니로 변화된다. 시온은 종과 매우 밀접한 관계를 유지하며 하느님 앞에서 같은 운명을 지닌다. 그러므로 시온에서 일어나는 변화는 하느님께서 종에게 약속하셨던 후손과 미래에 대한 약속(53,10)의 성취로 이해된다. 제2부의 마지막에 놓인 54-55장은 고난받던 시온이 들어 높여지는 장면(54,1-17)과 시온을 중심으로 사람들이 모여 오는 종말론적 초대의 장면(55,1-13), 두 부분으로 구성된다.

1) 고난받던 시온의 들어 높여짐(54,1-17)

시온을 중심으로 전개되는 54장은 주제와 시제에 따라 두 부분으로 구성된다. 우선 과거 시온의 모습을 묘사하는 전반부는 54,1-10이다. 여기서 시온은 어머니, 신부로 표현되는 여인의 모습으로 의인화되어 등장한다. 이어지는 후반부는 54,11-17이며 다가올 미래의 시온에 대하여 들려준다. 여기서 시온은 도성으로 묘사된다.

1-10절 시온의 과거와 시온에게 주어진 약속
시온은 "아이를 낳지 못하는 여인"(54,1)이었다. 그러나 이제 시온은 많은 이의 어머니가 되리라고 예고된다. 이러한 변화로 기뻐하고 즐거워할 이유가 생긴다(1절). '아이를 낳지 못하는 일'은 구약성경에서 중요한 인물이 겪었던 큰 시련이었다. 불임 문제는 성조 시대에 세 명의 여인, 사라(창세 11,30)와 레베카(창세 25,21), 라헬(창세 29,31)이 겪은 어려움이기도 했다. 그러므로 시온이 겪은 불임 문제는 이들과 연관하여 이해될 수 있다. 아울러 성조들에게 후손에 관한 약속이 주어진 것처럼, 시온에게도 후손들이 퍼져 나가리라는 약속이 주어진다. 이들의 약속을 비교하면, 아브라함(창세 22,17)과 레베카(창세 24,60)에게 주어진 약속보다 시온이 받은 약속이 더 크다(54,3).

54,4부터 구원 신탁이 선포된다. 과거의 부끄러움을 잊고 이제부터 시작될 새로운 일을 준비하라는 격려가 이어진다. 시온이 과거의 일을 잊을 수 있는 이유는, "만군의 주님"이시며, "이스라엘의 거룩하신 분" "온 땅의 하느님"께서 시온에게 남편이 되어주시기 때문이다(54,5). 하느님께

서 새로이 그녀의 보호자가 되어주신다. 비록 하느님께서 시온을 잠깐 떠나셨지만, 그녀를 크신 자비로 다시 모아들이시고[206] 가엾이 여기신다(54,7-8). '모으다'라는 어휘는 40-66장에서 자주 반복되어 쓰이며 중요한 주제를 구성한다[40,11; 43,5.9; 44,11; 45,20; 48,14; 49,18; 54,7; 56,8(3번); 60,4; 62,9; 66,18]. 하느님께서 흩어진 백성을 모으시는 행위는 구원과 관련된다. 따라서 시온을 모아들이신다는 것은, 그분께서 흩어진 시온의 자녀들을 다시 모으신다는 뜻이다. 흩어진 백성이 다시 모이지 않으면, 시온의 복원도 가능하지 않기 때문이다.[207] 하느님께서는 노아의 때를 언급하신다. 홍수 이후에 물이 더 이상 범람하지 않았던 것처럼, 하느님께서는 시온에게 더는 분노를 터뜨리지 않겠다고 맹세하신다(54,9-10).

11-17절 시온 밝은 미래

시온을 향한 미래 지향적 선포가 이뤄진다. 이 단락에서 시온은 더는 여인이 아닌 도성의 모습으로 나타난다. 하느님께서 온갖 보석으로 시온에 기초를 놓으시고 장식하신다(54,11-12). 여기서 주목할 표현은 "너의 아들들은 모두 주님의 제자가 되리라"(54,13)는 것이다. 시온의 자녀들이 주님의 제자가 된다. 그들은 이사야 예언자와 연속성을 갖고(8,16), 동시에 주님 제자의 모습을 보여준 주님의 종과도 관계된다(50,4). 그러므로 시온의 자녀들은 역사적 인물 이사야의 전통을 계승한 이들이며, 주님의 종의 후손이 되어 새로운 하느님 백성 공동체의 기초가 된다.

시온은 이미 이방 민족에게 파괴되고 점령된 역사의 기억을 갖고 있다. 그런 시온에게 하느님께서는 안전한 보호를 약속하신다(54,14-15). 그곳에 평화가 가능한 이유는 하느님의 권능 덕분이다. 하느님께서 무기를 써서 시온을 위협하고, 파괴하고, 파멸하는 자들을 창조하셨는데, 뒤

집어 말하면 이는 그분께서 그들을 무력화하실 수도 있음을 의미한다(54,16). 그러므로 어떤 무기도 시온에게 위협이 될 수 없고, 시온에 저항하는 혀들은 재판에서 패소하게 될 것이다(54,17). 54장을 마무리하면서 "주님의 종들"(54,17)이 등장한다. 이들은 주님의 종의 후손을 의미하며 동시에 시온의 자녀들이다. 이들을 위해 마련된 상속 재산과 하느님으로부터 받을 상은 이미 주님의 종에게 약속된 것인데(53,11-12), 여기서 그 약속이 성취된다.

2) 종말론적 초대(55,1-13)

제2부의 마지막을 장식하는 55장은 크게 두 부분으로 구성된다. 전반부는 55,1-5이며, 모든 이를 향한 주님의 초대가 선포된다. 이 초대는 수신자들에게 주님의 종 공동체와 함께할지, 아니면 종 공동체를 비롯하여 새롭게 주어진 미래까지 거부할지 선택하도록 촉구한다. 이어지는 후반부는 55,6-13로 제2부의 에필로그라 할 수 있다. 여기서는 회개하여 주님께 돌아올 것과 주님 말씀을 신뢰할 것을 훈계한다.

1-5절 종말론적 초대

55장은 호이(הוי)라는 감탄사로 시작된다(55,1). 일반적으로 '호이'는 '불행하여라'라고 옮겨져 불행 선언의 시작을 이끈다(5,8.11.18.20.21.22; 10,1.5; 45,9.10). 그러나 여기서는 불행 선언의 시작을 알리는 단어가 아니라,

"자!" 하는 간절한 부름을 표현한다.[208] 이어지는 초대의 말씀은 목마른 자들과 돈이 없는 자들을 향한다. 그들에게 무상으로 좋은 음식이 제공된다. 이를 통해 구원의 그림이 묘사된다(55,1-2). 주님의 초대는 "영원한 계약"(55,3)을 목적으로 삼는다. 하느님께서 주님의 종들과 맺을 영원한 계약은 다윗 전통과 연결된다. 다만 다윗 전통이 다윗 개인과의 계약이었다면, 종들과 맺는 계약은 공동체적 성격을 갖는다는 점에서 차이가 있다. 이로써 다윗의 자리에 주님의 종과 종의 후손들이 자리하게 된다.

하느님께서는 그들을 민족들을 위한 증인으로, 동시에 민족들의 지배자와 명령자로 세우신다(55,3-4). 그런데 여기서 지배자와 명령자로 세워진다는 것이 정치적 통치를 의미하지 않는다는 점에 주의해야 한다. 그들의 지배와 통치는 하느님께서 키루스를 통해 구원 사업을 펼치시던 모습과는 다르다. 주님의 종들은 "민족들을 위한 빛"(42,6; 49,6)으로 부르심을 받았기에 민족으로부터 모여든 사람들을 주님께 이끄는 역할을 한다. 곧 그들이 우상을 거부하고 하느님을 섬길 수 있도록 이끌어야 하며, 하느님만이 유일하고 참된 하느님이며 임금님이심을 고백할 수 있도록 그들을 가르쳐야 한다. 그리하여 주님의 증인으로 모여든 민족들이 주님의 종 공동체에 소속될 수 있도록 해야 한다. 그것이 주님의 종들이 수행해야 하는 지배와 통치의 개념이다(43,10.12; 44,8 참조). 이스라엘의 거룩하신 하느님께서 그들을 영화롭게 하셨기 때문이다(5절).

6-13절 에필로그

에필로그는 회개의 훈계로 시작한다(55,6-7). 핵심은 주님을 찾고, 부르라는 권유이다. 죄인도 모든 악행을 버리고 주님께 돌아가야 한다. 왜냐하면, 하느님께서는 용서하시는 분이시기 때문이다. 이사야서 전체에서 여기서만 유일하게 "죄를 용서하다(살라흐סלח)"는 표현이 등장한다(55,7). '용서하다' 동사는 '창조하다(바라ברא)'와 함께 하느님의 신적 능력을 드러내는 어휘이다. 이 점을 잘 드러내기 위해 이 두 단어는 하느님만을 주어로 삼는다. 여기서 회개와 용서를 함께 언급함으로써, 회개가 단순한 뉘우침과 돌아옴으로 끝나지 않고 하느님의 용서로 온전하게 이루어진다는 사실을 보여준다.

이어서 하느님의 생각과 인간의 사고가 분명하게 구별된다는 말씀이 주어진다. 이사야 예언서는 하느님의 생각과 계획이 인간의 그것을 뛰어넘는다는 사실을 반복해서 강조했다. 이 사실은 이방 민족의 위협과 바빌론에서의 귀환을 두고 보여준 이스라엘의 모습에서 드러난다. 이방 민족의 위협 앞에서 이스라엘은 인간적인 정치, 외교적 해결부터 찾았다. 아울러 바빌론의 멸망이 이방 민족의 임금 키루스를 통해 이루어지자 이스라엘 백성은 하느님께 의혹을 품었다. 이처럼 하느님의 생각과 인간의 사고는 극명한 차이를 보였으며, 인간이 하느님의 생각을 온전하게 이해할 수 없다는 사실이 분명해졌다. 그러므로 하느님의 생각은 인간의 사고 위에 드높이 있다(55,8-9).

이어서 '말씀 신학'이 강조된다. 제2부는 시작과 함께 하느님 말씀의 '영원성'을 선포한 데 이어(40,8) 마지막에 다시 말씀 신학을 언급하여 하나의 큰 틀을 구성한다. 책의 시작 부분에서 말씀의 영원성을 강조하였다면, 여기서는 말씀이 지닌 힘을 강조한다. 비와 눈이 땅에 내려 생명을 주듯이 하느님의 말씀도 결코 헛되이 돌아오지 않고 반드시 사명을 완수한다. 이처럼 말씀의 힘은 생명을 보증하며 하느님의 뜻을 이룬다(55,10-11).

끝으로, 기쁨과 평화 속에 인도되어 주님을 향해 모여 오는 귀환의 모습이 전개된다(55,12). 이와 함께 놀랍게 변화되는 자연의 모습에서 하느님의 영원한 표징이 예고되면서 제2부는 마무리된다(55,13).

7. 신학적 의미

1) 주님의 종

제5편에서 눈멀고 귀먹은 주님의 종이 어떻게 다시 보고 들으면서 주님의 증인이 될 수 있었는지를 전해주었다면, 제6편은 그 종이 "백성을 위한 계약"이 되고 "민족들의 빛"이 되라는 사명을 어떻게 수행했는지에 대해 이야기한다. 주님의 종은 바빌론을 탈출하라는 명령을 수행하고자 애썼다. 하지만 그의 고백에 따르면 그는 사명을 온전하게 수행하지 못했다. 그럼에도, 그는 하느님을 신뢰하는 가운데 자신의 길을 묵묵히 걸어간다. 실패하고 좌절하던 그였지만, 하느님께서는 그를 성공한 종으로 인정하신다. 그의 병고와 고난의 여정을 멀리서 바라만 보던 이들 가운데 그 종의 고통을 보고 변화되는 이들이 생겨났다. 그들은 자신들의 죄를 고백하고 그 종을 통해 주님의 뜻이 이뤄짐을 인식하게 된다. 종의 성공은 뜻밖의 방법으로 이뤄진다. 그리하여 그에게 약속된 후손, 곧 종

의 제자이며 후손이 생겨나 시온의 새로운 재건을 준비하는 토대를 이룬다. 이들이 제3부에서 시온의 재건을 주도하는 중심 세력, 곧 종의 공동체요, 후손이며, 의로운 이들이고, 시온의 백성이 된다.

2) 시온과 시온의 자녀의 의혹

야곱/이스라엘은 하느님에게서 버림받았다는 의혹과 불만을 제기했다(40,27). 이처럼 시온도 하느님을 향해 의혹을 제기한다. 시온은 하느님께서 자신을 잊으셨다고, 버리셨다고 호소한다(49,14). 그런데 시온의 의혹은 시온에게만 그치지 않고, 시온의 자녀들의 의혹으로 번져간다(50,1). 시온과 시온의 자녀들은 바빌론 유배로 인해 하느님께 버림받았다는 확신을 지니게 된다. 하느님께서 야곱/이스라엘의 의혹을 제거하기 위해 노력하셨듯이 시온과 그 자녀의 의혹을 해소하기 위해 애쓰신다. 넘어지고 쓰러진 시온을 다시 일으키신다. 아울러 시온이 버림받은 이유는, 시온의 자녀들이 저지른 죄악 때문이라는 사실을 밝히시면서, 시온의 자녀들에게 의로움을 추구하라고 명령하신다. 시온의 자녀들 가운데 주님의 종이 걸어간 고통의 길을 보고 변화된 이들은, 자신을 "우리"로 표현하면서 죄를 뉘우치고 하느님께 돌아오고, 그들은 의로움의 길을 걷게 된다.

마치 주님의 종이 매질과 징벌로 인해 고통에 시달리는 것처럼, 시온도 아직 폐허로 남겨져 있다. 그런데 하느님께서 종을 들어 높이시고 그의 성공을 선포하시는 것처럼, 시온도 들어 높이시고 그녀[209]의 성공을 선포하신다. 의혹과 고통 속에 쓰러져 있는 시온을 하느님께서 깨우시고 일으키시고 새로운 시온을 준비하신다. 제3부는 시온의 재건과 함께 그곳에서 펼쳐지는 구원의 그림도 구체적으로 제시한다.

8. 말씀의 육화를 위한 단상

세상은 성공을, 많은 부의 축적을 가장 가치 있는 것으로 내세운다. 이러한 세상에 사는 우리에게 고통과 병고에 시달리는 종의 모습은 어떻게 보이는가? 이러한 종이 성공을 거둘 것이라고 예고하시는 하느님의 말씀을 우리는 어떻게 받아들여야 할까? 이사야는 우리에게 신앙인이 가져야 할 분명한 길을 보여준다.

하느님의 계획은 인간의 것을 뛰어넘는다. 그래서 이를 오묘하신 하느님의 섭리라고 표현한다. 세상의 통치자들이 보여주는 모습을 뛰어넘는 하느님 방식의 정점에 고난받는 주님의 종이 있다. 그는 사람들에게 멸시받고 배척당하며 고통의 사람, 병고에 익숙한 사람의 모습이었다. 그는 우러러볼 만한 풍채도, 위엄도 없는 볼품없는 사람이었다. 그런 그와 함께 하느님께서는 당신의 구원 드라마를 연출해 가신다. 그것은 사람들에게 널리 수용되는, 소위 대박 나는 흥행 위주의 드라마가 아니다. 모두 불편해서 채널을 돌려버리게 만드는 드라마다. 그런데 그런 드라마를 보고 변화되는 사람이 생긴다. 그의 고통과 병고를 불편하게 여겼던 사람들의 눈이 뜨이고 귀가 열리면서 그 고통의 의미를, 그의 병고를 통해 전달하시는 하느님의 말씀을 보고 듣게 된다. 그들은 깨닫고 변화된다.

드라마는 흥행에 성공하지 못한 것처럼 보였다. 하지만 드라마의 연출 의도를 정확하게 보고 들은 시청자가 생겨났다. "보라, 나의 종은 성공을 거두리라"(52,13)는 하느님의 말씀을 믿고 따르는 이들이 생겨났다. 그 루터기에서 돋아난 새싹을 보고 하느님의 구원을 읽어낸 이들이 생겨난 것이다. 그들은 종의 모습을 닮는 종의 후손으로 새롭게 태어난다. 그들이 종의 후손이 될 수 있었던 것은 죄를 짓지 않았거나 공정과 정의를 추구하면서 살아왔기 때문이 아니다. 그들의 눈도 제대로 보지 못했고 귀도 제대로 듣지 못했다. 다만 그들은 종의 고통과 병고를 마냥 외면하지 않고 바라보았고, 그 결과 그들의 마음이 움직여 정화되도록 내맡겼다. 그리하여 그들은 악행에서 돌아와 주님의 종의 후손으로 새롭게 태어났다.

우리의 모습이 주님의 종과 상당한 거리를 두고 있을지 모른다. 이사야 예언자는 고맙게도 우리에게 주님의 종이 되어 고통을 당하라고 이야기하지 않는다. 그저 주님의 종을 바라보라고 초대한다. 이사야는, 종의 모습이 바라보는 데 불편하다고 외면하거나 눈을 돌리지 말고, 똑바로 바라보라고 우리에게 간청한다. 남들이 우러러볼 만한 풍채나 위엄을 찾을 때 오히려 주님의 종을 바라보기, 그것이 주님의 종의 노래가 우리에게 들려주는 바다. 그 바라봄이 우리의 마음을 움직이고, 우리를 깨우쳐주어 하느님께 이끌어줄 것이다.

1. 구조

이사야 예언서 전체에서, 56-66장은 마지막 부분이며 큰 분류상 세 번째 부분이다. 베른하르트 둠(B. Duhm)은 여기에 등장하는 익명의 예언자에게 '제3이사야'라는 가공의 이름을 붙였다. 이것은 실존 인물의 이름이 아닌 편의상 지칭하는 이름이다.

앞선 40-55장의 시대 배경이 유배 시기의 막바지였다면, 56-66장의 경우에는 유배에서 귀환한 이후이다. 앞선 1-39장과 40-55장과 달리 여기서는 이방 민족이 외부에서 가하는 위협이 아닌, 귀환 이후 공동체가 맞이하는 내부 문제를 중심으로 내용이 전개된다.

56-66장의 전체 구조를 살펴보면, 누군가가 의도적으로 잘 조직해놓은 구조를 마주할 수 있다. 우선 60-62장을 중심으로 세 개의 테두리가 감싸는 구조가 나타난다. 60-62장에는 시온/예루살렘을 위한 구원의 선포가 자리하고 있다. 가장 바깥쪽 테두리는 누구를 공동체에 수용할 것인지를 다룬다. 처음에는 유다교로 개종한 이들이 대상이 되고(56,1-8), 마지막에 모든 민족이 대상이 된다(66,18-24). 그다음 테두리는 죄인과 신앙인의 분리를 유발하는 고발을 다룬다(56,9-58,14; 65,1-66,17). 가장 안쪽의 테두리는 구원의 지속이 가능한지를 깊이 고민하는 집단적 탄원을 다룬다(59,1-21; 63,1-64,11).

　　　　외부인의 공동체 수용 문제(56,1-8)
　　　　　죄인과 신앙인의 분리를 유발하는 고발(56,9-57,21)
　　　　　　구원의 지속 여부를 고민하는 집단적 탄원(58,1-59,21)
　　　　　　　시온/예루살렘을 위한 구원의 선포(60-62장)
　　　　　　구원의 지속 여부를 고민하는 집단적 탄원(63,1-64,11)
　　　　　죄인과 신앙인의 분리를 유발하는 고발(65,1-66,17)
　　　　이방인의 공동체 수용 문제(66,18-24)

2. 개종한 이방인을 위한 허가 조건(56,1-8)

이사야 예언서의 마지막 부분은 개종한 이방인, 곧 유다인이 아니면서 개종한 이들의 수용 문제로 시작된다. 구약성경은 개종한 이방인의 수용 문제에 거부와 허용이라는 두 가지 입장을 모두 담고 있다. 기본적으로 유배 이후 귀환 공동체의 이야기를 들려주는 역사서 에즈라기와 느헤미야기는 이방 공동체를 수용하는 데 매우 배타적이다(에즈 10,7-44; 느헤 13,1-3). 반면에 룻기는 이방인에게 호의적인 태도를 보인다.[210] 이사야 예언서는 룻기가 보이는 호의를 넘어 매우 개방적인 태도를 보여준다. 이 본문은 공정과 정의, 구원과 의로움을 강조하면서 시작된다. '행복선언'은 첫 구절의 강조를 뒷받침한다(56,1-2). 이어서 이방인과 고자의 탄식이 나오고 이에 대하여 하느님께서 응답하신다(56,3-8).

1-2절 공정과 정의, 구원과 의로움

가장 먼저 언급되는 '공정과 정의'는 이사야 예언서 전반에 걸쳐 강조되는 주제이다. 이 주제는 1-35장에서 강조되어 나타나고(1,21.27; 5,7.16; 9,6; 16,5; 26,9; 28,17; 32,1.16; 33,5), 40-55장에서 조금 드물게 언급되지만 주요한 주제로 다뤄진다(45,8; 46,13; 51,5.6.8). 그런데 책의 마지막 부분을 여는 첫머리에서 공정과 정의를 거듭 언급한다는 점은 제3부가 제1-2부와 분리된 책이 아닌 한 권의 책이라는 사실을 알려준다.

56장은 시작하면서부터 '공정과 정의', '구원과 의로움'을 강조한다. 나아가 선포의 수신자들이 가까이 다가온 구원에 어울리게 행동할 것을 요구한다(56,1). 이러한 상황은, 현재 공동체에 '공정과 정의'가 없음을 반증한다.

이어서 공정과 정의를 실천하고 준수하는 사람에게 '행복 선언'이 선포되며, 그것은 안식일 준수와 악행의 거부로 구체화된다(56,2). 안식일 준수와 악행 금지는 하느님의 말씀에서 이방인의 수용 조건으로 제시된다(56,4).

3-8절 개종한 이방인의 수용

이방인과 고자의 이야기가 인용된다. 이방인은 공동체에서 분리될 것을 두려워하며, 고자는 자신을 마른 장작이라며 자조적으로 표현한다(56,3). 공동체에서 이방인을 분리하는 것은 귀환 이후 공동체가 보여준 모습을 반영한다(에즈 10,7-44; 느헤 13,1-3). 아울러 모세의 율법에 따르면 고자는 주님 공동체에 속할 수 없다는 규정이 존재한다(신명 23,2). 하지만 이사야서는 이와 다른 입장을 전개한다. 이사야서는 안식일을 준수하고 계약을 지키며 주님께 봉사하는 이들은 이방인이나 고자이거나 관계없이 모두 하느님 백성에 소속될 수 있다고 선포한다(56,4-6). 고자는 자신을 "마른 장작"이라고 표현했지만, 하느님께서는 그에게 결핍된 생식력 대신 "영원한 이름"을 수여하신다(56,5ㄷ). 그분은 가시덤불과 쐐기풀을 방백나무와 도금양나무로 변화시키실 수 있기 때문이다(55,13).

여기서 등장하는 이방인은 주님의 종(들)이 되려고 노력하는 사람이다(56,6ㄷ). 주님의 종은 귀환 이후에 주님의 종 공동체로 확장된다(54,17 참조). 그러므로 이방인이 종들이 되기 위해 노력한다는 것은 주님의 종 공동체가 개방되어 있음을 암시한다. 이러한 개방성은 그들의 이방인 체험에서 시작되었다. 그들은 바빌론과 각지에 흩어져서 지내는 동안 이미 이방인을 체험하였다. 이러한 체험을 바탕으로 귀환 이후 주님의 종 공동체는, 하느님을 섬기는 데 중요한 것은 혈통이 아닌 윤리적 삶을 바탕으로 실천되는 공정과 정의라는 사실을 알게 되었다. 그러므로 그들은 더욱 열린 마음으로 이방인을 대할 수 있었다.

하느님께서는 그들을 거룩한 산으로 인도하시고, 그들이 봉헌하는 번제물과 희생 제물을 기꺼이 받아주신다. 그러므로 주님의 집은 모든 민족을 위한 기도의 집이 된다(56,7). 하느님께서 계속해서 많은 이를 모으실 것이기 때문에 모든 민족으로 점점 확장되어 나갈 것이다(8절). 제2부(40-55장)에서 이스라엘 백성을 모으시는 하느님의 모습을 볼 수 있었다면(40,11; 43,5.9; 44,11; 45,20; 48,14; 54,7), 제3부(56-66장)에서는 모든 민족을 모으시는 하느님의 모습을 볼 수 있다(56,8; 66,18).

3. 예언자의 고발과 구원의 말씀(56,9-57,21)

이 대목은 명확하게 두 부분으로 구성된다. 전반부(56,9-57,13)는 이스라엘 백성을 비난하는 고발이고, 후반부(57,14-21)는 이스라엘 백성에게 전해주는 구원의 말씀이다. '고발과 구원'의 순서는 이스라엘 백성의 지도자와 백성이 하느님보다 우상을 섬기면서 하느님을 올바르게 섬기지 않는다면, 그들에게 구원도 주어지지 않는다는 사실을 암시한다.

1) 예언자의 고발(56,9-57,13)

예언자의 고발은 두 갈래 방향으로 향한다. 하나는 이스라엘의 지도자들을 향한 비판이다. 그들은 하느님의 뜻을 따라 살지 않고 자기들이 원하는 길을 걷는다(56,9-1 2). 그들의 모습과 의인의 삶이 대비되어 나타난다(57,1-2). 또 하나는 귀환 이후 공동체가 안고 있는 문제, 그 가운데에서 우상숭배에 관한 고발이다(57,3-13). 그들이 행하는 우상숭배의 양상이 구체적으로 제시되며, 우상을 섬기는 이들과 하느님을 섬기는 이들이 대비되며 본문이 마무리된다.

56,9-12 이스라엘의 지도자들을 향한 비난

여기서 이스라엘의 지도자들은 무능력하고 게으르며 하느님을 섬기지 않고 제 길만을 좇으며 매일 술이나 마시는 한량으로 묘사된다. 그들의 행위는 눈이 먼 자들과 벙어리 개들에 비유된다(56,10). 그들은 만족을 모르고 알아듣지도 못하며 그저 제 길만 좇아갈 뿐이다(56,11). 여기서 매우 흥미로운 점은, 55,1-3이 전하는 초대의 말씀과 이 단락이 같은 어휘를 사용해서 연결 고리를 보여준다는 사실이다: 오다(55,1.3; 56,9); 먹다/잡아먹다(55,1; 56,9); 탐욕/게걸스러운(55,2의 "기름진"; 56,11); 만족하다(55,2의 "배불리지"; 56,11); 술(55,1; 56,12).[211]

두 개의 본문이 보여주는 여러 유사성에서, 시온에서 벌어지게 되리라고 예고되었던 초대와 귀환 이후 현실에서 일어나는 일이 뚜렷한 대비를 이루고 있음을 볼 수 있다. 이렇게 긍정과 부정이 명확하게 구별됨으로써 이스라엘 지도자를 향한 예언자의 고발은 정당성을 확보한다. 또한, "제 길만 쫓아가는" 이스라엘 지도자들의 모습(56,11ㅁ)은 주님의 종과 달리 제 길을 따라갔던 "우리"(53,6)의 모습을 연상시킨다. 주님의 종과 시온의 변화된 모습을 보고 입을 다물며 침묵했던 세상의 임금들(52,15)과 이스라엘의 지도자들도 대비된다. 그러므로 그들을 향한 비난은 정당하며, 그들이 자신들의 길만 계속 추구한다면 구원에 이르지 못할 것은 예견된 사실이다.

57,1-2 의인의 죽음이 지닌 의미

의인은 먹고 마시거나 좋아하는 이스라엘의 지도자와 극명하게 대비된다. 귀환 이후 공동체가 이룬 사회에는 정의와 공정, 구원과 의로움이 없다(56,1). 그들은 의인의 죽음에도 마음을 두지 않는다(57,1). 그러나 하느님께서는 의인의 죽음이 끝이 아닌 재앙을 벗어남이고 평화 속으로 들어가 편안한 안식을 누리는 것임을 알려주신다(57,2). 의인은 "드러누워 꿈이나 꾸고 졸기나 좋아하는 자들"(56,10)과는 분명하게 구별된다.

57,3-13 이스라엘의 우상숭배

우상숭배는 이사야 예언서의 시작부터 이스라엘 백성의 죄악을 의미하는 악행이었다(2,6 참조). 이것은 귀환 이후에도 이스라엘의 경신례와 관련하여 중요한 문제로 대두되었다. 이스라엘의 이러한 모습은 "처녀 딸 바빌론"이 보여주는 모습과 유사하게 전개된다(47장 참조). 바빌론이 자신의 종말을 예견하지 못하고 "나는 언제까지나 영원한 여왕이리라"(47,7)고 말하는 것처럼, 이스라엘은 하느님을 생각하지 않고 거짓말을 한다(57,11). 그들의 악행은 그 외에도 다양하고 구체적이다. 점쟁이(57,3ㄱ), 간통과 매춘(57,3ㄴ), 가나안의 풍습을 따른 다산 예배(57,5ㄱ), 몰록 신을 향한 아기 봉헌(57,5ㄴ), 우상숭배(57,6-9)가 그것이다. 이스라엘 백성은 우상과 이방 신의 풍습에 빠져 하느님이 아닌 우상과 이방 신을 두려워하지 하느님은 조금도 경외하지 않는다(57,11). 그러므로 하느님께서는 그들의 악행에 대하여 심판하실 것을 예고하신다. 반면에 다시 의인이 언급되며 하느님을 신뢰하는 이들이 땅을 상속받고 주님의 거룩한 산을 차지할 것이 예고된다(57,12-13). 의인이 차지하게 될 주님의 거룩한 산은 안식일과 주님의 계명을 지키는 이방인이 인도되는 곳이다(56,7).

결국 이스라엘의 악행에 대한 고발에서 드러나는 것은 이스라엘이라는 혈통이 중요하지 않고 주님의 가르침을 따르는 윤리적 삶이 중요하다는 사실이다. 곧 하느님의 구원은 혈통이 아닌, 가르침의 실천 여부에 따라 주어지는 것임이 56,1-8에 이어서 재차 강조된다. 이 단락은 심판이 아닌 구원의 말씀으로 마무리된다. 이로써 우상을 거부하고 하느님을 옳게 섬기면 의인의 길에 이를 수 있는 가능성이 열린다. 그러면서 아직 시간이 남았다는 사실이 강조된다. 하지만 이사야서의 마지막에 이르면 남은 시간의 의미가 사라지고 만다. 곧 올바른 선택을 하지 않은 이들에게 이사야 예언서는 책의 마지막에 더 이상의 선택 가능성을 제공하지 않는다(66,24 참조).[212]

2) 구원의 말씀(57,14-21)

심판의 말씀에 이어서 구원을 전하는 위로의 말씀이 선포된다. 그 말씀은 "쌓아 올려라, 쌓아 올려라, 길을 닦아라"(57,14)는 명령으로 시작된다. 여기서 관건이 되는 것은 "길"이다. 길의 모티브가 제2부(40,3)에 이어 다시 사용된다. 40장에서는 길이 주님의 길, 곧 주님의 영광이 드러나는 길이었다면(40,5), 여기서는 백성이 주님께 나아가는 길을 의미한다. 그 길에 "걸림돌"이 놓여 있다. 곧 길을 닦아라는 명령은 예루살렘 성문에 이르는 길을 정비하라는 의미가 아니라, 하느님께 나아가는 데 걸림돌이 되는 모든 것을 치우라는 말씀이다. 맥락에서 걸림돌은, 공정과 정의가 부족한 사회 공동체와 하느님이 아닌 우상숭배의 만연으로 이해된다.

하느님을 묘사하는 "드높고", "좌정"하신 분, "거룩하신 분"(57,15)은 이사야 예언자가 성전에서 마주한 장면을 연상시킨다(6,1.3 참조). 특히 주님께서 높은 곳에 계심은 이사야서 전체에서 반복되는 주제로(2,11.17; 12,4; 33,5; 52,13 참조), 하느님의 초월적 측면을 강조한 표현이다. 하지만 이 말이 하느님께서 물리적으로 멀리 떨어져 계신 분이심을 의미하지 않는다.[213] 오히려 하느님의 초월적 본성은 낮은 이들을 구원하시는 바탕으로 작용한다. 이제 초월적인 하느님께서 겸손하고 뉘우치는 이들을 돌보시고 함께하신다(57,15). 독자는 높은 곳에서 낮은 곳으로 눈을 향하면서 하느님의 수직적 움직임을 인식하게 된다.

하느님께서는 분노가 차올라도 화를 내지 않으신다. 그리하여 그분의 분노가 인간을 처벌하고 참사로 이끌지 않는다. 오히려 그분은 인간이 어떠한 존재인지를 기억하시고 마음을 거두신다(57,16-17). 그래서 그들의 병을 고쳐주시고 인도하시며 위로를 베푸신다(40,1 참조). 나아가 하느님께서는 먼 곳에 있는 이들 곧 민족들이나, 가까운 곳에 있는 이들 곧 이스라엘에게 평화를 베푸신다(57,18-19). 그러므로 하느님의 구원은 이스라엘 백성만이 아닌 모든 민족을 향한다. 모든 민족이 하느님 백성 공동체에 소속될 가능성이 거듭 열린다. 단, 악인들에게는 허락되지 않는다(57,21). 다시 하느님 구원의 전제 조건은 혈통이 아닌 윤리적 삶의 실천임이 강조된다.

4. 구원이 지연되는 이유(58,1-59,21)

하느님께서는 이스라엘 백성을 구원하시겠다는 분명한 의지를 밝히셨다(57,14-21). 이제 공은 하느님 백성에게 넘어갔다. 곧 그들이 하느님의 구원을 수용하려면 그들의 죄로부터 돌아서야 한다. 그렇지 않으면 하느님의 구원은 실현되지 않고 미래의 희망으로만 머물고 말게 된다. 그러므로 그들의 돌아섬을 위한 구체적인 길이 여기서 제시된다. 대표적으로 참된 단식과 안식일에 대한 가르침이 나온다(58,1-14). 이어서 하느님의 구원 능력을 의심하는 이들에게 하느님의 답변이 제시되고, 주님께서 반드시 구원자로 오실 것이라는 말씀이 선포된다(59,1-21). 이런 맥락에서 의도적으로 "야곱"이 58-59장의 처음(58,1), 중간(58,14)과 마지막(59,20)에 위치하며 전체 주제를 이끌어간다.

1) 참된 단식과 안식일에 대한 가르침(58,1-14)

앞 단락(56,9-57,13)이 전하는 죄악은 이스라엘 백성이 행하는 사회적 불의와 우상숭배에서 드러난다. 따라서 고발의 대상은 지도자와 우상을 숭배하는 이들이다. 이 단락은 이스라엘의 죄악을 더 심각하게 다룬다. 참된 단식과 고행이 무엇을 의미하는지도 모른 채 자신들의 기준으로 단순하게 그런 행위만 하는 이들이 비판을 받는다. 58장은 단식과 고행을 자기 기준에 따라 행하면서 스스로 자신을 의롭다고 생각하는 이들을 향해 문제를 제기하고(58,1-5), 이들의 행위를 거슬러 참된 단식과 고행이 무엇을 의미하는지 알려준다(58,6-7). 이어서 참된 단식이 가져오는 결과를 들려준 뒤(58,8-12), 추가적으로 안식일의 참된 의미도 제시한다(58,13-14).

1-5절 스스로 의롭다는 이들을 향한 문제 제기

여기서 비난하는 대상은 스스로 정의를 실천하고 공정을 거부하지 않는다고 자부하는 이들이다(58,2). 그들은 하느님께서 자신들의 단식과 고행을 알아봐주지 않는다고 투정을 부린다(58,3). 이미 공정과 정의, 구원과 의로움이 없는 귀환 이후 공동체의 모습은 고발되었다(56,1). 그러므로 지금 그들이 행하는 공정과 정의는 자신들의 기준에 따른 것일 뿐 하느님의 뜻과 기준에 맞지 않는다.

6-12절 참된 단식이 가져오는 구원

여기서 비판하는 대상은 단식 자체가 아니다. 단식과 고행이 지닌 참된 의미는 무시한 채, 외적 행위에 치중하는 모습을 비난할 뿐이다. 곧 사회정의 실현과 무관하고, 가난하고 버림받은 사람들을 배려하지 않는 단식과 고행이 문제의 중심에 있다(58,6-7). 참된 단식은 단순하게 먹고 마시는 행위를 멈추는 것으로 그치지 않고, 못 먹고 못 마시는 이들을 위해 양식을 내어줄 수 있는 열린 자세를 전제할 때에만 가능해진다. 그러므로 참된 단식의 수행은 참된 공정과 정의의 실천으로 이어지고, 그것을 실제로 행하는 이들에게 구원이 약속된다. "빛이 새벽빛처럼 터져 나오고", "상처가 곧바로 아물"고, "의로움"이 "앞에 서서 가고" "주님의 영광이" 뒤를 지켜줄 것이다(58,8). 참된 공정과 정의를 실천하는 이에게 빛이 약속된다는 것은, 주님의 영광을 맞이하게 될 시온과 예루살렘에 빛이 다가올 것이라는 약속에 부합한다(60,1; 62,1).[214] 따라서 귀환 이후 공동체가 참된 공정과 정의를 실천하는 것은 시온과 예루살렘이 주님의 영광을 맞이하기 위한 전제 조건이 된다.

참된 단식을 통한 공정과 정의의 실천은 어둠 가득한 시온을 대낮처럼 밝히고(58,10), 황무지이며 광야인 시온(51,3 참조)을 "물이 풍부한 정원처럼, 물이 끊이지 않는 샘터처럼" 변화시킨다(58,11). 그런즉 공정과 정의를 실천하는 이들은 하느님과 함께 폐허를 재건하고 복구하는 이들로 불리게 된다(58,12).

13-14절 안식일 준수의 가르침

마지막 단락은 안식일을 지키라는 가르침을 제시한다. 안식일 준수는 이방인과 고자를 수용하는 사안에서도 중요한 기준으로 제시되었다(56,4.6). 안식일은 주님의 거룩한 날로 일을 벌이지 않고, 길을 떠나는 것과 일을 찾는 것을 삼가는 날이다(58,13). 하느님께서는 안식일을 잘 지키는 이들에게 "세상 높은 곳 위를 달리게 하며", "야곱의 상속 재산으로 먹게 해주리라"고 약속하신다(58,14). 안식일을 지켜 돈 버는 행위를 멈출 때 오히려 땅의 상속을 보증받는다(58,14).[215] 안식일 준수는 단지 계명 준수라는 종교적 차원에 머물지 않는다. 안식일에 일을 금지하는 것은 모든 사람, 특히 남종과 여종, 동네에 함께 거주하는 이방인에게도 적용된다(탈출 20,10). 이처럼 안식일 준수에는 약자 보호라는 사회적 차원이 연관되어 있다. 따라서 본문은 종교적이고 사회적인 차원에서 "주님께서 친히 말씀하셨다"(14절)라고 언급하여 안식일 준수를 강조한다.

2) 주님의 구원 능력을 의심하는 이들에 대한 하느님의 응답(59,1-21)

유배 중의 이스라엘 백성은 자신들이 귀환한 뒤에 하느님의 구원이 실현될 것이라고 믿었다. 그러나 귀환 이후 공동체는 숱한 어려움 속에서 하느님의 구원을 체험하지 못하고 살아가는 모습을 보여준다. 이러한 맥락에서 이스라엘 백성은 하느님의 구원 능력에 대하여 의혹을 제기한다. 59장은 이 의혹에 대한 하느님의 응답을 들려준다. 구원이 늦어지는 이유는 하느님의 무능력이 아닌 이스라엘의 죄악 때문임을 알려준다. 고대하던 구원에 대한 새로운 관점을 제공하는 59장은 내용에 따라 크게 세 부분으로 구성된다. 주님의 구원 능력을 의심하는 이들에 대한 비난(59,1-8)에 이어 "우리"는 죄를 고백한다(59,9-15ㄱ). 마지막에 구원자로 오시는 주님이 예고된다(59,15ㄴ-21).

1-8절 주님의 구원 능력을 의심하는 이들에 대한 비난

예언서의 화자는 주님의 구원 능력을 의심하는 이들에게 강하게 반발하면서 이야기를 시작한다. 주님의 손이 짧아서 구원을 못 하는 것도, 그분의 귀가 어두워서 듣지 못하는 것도 아니라는 사실이 강조된다(59,1; 50,2). 구원이 지체되는 원인은 하느님께 있는 것이 아니라 "너희"로 지칭되는 수신자들의 죄악 때문이다(59,2). 이어서 그들의 악행을 하나씩 고발한다(59,5-8). 그들의 악행은 공정과 정의가 아닌 헛됨과 재앙을 바탕으로 전개된다.

9-15ㄱ절 죄의 고백

공정과 정의가 부족한 "너희"의 악행을 고발한 데(59,1-8) 이어 "우리"는 죄를 고백한다(59,9-15ㄱ). 공정과 정의는 우리 가까이에 있지 않고 멀리 떨어져 있다(59,9-11). 그래서 우리는 공정과 정의가 아닌 악행과 함께 있음을 고백한다. 하느님을 배신하고 하느님께 등을 돌렸으며, 억압과 반항을 이야기하면서 거짓말을 내뱉었다. 그 결과 공정과 정의는 우리에게서 멀리 있다(59,12-15ㄱ). "우리"는 자신의 죄를 인정하며, 59장의 마무리에 "악행에서 돌아온 야곱"(59,20)으로 등장한다. 여기에 등장하는 "우리"의 모습은 넷째 종의 노래(53,4-9)에 나오는 "우리"와 깊은 연관을 갖는다. 그들이 종의 병고와 고통을 통해 죄를 인식하고 깨달은 것처럼, 59장의 "우리"도 죄를 인정하고 뉘우치기 때문이다.[216]

15ㄴ-21절 주님의 오심

하느님께서 공정과 정의가 없음을 인지하시고(15ㄴ-16절) 행동을 취하신다. 그분은 정의와 구원을 위한 전투를 준비하는 무사의 모습을 보여주신다. 하느님의 무장은 '정의의 갑옷', "구원의 투구", "응보의 옷", '열정의 겉옷'으로 이뤄진다. 흥미로운 점은, 여기서 언급된 모든 장비는 상대방을 해치거나 제압하는 무기가 아닌 방어 도구라는 사실이다.[217] 하느님의 이러한 움직임은 앞으로 이루어질 구원의 행위를 드러낸다. 하느님께서 갑옷을 두르시고 원수를 향해 복수하시겠다는 열정을 드러내시기 때문이다(59,17-18). 하느님께서 복수를 마치신 후에 시온에게 "구원의 옷을 입히시고 의로움의 겉옷을 둘러"주신다(61,10).

이사야 예언서는 백성 공동체 안에 공정과 정의가 없음을 한탄한다(56,1). 이러한 탄식은 악행을 저지른 "우리"의 입으로 고백된다(59,9.11.14). 이제 하느님께서 정의와 구원을 두르고 시온과 "악행에서 돌아선 야곱"에게 구원자의 모습으로 다가오신다(59,20). 이를 통해 공정과 정의는 회복되며 구원이 성취될 것이다. 이것이 하느님과 "악행에서 돌아선 야곱"이 맺은 계약이다(59,21). 그러므로 주님의 손이 짧아 구원하지 못하시는 것이 아니라는 사실이 분명해진다(59,1). 오히려 "우리"의 죄가 하느님과 그들의 사이를 갈라놓았다. 그러나 "우리"는 죄를 고백하고 악행에서 돌아온 야곱이 되어(59,20), 하느님과 계약을 맺는다(59,21). 하느님의 계약은 오직 악행에서 돌아온 이들, 곧 "우리"에게만 유효한 약속이다. 그러므로 하느님께서 그들에게 영과 말을 담아주시고, 그것은 그의 후손에게도 유효한 약속이 된다.

이처럼 "악행에서 돌아온 야곱"은 하느님과 계약을 맺는다. 그들이 하느님과 계약을 맺는 모습, "네 위에 있는 나의 영과 내가 너의 입에 담아준 나의 말이"(59,21ㄷ)라는 표현은, 하느님께서 시온에게 건네주신 말씀이다(51,16). 이 표현은 신명 18,18의 인용으로 모세의 후계자인 예언자의 정당성을 보증한다. 그러므로 "악행에서 돌아온 이"는 시온의 자녀이며, 그에게 모세의 후계자인 예언자적 지위가 수여되고 있음을 알 수 있다. 이것은 그에게만 유효한 것이 아니라 그의 후손, 곧 그와 뜻을 같이하면서 악행에서 돌아오고 의로운 이들의 공동체를 구성하는 이들에게도 지속되는 영원한 계약이 된다.

5. 시온과 예루살렘을 비추는 빛의 계시(60,1-62,12)

60-62장은 제7편(56-66장)의 중앙에 위치하며 시온과 예루살렘에게 제시된 구원의 말씀을 전해준다. 시온과 예루살렘을 중심으로 전개되는 구원의 주제는 제2부와 밀접한 관계를 보여준다. 그래서 이 부분은 제2부의 영향을 직접 받았으며 제2이사야의 제자에 의해 기록되었을 것으로 추정된다. 이러한 이유로 60-62장은 제3부의 생성 과정에서 가장 먼저 기록된 본문으로 간주된다.[218]

60-62장이 지닌 특징 가운데 하나는 이 세 개의 장에 사용된 어휘와 주제가 일치한다는 사실이다.[219]

- 민족들/임금들: 60,3.5.11.16; 61,6.9.11; 62,2.10
- 이방인: 60,10; 61,5; 62,8
- 영화롭게 되다: 60,7.9.13.19.21; 61,3.10; 62,3
- 정의/의로움: 60,17.21; 61,3.10.11; 62,1.2
- 기쁨/기뻐하다: 60,15; 61,3.10; 62,5
- 이름 수여: 60,14.18; 61,3.6; 62,2.4.12

이 대목은 시온과 예루살렘의 구원이라는 주제 아래, 시온과 예루살렘을 비추는 빛의 계시(60장; 62장)가 가난한 이들을 해방하기 위한 영의 수여 장면(61장)을 감싸는 구조로 짜여 있다.

1) 시온과 예루살렘 도래할 영광(60,1-22)

시온을 일으켜 세우는 명령으로 시작되는 60장은 장면이 변화되는 세 부분으로 구성된다. 첫 부분(60,1-9)은 시온과 시온의 백성에게로 오시겠다는 하느님의 약속(59,19-20)이 성취되고, 그 결과 민족들과 임금들이 시온을 향하는 순례의 여정을 보여준다. 이어지는 두 번째 부분(60,10-16)은 시온에 도착한 이들의 모습을 보여주며, 그들이 시온을 "주님의 도성", "이스라엘의 거룩하신 분은 시온"이라고 부르며 시온에 예속되었음을 알려준다(60,14). 이러한 변화로 하느님에 대한 시온의 인식도 변화되어 하느님께서 "구원자", "야곱의 장사"이심을 알게 된다(60,16).

앞선 두 단락이 시온을 향한 사람들의 움직임을 보여주었다면, 마지막 부분(60,17-22)은 시온을 위한 하느님의 행동을 선포한다. 하느님께서는 시온을 구성하는 물질적 재료들을 더 좋은 것으로 바꾸시고, 공정과 정의가 부족한 사회(56,1 참조)를 평화와 정의로 채우신다(60,17). 이미 빛으로 가득한 도성 시온에게 해와 달이 아닌 하느님께서 영원한 빛이 되어주신다(60,20). 그렇게 변화된 시온의 백성은 모두 "의인"으로 하느님께서 심으신 나무의 햇순이다(60,21). 마지막으로 이 모든 일을 서둘러 행하시겠다는 하느님의 약속으로 마무리된다(60,22).

1-9절 시온에 머무는 빛과 시온을 향한 민족들의 행렬

이 단락은 시온이 변화된 이유를 알려준다. 그 이유는 단순하다. 하느님께서 약속하신 대로(59,20-21) 시온에 오셨기 때문이다. 하느님과 그분의 영광, 그리고 빛이 시온에 머문다. 여기서 주목할 점은, 시온은 아무것도 하지 않는다는 사실이다. 가만히 있는 시온에게 빛이 왔고, 하느님께서 그곳에 오셨다. 그러자 시온은 변화된다. 이와 반대로 민족들과 임금들이 시온에 머무는 빛과 광명을 향하여 움직이기 시작한다. 이를 통해 시온은 자연스럽게 "민족들의 빛"이 되라는 주님의 종의 사명을 계승한다(42,6; 49,6). 다만 주님의 종이 주님의 가르침과 공정의 전달자로서 민족들에게 그것을 선포하였다면(49,6; 51,4), 시온은 수동적인 모습으로 빛의 역할을 한다.[220]

시온을 향한 민족들의 행렬은 이미 2장에서 예고되었다(2,2-5). 그러나 여기서의 행렬은 그것을 넘어선다. 이방 민족과 함께 흩어졌던 이스라엘의 후손들이 시온을 향하기 때문이다. 민족들과 임금들이 행렬하는 목적은 시온을 침략하는 데 있지 않다. 그들이 시온을 향하는 이유는 하느님 때문이다. 구체적으로 "주 너(시온)의 하느님의 이름을 위하여, 이스라엘의 거룩하신 분"(60,9)을 위해서이다. 하느님께서 모든 것을 주도하신다. 그분은 시온에 빛을 보내시고 빛이 되셨으며, 이를 통해 시온의 거대한 변화를 이끌어내신다. 하느님께서 기획하신 이러한 변화는 시온을 구원으로 이끌어가며, 동시에 그분이 시온의 구원자라는 사실이 시온과 모든 민족에게 서서히 드러나게 된다.

10-16절 시온에 도착한 이들

민족들과 임금들의 행렬이 시온에 도착한다. 그들은 예루살렘 재건에 참여하고 시온에게 시중을 들며 예속된다(60,10). 이들에게서 시온은 "주님의 도성", "이스라엘의 거룩하신 분의 시온"이라는 새로운 이름을 얻는다(60,14). 시온은 이후에도 계속 새로운 이름을 얻게 되는데, 그 이름마다 시온이 맞는 새로운 변화가 직접 표현되어 있다(61,3.6; 62,2.4.12;

65,15). 시온은 주님과 분리되지 않는다. 주님의 소유가 되고 하느님께서 함께하시는 도성으로 변화된다. 하느님께 버림받았던 일은 시온에게 과거의 사건이 된다(54,7 참조).

여기서 중요한 것은 시온의 변화 못지않게 이방 민족들이 변화되었다는 사실이다. 그들은 선물을 들고 행렬을 이루어 시온으로 온다. 도착 이후 그들은 시온에 봉사한다. 그리고 하느님과 시온의 관계를 바탕으로 시온에게 새로운 이름을 부여한다. 비록 시온은 변화 과정에서 수동적으로 움직였지만 시온을 중심으로 주변이 모두 변화된다. 이러한 변화의 궁극적 목적은 시온의 번영이나, 시온에 예속되는 이방 민족의 모습에 있지 않다. 변화의 목적은 시온이 하느님을 "구원자"요, "야곱의 장사"임을 아는 참된 인식을 가지게끔 이끄는 데 있다(60,16). 이사야 예언서에서 하느님에 대한 앎은 심판의 중요한 기준이다(1,3; 42,25 참조). 정리하면, 하느님께서는 직접 시온의 변화를 이끄시고, 이를 통해 시온은 하느님을 올바로 알게 되어 하느님의 심판이 아닌 구원을 맞게 된다.

17-22절 시온을 위한 하느님의 행위

앞선 두 단락이 시온으로 오는 행렬로 인해 변화되는 시온을 묘사했다면, 여기서는 하느님께서 직접 행동하신다. 하느님께서는 시온에 들어온 재료들을 더욱 값진 것으로 바꾸시고, 평화와 정의를 시온의 감독자와 지배자로 세우신다(60,17). 이로써 폭력, 파멸, 파괴가 가득했던 시온은 변화되어 성벽은 '구원'이라 불리고 성문은 '찬미'라 불리게 된다(60,18). 시온이 변화되는 모습은 이사야 예언서의 시작부터 예고되었다. 시온은 하느님께 충실하고 공정과 정의가 가득한 도성이었으나 창녀가 되어 하느님 심판의 대상으로 전락하였다(1,21). 시온이 변화될 수 있는 길은 오직 하나, 심판에 의한 정화 과정만이 시온을 '정의의 도읍', '충실한 도성'으로 변화시킬 수 있었다(1,26). 시온은 정화의 시간이었던 바빌론 유배를 통해 이미 갑절의 벌을 받았고 죗값을 치렀으며(40,2), "애도의 날들이 다하였기 때문"에(60,20), '새로운 시온'으로 탈바꿈하게 된다(1,27 참조). 이처럼 시온은 심판에서 정화를 거쳐 구원에 이르게 된다.

그러므로 평화와 정의가 감독하는 사회(60,17)는 공정과 정의를 회복하려는 시온 정화 프로그램이 구체적으로 실현되는 모습을 보여준다. 평화와 정의를 바탕으로 삼는 시온의 구성원은 모두 의로운 이들이다(60,21). 이전 시온은 의로운 이들이 쓰러져 가도 아무도 신경 쓰지 않았다(57,1). 그런 시온이 변화되어 의로운 이들만의 공동체로 바뀐다. 의로운 이들은 땅을 유산으로 받으며, 하느님께서 심은 나무의 햇순이며 하느님 손의 작품이 된다(60,21). 그들은 비록 보잘것없어 보이지만, 하느님의 강력한 보호 아래 머문다(60,22 참조). 의로운 이들의 신원은 이어지는 61장에서 더욱 분명하게 드러난다.

2) 시온의 의로운 이들에게 수여되는 영(61,1-11)

주님께서 시온의 의로운 이들에게 영을 주시어 도유하심이 61장의 중심 주제이다. 이를 위해 빛을 모티브로 삼는 60장과 62장이 61장을 감싸는 구조로 되어 있다. "주 하느님(아도나이 야훼 אדני יהוה)"의 호칭(61,1.11)과 "나"(61,1.10)로 등장하는 화자가 61장의 처음과 마지막에 등장하면서

61장을 하나의 단일한 본문으로 구성한다. 61장은 세 부분으로 나뉜다. 첫 단락(61,1-3)은 주님께서 "나"로 표현되는 시온의 의로운 이들을 당신 영으로 도유하시고 사명을 부여하신다. 이어지는 두 번째 단락(60,4-9)에서 의로운 이들에게 "주님의 사제들"이라는 새로운 지위가 주어진다. 하느님과 맺은 영원한 계약에 기인하여 그들의 후손과 자손은 영원한 사제직의 지위를 보장받고 "복 받은 종족"이 된다. 마지막 세 번째 단락(60,10-11)은 사제적 지위에 오른 의로운 이들이 하느님께 드리는 감사 노래를 들려준다.

1-3절 의로운 이를 위한 하느님의 도유

이 단락은 1인칭 화자 "나"의 진술로 시작된다. 여기서 등장하는 '나'는 글자 그대로 한 사람이라기보다 공동체를 배경으로 하고 있음을 알 수 있다(61,2ㄴ: "우리 하느님"). 이 공동체는 시온에 있으면서 주님의 영에게 기름부음을 받은 이들로, 시온의 의로운 이들이며, 하느님께서 "심으신 햇순이며" 하느님 "손의 작품"이다(60,21). 이제 하느님께서는 시온의 의로운 이들에게 기름을 부어주시고 영을 내려주신다.[221] 이후 바로 하느님의 사명이 주어지는데, 그 사명은 다음과 같다.

"가난한 이들에게 기쁜 소식을 전하고 마음이 부서진 이들을 싸매어 주며 잡혀간 이들에게 해방을, 갇힌 이들에게 석방을 선포하게 하셨다"(61,1ㄷ-ㅂ).

▶ 귀환 이후 공동체가 맞이한 문제

귀환 이후 공동체의 모습은 여기에서 언급된 사명에서 간접적으로 드러난다. 시온의 의로운 이들이 전하는 기쁜 소식의 수신자는 가난하고, 마음이 부서지고, 갇힌 이들이다. 이는 유배 이후를 배경으로 하는 제3부의 시대 상황을 암시한다. 유배 이후 예루살렘의 상황을 전해주는 느헤미야기에 따르면, 그 당시 상황은 이스라엘 백성이 귀환하면서 생각했던 이상적인 모습이 아니었다. 그들은 생존 문제, 페르시아에 바쳐야 하는 세금 문제 등으로 종이 되기도 하고 그들의 밭과 포도밭이 저당이 잡히거나 넘어갔다. 그러한 혼란 가운데 지도자들은 돈놀이를 하여 이자를 취하기도 하였다(느헤 5장 참조). 이러한 시대를 배경으로 한 제3부가 '공정과 정의'를 가장 먼저 외친 것은 어쩌면 당연한 일이었다(56,1).

여기서 시온의 의로운 이들이 영에 의해 도유되고 하느님의 사명을 부여받는 모습은, 제2부에 나오는 주님의 종의 모습과 닮았다. 주님의 영이 주님의 종에게 내리면서(42,1; 44,3; 48,16), 종은 자신의 사명을 시작하였다. 그의 사명은 이스라엘 백성을 바빌론과 흩어진 곳으로부터 예루살렘으로 귀환시키는 것(48,20 참조), 유배지에 있는 백성을 바빌론으로부터 해방하는 임무였다. 그는 자신의 사명을 완수하기 위하여 해방을 알리는 기쁜 소식을 선포하였다(40,9; 41,27; 52,7). 시온의 의로운 이들의 사명도 영의 도유와 함께 시작된다(61,1). 그의 사명은 예루살렘의 재건이라는 목표를 갖는다. 여기에서 재건은 외적 건축물의 재건뿐 아니라 공정과 정의를 바탕으로 한 사회정의의 구축까지 의미한다(56,1 참조). 그러므로 시온의 의로운 이들은 사회, 경제적으로 억압된 이들,

곧 "가난한 이들", "마음이 부서진 이들", "갇힌 이들"과 "슬퍼하는 이들"을 위한 해방을 선포해야 한다(61,2). 주님의 종과 시온의 의로운 이들이 지닌 차이점이라면 활동한 시대뿐이다. 종이 유배 시기의 마지막 시대 곧 바빌론 멸망 직전에 활동하였다면, 시온의 의로운 이들은 유배 이후 시대에 활동하였다. 그러므로 제3부에서 활동하는 '시온의 의로운 이들'은 제2부에서 구원 드라마의 중심인물이었던 '주님의 종'의 후계자, 곧 '종의 후손'이다.

	주님의 종 (40-55장)	시온의 의로운 이들 (56-66장)
시대 배경	유배 시기 막바지 - 바빌론 멸망 직전	유배에서 귀환한 이후
사명의 시작	영의 도유	영의 도유
사명	바빌론과 흩어진 곳으로부터 예루살렘을 향한 귀환	예루살렘 재건 - 건물과 사회 질서 회복
기쁜 소식	바빌론으로부터 해방	사회적 억압으로부터 해방

'시온의 의로운 이들'은 여기서 새로운 이름을 또 얻는다. 그들은 "정의의 참나무", "당신 영광을 위하여 하느님께서 심으신 나무"이다(61,3). 이 나무는, 앞서 하느님께서 말씀하신 "내가 심은 나무의 햇순"(60,21)과 연관해 보면 같은 나무이다. 아울러 여기서 '햇순'이라는 표현에 주목해야 한다. '햇순'은 이사이의 그루터기에서 돋아난 '햇순'을 연상시키는데(11,1), 그것은 주님의 영으로 도유된 '햇순'이다(11,2). 종합하면, '시온의 의로운 이들'은 제2부에 나오는 주님의 종을 비롯하여 제1부에 소개된 이사이의 그루터기와 거기서 돋아난 햇순이 지닌 특성을 수용하고 계승한다.

▶ 이사야서 전체에서 나타나는 메시아-주님의 종-시온의 백성

제1부는 '임마누엘'(7,14), '우리에게 태어나서 통치자가 된 아기'(9,1-6), '주님의 영의 도유를 받은 햇순이 펼치는 이상적인 통치'(11,1-5)의 이야기로 메시아의 모습을 예고하였다. 반면에 제2부는 주님의 사명에 충실하게 자신을 희생하는 새로운 모습의 종을 통해 메시아의 모습을 계승 발전시켰다. 마지막으로 제3부는 선행하는 메시아의 모습을 이어받아 종의 후손, 시온의 자녀를 통한 의인들의 공동체를 중심으로 한 메시아 모습을 보여준다. 이로써 이사야 예언서 전체가 다윗 임금과 같이 한 개인이 아닌 하나의 이상적 공동체를 메시아로 기획하였음을 알 수 있다.

7,14의 "임마누엘"의 신원과 함께 "그 젊은 여인"의 신원을 시온에 대한 상징으로 접근하였을 때, '임마누엘'은 시온의 자녀들로 이해할 수 있었다.[222] 그러므로 시온의 자녀들은 종의 병고와 고난을 통해 변화되어 종의 후손이 되고, 그들은 시온에 도착하여 의인들의 공동체를 이루는 '햇순'이 되어 주님 구원의 시작을 예고한다. 이러한 변화는 다윗 왕조의 몰락과 깊은 연관을 갖는다. 이스라엘의 왕정은 하느님을 참되고 유일한 임금님으로 바라보며, 다윗 왕조의 임금들은 그분의 지상 대리자로 임무를 수행하는 가운데 이스라엘 백성을 다스린다. 이사야 예언서는 이러한 하느님 ⇨ 다윗 왕조 ⇨ 이스라엘 백성의 도식을 변화시킨다. 즉, 이방 민족을 하느님의 백성으로 수용하는 개방적 태도를 취해 혈통이 아닌 윤리적 가르침을 중심으로 새로운 하느님 백성 공동체를 기획한 것이다(56,1-8). 그리하여 임마누엘이 지닌 공동체성(이 이름은 "우리"라는 공동체를 내포한다)을 바탕으로 다윗 왕조의 자리에 종의 의로

운 후손들/의로운 시온의 자녀들을 대신 넣음으로써, 윤리적 삶을 바탕으로 하여 모든 민족으로 구성된 새로운 하느님 백성 공동체의 모습을 보여준다.

하느님
|
다윗 왕조
|
이스라엘 백성

⇨

하느님
|
의로운 종 공동체/의로운 시온의 자녀들

모든 민족으로 구성된 윤리적인
새로운 하느님 백성

4-9절 주님의 사제들

시온의 의로운 이들(이하: 시온 공동체)은 황폐해진 시온을 새로 세우는 주체로 등장한다(61,4). 이는 본문의 시대 배경이 예루살렘 재건 시기임을 암시한다. 여기서 흥미로운 점은 이스라엘 백성이 아닌, 이방인들이 생계를 위한 일들을 수행한다는 사실이다(61,5; 참조 60,10). 반면에 시온 공동체는 새로운 이름과 함께 새로운 지위를 얻는다. "너희는 '주님의 사제들'이라고 불리고 '우리 하느님의 시종들'이라고 일컬어지리라"(61,6). 이를 통해 시온의 의로운 이들에게 사제적 지위가 부여된다. 이들의 사제직은 두 가지 관점에서 바라볼 수 있다.

첫째, 사제로 불린 이들의 모습은, 민족들 가운데서 뽑힌 하느님 백성의 사제적 기능을 언급한 탈출 19,6과 연관성을 갖는다.[223] 이스라엘은 하느님께 "사제들의 나라가 되고 거룩한 민족이 될 것이다"(탈출 19,6). 이를 통해 이스라엘은 '사제들의 왕국'으로 표현될 수 있다. 시온 공동체는 여기서 한 걸음 더 나아가 '세계의 사제직'을 기획한다. 그 공동체는 혈통 중심의 공동체가 아닌, 이방인이나 고자도 함께 소속될 수 있는 새로운 공동체이다(56,3-7). 따라서 하느님을 믿고 올바른 길을 걷는 이들이 모인 시온에서 의로운 이들이 사제가 된다는 것은, 사제직이 이스라엘이 아닌 모든 민족에게 개방되어 있음을 의미한다. 따라서 시온 공동체가 제시하는 것은 '사제의 민족'이 아닌 '세상을 향해 열린 사제직'이다.

둘째, 새롭게 전개되는 시온 공동체의 사제직은 레위인의 사제직과 큰 차이를 보인다. 레위인은 기본적으로 땅을 유산으로 받지 못한다. 그들은 이스라엘의 십일조를 재산으로 받는다(민수 18,21-24). 반면에 시온 공동체는 땅에서 재산을 갑절로 차지함으로써, 레위인의 유산을 뛰어넘는 모습을 보인다(61,7).

하느님께서는 시온 공동체와 "영원한 계약"을 약속하신다.[224] 이 계약이 영원할 수 있는 이유는, 시온 공동체의 후손과 자손들에게도 유효한 계약이기 때문이다(61,8-9). 이사야 예언서는 영원한 계약을 세 번 언급한다(55,3; 59,21[225]; 61,8). 첫 번째 계약은 다윗 임금과 관련된 것으로, "다윗에게 베푼 나의 변치 않는 자애"를 통해 시온 공동체가 계약을 맺게 된다(55,3). 이는 시온 공동체가 임금의 지위를 지닌다는 뜻이다. 두 번째 계약은 모세의 뒤를 잇는 후계자인 예언자와 관련된 것으로(신명 18,18), 시온 공동체와 그 후손이 지니게 될 예언자적 정당성을 드러낸다(59,21). 그들은 하느님께서 부여하신 영과 입에 담아준 그분의 말씀을 통해 예언자의 직무를 수행한다(51,16 참조). 세 번째 계약은 61,8-9에 언급되는 사제적 위상과 관련된 계약이다. 그러므로 하느님께서는 시온 공동체(= 종의 공동체)와 "영원한 계약"을 맺으시며 그 공동체에게 왕직, 예언직, 사제직의 직무와 지위를 부여하신다. 이를 통해 그들은 민족들에게 "복 받은 종족"으로 알려진다(61,9).

10-11절 감사 노래

마지막 단락에서 다시 화자는 "나"로 등장하여 감사 노래를 부른다. 하느님께서는 시온 공동체에게 구원의 옷을 입히시고 의로움의 겉옷을 둘러주신다(61,10). 시온은 "영화의 옷"(52,1)을 입어야 했고, 시온의 공동체가 '구원과 의로움의 옷'을 입으면서 시온에 필요한 "구원"과 "의로움"(56,1)이 채워진다. 이처럼 윤리적 가르침을 실천하는 곳에서 주님의 의로움과 주님을 향한 찬미가 솟아난다(61,11).

3) 시온과 예루살렘의 미래적 영광(62,1-12)

빛과 관련된 시온의 변화를 보여주는 마지막 장인 62장은 "시온"에서 시작하여 "딸 시온"으로 마무리되는 수미상관 구조(62,1.11)로 짜여 본문의 단일성을 드러낸다. 61장처럼 62장도 화자가 "나"로 등장하며 이야기를 이끌어가지만, 여기서 '나'의 신원은 확실하지 않다. 화자의 신원은 '하느님', '기쁜 소식을 전하는 이', 혹은 '종말론적 공동체' 등으로 고려된다.[226]

화자를 최근의 연구 경향에 따라 '예언자의 말'로 받아들인다면, 예언자의 담화가 시온을 향해 있음을 알 수 있다. 62장은 내용의 전개에 따라 다섯 부분으로 구성된다. 첫 단락(62,1-3)은 하느님과 시온/예루살렘의 관계를 들려주고, 두 번째 단락(62,4-5)은 새로운 이름을 통한 시온의 변화가 묘사되며, 세 번째 단락(62,6-7)에서 파수꾼과 주님의 기억을 일깨우는 자들이 등장하여 잠시도 주님을 쉬시게 하지 마라는 명령을 받는다. 이어지는 네 번째 단락(62,8-9)은 시온의 구원을 위한 하느님의 맹세를 들려주고, 마지막으로 다섯 번째 단락(62,10-12)은 새로이 성취될 하느님 백성 공동체의 모습을 예고하며 시온 공동체가 얻게 될 이름을 들려주면서 마무리된다.

1-3절 하느님과 시온의 관계

화자는 시온과 예루살렘의 의로움과 구원이 성취될 때까지 가만히 있을 수 없음을 선포한다. 여기서도 빛의 모티브가 다시 언급되며(60,1 참조) 시온의 변화를 위한 전제 조건으로 시온의 정화가 강조된다. 이어서 시온의 빛을 향해 다가가던 민족들과 임금들이(60,3), 이제 시온의 의로움과 영광을 바라보게 될 것이라고 예고된다(62,2). 이것은 시온의 변화를 보여주는 동시에, 민족들과 임금들이 시온에 가까이 다가왔음을 알려준다. 이러한 변화가 가능한 이유는, 하느님과 시온의 관계가 변화되었기 때문이다. 시온은 하느님의 손에 들린 "화려한 면류관", "왕관"이 된다(62,3). 시온은 참되고 유일한 임금님이신 하느님(41,21; 43,15; 44,6; 52,7)의 왕관이 된다. 이는 시온이 하느님의 왕권을 드러내는 중요한 장식이 된다는 뜻이다. 하느님과 시온의 관계 변화는 뒤이어 나오는 시온의 새로운 이름에서 더욱 구체적으로 드러난다.

4-5절 시온의 새로운 이름

시온이 지녔던 이전의 이름은 "소박맞은 여인", "버림받은 여인"이었다 (62,4). 시온은 하느님으로부터 쫓겨났고(50,1; 54,4.7.8) 이혼 증서 없이 버려졌다(50,1). 바빌론 유배라는 형태로 쫓겨났던 시온은 이제 다시 하느님의 품으로 돌아온다. 그냥 돌아오는 것이 아니라, "내 마음에 드는 여인", "혼인한 여인"이라 불리면서 하느님의 신부로 등장한다(62,4). 시온의 처지가 완전히 변화되었다.

여기서 잠깐 기억해야 할 사항이 있다. 49-55장에서 종과 시온은 반복되어 등장하면서 매우 밀접한 관계를 지녔다. 주님의 종은 이미 알고 있는 것처럼 "높이 올라 숭고해지고 더없이 존귀"해졌다(52,13). 그가 이렇게 된 가장 큰 이유는, 하느님께서 멸시와 병고로 으스러뜨려진 그가 마음에 드셨기 때문이다(53,10).[227] '마음에 들다'를 의미하는 히브리어 '하파츠ץפח'는 62,4에서 시온에게도 사용된다. 같은 어휘를 통해 종과 시온은 다시 깊은 유대를 갖는다. 그러므로 주님의 종이 으스러지고 병고에 시달리는 일이 주님 마음에 들었던 것처럼, 시온도 아이를 낳지 못하고 산고를 겪지 못한 여인으로 버림을 받는 것이 주님 마음에 들었던 것이다. 이러한 부서짐, 고통, 버려짐을 통해 시온은 주님의 종과 함께 들어 높여진다.[228]

시온의 들어 높여짐은, 하느님께서 시온에게 새로운 이름을 부여하시는 데서 절정에 이른다. 구조적으로 대칭을 이루고 있는 60장과 62장은 변화된 이름을 제시한다. 60장은 시온을 "주님의 도성", "이스라엘의 거룩하신 분의 시온"이라 부른다(60,14). 60장과 62장 모두 시온의 변화된 상황, 곧 구원된 상황을 반영한 이름을 들려준다. 다만 60장의 이름이 시온을 경배하기 위해 모여든 민족들에게서 나왔다면, 62장의 이름은 하느님께서 직접 불러주신 것이라는 데 차이가 있다. 전자는 민족들 사이에서 변화된 시온의 위상을, 후자는 하느님과의 친밀함의 변화를 드러낸다.

6-7절 파수꾼과 주님의 기억을 일깨우는 자

62,6부터 등장하는 '파수꾼'과 '주님의 기억을 일깨우는 자'의 모습은 62,1의 화자와 닮았다. 이들은 모두 잠잠히 있지 않기 때문이다. 이들이 밤낮을 가리지 않고 잠잠하게 있지 못한 이유는 하느님께서 예루살렘을 일으켜 세우셔야 하기 때문이다(62,7). '일으켜 세워짐'은 예루살렘의 구원을 의미한다. 이것은 60-62장을 이해하는 데 매우 중요한 내용이다. 독자는 이미 시온과 예루살렘을 향해 몰려오는 민족들과 임금들을 보았다(60,3-9). 그런데 여기서 시온의 변화가 가능했던 이유는 오로지 시온을 향한 하느님의 구원 의지 때문이었음을 간과해서는 안 된다. 시온이 스스로 이방 민족들에게 전령을 파견하여 사람들을 모아 온 것이 아니다. 하느님께서 시온에 빛을 비추어주시고, 직접 시온에 현존하시고, 그분의 영광이 시온에 머물렀기 때문에 가능한 일이었다(60,1-2). 이처럼 시온 구원의 주도권을 쥐고 계신 분은 하느님이시다. 이 말은 하느님께서 깨어나셔야 시온이 구원될 수 있음을 의미한다. 그러므로 예언자의 목소리는, 하느님께서 예루살렘을 일으켜 세우실 때까지 하느님을 깨우기 위해 잠잠히 있지 않을 것을 선포한다.

8-9절 하느님의 맹세

하느님께서는 시온을 위해 맹세하신다. 이제 시온의 곡식을 원수들이 양식으로 삼는 일도, 수확한 포도주를 이방인들이 마시는 일도 벌어지

지 않을 것이다(62,8). 시온은, 이방인들이 먹을 것을 약탈하면서 황폐해
졌다(1,7). 그러나 이제 그러한 약탈이 더는 없을 것이라고 예고된다. 수
확한 이들이 수확한 것을 먹을 수 있게 변화될 것이다(62,9). 이제 침입
과 약탈에 의한 시온의 황폐화는 끝나고, 주님 "성소의 뜰"에서 그들은
먹고 마실 수 있게 된다. 시온이 구원될 것이기 때문이다. 이처럼 성소
의 뜰에서 먹고 마심은 예루살렘 축제 – 무교절, 주간절, 초막절 – 를
떠올려준다. 축제의 자리에서 먹고 마심은 베풀어주신 하느님의 은혜에
대한 감사의 표현이며, 하느님 축복의 실현이고 구원이 이루어졌음을 드
러낸다.[229]

10-12절 구원의 선포

길에 대한 주제가 다시 등장한다. 길의 준비는 이미 제2부의 시작 부분
에서 선포되었다(40,3). 그 길은 주님의 영광을 위한 길이었다. 또한, 시온
으로 귀환하는 이들을 위한 길도 마련되었다(57,14). 이제 민족들이 모여
오는 길을 마련할 것이 요구된다. 그 길은 시온을 향하고 민족들을 위
해 깃발도 함께 올려진다(62,10). 깃발은 이사야서에서 심판(5,26)과 구원
(49,22) 두 가지 의미를 지닌다. 여기서는 민족들이 보고 모여 올 수 있는
구원의 의미로 사용되었다.

민족들이 시온을 향해 올 수 있는 길과 그들이 바라볼 수 있는 깃발
이 마련되며, 시온은 모든 민족에게 개방된다. 제3부가 희망하는 하느
님 백성 공동체가 이스라엘만의 백성 공동체가 아닌, 공정과 정의, 의로
움에 기반한 윤리 공동체라는 사실이 다시 확인된다(56,1-8 참조). 그러므
로 이스라엘과 이방인의 구분이 없는 의로운 이들의 모임인 시온의 공
동체는 "거룩한 백성"이 되고, "주님의 구원을 받은 이들"로 선포된다

(62,12). 거기에는 혈통에 의한 구별이 아닌, 하느님을 믿고 신뢰하는 의로운 이들과 하느님을 거스르는 악인의 분리가 있을 뿐이다. 하느님을 믿지 않는 이들은 이어지는 본문에서 에돔(63,1-6)에 비유되며 심판의 대상이 된다.

6. 역사에 대한 회고와 탄원기도(63-64장)

63-64장은 서로 다른 두 개의 문학 장르로 구성되었고, 이로써 본문의 구조가 드러난다. 첫 번째 부분은 하느님께 제기하는 물음과 이에 대한 하느님의 응답으로 구성된다(63,1-6). 주목할 점은, 파수꾼의 모습을 한 이가 하느님께 문의하고, 동시에 승리하여 개선하시는 하느님의 모습을 전달한다는 사실이다.²³⁰ 이를 통해 잠시도 잠잠하지 않으리라는 파수꾼의 모습이 구체적으로 묘사된다(62,6 참조). 두 번째 부분은 하느님을 향한 공동체의 탄원이다(63,7-64,11). 탄원의 노래는 시작과 함께 "주님의 기억을 일깨우는 자(62,6: 마츠키르מזכר)"와 같은 어근을 지닌 동사 자카르זכר(기억하다, 회상하다)를 사용한다. 아울러 탄원의 노래 마지막은 "참고 계시렵니까?", "잠잠히 계시렵니까?", "억누르시렵니까?"라는 물음으로 하느님의 침묵을 탄식의 주제로 삼는다(64,11). 이를 통해 두 개의 본문이 각각의 방식으로 62장과 연관성을 가지며 전개된다.

1) 에돔에서 승리하여 개선하시는 하느님(63,1-6)

이 본문은 두 차례에 걸친 물음과 이에 대한 하느님의 응답으로 구성된다: 물음(63,1ㄱ-ㄷ)-응답(63,1ㄹ-ㅁ); 물음(63,2)-응답(63,3-6). 본문을 이끌어 가는 물음과 응답은 하느님께서 에돔에서 승리를 거두시고 개선하시는 장면을 묘사한다.

이 본문과 앞선 본문의 연속성은 다음 요소에서 나타난다. 우선, 59,15ㄴ-20은 하느님께서 갑옷과 투구를 장비하며 전투를 준비하시고, 원수들을 향한 보복을 선포하시며 구원자로 오실 것을 예고했다. 이어서 시온의 영광을 묘사하는 60-62장이 나온 뒤 예고된 주님의 승리가 63,1-6에 소개된다. 하느님께서는 원수에게 복수하시고 에돔에서 승리자로 돌아오신다. 그러므로 에돔을 향한 복수는 갑작스럽게 등장한 이야기가 아니라 시온의 구원과 영광을 위해, 특히 "악행에서 돌아선 야곱"(59,20; 60-62장)을 위해 준비되고 기획된 사건으로 드러난다.

59,15ㄴ-20	63,1-6
전투 준비(59,17) 원수들에게 보복(59,18) 구원자로 오심(59,19-20)	승리하여 개선(63,1) 원수에게 복수(63,4) 구원자로 오심(63,1ㄹ-ㅁ)

본문은 명확하게 "에돔", "보츠라"(에돔의 주요 도시)를 언급하면서 에돔의 멸망을 전한다(63,1). 하지만 이것은 역사적 사실(기원전 5세기에야 에돔은 멸망한다)이라기보다 하느님의 구원 의지를 거부하는 이들에 대한 심판의

말씀이다. 특히 이스라엘 백성 가운데 악행에서 돌아오지 않는 이들이 시온의 의로운 공동체가 아닌, 에돔에 속한 이들이다. 따라서 에돔의 멸망은 그들의 운명이 어떻게 될 것인지 예고한 말씀으로 이해된다.[231]

1절 첫 번째 문의와 응답

63,1은 '물음과 응답'의 수사적 질문으로 에돔에서 개선하시는 하느님을 묘사한다. 하느님께서 "에돔"과 "보츠라"에서 돌아오신다. 파수꾼이 제기하는 물음(63,1ㄱ-ㄷ)에 대한 하느님의 응답은 그분 자신의 진술이며, 이를 통해 의로움과 구원이 핵심 주제로 드러난다(63,1ㄹ-ㅁ). 하느님의 구원과 의로움은 시온의 영광과 관련하여 예고된 주제였는데(62,11-12), 여기서 "구원의 해"가 선포되는 가운데 예고된 말씀이 성취되는 모습을 보여준다(63,4).

2-6절 두 번째 문의와 응답

파수꾼은 포도 확을 밟는 사람의 옷처럼 붉게 물든 하느님의 의복에 대하여 문의한다(63,2). 이에 하느님께서는 포도 확을 혼자서 밟았음을 알려주신다(63,3-4). 포도 확은 포도를 밟아 즙을 짜내는 도구인데 일반적으로 그 확에서 혼자 작업을 하는 경우는 거의 없다. 하지만 하느님께서는 "혼자서 확을 밟았다"(63,3ㄱ)고 말씀하신다. 에돔에 대한 하느님의 처벌이 포도 확의 비유를 통해 드러난다. 아울러 그 처벌이 다른 민족의 도움 없이 혼자서 행하신 일로 분명하게 강조된다. 하느님의 팔이 하느님께 협력하였다는 표현에서도 그분 홀로 직접 개입하셨다는 사실이 강조된다(63,5 참조). 반면에 이스라엘, 아시리아, 바빌론에 대한 처벌은 항상 다른 민족을 도구로 삼아 진행되었다. 이스라엘은 아시리아에 의해(8,6-8; 10,5 이하 참조), 아시리아는 바빌론에 의해(10,16-19.24-26 참조), 바빌론은 페르시아에 의해(13,17-22; 45,1 이하 참조) 처벌되었다.

에돔은 에사우의 후손으로 형제의 민족이다. 그러나 이스라엘의 역사에서 에돔에 대한 좋은 기억은 별로 없다. 특히 바빌론이 예루살렘을 함락할 당시, 에돔은 돕기는커녕 오히려 예루살렘을 약탈하였다. 그러므로 구약성경 전반에서 에돔은 응징의 대상으로 등장한다(에제 35장; 시편 137,7; 애가 4,21-22; 오바 10-16절; 말라 1,2-4). 하지만 여기서 에돔은 하느님과 시온의 백성에 저항하는 세력을 대표하는 상징성을 지니고, 에돔을 향한 심판은 예루살렘 재건을 방해하는 이들에 대한 심판을 의미한다. 이사야 예언서에서 두 번 등장하는 에돔은(34장; 63장) 모두 하느님의 구원을 반대하고 저항하는 세력으로 등장하며 심판과 처벌의 대상이 된다.

2) 백성의 탄원기도(63,7-64,11)

백성의 탄원기도를 담고 있는 이 대목의 본문은 크게 세 부분으로 구성된다. 장엄한 서곡을 시작으로(63,7) 이스라엘의 역사에 대한 회고가 이어지며(63,8-14), 눈앞의 구원을 청원하면서 마무리된다(63,15-64,11). 탄원기도를 조금 더 자세히 살펴보면 다음의 구조가 나타난다.[232]

63,7	장엄 서곡
63,8-10	부정적 역사에 대한 회고
63,11-14	긍정적 역사에 대한 회고
63,15-19ㄱ	주님께서 굽어보시기를 청원
63,19ㄴ-64,4ㄱ	주님께서 나타나시기를 청원
64,4ㄴ-8	주님의 분노 - 죄의 고백 - 영원히 분노하지 마소서!
64,9-11	위기의 묘사 - 마지막 호소

63,7 장엄 서곡

탄원기도의 시작은 장엄하게 진행된다. 기도자는 "나"로 시작해서 "우리"로 전환되면서 이 기도가 개인의 기도가 아닌 공동체의 기도임을 알려준다. 기도자는 "회상"을 선포하며 기도를 시작한다. 그는 주님의 "자애로우신 업적"과 "찬양받으실 업적"을 회상한다. 기도자가 지금 겪고 있는 어려움은 63,15에서 드러나는데, 이것은 하느님의 업적과 반대되는 모습을 보여주고, 하느님의 침묵에 대한 호소(64,11)로 이어진다.

63,8-10 부정적 역사에 대한 회고

이 단락은 역사적 절망의 순간에 앞서 하느님께서 구원자가 되시기로 먼저 결심하셨음을 보여준다(63,8-9). 그러나 하느님의 모든 구원 의지에도 불구하고 이스라엘은 그분의 거룩한 영을 거역하고 괴롭혔기에, 그분께서 그들의 적이 되어 싸우셨다(63,10). 하느님과 이스라엘 백성의 싸움이 어떤 사건인지 구체적으로 언급되지는 않는다. 하지만 64장까지 길게 이어지는 탄원기도를 유배 이후의 배경에서 바라본다면, 이 사건은 바빌론에 의한 왕국의 멸망과 예루살렘 파괴로 이해된다.[233]

63,11-14 긍정적 역사에 대한 회고

하느님과 싸워 멸망한 이후 이스라엘 백성은 좌절한 상태에서 하느님께서 모세에게, 또 백성에게 행하신 좋은 일을 생각하였다. 하느님께서 행하신 과거의 업적을 바탕으로 질문이 제기된다. "어디 계신가?"[63,11(2번).13]라는 질문은, 하느님께서 어디에 계신지 모른다는 사실이 아닌, 그분이 과거처럼 지금 직접 개입하시기를 청하는 호소로 이해된다.

63,15-19ㄱ 주님께 굽어봐 달라는 청원

63,15부터 기도의 분위기가 전환된다. 63,14까지 회상하며 탄식한 내용을 들려주었다면, 63,15부터 하느님께서 바라봐주시고 굽어 살펴주실 것을 청원한다. 기도하는 이 공동체는 하느님을 "아버지"로 고백한다(63,16). 구약성경은 하느님과 이스라엘 백성의 관계를 아버지와 아들의 부자 관계로 소개하는데(탈출 4,22; 신명 32,6; 이사 1,2; 45,10; 예레 3,19; 31,9; 호세 11,1-2; 말라 2,10), 특히 이 관계는 하느님과 임금의 관계에서 강조된다(2사무 7,14; 시편 2,7). 주목할 점은 하느님을 아버지로 표현하면서 하느님과 공동체의 관계를 드러내지만, 오히려 아브라함과 이스라엘이 자신들을 모른다고 표현한다는 사실이다(63,16). 앞서 이들은 '아브라함의 후손'(41,8; 51,2)이며 '야곱의 후손'(58,14)으로 지칭되었다. 따라서 아브라함과 이스라엘이 자신들을 모른다는 이들의 진술은 조금 놀랍게 다가올 수 있는 표현이다.

하지만 여기서 의미하는 바는, 이들이 성조가 아닌 하느님만을 아버지로 고백하여 온전하게 하느님께 종속된 존재라는 점이다. 모세가 레위 지파를 축복하는 장면에서 이러한 이해를 볼 수 있다. 거기서 레위 지파는 아버지와 어머니, 형제를 아는 체하지 않으면서 오로지 하느님의 말씀을 지키고 계약을 준수하는 데 헌신하였다(신명 33,8-9). 그러므로 이들의 고백 역시 자신들이 레위 지파처럼 온전히 하느님께 속한 존재임을 드러내기 위한 것으로 이해된다.[234] 이러한 맥락에서 공동체는 하느님을 "우리 아버지"라고 부르고 하느님의 이름을 "우리의 구원자"로 고백한다(63,16). 고백 이후에도, 하느님을 향한 탄원은 계속 이어진다. 멀리 떨어져 계신 하느님을 향해 돌아오실 것을 청한다(63,17). 이들이 겪은 비극적 사건 때문에, 이 공동체는 하느님과 아무런 관계가 없는 이들처럼 보였고, 이에 그들은 하느님께서 오시기를 간절히 청한다(63,18-19).

63,19ㄴ-64,8 주님의 나타나심

63,19ㄴ-64,1은 하느님께서 등장하시는 장면을 묘사한다. 지진과 불과 같은 자연 현상을 통해 하느님의 등장이 예고된다. 하느님께서 등장하시는 목적은 원수들에게 당신의 이름을 알게 하시려는 것이다(64,1). 이러한 등장 속에 하느님의 구원 행위가 있었음에도 그들은 죄를 지어 하느님을 거슬렀다(64,4). 그래서 하느님께서는 그들을 외면하시고 죄악의 손에 내버리셨다(64,6). 이에 그들은 다시 하느님을 아버지로 고백한다(64,7). 여기서 언급하는 아버지와 자녀의 관계는 창조주와 피조물의 관계를 보여준다. 그리고 그들은 주님께서 분노를 거두어주시기를 간절하게 청원한다(64,8).

64,9-11 위기의 묘사와 마지막 호소

이들의 어려운 처지가 구체적으로 묘사된다. 거룩한 성읍과 시온은 광야가 되고 예루살렘은 황무지가 되었다(64,9). 주님의 성전, 거룩하고 영화로운 집은 불에 타 모두 폐허로 변하였다(64,10). 이러한 장면 묘사를 두 가지로 해석할 수 있다. 하나는 예루살렘이 재건되기 이전의 상황에 대한 묘사로 보는 관점이다. 다른 하나는 예루살렘 성전이 재건되었으나(기원전 515년), 이전 솔로몬의 성전과 비교하여 재건된 성전이 보잘것없음에 대한 탄식으로 보는 관점이다.[235] 이들의 탄원에는 이들이 체험한 현실과 고대하는 희망 사이의 거리감이 담겨 있다. 공동체가 체험하고 느끼는 괴리감은 마지막 질문에서 표출된다. "주님, 이렇게 되었는데 끝내 참고 계시렵니까? 그렇게 잠잠히 계시렵니까? 저희를 이토록 극심하게 억누르시렵니까?"(66,11). 하느님께서는 이미 침묵을 깨시고 등장하셨다. 그분은 오랫동안 침묵하셨지만, 이제 백성에게 새로운 생명을 주기 위해 침묵하지 않으실 것이라고 말씀하셨다(42,14). 공동체가 올리는 탄원은, 하느님께서 다시 침묵을 깨시고 등장하지 않으신다면 그들은 그분께 희망을 걸기 어렵다는 고충을 토로한 표현으로 이해된다.

7. 주님의 응답과 공동체의 분리(65-66장)

65-65장은 이사야 예언서의 마지막을 장식한다. 이 두 개의 장은 어휘 사용과 내용의 유사성에서 서로 연결된 본문임을 보여준다.[236]

- 새 하늘과 새 땅(65,17; 66,22)

- 이방 종교 숭상(65,3-4; 66,17)
- 복수(65,6-7; 66,6)
- 종들(65,8 이하; 66,14)

아울러 이 두 개의 장은 이사야서를 시작하는 1장과도 '하늘과 땅'(1,2; 65,17; 66,22) 및 '도성과 성전에서 벌어지는 무질서'라는 점으로 연결된다. 다만 첫머리의 무질서는 백성에 대한 심판과 땅의 황폐화에서 드러나는 유배를 반영하지만, 끝부분에 등장하는 무질서는 백성에 대한 심판에 중점을 두지 않고 주님께서 성실한 종들과 죄인을 분리하는 계기가 된다. 책의 시작은 심판과 황폐화를 통해 회개의 기회를 제공하지만, 책의 마지막은 회개에 이르는 가능성을 더는 제공하지 않고 처벌로 이어진다(66,24 참조). 이렇게 시작과 끝이 연결된다는 점에서 65-66장이 단순히 이사야서의 마지막 3부(56-66장)를 마무리하는 데 그치지 않고, 이사야서 전체를 마무리한다는 것을 알 수 있다.

1) 종과 악인의 분리와 새로운 예루살렘(65,1-25)

65장에서 하느님께서는 당신의 침묵을 문제 삼아 제기된 물음에 대해 응답하신다. 65장은 주제에 따라 크게 세 부분으로 구성된다. 우상을 숭배하고 이교 문화의 풍습에 따르는 이들에 대한 하느님의 복수가 예고되고(65,1-7), 주님의 종들과 죄인들이 분리되어 서로 다른 운명을 맞을 것이라고 선포되며(65,8-16ㄱ), 이에 따른 결과로 예루살렘에서 펼쳐질 새로운 창조가 전해진다(65,16ㄴ-25).

1-7절 청원기도에 대한 하느님의 응답

우선 65,1은 65,8과 66,1과 달리 별도의 도입부 없이 바로 담화를 시작한다. 이 점에서 선행하는 64,11의 질문에 하느님께서 망설임 없이 바로 응답하신다는 것을 알 수 있다. 이는 "준비"가 되어 있다고 하느님 스스로 두 차례나 강조하는 표현에서 확인된다(65,1). 그러므로 하느님은 침묵하고 계시지 않으며, 하느님의 응답을 찾으려고 노력하면 찾을 수 있었음을 분명히 밝힌다(65,1). 이어서 하느님에게 반항하는 백성의 행위가 묘사된다. 그들은 이방 종교의 가르침을 따르고 우상을 섬기면서 스스로 거룩하다고 착각한다(65,3-5ㄱ). 이런 행위를 보고 분노하신 하느님께서는 침묵하지 않겠다고 그들에게 선언하신다(65,6). 이로써 왜 하느님께서 침묵하시냐는 질문에 대한 응답이 본격적으로 이루어진다(64,11 참조).

8-16ㄱ절 종들과 악인의 분리

악인들과 반대되는 종들이 등장한다. 하느님의 복을 받은(65,8.23 참조) 종들 때문에 하느님께서는 모든 이를 파멸시키지 않으신다. 즙을 짜는 행위는 에돔을 심판했던 방식과 유사하기에 하느님의 심판을 의미한다(63,3.5). 이 단락에서 특히 주목할 점은 "종들"이 일곱 번이나 등장한다는 사실이다[65,8.9.13(3번).14.15]. 종들을 표현하는 어휘는 다양하게 "야곱의 후손"(65,9ㄱ), 유다에게서 나온 "내 산의 상속자"(65,9ㄴ), "내게 선택받은 이"(65,9ㄷ.15ㄴ)로 나타난다. 특히 "내게 선택받은 이"라는 마지막 표현은 그들이 주님 종의 후손임을 알려준다(42,1; 43,20; 45,4). 주님의 종들은

고대 이스라엘 지역을 포함한 주변 지역까지 삶의 영역을 확장하게 된다(65,10).[237]

이제 악인들이 언급된다. 그들은 주님을 버렸고, 하느님이 아닌 행운과 운명의 신들인 갓과 므니에게 상을 차려주었다(65,11). 그들은 모두 죽을 운명을 맞을 것이다. 그들이야말로 하느님의 부름에 응답하지 않고, 듣지 않았으며, 하느님 마음에 드는 일이 아닌 하느님께서 좋아하지 않으시는 것만 선택하였기 때문이다(65,12). 이처럼 종과 악인의 운명은 분명하게 갈린다. 종들은 먹고, 마시고, 기뻐하겠지만, 악인들은 굶주리고, 목마르고, 수치를 당할 것이다(65,13). 종들은 마음이 즐거워 환호하지만, 악인들은 마음이 아파 울부짖으며 통곡하게 된다(65,14). 종들과 달리 악인들은 "이렇게 주 하느님께서 너를 죽이시리라"라는 이름으로 불리게 된다(65,15).

16ㄴ-25절 새로운 예루살렘

종들과 악인들이 분리된 데 이어 새로운 예루살렘이 창조된다. 이전의 것과 단절된 새로운 창조가 단락을 이끌어간다. 하느님께서는 새 하늘과 새 땅의 창조를 예고하시며, 지난날의 곤경은 잊히고 사라질 것이라고 이르신다(65,17). 하늘과 땅의 새로운 창조는 이전의 하늘과 땅이 사라지고 새롭게 창조된다는 뜻이 아니라, 이전의 곤경들과 위협들이 사라지게 됨을 의미한다. 그러므로 새로운 창조는, 전 우주적 변화에 대한 희망을 품는 것을 의미하지 않고, 혼돈과 위협의 힘이 사라지고 평화의 상태가 시온/예루살렘에 가득해지는 것으로 이해된다. 이러한 변화 속에서 종들과 그 후손들은 주님의 복을 받은 이들로(65,23) 하느님과 깊은 관계를 갖는다. 양자의 친밀한 관계는 부르기 전에 하느님께서 응답하시고, 말을 마치기 전에 들어주시는 모습으로 나타난다(65,24). 64,11에서 침묵하시는 하느님께 물음이 던져졌다면, 이제는 깊은 관계를 통해 하느님과 종이 신속하게 의사소통하는 모습이 묘사된다. 이를 통해 하느님 침묵의 문제가 해결된다.

새로운 예루살렘의 마지막은 유토피아적인 새로운 낙원을 묘사한다(65,25). 이미 11,6-8에 언급된 "늑대와 새끼 양", "사자와 소", "뱀" 등 맹수와 가축이 함께 어울리는 모습으로 변화된 낙원이 그려진다. 다만 11,6-9은 이상적인 통치자 메시아(11,1-5)의 통치를 기반으로 전개되는 세상이었다면, 여기서는 메시아적인 통치자의 모습이 나타나지 않는다.[238] 그 이유는 야훼 하느님께서 참되고 유일한 임금이시기 때문이다(41,21; 43,15; 44,6; 52,7 참조).

2) 종말론적 구원 앞에 놓인 마지막 장애(66,1-24)

종들과 악인들의 대비되는 모습은 66장에서도 계속 전개된다. 다만, 65장에서는 하느님께서 악인들에게 종들에 관해 말씀하셨다면, 여기서는 거꾸로 종들에게 악인들에 관한 일을 전하신다. 65장과 66장에 나오는 대화의 방향성이 뒤바뀐 것이다. 종과 악인의 대비는 하느님의 말씀을 떨리는 마음으로 받아들이는 종과, 짐승과 사람의 피를 흘리게 하는 악인의 모습에서 구체화된다(66,1-6). 이어서 어머니 시온과 예루살렘을 위한 주님의 위로가 전해진다(66,7-14). 마지막으로 주님의 오심과 모든

사람이 그분을 경배하는 내용을 전해주면서 이사야 예언서는 마무리된다(65,15-24).[239]

1-6절 종과 악인의 분리 – 말씀 앞에 떨리는 마음과 피 흘리는 행위

이사야 예언서의 마지막 장은 "주님께서 이렇게 말씀하신다"(66,1)라는 '사자 정식使者定式'을 이끄는 말로 시작된다. 하느님께서는 하늘을 당신의 어좌로, 땅을 발판으로 삼으시기 때문에 하느님을 위한 집을 지어 바치는 일이 의미 없는 것처럼 들린다(65,1ㄴ-ㄹ). 하지만, 여기서 강조하는 요점은, 성전이 의미 없다는 사실이 아니라, 성전 재건에 누가 참여할 수 있는가라는 물음이다.[240] 유배 시기 이후의 사회상을 보여주는 에즈라기는 정치적 이유로 성전 건축에 사마리아인들의 참여를 금지하였다(에즈 4,1-5). 이사 66장은 이 사안에 대해 에즈라기와 다른 태도를 보인다. 성전 재건에 참여할 수 있는 사람은 주님의 종들로 표현되는(66,14) 하느님의 말씀을 "떨리는 마음으로 받아들이는 이다"(66,2.4). 반면에 제물을 봉헌하기 위해 가축을 잡지만 사람을 죽이고 개를 잡고, 돼지 피를 봉헌하고, 분향제를 드리면서 동시에 우상을 찬미하는 사람들은 성전 재건에 참여할 자격이 없다(66,3). 그들은 하느님의 마음에 드는 행동을 하지 않고 하느님께 거슬리는 짓만 하는 자들이기 때문이다(66,4). 이를 통해 종과 악인이 구별된다.

그러므로 성전 재건에 대한 부정적인 질문(66,1)은 성전 재건 자체가 아니라, 아무나 그 일에 참여할 수 없음을 강조한다. 악인의 행동은 하느님 마음에 들지 않는다. 그들은 하느님께서 좋아하지 않는 것만 선택하기 때문이다. 반면에 제3부의 시작과 함께 등장한 고자의 모습은 주님께서 "좋아하는 것을 선택"하는 이들이다(56,4). 참된 하느님 백성 공동체에 누가 포함될 수 있는지에 대한 물음은 56-66장에서 반복해서 강조되는데, 마지막 장에서도 다시 언급된다. 그러면서 이스라엘이라는 혈통이 아니라 신앙 안에서 윤리적 삶을 살아가는 이들이 하느님 백성에 속한다는 사실을 분명하게 밝힌다.

7-14절 어머니 시온과 예루살렘에 대한 주님의 위로

앞 단락이 악인들을 향한 하느님의 보복이 시작되었음을 알렸다면, 여기서는 그 보복이 전개되는 양상을 보여준다. 하느님의 보복은 그들의 폭력적이고 파괴적인 모습에 대응하는 모습으로 전개되지 않는다. 그 보복은 출산(66,7-9)과 자녀의 성장(66,10-14)을 통해 나타난다. 여기서 시온은 자녀를 출산하는 어머니로 묘사되고, 하느님은 산모를 도와주는 산파(66,9)로 등장한다. 시온의 출산은 극적이다. "진통을 겪기 전에 해산하고 산고가 오기 전에 사내아이를 출산한다"(66,7). 아울러 한 나라와 민족이 한 번에 태어날 수 있도록 산파이신 하느님께서 이끌어주신다(66,8). 이로써 시온이 많은 이의 어머니가 될 것이라는 예고가 성취된다(54,1). 시온의 자녀는 "예루살렘을 사랑하는 이들"이며, 위로의 품에서 젖을 빨아 배부르게 되고 팔에 안겨 다니면서 귀염을 받게 된다(66,10-12). 그것은 하느님께서 "어머니가 제 자식을 위로하듯" 하느님께서 그들을 위로하시기 때문이다(66,13).[241] 여기서 핵심어 '위로'는 세 번 반복되면서 위로의 구체적인 모습을 전개한다. 이사야서의 큰 주제를 형성하는 하느님의 '위로'(40,1; 49,13; 51,3.12.19; 52,9; 54,11; 61,2)에 대한 언급은 여기서 마무리된다.[242]

이사야서는 위로의 대상을 분명하게 밝힌다. 위로는 모든 이에게 유효하게 적용되지 않는다. 그런즉 이사야서 후반부의 중심 주제 위로와 관련하여, 최종 마무리 부분에서 종과 악인에 대한 하느님의 대응 방법을 보여준다. 곧 종에게는 "그분의 손길이", 원수들에게는 "그분의 진노가" 드러나게 된다(66,14). 그 결과 악인을 향한 하느님의 보복은 지속되면서 그들을 주검으로 만들 것이다(66,6.24 참조). 반면에 종을 향한 구원은, 하느님을 섬기는 모든 이와 함께하는 경배로 이어질 것이다(66,23 참조). 그러므로 하느님의 위로는 모든 이스라엘 백성을 향하지 않고, 종-공동체와 종과 함께 하느님을 섬기는 민족들에게만 유효하게 미친다.[243]

15-24절 주님의 오심과 모은 사람을 통한 하느님 경배

이사야 예언서의 마지막 단락은 예루살렘의 종말론적 모습을 묘사한다. 이 단락은 배교자를 향한 하느님의 심판과 불이 새로운 하느님 백성 공동체를 감싸는 동심원적 구조를 보여준다. 이것을 도식화하면 다음과 같다.[244]

66,15-17		심판과 불
	66,18-19	민족들의 모음
	66,20-21	흩어진 이들의 귀환
	66,22	레위인과 사제
	66,23	민족들의 순례
66,24		심판과 불

악인에 대한 심판이 여기서 배교자의 심판으로 이어진다(66,17). 하느님을 섬기는 척하지만, 돼지고기와 쥐 고기를 먹으면서 이교 양식을 따르는 이들은 하느님 심판의 대상이 된다. 그들은 불과 칼로 심판받고 멸망

하리라고 예고된다(66,15-16). 그들의 멸망은 이사야서의 마지막 구절에서 성취되는데, 하느님을 거역하던 자들은 죽어서도 그들의 주검이 영원히 불에 타지 않아 모든 사람에게 역겨움이 된다(66,24). 하느님께서 악인에게 행하신 보복의 결과가 이렇게 명시된다. 이교 행위에 대한 심판은 이사야 예언서의 첫머리에서 이미 이루어졌다(1,2.28).

이사야서의 시작과 마지막에 경신례 관련 사안이 강조되어 나타나는 것은, 그것이 유배 이후 공동체에 매우 중요한 문제임을 알려준다. 그런데, 66장은 이 문제를 이스라엘이라는 혈통의 범주 안에서 해결하려고 하지 않는다. 오히려 잘못된 경신례는 새롭게 구성된 하느님 백성 공동체가 하느님을 올바르게 섬기는 가운데 극복될 것이라는 새로운 전망과 희망을 제시한다(66,23).[245] 그것이 가능한 이유는 모든 민족이 예루살렘을 향해 모여 오기 때문이다(66,18-19). 모든 민족과 언어가 다른 사람들이 이 모임에 초대된다. 여기에 언급된 타르시스와 풋, 루드, 투발, 야완은 특정 민족을 지칭하지 않고 모든 민족을 의미한다. 그들은 주님의 거룩한 산 예루살렘으로 모여 와서 하느님께 제물을 봉헌하고 하느님을 경배한다(66,20-23). 이로써 의인과 악인의 분리가 분명해진다. 이스라엘 백성이지만 이교 행위를 하는 이들과, 이방 민족이지만 하느님을 섬기며 새로운 하느님 백성 공동체의 구성원이 되는 이들이 갈라진다. 새로운 하느님 백성 공동체는 새로운 예루살렘에서 축제일에 맞춰 하느님 앞에 나아가 경배하게 된다. 하느님께서 시온을 생각하며 기획하신 계획은 이렇게 완성된다.

8. 신학적 의미

1) 새로운 하느님 백성 공동체

이사야 예언서가 제시하는 구원의 드라마는 전통 신학과 충돌하는 모습을 보여준다. 이사야서에서 하느님의 구원은 이스라엘 백성을 넘어 모든 민족에게 열려 있기 때문이다. 이사야서는 구원의 보편성을 제시한다. 그러므로 전통적으로 하느님 백성에 소속될 수 없는 이방인이나 고자들도 하느님의 계명에 충실하고 안식일을 지킨다면 하느님 백성 공동체에 속할 수 있다고 본다. 여기서는 혈연에 따른 선민의식이 아닌, 윤리적 삶이 공동체 소속의 절대적인 기준이 된다. 이사야 예언서는 이러한 구원의 전망을 책의 시작 부분에서 제시하였고(2,2-5), 책의 마지막에서 다시 강조한다.

제7편은 이스라엘 백성의 귀환 이후의 모습을 반영한다. 제2부가 바빌론에서의 귀환을 하느님의 구원으로 보았다면, 제3부는 귀환을 넘어 시온의 재건을 통해서 그 구원이 완성된다고 본다. 재건에서 가장 중요한 요소로 제3부는 시작과 함께 '공정과 정의', '구원과 의로움'을 제시한다(56,1). 혈연과 관계없이 윤리적으로 살면서 공정과 정의를 추구하는 이라면 누구나 하느님 백성이 될 수 있다는 주장은, 혈연을 중심으로 한 기존의 전통 가르침을 넘어선다. 이런 맥락에서 제3부는 이스라엘 백성과 이방 민족을 구별하지 않고, 의인과 악인을 구분하면서 새로운

하느님 백성 공동체의 정체성을 명확히 한다.

2) 시온의 재건

구조와 신학적 주제로 볼 때, 제3부의 중심에는 변화를 통한 시온의 재건이 위치한다. 시온이 변화될 수 있었던 가장 큰 이유는 하느님 때문이다. 하느님께서는 "나를 버리셨다"고, "나를 잊으셨다"고 의혹을 품은 시온을 위해 온갖 노력을 다 쏟아 시온을 변화시키신다. 하느님께서 시온에 빛을 보내시고 그곳에 머무르시자 그분의 영광이 함께하면서, 시온에 온갖 변화가 일어난다. 이러한 변화 과정에서 시온이 스스로 한 일은 전혀 없다. 시종 수동적인 자세를 취할 뿐이다. 하느님께서 시온에 빛을 보내시니 시온은 그 빛을 품는다. 민족들이 그 빛을 바라보고 시온을 향해 모여 온다. "민족들을 위한 빛"이 되라는 종의 사명은 이제 시온의 사명으로 전환된다.

  버림받고, 아이를 낳지 못하던 여인으로 불리던 시온은 변화와 함께 새로운 이름을 얻게 된다. 시온에 모여 온 이방 민족은 시온을 "주님의 도성", "이스라엘의 거룩하신 분의 시온"이라고 부른다(60,14). 더 나아가 하느님께서도 시온을 "소박맞은 여인", "버림받은 여인"이라 부르지 않으시고, "내 마음에 드는 여인", "혼인한 여인"이라고 부르신다(62,4). 이를 통해 시온의 변화는 구체적으로 드러난다. 버려지고 황폐해졌던 시온은 이제 하느님의 신부가 되고 하느님의 손에 들린 "화려한 면류관"이요

"왕관"이 된다. 주님의 종이 높이 들어 올려져서 성공을 거두었듯이, 시온도 높이 들어 올려지며 변화된다. 시온의 변화와 함께 시온의 백성도 변화된다. 그들은 제2부에서 주님의 종들(54,17)로 등장하며 종의 가르침을 이어오던 이들이었다. 그들은 악행에서 돌아와 "정의의 참나무", "당신 영광을 위하여 주님께서 심으신 나무"(61,3)가 된다. 아울러 그들은 "주님의 사제들", "우리 하느님의 시종들"(61,6)이라 불리며 새로운 하느님 백성 공동체 안에서 사제 직무를 수행한다. 그러므로 그들은 "거룩한 백성"이 되고, "주님의 구원을 받은 이들"(62,12)이 된다. 악행에서 돌아오고 의로운 길을 걸어가는 시온의 백성은, 가까이는 주님의 종과 더 멀리는 이상적 통치자의 모습을 지닌 메시아적 인물과 연속성을 지니면서 새로운 시온을 재건하는 데 중추 역할을 한다.

3) 의인과 악인의 분리

이사야 예언서는 새로운 하느님 백성 공동체를 위한 구원의 드라마를 전개하면서 혈연이 아닌 윤리적 실천을 강조하였다. 윤리적 가르침의 실천은 공정과 정의를 이루는 근간으로, 제3부만이 아닌 이사야 예언서 전체의 중심 주제이다. 공정과 정의가 사라진 시온 공동체는 하느님 심판의 대상이었다. 그런데 시온은 하느님의 심판과 처벌이라는 정화의 과정을 거친 뒤 회개라는 구원의 과정에 이를 수 있게 된다. 하느님 심판의 목적은 정화를 통한 구원이다. 따라서 이사야서는 시작부터 심판이 지닌 본래의 목적을 강조하였다. 하지만 이사야서가 마무리되는 시점에서는 심판과 처벌을 통한 정화의 가능성이 사라진다. 의인은 하느님을 경배하며 복을 누리면서 구원을 마주하겠지만, 악인에게는 정화의 기회가 더 이상 주어지지 않는다. 악인은 하느님의 칼과 불로 심판을 받게 된다. 꺼지지 않는 불 속에서 이루어지는 그 심판으로 모든 사람이 역겨워한다.

이것이 이사야 예언자가 제시하는 구원의 드라마이다. 하느님의 뜻을 따르지 않는 이에게는 냉정한 처벌이 존재하지만, 하느님을 믿고 의지하는 이들에게는 구원이 제공된다. 그러므로 이사야 예언서는 의인과 악인의 분리를 보여주며 예언서를 읽는 독자들에게 선택권을 쥐어준다. 어떠한 길을 걸을 것인지, 어떤 삶을 살아갈 것인지를 물으며 두 가지 길을 제시한다. 공정과 정의를 바탕으로 윤리적 삶을 살아가면서 하느님 백성 공동체의 일원으로 하느님을 경배하며 살아갈 것인지, 꺼지지 않는 불 속에서 타는 주검으로의 길을 걸어갈 것인지, 모든 것은 독자의 선택에 달려 있다.

하느님께서 만드실 새 하늘과 새 땅으로 부르시는 그분의 목소리를 지금 어떻게 듣고 있는가? 그것은 그 옛날 이스라엘 백성에게 제시한 물음이 아니라, 바로 지금, 여기에서 살아가는 우리를 향한 물음이다. "내 입에서 나가는 나의 말도 나에게 헛되이 돌아오지 않고 반드시 내가 뜻하는 바를 이루며 내가 내린 사명을 완수하고야 만다"(55,11). 하느님의 말씀이 우리를 통해 그 뜻을 완성하도록 우리의 눈과 귀를 열어 말씀을 받아들이고, 마음으로 깨우쳐 주님께 돌아갈 수 있어야 한다.

9. 말씀의 육화를 위한 단상

이사야 예언서가 가장 마지막에 '의인과 악인의 분리'를 제시하는 것은 의미심장하다. 이사야 예언자가 선포하기 이전에도 의인과 악인은 항상 존재했다. 그렇다면 그가 이리도 분명하고 명확하게 이들을 분리하는 이유는 무엇일까?

그것을 이야기하기에 앞서 먼저 묻고 싶다. 우리가 지상에서 살아가는 순례의 여정과 하느님 나라 가운데 하느님의 자비와 은총이 넘쳐나는 곳은 어디일까? 답변이 너무나도 뻔하다고 생각할지 모른다. 누구나 하느님 나라에 하느님의 자비와 은총이 넘쳐난다고 생각하기 때문이다. 하지만 과연 그럴까? 우리에게 익숙한 마태오복음서의 한 구절이다. "그분께서는 악인에게나 선인에게나 당신의 해가 떠오르게 하시고, 의로운 이에게나 불의한 이에게나 비를 내려주신다"(마태 5,45). 모든 이에게 자비로운 하느님의 사랑을 알려주는 구절이다. 예수님께서는 하느님의 자녀가 되는 방법으로 의인에게처럼 악인에게도 사랑을 베풀라고 가르치신다. 그런 맥락에서 이 말씀을 들으면 우리 마음은 매우 따뜻해진다. 우리가 죄인임에도 하느님께서 비를 내려주시고, 해가 떠오르게 하시기 때문이다.

그러나 그것은 우리가 이 세상에 살아가는 동안에만 유효한 가르침이다. 이 말씀은 우리의 지상 여정 내내 하느님께서 비를 내려주시고 해를 비춰주실 터이니 감사하면서 그냥 그대로 악인으로 계속 살아가라는 권고가 아니다. 악에서 돌아서서 의인의 삶을 살라고 하느님께서 기회를 주고 계심을 잊지 말라고, 그러니 얼른 마음을 돌려 하느님께 돌아오라는 초대의 말씀이다. 따라서 우리가 살아가는 지금이 하느님의 자비가 충만한 시간이다. 왜냐하면, 하늘나라는 이미 하느님의 자비를 충만하게 입은 의인만의 세상이라 그분의 자비가 더는 필요 없기 때문이다.

이사야 예언서도 우리에게 같은 가르침을 전해준다. 누구나 죄를 지을 수도, 악에 빠질 수도, 하느님의 길을 벗어나서 살아갈 수 있다. 그래서 하느님의 심판을 받을 수 있다. 그렇게 심판으로 모든 것이 사라지고 무너지는 것처럼 보일 수 있지만, 정화의 시간은 구원으로 이어진다는 희망이 선포된다. 이 땅에서 겪는 심판과 처벌은 절망의 표현이 아니라 하느님께서 주시는 기회를 의미한다. 의인에게서 분리되고 더는 기회가 주어지지 않는 악인의 모습을 상상해보라. 영원히 꺼지지 않는 불에 타고 있는 주검을 생각해보라. 그러므로 지금 우리 삶의 자리야말로 하느님의 은총과 자비가 가장 크게 실현되는 곳임을 잊지 말아야 한다.

마무리하며

지금까지 한 권의 책 이사야 예언서의 여정을 걸어왔다. 이 여정을 마무리하면서 성경의 '예언서'를 마주하는 우리의 마음가짐을 살펴본다.

성경의 '예언서'를 마주하는 우리의 마음가짐

예언서에 대한 설명과 해석을 접하면 예언서라는 책을 좀 더 이해할 수 있다. 하지만 그러한 지식과 예언서에 대한 주석 기술이 우리를 온전하게 구원으로 이끌어주는가는 다른 질문이다. 예언서 선포의 핵심은 심판과 처벌, 징벌에 의한 파멸이 아닌, 하느님께서 창조하시고 보시니 참 좋았던 세상의 회복이며, 바로 구원이다. 따라서 예언서를 마주한 우리가 추구할 목적은 예언서 구절구절을 해석하고 주석하는 것이 아니다. 그 작업을 거쳐 변화와 실천으로 나아가 마침내 구원에 이르는 것이다.

예언서가 전하는 예언자들의 모습은 당시 사람들의 눈으로 바라보면 정상이 아니었다. 그들이 선포한 하느님 말씀은 국가 체제와 정책에 불만을 일삼는 비주류의 비판으로 비쳤다. 사람들이 이것이 옳고 하느님의 뜻이라고 이야기할 때, 예언자들은 하느님의 뜻이 그와 다르다고 목놓아 외치며 시대적 흐름을 거부했다. 그들에게는 사람들의 시선과 평가가 중요하지 않았고, 하느님의 말씀과 뜻만이 중요했다.

예언자는 눈으로 보고 귀로 들으며 체감할 수 있는 인간의 사악함 앞에서 전능하신 하느님의 사랑이 더 크다는 사실을 믿고 의지하며 선포했다. 또 두려움이라고는 찾아볼 수 없는 무소불위한 권력의 횡포 앞에서 하느님의 고요하심이 더 강하다는 사실을 선포했다. 폭력과 파괴의 칼날 앞에서 평화와 구원을 향한 하느님의 열정이 더 위대함을 선포했던 사람들이 예언자다. 그들이 그렇게 행동하고 선포할 수 있었던 힘은 하느님에게서 나왔다. 그들이 하느님과 함께 머물며 세상의 모든 것을 하느님의 눈으로 바라보며 이해했기 때문에 가능했던 일이다. 그런 그들이었기에 그들은 하느님께서 인간에게 전하시는 의미를 외면하는 세상에 분노했고, 그런 세상을 깨우치기 위해 온몸을 던졌다. 그런 예언자들이 우리에게 예언서를 남겨주었다. 이로써 예언자들이 자신들의 언어로 표현한 사고는 그들이 체험하고 마주한 하느님을 우리에게 전해준다.

그러므로 우리는 예언서를 그들에 관한 생각이 아니라, 그들 안에서, 그들의 입장에서 생각하고 읽을 때, 예언자들의 마음속에 머물고 그들의 사고가 우리에게 전해진다. 예언서를 읽으며 예언자들이 바라보고 가졌던 관심을 접하면 우리는 불편해진다. 그 일은 하느님께서 우리에게 구원을 베풀어주신다는 밝은 미래라는 목적지에서 출발하지 않는다. 우리는 현실에서 마주하는 부조리로 마음이 아파야 하고 불편해야 한다. 그래야 마침내 하느님 안에 머물면서 하느님의 눈으로 세상을 바라볼 수 있게 된다. 예언서를 읽으면서 마주하는 불편함, 그것은 아직 우리에게 하느님께서 보시기에 좋은 모습이 남아 있음을 알려주며 우리를 하느님의 품으로 이끌어줄 것이다.

예언서를 대하는 이러한 자세로 이사야 예언서를 마주한다면?

이사야 예언서는 하느님의 구원을 전해준다. 하지만 거기에 담긴 말씀이 쉽지 않고, 양도 많다. 다른 예언서의 말씀보다 마음에 더 와닿는 말씀도 많지 않은 것 같다. 이사야 예언서가 우리에게 전해주는 첫 인상은 그러하다. 예수님의 강생과 관련된 말씀을 제외하고 전체적으로 무슨 말씀인지 이해하기가 참 어려운 책이다.

하지만 이사야 예언서는 다른 예언서보다 우리의 현실을 깊이 반영한다. 하느님 앞에서 죄악을 짓는 백성의 모습에서 우리의 죄를 보게 한다. 하느님이 아닌 주변 상황을 살피면서 하느님께 의지하기보다 정치·군사적 힘으로 위기를 넘기려는 이스라엘의 모습에서 우리의 현실적이고 타협적인 신앙관을 돌아보게 한다. 동시에 주님의 종을 통해 세상을 바꾸시려는 하느님의 의지를 드러내어 우리가 하느님의 뜻과 길을 이해하고 따를 수 있도록 초대한다. 궁극적으로 하느님과의 관계를 뒷전으로 미루면서 악인의 길을 가지 말고, "지금, 여기!"에서 하느님의 의로운 백성이 되라고 우리에게 결단을 요구한다. 그렇게 이사야 예언서는 우리 신앙의 응답을 요구하면서 새로운 하느님 백성 공동체를 통한 구원의 드라마를 전해준다. 하느님의 심판, 응징, 복수를 전해주려는 게 아니라, 구원이 목적이요 구원으로의 초대가 이사야 예언서가 전해주는 가장 큰 가르침이다.

하느님께서는 이사야 예언자를 통해 당신의 이야기를 전해주신다. 그런데 이사야 예언서는 다른 예언서와 달리 하느님의 이야기를, 바빌론 유배를 중심으로 유배 이전, 유배 시기, 그리고 유배 이후 시기를 한 권의 책에 담아낸다. 그리고 시대마다 그 시대의 특징을 반영한 구원의 그림과 희망을 제시한다. 그렇다고 하느님 백성 공동체를 위한 하느님의 구원이라는 본질이 달라지지는 않는다. 왕정 시대를 배경으로 하는 유배 이전 시대는 새로운 이상적인 통치자를 통한 구원의 그림을 그렸다. 모든 것이 파괴되고 무너진 유배 시기는 키루스가 '주님의 목자'요 '기름 부음받은이'며, 바빌론을 멸망시킬 주님의 도구로 등장한다. 이와 함께 백성을 변화시킬 '주님의 종'이 등장하여 이상적인 통치자의 모습을 수용하면서 새로운 하느님의 도구로 등장한다. 바빌론에서 돌아온 유배 이후 시기는 주님의 종의 뒤를 이어가는 종 공동체, 곧 의로운 이들의 시온 공동체를 통한 시온의 재건을 전해준다. 이처럼 이사야 예언서는 이스라엘의 가장 중요한 역사적 사건에서 나타나는 하느님 구원의 다양한 모습을 보여준다. 그런데 이것들은 서로 분리된 개별 이야기로 머물지 않고, '아모츠의 아들 이사야의 환시'라는 큰 제목 아래 연속된 구원 드라마의 시즌 1, 2, 3의 이야기로 묶여 한 권의 책이 되었다.

예샤야후ישעיהו, 이사야 예언자의 이름, '주님(야훼)께서 구원하신다'는 감격스러운 이름을 지닌 예언자. 그가 백성을 향해 선포한 말씀은 오늘을 살아가는 우리에게 무엇을 전해주는가? 그 말씀은 세상의 부조리에 무디고 더딘 우리의 마음을 일깨우며, 하느님을 섬긴다고 하면서 자기만족을 추구하는 우리 신앙의 부조리를 흔들 것이다. 하느님이 아닌 재화와 우상을 섬기면서 하느님을 섬기는 사람이라고 착각하는 우리에게 이사야 예언자의 선포는 아프게 다가올 것이다. 그러나 그 아픔을 예민하게 느낄 때 우리는 깨어나고, 하느님께서 마련하신 구원의 선물을 깨닫게 될 것이다.

하느님의 이야기란 무엇이었는가? 역사의 흐름 속에서 하느님은 백성에게 배신도 당하고, 외면당하기도 하며, 자신의 자리를 우상에게 넘겨주시기도 했다. 하지만 그분은 당신 백성 공동체에게 희망을 잃지 않으셨다. 화려한 한 그루의 나무가 베어지고 그루터기만 남게 되었어도, 그것을 거룩한 씨앗으로 삼아 이전의 공동체를 뛰어넘는 새로운 공동체를 만드셨다. 그런데 이때 우리가 잊지 말아야 할 점은 하느님께서 이 모든 일을 혼자 하시지 않는다는 사실이다. 그분은 언제나 인간의 자리를 만들어 놓으신다. '이상적인 통치자와 함께, '주님의 종'과 함께, 당신을 알지도 못하는 '이방 민족의 임금과 함께' 그리고 하느님을 믿고 의지하는 '의로운 이들'과 함께, 당신의 구원 사업을 지속적으로 펼쳐가신다. 이 과정에서 하느님께서는 인간의 손이, 도움이 필요하셨다.

그로부터 수천 년이 지난 오늘날의 우리에게 그 사실은 여전히 유효하다. 하느님께서는 다른 누구의 손이 아닌 우리의 손이 필요하시다. 비록 우리가 죄에 물들고, 악에 빠져 공정과 정의를 등지고 살아가지만, 하느님께서는 우리의 손을 바라보고, 우리와 함께하시기를 간절히 원하신다. 지금까지 우리의 신앙은 어떠하였는가? 어려움 앞에서 하느님께 기도드리고, 죄를 지으면 그분 앞에서 눈물을 흘리면서 하느님을 우리 아버지요 어머니로 모시면서 살아왔다. 그렇게 우리는 하느님께 무엇인가를 바라고 청하는 모습으로 살아왔던 성싶다.

그러나 이제 한번 생각해봤으면 좋겠다. 우리가 하느님께 무엇인가를 바라고 청하는 만큼 하느님께서도 우리에게 바라고 원하는 바가 있다는 사실을. 우리가 하느님께 우리의 바람과 꿈을 아뢰었던 모습으로, 하느님께서도 우리에게 무언가를 바라신다. 하느님께서 우리에게 바라시는 그 간절한 꿈을, 우리는 보고 있는가? 듣고 있는가? 지금까지 우리는 눈멀고 귀먹은 채 살았는지 모른다. 하지만 모든 것이 황폐해지고 사라진 상황에서도 그루터기에서 싹을 피워내며 우리를 필요로 하시는 하느님의 그 간절한 꿈이 실현될 수 있도록, 이제는 우리가 그분의 청과 바람을 들어드려야 할 차례이다.

▲ 미주

1. 참고로 세 권의 대예언서는 성조 세 명 곧 아브라함, 이사악, 야곱을, 열두 권의 소예언서는 열두 지파를 상징한다.
2. 칠십인역 성경은 기원전 3-1세기경 이집트의 알렉산드리아에서 제작된 것으로 추정된다. 이것은 히브리어와 아람어로 기록된 성경을 그리스어로 번역한 번역본이다. 아울러 이 시기에 정경正經으로 간주되던 토빗기, 유딧기, 에스테르기, 마카베오기 상하권, 지혜서, 집회서와 다니엘서 일부가 칠십인역 성경에 포함된다. 가톨릭교회는 이 목록을 '제2경전'이라 칭하면서 정경 목록에 포함시켰지만, 개신교는 이 목록을 '외경'이라 부르면서 정경 목록에 포함시키지 않는다. 그래서 같은 그리스도교이지만 가톨릭교회와 개신교는 정경 목록에서 차이를 보인다.
3. 이사야의 소명 사화와 관련해서는 본문에서 더 자세하게 언급할 것이다.
4. 이사야 예언서가 어려운 이유가 많이 있겠지만, 아마도 이사야 예언서에 대한 해설서가 충분하지 않은 실정도 큰 이유 가운데 하나일 것이다. 현재 우리말로 된 이사야 예언서의 해설서는 다음과 같다: 루돌프 킬리안, 《이사야 1-39장》, 이기락 옮김, 가톨릭대학교출판부 2007; 안소근, 《이사야서 1-39장》, 거룩한 독서를 위한 구약성경 주해 29-1, 바오로딸 2016; 안소근, 《이사야서 40-66장》, 거룩한 독서를 위한 구약성경 주해 29-2, 바오로딸 2017; 안소근, 《이사야서 쉽게 읽기》, 성서와함께 2018; 펠리체 몬타니니, 《이사야1(1-39장)》, 성서와함께 총서 구약 2-1, 이건 옮김, 성서와함께 2000; 안토니오 보노라, 《이사야 2(40-66장)》, 성서와함께 총서 구약 2-2, 이건 옮김, 성서와함께 2000.
5. 기록과 편집이 반복된 이사야 예언서의 형성 과정은 유럽에 있는 대성당의 건축 과정에 비유된다. 일례로 독일의 쾰른 대성당은 1248년에 건축을 시작하여 1880년에 지금의 형태를 갖추게 된다. 600년이 넘는 긴 시간을 거쳐 성당이 완공되었다. 이와 같은 긴 건축 과정은 성당 내부를 구성하는 구조와 장식에서 고스란히 드러난다. 이처럼 이사야 예언서도 400년에 가까운 긴 저술과 편집 과정을 거쳐 오늘날 우리가 마주하는 최종본이 완성되었다. 이러한 의미에서 이사야 예언서를 "문학적 대성당(literarische Kathedrale)"이라고 표현하기도 한다(U. Berges, *Jesaja. Der Prophet und das Buch*, Leipzig 2010, 50).
6. 안소근, 《이사야서 1-39장》, 15쪽 참조.
7. 아모츠라는 이름은 예언자 아모스와 구별되는 이름이다.
8. 유다 임금의 연대기는 제시하는 학자들마다 약간의 차이를 보인다. 이 책은 학계에서 가장 많이 통용되는 C. Frevel이 제시한 연대기를 따른다(C. Frevel, "Grundriss der Geschichte Israels", in: E. Zenger(Hg.), *Einleitung in das Alte Testament*, Kohlhammer ⁷2008, 643 참조).

9_ 엄밀한 의미에서 전쟁으로 바라보기 어렵다. 아람-북이스라엘 연합은 반아시리아 동맹을 강요하기 위해 남유다를 위협하기만 하였을 뿐, 이들 사이에 실질적인 충돌은 없었기 때문이다.
10_ Berges, *Jesaja*, 27 참조.
11_ 계승과 심화의 예는 시온 신학이다. 에제키엘서가 성전 중심의 신학적 가르침을 강조하였다면, 제2이사야서는 성전이 아닌 시온과 예루살렘을 강조한다. 여기서 시온은 세계의 중심 도성으로서 참된 임금이신 하느님께서 다스리시며 의롭고 정의로운 이스라엘 백성과 모든 민족이 머무는 공간이 된다(U. Berges, *Jesaja*, 20 참조).
12_ 시온은 예루살렘을 지칭한다. 예루살렘이 일반적으로 지리적이고 지형적인 맥락에서 사용된다면, 시온은 신학적 색채를 입고 사용된다. 예루살렘은 유다 왕국의 수도로 지칭되지만, 시온은 하느님께서 머무시는 지상 거처이며 하느님의 도성이다. 이사야 예언서에서 시온과 예루살렘은 동의어로 사용된다. 따라서 이 책은 지정학적 의미를 강조하는 경우, 또 이사야서 본문이 직접 예루살렘을 사용하는 경우 외에는 시온과 예루살렘을 구별하지 않고 모두 시온으로 표기할 것이다.
13_ 바빌론 유배 직전의 상황을 전해주는 또 다른 예언서는 예레미야서다. 예레미야서는 이사야 예언서와 달리 바빌론의 예루살렘 점령(예레 39,1-14)과 파괴(예레 52장)를 구체적으로 보여준다. 이러한 차이는 시온 신학에 대한 두 예언서의 관점을 나타낸다. 이사야서는 시온 신학을 강조하고, 예레미야서는 전통 신학의 가르침을 거부하면서 모든 것을 "뽑고 허물고 없애고 부수며 세우고 심으려는"(예레 1,10) 예레미야 예언자의 사명을 드러낸다.
14_ 안소근, 《이사야서 1-39장》, 121-122 참조.
15_ U. Becker, *Jesaja-von der Botschaft zum Buch*, Göttingen: Vandenhoeck-Ruprecht 1997, 61-123 참조.
16_ U. Berges-W. Beuken, *Das Buch Jesaja. Eine Einführung*, Wien, Vandenhoeck & Ruprecht 2016, 53.
17_ Berges, *Einführung*, 55-56 참조.
18_ Berges, *Einführung*, 60.
19_ '높이 솟은'이라는 표현은 히브리어로 람 베니싸ונשאים רם의 번역이다. 이 조합이 이사야서에서 다시 등장할 때, 하느님이 아닌 주님의 종에게 적용된다. 그리하여 주님의 종은 하느님과 같은 위치에 머물 수 있는 존재로 인식된다. 이 인식은 주님의 종의 신원과 역할, 신학적 의미를 이해하는 데 중요한 역할을 한다. 이에 대해서는 주님의 종 부분에서 더욱 자세하게 설명하겠다.
20_ W. A. M. Beuken, *Jesaja 1-12*, Herders Theologischer Kommentar zum Alten Testament, Freiburg, Herder 2003, 67.

21_ 하느님의 왕권이 이사야서의 핵심 주제라는 사실은 하느님께 임금이라는 호칭을 부여하는 장면을 통해 강조된다. 하느님을 임금이라고 부르거나, 또는 임금으로 통치하신다는 표현은 절제되어 사용되는 가운데 중요한 맥락에서 등장한다(24,23; 33,22; 41,21; 43,15; 44,6; 참조 66,1). 아울러 40-66장은 역사적 인물에게 임금이라는 호칭을 사용하지 않는다. 이를 통해 하느님께서 참된 임금이라는 사실이 더욱 강조된다.

22_ C. Dohmen, "Das Immanuelszeichen, Ein Jesajanisches Drohwort und seine inneralttestamentliche Rezeption", in: *Biblica* 68(1987), 305-329.

23_ 임마누엘 신원에 관한 조금 더 자세한 내용은 다음의 책을 참조하라: 루돌프 킬리안, 《이사야 1-39장》, 28-42; 박형순, "임마누엘(이사 7,14)의 신원과 신학적 의미에 관한 고찰", 〈가톨릭 신학〉 제33호(2018), 5-39.

24_ 참고로, 마태오는 "젊은 여인"을 '처녀παρθένος'로 번역한다. 이사야서에서 사용된 "젊은 여인" 곧 히브리어 알마העלמה는 처녀를 의미하지 않고, 임신이 가능한 가임 여성을 의미한다. 만약 이사야가 처녀에게서 태어날 아기의 예고를 기획했다면, 알마 대신 처녀를 의미하는 히브리어 베툴라בתולה를 사용했을 것이다.

25_ Berges, *Einführung*, 68.

26_ U. Berges, *Das Buch Jesaja. Komposition und Endgestalt*, Freiburg: Herder 1998, 122.

27_ R. Kilian, *Jesaja I: 1-12*(Neue Echter Bibel. AT), Würzburg: Echter Verlag 1986, 73.

28_ Beuken, *Jes 1-12*, 351.

29_ Beuken, *Jes 1-12*, 351.

30_ H. Wildberger, *Jesaja, Kapitel 1-12*, Neukirchen-Vluyn: Neukirchener Verlag 1980, 429-432; Beuken, *Jes 1-12*, 294-295.

31_ 안소근, 《이사야서 1-39장》, 190.

32_ Beuken, *Jes 1-12*, 337-338 참조.

33_ Berges, *Jesaja*, 71.

34_ Berges, *Jesaja*, 71.

35_ 여기서는 제1편에 등장하는 '남은 자'에 대한 신학적 의미를 제시하였다. '남은 자'에 대한 자세한 내용은 다음을 참조하라. 펠리체 몬타니니, 《이사야 1》, 119-131.

36_ Berges, *Jesaja*, 73.

37_ Berges, *Jesaja*, 74.

38_ Berges, *Einführung*, 86.

39_ R. Kilian, *Jesaja II 13-39*(Neue Echter Bibel. AT), Würzburg: Echter Verlag 1994,

107-108 참조.
40_ 안소근, 《이사야서 1-39장》, 235 참조.
41_ H. G. M. Willamson, *Variations on a theme. King, Messiah and Servant in the book of Isaiah*, Lancester: Paternoster Publishing 1998, 56-62 참조.
42_ 안소근, 《이사야서 1-39장》, 248 참조.
43_ W. A. M. Beuken, *Jesaja 13-27*(Herders Theologischer Kommentar zum Alten Testament), Freiburg: Herder 2007, 161.
44_ 안소근, 《이사야서 1-39장》, 255.
45_ Beuken, *Jes 13-27*, 160-161.
46_ Berges, *Einführung*, 87; 안소근, 《이사야서 1-39장》, 257 참조.
47_ Berges, *Einführung*, 87.
48_ 안소근, 《이사야서 1-39장》, 269.
49_ 이와 관련하여 역사가 요세푸스 플라비우스는, 이집트로 피신한 오니아스 대사제가 파라오로부터 기원전 160년 레온토폴리스에 유다인들의 성전을 건축해도 좋다는 허가를 받았다는 사실을 전해준다. 그러므로 19,19는 역사적 사건과 관련해 바라보고 이해될 수 있다. 하지만 후대의 사본들[칠십인역, 쿰란 문헌(1Qjesa)]이 성전의 구체적인 장소를 언급하지 않는다는 사실에서, 19,19-25이 역사적 사건과 관련해서 쓰였다기보다 야훼 하느님의 전 세계적인 주권 선포라는 신학적 주제 안에서 전개되었음을 알 수 있다(Berges, *Einführung*, 88 참조).
50_ 안소근, 《이사야서 1-39장》, 271.
51_ 예언자의 상징적 행위는 다른 예언서에서 많이 발견되는 일종의 선포 양식으로 이사야 예언서 외 다른 예언서에서 더 많이 등장한다(예레 13,1-11; 16,1-9; 19,1-2; 27,1-12; 28,10-11; 43,8-13; 51,59-64; 에제 4,1-3.4-8.9-17; 5,1-4; 12,1-7.17-20; 24,15-27). 특히 호세아 예언자는 창녀 고메르와 혼인하는 일을 통하여 하느님을 배신하고 우상을 숭배하여 불륜을 저지르는 이스라엘 백성과 하느님의 관계를 보여준다.
52_ 안소근, 《이사야서 1-39장》, 276.
53_ 하느님과 이방 신과의 대결은 40-48장의 중심 주제를 구성한다. 이방 신과의 대결은 칼과 무기를 사용한 대결이 아닌 법리 논쟁으로 펼쳐진다. 여기서 언급된 바빌론 신의 몰락은 바빌론의 몰락이라는 맥락에서 선포된다. 우상에 불과한 바빌론 신들이 몰락하고(46장), 바빌론의 멸망이 예고된다(47장). 우상에 불과한 바빌론의 신상들과 역사를 주도하시는 참되고 유일하신 하느님이 강하게 대비되는 가운데 바빌론의 멸망도 하느님의 계획에 의한 것임이 드러난다(48장).

54_ Beuken, *Jes 13-27*, 229 참조.
55_ 안소근, 《이사야서 1-39장》, 282.
56_ Beuken, *Jes 13-27*, 233.
57_ Beuken, *Jes 13-27*, 235 참조.
58_ Kilian, *Jes 13-39*, 131; 안소근, 《이사야서 1-39장》, 284-285 참조.
59_ Beuken, *Jes 1-39*, 237.
60_ J. Blenkinsopp, *Isaiah 1-39, A New Translation with Introduction and Commentary*(Anchor Bible 19A), New York: Doubleday 2000, 332-333; Beuken, *Jes 1-39*, 250 참조.
61_ 안소근, 《이사야서 1-39장》, 299.
62_ 안소근, 《이사야서 1-39장》, 307 참조.
63_ 최근의 연구는, 24-27장을 묵시문학으로 바라보기를 주저한다. 왜냐하면, 24-27장에 묵시문학이 일반적으로 담고 있어야 하는 요소들, 곧 시기에 따른 역사 구분, 계시와 계시를 해석하는 이의 등장 등이 나타나지 않기 때문이다. 그러므로 24-27장이 묵시문학의 영향을 받은 것은 인정하지만, 이를 온전한 묵시문학으로 바라보기에는 어려움이 있다(Beuken, *Jes 13-27*, 310 참조).
64_ 시온은 가련한 이들의 피난처(14,32), 주님의 거룩한 산(16,1), 주님께서 머무시는 거처(18,7)로 언급되며 민족들을 향한 신탁의 본문에 등장한다. 민족들은 심판의 대상이 되지만, 시온은 주님께서 보살피고 보호하시는 안전한 거처로 언급되면서 심판과 구원의 대비를 드러낸다.
65_ 저술 시기와 관련하여, Berges, *Einführung*, 95 참조.
66_ 에레츠ארץ는 구약성경 전체에서 이사 24장에 가장 많이 등장한다. 참고로 에레츠는 탈출 9장에서 열다섯 번, 탈출 8장과 10장에서 열네 번 등장한다. 이사 24장에서 에레츠가 가장 많이 사용되었다는 것은 본문의 내용이 땅과 관련되어 있음(땅을 향한 심판)을 명확하게 보여준다.
67_ Beuken, *Jes 13-27*, 323; H. Wildberger *Jesaja. Kapitel 13-27*, Neukirchen-Vluyn: Neukirchener Verlag 1978, 921-922; 안소근, 《이사야서 1-39장》, 310 참조.
68_ Beuken, *Jes 13-27*, 323.
69_ B. Johnson, צדק, in: *Theologisches Wörterbuch zum Alten Testament* VI, 917.
70_ Beuken, *Jes 13-27*, 331.
71_ 안소근, 《이사야서 1-39장》, 314.

72_ Beuken, *Jes 13-27*, 346-347.
73_ 안소근, 《이사야서 1-39장》, 324.
74_ 안소근, 《이사야 1-39장》, 331.
75_ Beuken, *Jes 13-27*, 377.
76_ 안소근, 《이사야 1-39장》, 338.
77_ Berges, *Einführung*, 94.
78_ Berges, *Einführung*, 100.
79_ 안소근, 《이사야 1-39장》, 356-357 참조.
80_ 안소근, 《이사야 1-39장》, 357.
81_ W. A. M. Beuken, *Jesaja 28-39*, 85-86.
82_ 아리엘אריאל을 두 부분(אר + אל)으로 나누어, '하느님의 도시(이르 엘אל עיר)', '하느님의 사자 (아르에 엘אריה אל)', 혹은 '하느님의 산(하르 엘הר אל)'으로 설명하기도 한다(안소근, 《이사야 1-39장》, 371 참조).
83_ 안소근, 《이사야 1-39장》, 371.
84_ Berges, *Einführung*, 105-106.
85_ "이스라엘의 거룩하신 분"은 이사야 예언서가 제시하는 하느님의 기본적 특성이다: 1,4; 5,19.24; 10,20; 12,6; 17,7; 29,19.[23]; 30,11.12.15; 31,1; 37,23; [40,25]; 41,14.16.20; 43,3.14-15; 45,11; 47,4; 48,17; 49,7; 54,5; 55,5; [57,15]; 60,9.14.
86_ Berges, *Einführung*, 107.
87_ Berges, *Einführung*, 110; 안소근, 《이사야 1-39장》, 408.
88_ Berges, *Einführung*, 109.
89_ Berges, *Einführung*, 113.
90_ 안소근, 《이사야 1-39장》, 419.
91_ 《성경》은 "그러나 마침내 하늘에서 영이 우리 위에 쏟아져 내려"라고 번역한다. 여기에는 '~까지'를 뜻하는 히브리어 '아드עד'의 의미가 드러나지 않는다. 그래서 이 부분만 히브리어 본문을 직역하여 제시한다.
92_ 익명의 파괴자를 페르시아로 바라보는 해석도 존재하지만, 이사야서는 페르시아에게 호의적 태도를 보이므로(44,28; 45,1 참조), 페르시아가 그 대상일 가능성은 희박하다.
93_ Beuken, *Jes 28-39*, 277.
94_ 안전하고 견고함을 강조하는 시온에게 천막은 어울리지 않는 모습처럼 보일 수 있다. 하지만 시온은 '거두어지지 않는 천막'으로 묘사되며 일반적인 유목민들의 천막과 구별된다. 그러므로 이것은 주님의 장막을 암시한다고 볼 수 있다(안소근, 《이사야 1-39장》, 436-437).

95_ H. Wildberger, *Jesaja. Kapitel 28-39*, Neukirchen-Vluyn: Neukirchener Verlag 1982, 1319.
96_ Berges, *Komposition und Endgestalt*, 246.
97_ Buken, *Jes 28-39*, 298.
98_ 안소근, 《이사야 1-39장》, 443 참조: 에돔의 조상 에사우와 이스라엘의 조상 야곱의 경쟁 관계에서 둘의 역사는 시작된다(창세 25,19-34; 27,1-46). 이후 다윗 시대에 영토 전쟁(2사무 8,13-14)이 벌어졌으며, 특히 기원전 587년 바빌론에 의한 예루살렘 함락 당시, 에돔이 유다 성읍들을 약탈하는 데 가담한 일로 둘은 결정적인 적대 관계로 들어섰다. 이러한 연유로 에돔에 대한 심판 선고와 저주의 본문들이 생겨났다(시편 137,7; 애가 4,21-22; 에제 25,12; 35,15; 오바 10-15절; 이사 63,1).
99_ Kilian, *Jes 13-39*, 195.
100_ 에돔을 향한 심판에서는 에돔을 소돔과 고모라에 직접 비유하지 않는다. 다만 심판으로 에돔에 유황이 흐르게 된다는 것을 이해하려면 소돔과 고모라에 대한 심판과 연관시켜 보아야 한다(창세 19,24). 유황으로 변한 땅은 사람이 살 수 없으며, 그것은 미래에도 변화될 가능성이 없음을 의미한다(Kilian, *Jes 13-39*, 197). 유황이라는 모티브로, 에돔은 소돔과 고모라처럼 될 것이라 예고된 바빌론(13,19)과 병행된다.
101_ Beuken, *Jes 28-39*, 314-315.
102_ Beuken, *Jes 28-39*, 317.
103_ Beuken, *Jes 28-39*, 318.
104_ Beuken, *Jes 28-39*, 320.
105_ Kilian, *Jes 13-39*, 198.
106_ Beuken, *Jes 28-39*, 344.
107_ Beuken, *Jes 28-39*, 348.
108_ Beuken, *Jes 28-39*, 349-350.
109_ 두 구절은 '길'이라는 모티브를 사용한다. 다만, 히브리어로는 각각 마스룰מסלול과 마실라 מסלה가 사용되었으나 두 어휘 모두 '길을 닦다'는 의미를 지닌 동사 살랄סלל을 어근으로 삼으며, '큰길大路'이라는 의미를 지닌다.
110_ '힘을 돋움'과 '권능'은 품사에 따르면 동사와 형용사가 사용되었지만, 이 둘의 어근은 하자크 חזק로 같다.
111_ Beuken, *Jes 28-30*, 332.
112_ Berges, *Komposition und Endgestalt*, 256-263.

113_ 이사 7,10-17: 임마누엘의 신원 참조.
114_ B. S. Childs, *Isaiah*, Louisville: Westminster John Knox Press 2001, 265; P. Höffken, *Jesaja. Der Stand der theologischen Diskussion*, Darmstadt: Wissenschaftliche Buchgesellschaft 2004, 137.
115_ Berges, *Einführung*, 123 참조.
116_ R. A. Young, *Hezekiah in History and Tradition*, VT.S 155, Leiden 2012, 123-150 참조.
117_ 안소근, 《이사야 1-39장》, 459.
118_ 참고로, 세 명의 대신 가운데 세브나와 엘야킴은 22,15-25에서 주님의 신탁을 받은 인물이다. 예루살렘을 향한 신탁에 등장하는 그들을 향한 말씀은 자연스럽게 이사야 예언서의 전반부와 36-37(9)장의 본문을 이어주는 역할을 한다. 이러한 연결 고리를 이사야 예언서의 형성 과정에서 생긴 편집의 흔적으로 볼 수 있다.
119_ Berges, *Einführung*, 124.
120_ 안소근, 《이사야 1-39장》, 460.
121_ 안소근, 《이사야 1-39장》, 464.
122_ 히즈키야가 보여주는 능동적인 모습은 아버지이자 선대 임금이었던 아하즈와 뚜렷한 대비를 이룬다. "마전장이 밭에 이르는 길가 윗 저수지의 수로"(7,3; 36,2)라는 동일한 공간적 배경과 이방 민족의 위협(아람과 북이스라엘; 아시리아), 이사야 예언자를 만나는 태도(아하즈-수동적; 히즈키야- 능동적), 표징을 청하는 두 임금의 상반된 자세에서 둘의 차이가 드러난다. 곧 아하즈 임금은 하느님이 아닌 아시리아를 믿고 의지하면서 유다 왕국을 아시리아의 속국으로 만들었지만, 히즈키야는 큰 위기 앞에서 하느님을 믿고 의지하여 구원을 체험한다. 이 때문에 히즈키야는 위대한 임금으로 칭송받는다(2열왕 18,5; 집회 48,17-22).
123_ Berges, *Einführung*, 126.
124_ 안소근, 《이사야 1-39장》, 479 참조.
125_ Beuken, *Jes 28-39*, 403-404.
126_ Berges, *Jesaja*, 86.
127_ 히즈키야가 열다섯 해를 더 살고 기원전 697년에 죽었다면, 그가 발병한 시기는 기원전 701년이 아닌 711년이 되어야 한다. Kilian, *Jes 13-39*, 211 참조.
128_ Kilian, *Jes 13-39*, 212.
129_ Berges, *Jesaja*, 87.
130_ 히즈키야 임금이 표징에 대하여 문의하는 장면은 22절에서 묘사된다. 하지만 그것은 열왕기 하권이 전하는 의미와 다른 맥락에서 이해된다. 이 부분은 22절에서 자세하게 다루도록

하겠다.

131_ C. R. Seitz, *Zion's Final Destiny: The Development of the Book of Isaiah. A Reassessment of Isaiah 36-39*, Minneapolis 1991, 171; Beuken, *Jes 28-39*, 430. 본문이 보여주는 이러한 모순적인 긴장은 예언서의 편집 과정에서 생기는 문제로 간주된다. 이에 따르면, 이야기의 줄거리가 매끄럽게 전개되지 않는 것은, 본래 8절로 마무리된 이야기에 훗날 9-20절의 히즈키야의 기도가 첨가되고, 거기에 다시 21-22절이 첨가된 것이다(안소근, 《이사야 1-39장》, 486). 따라서 이 책에서 제시하듯이, 히즈키야의 기도가 그의 신뢰를 드러낸다는 해석과 편집적 관점에 따른 본문의 배열이라는 해석이 모두 가능하다.

132_ Beuken, *Jes 28-39*, 438.

133_ 안소근, 《이사야 1-39장》, 495.

134_ Berges, *Einführung*, 132.

135_ Beuken, *Jes 28-39*, 453; 안소근, 《이사야 1-39장》, 495-496.

136_ 안소근, 《이사야 1-39장》, 495.

137_ Berges, *Einführung*, 134.

138_ K. Schmid, "Herrschererwartungen und –aussagen im Jesajabuch. Überlegungen zu ihrer synchronen Logik und zu ihren diachronen Transformationen", in: K. Schmid(Hg.), *Prophetische Heils- und Herrschererwartugnen*, SBS 194, Stuttgart 2005, 49.

139_ 이사야 예언서 전체에서 '임금'을 의미하는 명사 '멜렉מלך'과 '임금으로 다스리다'는 의미를 지닌 동사 'מלך'은 모두 85회 사용된다. 그 가운데 36-39장에서 35번이 사용되어 거의 절반에 가까운 비율을 차지한다.

140_ H. Park, *Das Spannungsfeld zwischen göttlichem und menschlichem Königtum in Jes 1–39. Semantische Untersuchung zur zentralen theologischen Aussage über das Königtum JHWHs*, Frankfurt a. M.: Peter Lang 2016, 237-238.

141_ 56-66장에 등장하는 이름 없는 예언자는 제2이사야와 구분하기 위해 '제3이사야'라고 불린다.

142_ Berges, *Jesaja*, 91.

143_ 18세기 이전, 유일하게 이사야서의 저자 문제를 제기한 사람은 유다교 주석가 아브라함 이븐 에즈라(1089-1164)이다. 그는 40장 이후의 본문은 이사야 예언자가 아닌, 바빌론에서 유배 중인 백성과 관련된 인물의 작품으로 바라보았다.

144_ 제2이사야서의 저자를 성전성가대로 바라보는 관점은 학계에서 아직까지 가설이지만, 적잖은 동의를 받고 있기에 간략하게 언급한다. 이와 관련하여 U. Berges, *Jesaja*

40-48(Herders Theologischer Kommentar zum Alten Testament), Freiburg: Herder 2008, 38-43 참조.
145_ 입문에서 설명한 바와 같이, 이사야 예언서는 저자가 어느 한 시기에 1,1부터 기록하기 시작하여 66,24까지 완성한 책이 아니다. 500년에 가까운 긴 시간 동안 저술과 편집을 거치면서 오늘날 우리가 만나는 최종본으로 완성되었다. 여기서 저자와 (최종 편집자)를 함께 묶은 이유는, 통시적 관점에서 이사야 예언서가 기록과 편집이라는 형성 과정을 거쳤음을 의미하고, 그 과정에서 추가적인 기록과 삭제를 통해 드러난 편집의 관점을 나타내기 위함이다.
146_ Berges, *Jes 40-48*, 99.
147_ 안소근, 《이사야서 40-66장》, 14.
148_ Berges, *Jes 40-48*, 98 참조.
149_ Berges, *Jes 40-48*, 108.
150_ 안소근, 《이사야서 40-66장》, 17 참조.
151_ Berges, *Jes 40-48*, 109.
152_ Berges, *Jes 40-48*, 109-110.
153_ Berges, *Jes 40-48*, 21.
154_ J. Blenkinsopp, *Isaiah 40-55. A New Translation with Introduction and Commentary*(AncB 19A), New Haven: Doubleday 2002, 192.
155_ 안소근, 《이사야서 40-66장》, 25.
156_ 안소근, 《이사야서 40-66장》, 29.
157_ Berges, *Jes 40-48*, 152.
158_ Beuken, *Jes 1-12*, 172.
159_ B. M. Zapff, *Jesaja III, 40-55*, (Die Neue Echter Bibel) Würzburg 2001, 239.
160_ Berges, *Jes 40-48*, 169-170.
161_ 키루스의 연대기와 상황에 대해, 안소근, 《이사야서 40-66장》, 33-34 참조.
162_ 40-55장에 우리에게 익숙한 '주님의 종의 노래'에서도 주님의 종이 등장한다. 하지만, 여기서 등장하는 종은 이스라엘이 아닌 익명의 인물이다. 그 종의 신원 문제는 학자들마다 다양한 의견을 제시한다(종의 노래에 대한 간략한 연구사는, 안토니오 보노라, 《이사야 2(40-66장)》, 162-166 참조). 본서는 종의 신원에 관해서는 논의하지 않고, 종을 통해서 진행되는 구원의 드라마에 집중하면서 종의 역할에 집중할 것이다.
163_ 아브라함은 예언서에서 매우 드물게 언급된다(29,22; 51,2; 63,16; 예레 33,26; 에제 33,24; 미카 7,20). 여기서 아브라함이 언급된 것은, 그가 하느님의 부르심에 따라 칼데아의 우르(

동쪽)에서부터 이동하였기 때문이다(창세 11,31; 15,7). 동쪽의 칼데아는 키루스가 등장하는 곳과 같은 장소이며, 이를 통해서 하느님께서 키루스보다 훨씬 앞선 시간에 아브라함을 부르셨음을 간접적으로 암시한다(Berges, *Jesaja*, 95).

164_ 안소근, 《이사야서 40-66장》, 56-57.

165_ 페르시아 임금 키루스를 첫 번째 주님의 종의 노래(42,1-9)의 종으로 바라보는 관점도 존재한다. 종이 선택된 것처럼, 그도 하느님의 종으로 선택된 인물이다(44,26.28 참조). 그를 종으로 바라본다면, "부러진 갈대"와 "꺼져가는 심지"(42,3)는 유배 중인 이스라엘 백성을 의미한다. 곧 이스라엘 백성을 위해 하느님께서 그를 파견하셨다고 간주할 수 있다. 이 책은 종의 신원보다, 사명과 역할에 집중하고자 한다(미주 162 참조). 따라서 여기서는 종과 키루스의 상호 작용을 제시한다.

166_ Berges, *Jes 40-48*, 245.

167_ Berges, *Jesaja*, 97-98.

168_ Berges, *Jesaja*, 99-100 참조.

169_ Berges, *Jes 40-48*, 316.

170_ 안소근, 《이사야서 40-66장》, 95 참조.

171_ 참고로, 제2이사야서는 하느님 말씀의 영원성(40,8)과 하느님 말씀의 성취(55,10-11)라는 주제를 바탕으로 수미상관 구조를 보여준다(Berges, *Jesaja*, 102 참조).

172_ Berges, *Jesaja*, 102.

173_ 이사야 예언서 전체에서 메시아משיח는 키루스에게 단 한 번 사용된다. 메시아의 어근을 제공하는 동사 משח는 제3부에서 시온의 도유를 가리키는 데(61,1) 사용된다.

174_ Berges, *Jesaja*, 103-104.

175_ Berges, *Jesaja*, 109-110.

176_ 역사 상황에 대하여, Berges, *Jesaja* 110 참조.

177_ Berges, *Einführung*, 157.

178_ Berges, *Einführung*, 158.

179_ Berges, *Einführung*, 158.

180_ Berges, *Jesaja*, 114.

181_ Berges, *Jesaja*, 114.

182_ 제1편의 신학적 의미 1번 참조

183_ Berges, *Jesaja*, 115.

184_ Berges, *Jes 49-54*, 27.

185_ U. Berges, *Jesaja 49-54*(Herders Theologischer Kommentar zum Alten Testament),

Freiburg: Herder 2015, 27 참조.
186_ 마지막 부분(54-55장)은 직접 시온, 혹은 예루살렘이라고 언급하지 않지만, 시온에서 새로이 시작될 구원의 장면을 노래한다.
187_ Berges, *Einführung*, 161.
188_ 《성경》은 49,1-7까지를 종의 둘째 노래로 바라본다. 하지만, 이를 바라보는 관점이 학자마다 다양하다. 여기서는 종의 노래를 독립된 본문으로 바라보지 않고, 종의 사명 수행 과정을 살펴볼 것이다.
189_ Berges, *Jesaja*, 116.
190_ Berges, *Jesaja*, 117 참조.
191_ Berges, *Jesaja*, 118 참조.
192_ 안소근, 《이사야서 40-66장》, 166 참조.
193_ Berges, *Jesaja*, 119 참조.
194_ 이사 40-53장까지 종은 단수 형태로 사용되다가 54,17의 "주님의 종들"에서 복수로 사용된다. 이후 제3부에서는 종이 복수 형태 "종들"로 사용된다(56,6; 63,17; 65,8.9.13.14.15; 66,14). 이처럼 종의 용법이 단수에서 복수로 전환되는 것은, 주님의 종이 하나의 공동체로 확장됨을 의미한다.
195_ Berges, *Jesaja*, 119-120 참조.
196_ Berges, *Einführung*, 172.
197_ Berges, *Einführung*, 172.
198_ Berges, *Jes 49-54*, 143.
199_ Berges, *Einführung*, 176.
200_ 안소근, 《이사야 40-66장》, 183.
201_ 51,9과 52,1은 우르 עור의 칼(Qal)형을, 51,17은 히트폴렐(Hitpolel)형을 사용하였다.
202_ 안소근, 《이사야서 40-66장》, 194.
203_ 6,1의 '높이 솟아오름'과 52,13의 '높이 올라 숭고해짐'은 히브리어로 각각 "람 베닛사 רם ונשא"와 "야룸 베닛사 ירום ונשא"로 표기된다. 이 구절은 '높다'는 의미의 룸 רום과 '들어 높이다'는 의미의 나사 נשא가 조합한 것으로, 이사야 예언서 전체에서 6,1과 52,13에서만 등장한다.
204_ 52-54장의 문맥에서 주님의 신부이며 왕비로 인정되는 시온의 들어 높임도 함께 생각할 수 있다(54,5 참조: Berges, *Jesaja*, 124 참조).
205_ Berges, *Jesaja*, 124-125 참조.
206_ 《성경》은 이 부분을 "거두어들이신다"로 번역했다.

207_ Berges, *Jesaja*, 130 참조.
208_ 안소근, 《이사야서 40-66장》, 215.
209_ 히브리어 성경에서 시온은 여성형으로 표기되므로, 여기서 '그녀'로 표기하였다.
210_ 룻은 모압 출신 이방 여인이었지만 구약성경에서 주인공으로 등장한다. 룻기는 판관기와 사무엘기 사이에 위치하면서 자연스럽게 다윗 가문의 계보를 제공한다. 룻이 다윗 임금의 증조모이기 때문이다(룻 4,18-22 참조). 이방인이었음에도 주인공으로 등장시키는 룻과 그녀에게서 다윗 임금이 탄생하였다는 사실로 룻기는 이방인에게 호의적인 태도를 보인다.
211_ Berges, *Einfürhung*, 198.
212_ Berges, *Einfürhung*, 199.
213_ Berges, *Einfürhung*, 200.
214_ Berges, *Einfürhung*, 201.
215_ Berges, *Einfürhung*, 202.
216_ Berges, *Einfürhung*, 202.
217_ Berges, *Einfürhung*, 202.
218_ 오늘날의 연구사는 이사 60-62장의 구조에 대해 다양한 이론을 제시한다. 하지만 이 책은 공시적 관점에서 60-62장을 바라보고 문학적 기능에 대해 이야기하고자 한다.
219_ Berges, *Einfürhung*, 203.
220_ A. Spans, *Die Stadtfrau Zion im Zentrum der Welt. Exegese und Theologie von Jes 60-62*, (Bonner Biblische Beiträge Band 175), Göttingen 2015, 68-69 참조.
221_ Berges, *Einfürhung*, 207 참조.
222_ 이사 7,14 임마누엘 부분 참조
223_ Berges, *Einfürhung*, 208 참조.
224_ "영원한 계약"을 통한 시온 공동체의 위상에 대해, Berges, *Einfürhung*, 203 참조.
225_ 59,21은 "계약"이라고 언급하지만, 내용에 "영원히"라는 표현을 써서 계약의 영원성을 강조한다.
226_ Berges, *Einfürhung*, 211 참조.
227_ 《성경》은 이 구절을 "그러나 그를 으스러뜨리고자 하신 것은 주님의 뜻이었고"(53,10)로 옮겼다. 이를 직역하면, "그러나 주님께서는 그의 으스러뜨려짐을 마음에 들어 하셨다"이다.
228_ Berges, *Einfürhung*, 212 참조.
229_ 안소근, 《이사야서 40-66장》, 290.
230_ Berges, *Einfürhung*, 215.
231_ Berges, *Einfürhung*, 216.

232_ Berges, *Einfürhung*, 217.
233_ 안소근, 《이사야서 40-66장》, 299 참조.
234_ Berges, *Einfürhung*, 219.
235_ 안소근, 《이사야서 40-66장》, 310.
236_ Berges, *Einfürhung*, 222.
237_ Berges, *Jesaja*, 152.
238_ Berges, *Jesaja*, 153.
239_ 구조와 관련하여, Berges, *Einfürhung*, 226.
240_ Berges, *Einfürhung*, 226.
241_ 어머니와 같은 하느님의 모습은 이미 주제로 다루어졌다(42,14; 46,3-4; 49,15). 우선, 하느님의 모습이 출산하는 여인에 비유된다. 침묵으로 바빌론 유배 상황을 바라보시던 하느님이셨지만, 그분은 이스라엘 백성을 위해 해산하는 여인처럼 부르짖으며 그들을 구원으로 이끄시겠다는 계획을 드러내신다(42,14). 다음 장면은 하느님께서 이스라엘을 품어주시는 모습에서 드러난다. 모태에서부터 업고 태중에서 품어주시는 하느님의 모습은 이스라엘을 향한 그분의 사랑을 잘 드러낸다(46,3-4). 마지막 장면은 하느님과 이스라엘의 친밀한 관계를 묘사한다. 하느님께서 이스라엘을 생각하시는 마음은 여인이 젖먹이를 생각하고 돌보는 마음을 뛰어넘는다. 여인이 제 젖먹이를 잊어도 하느님께서는 이스라엘을 절대 잊지 않는 강한 사랑을 드러내신다(49,15). 이스라엘을 향한 하느님의 따뜻하고 포근한 사랑이 하느님께서 지니신 모성애 안에서 드러난다.
242_ Berges, *Einfürhung*, 229 참조.
243_ Berges, *Einfürhung*, 229.
244_ Berges, *Einfürhung*, 229.
245_ Berges, *Einfürhung*, 229.

▲ 참고 문헌

- 루돌프 킬리안, 《이사야 1-39장》, 이기락 옮김, 가톨릭대학교출판부, 2007.
- 박형순, "임마누엘(이사 7,14)의 신원과 신학적 의미에 관한 고찰", 〈가톨릭신학〉, 제33호(2018), 5-39.
- 안소근, 《이사야서 1-39장》, 거룩한 독서를 위한 구약성경 주해 29-1, 바오로딸 2016.
- 안소근, 《이사야서 40-66장》, 거룩한 독서를 위한 구약성경 주해 29-2, 바오로딸 2017.
- 안소근, 《이사야서 쉽게 읽기》, 성서와함께 2018.
- 펠리체 몬타니니, 《이사야 1(1-39장)》(성서와함께 총서 구약 2), 이건 옮김, 성서와함께 2000.
- 안토니오 보노라, 《이사야 2(40-66장)》(성서와함께 총서 구약 2-1), 이건 옮김, 성서와함께 2000.
- U. Becker, *Jesaja-von der Botschaft zum Buch*, Göttingen: Vandenhoeck-Ruprecht 1997.
- U. Berges, *Das Buch Jesaja. Komposition und Endgestalt*, Freiburg: Herder 1998.
- _____, *Jesaja 40-48*(Herders Theologischer Kommentar zum Alten Testament), Freiburg: Herder 2008.
- _____, *Jesaja. Der Prophet und das Buch*, Leipzig: Bibilische Gestalten 2010.
- _____, *Jesaja 49-54*(Herders Theologischer Kommentar zum Alten Testament), Freiburg: Herder 2015.
- U. Berges/W. Beuken, *Das Buch Jesaja. Eine Einführung*, Göttingen: Vandenhoeck & Ruprecht GmbH 2016.
- W. A. M. Beuken, *Jesaja 1-12*(Herders Theologischer Kommentar zum Alten Testament), Freiburg: Herder 2003.
- _____, *Jesaja 13-27*(Herders Theologischer Kommentar zum Alten Testament), Freiburg: Herder 2007.

- _____, *Jesaja 28-39*(Herders Theologischer Kommentar zum Alten Testament), Freiburg: Herder 2010.
- J. Blenkinsopp, *Isaiah 1-39. A New Translation with Introduction and Commentary*(Anchor Bible 19A), New York: Doubleday 2000.
- J. Blenkinsopp, *Isaiah 40-55. A New Translation with Introduction and Commentary*(Anchor Bible 19A), New Haven: Doubleday 2002.
- B. S. Childs, *Isaiah*, Louisville: Westminster John Knox Press 2001.
- C. Dohmen, Das Immanuelszeichen, Ein Jesajanisches Drohwort und seine inneralttestamentliche Rezeption, in: *Bibilica* 68(1987), 305-329.
- C. Frevel, Grundriss der Geschichte Israels, in: E. Zenger(Hg.), *Einleitung in das Alte Testament*, Stuttgart: Kohlhammer ⁷2008, 587-717.
- P. Höffken, *Jesaja. Der Stand der theologischen Diskussion*, Darmstadt: Wissenschaftliche Buchgesellschaft 2004.
- B. Johnson, צדק, in: *Theologisches Wörterbuch zum Alten Testament* VI, 898-924.
- R. Kilian, *Jesaja I: 1-12*(Neue Echter Bibel. AT), Würzburg: Echter Verlag 1986.
- _____, *Jesaja II: 13-39*(Neue Echter Bibel. AT), Würzburg: Echter Verlag 1994.
- H. Park, *Das Spannungsfeld zwischen göttlichem und menschlichem Königtum in Jes 1-39. Semantische Untersuchung zur zentralen theologischen Aussage über das Königtum JHWHs*, Frankfurt a. M.: Peter Lang 2016.
- C. R. Seitz, *Zion's Final Destiny: The Development of the Book of Isaiah. A Reassessment of Isaiah 36-39*, Minneapolis 1991.
- K. Schmid, Herrschererwartungen und -aussagen im Jesajabuch. Überlegungen zu ihrer synchronen Logik und zu ihren diachronen Transformationen, in: K. Schmid(Hg.), *Prophetische Heils- und Herrschererwartungen*, SBS 194, Stuttgart 2005, 37-74.
- A. Spans, *Die Stadtfrau Zion im Zentrum der Welt. Exegese und Theologie von Jes 60-62*, (Bonner Biblische Beiträge Band 175), Göttingen 2015, 68-69.
- H. Wildberger, *Jesaja, Kapitel 1-12*, Neukirchen-Vluyn: Neukirchener Verlag 1980.
- _____, *Jesaja. Kapitel 13-27.* Neukirchen-Vluyn: Neukirchener Verlag 1978.

- _____, *Jesaja. Kapitel 28-39*, Neukirchen-Vluyn: Neukirchener Verlag 1982.
- H. G. M. Willamson, *Variations on a theme. King, Messiah and Servant in the book of Isaiah*, Lancester: Paternoster Publishing 1998.
- R. A. Young, *Hezekiah in History and Tradition*, VT.S 155, Leiden 2012.
- B. M. Zapff, *Jesaja III, 40-55*(Neue Echter Bibel.AT), Würzburg: Echter Verlag 2001.

이사야
예언서

서울대교구 인가	2021년 12월 28일
초판 1쇄 펴낸날	2022년 3월 25일
3쇄 펴낸날	2023년 3월 31일
지은이	박형순
펴낸이	나현오
펴낸곳	성서와함께
	06910 서울특별시 동작구 흑석로13길 7
	Tel: (02) 822-0125~7/ Fax: (02) 822-0128
	http://www.withbible.com
	e-mail: order@withbible.com
	등록번호 14-44(1987년 11월 25일)

ⓒ 박형순 2022
성경 ⓒ 한국천주교중앙협의회, 2022.

ISBN 978-89-7635-397-9   93230

＊ 이 책에 실린 내용은 펴낸이의 허가 없이 전재 및 복제할 수 없습니다.